विचार-चिन्तन

दूसरे शब्दों में

लेखक की कृतियाँ

कहानी-संग्रह

परिन्दे (1959), जलती झाड़ी (1965), पिछली गर्मियों में (1968), बीच बहस में (1973), कव्वे और काला पानी (1983), प्रतिनिधि कहानियाँ (1988), सूखा तथा अन्य कहानियाँ (1995), थिगलियाँ (2024)

उपन्यास

वे दिन (1964), लाल टीन की छत (1974), एक चिथड़ा सुख (1979), रात का रिपोर्टर (1989), अन्तिम अरण्य (2000)

यात्रा-संस्मरण/डायरी

चीड़ों पर चाँदनी (1963), हर बारिश में (1970), धुंध से उठती धुन (1997)

निबन्ध/व्याख्यान

शब्द और स्मृति (1976), कला का जोखिम (1981), ढलान से उतरते हुए (1985), भारत और यूरोप : प्रतिश्रुति के क्षेत्र (1991), इतिहास स्मृति आकांक्षा (1991), शताब्दी के ढलते वर्षों में (संचयन, 1995), दूसरे शब्दों में (1997), आदि, अन्त और आरम्भ (2001), साहित्य का आत्म-सत्य (2006), सर्जना पथ के सहयात्री (2006)

नाटक

तीन एकान्त (1976)

अनुवाद

पराजय : अलेक्सांद्र फ़देयेव (1954), बचपन : टॉल्स्टॉय (1954), कुप्रिन की कहानियाँ : अलेक्सांद्र कुप्रिन (1958), रोमियो जूलियट और अँधेरा : यान ओत्चानाशेक (1964), खेल-खेल में : चेक कहानियाँ (1966), इतने बड़े धब्बे : चेक कहानियाँ (1966), झोंपड़ीवाले और अन्य कहानियाँ : मिहाइल सदौवेन्यु (1966), कारेल चापेक की कहानियाँ (1966), बाहर और परे : इर्षी फ्रीड (1967), आर.यू.आर. : कारेल चापेक (1972), एमेके : एक गाथा : जोसेफ़ श्कवोरेस्की (1973)

पत्र

प्रिय राम, प्रिय निर्मल (2006), देहरी पर पत्र (2009), चिट्ठियों के दिन (2009)

साक्षात्कार

संसार में निर्मल वर्मा (2006)

संचयन

दूसरी दुनिया (1978)

दूसरे शब्दों में

निर्मल वर्मा

राजकमल पेपरबैक्स

पहला भारतीय ज्ञानपीठ संस्करण 1997 में प्रकाशित

राजकमल पेपरबैक्स में
पहला संस्करण : मई, 2024

राजकमल पेपरबैक्स : उत्कृष्ट साहित्य के जनसुलभ संस्करण

राजकमल प्रकाशन प्रा. लि.
1-बी, नेताजी सुभाष मार्ग, दरियागंज
नई दिल्ली-110 002
द्वारा प्रकाशित

शाखाएँ : अशोक राजपथ, साइंस कॉलेज के सामने, पटना-800 006
पहली मंजिल, दरबारी बिल्डिंग, महात्मा गांधी मार्ग, प्रयागराज-211 001
1, अनमोल सोराबजी सन्तुक लेन, मरीन लाइंस, मुम्बई-400002

वेबसाइट : www.rajkamalprakashan.com
ई-मेल : info@rajkamalprakashan.com

विकास कंप्यूटर एंड प्रिंटर्स
ट्रॉनिका सिटी-201 102
द्वारा मुद्रित

मूल्य : ₹399

DOOSARE SHABDON MEIN
Reflective Essays by Nirmal Verma

ISBN : 978-93-6086-250-3

दूसरे शब्दों में

क्रम

अस्मिता की खोज

कुछ टिप्पणियाँ

साक्षात्कार

पहले संस्करण की भूमिका

यह पुस्तक मेरे उन लेखों का संकलन है, जो मैंने पिछले तीन वर्षों के दौरान लिखे थे। इनमें कुछ ऐसे आलेख, वक्तव्य और टिप्पणियाँ भी शामिल हैं, जिन्हें समय के तात्कालिक दबावों और तक़ाज़ों के तहत लिखा गया था। इनमें कुछ ऐसे साक्षात्कारों को भी चुनकर सम्मिलित किया गया है, जिनमें दूसरे द्वारा पूछे गए प्रश्नों-तले मुझे दुबारा से अपनी मान्यताओं को पुनः परिभाषित करने का मौक़ा मिला था। विषय लगभग वही हैं, जो मेरी पिछली पुस्तकों की चिन्ताओं के केन्द्र में रहे हैं, लेकिन नई परिस्थितियों और सन्दर्भों में उनके कुछ ऐसे अप्रत्याशित पक्ष खुलते हैं, जिन पर 'दूसरे शब्दों में' पुनर्विचार करना ज़रूरी लगता है।

वैसे भी निबन्ध लिखना—मेरे लिए—चिन्ताओं को सुलझाना उतना नहीं, जितना बदलते हुए परिप्रेक्ष्य में उनका नये सिरे से सामना करना है। जहाँ पहले पके हुए विश्वास थे, वहाँ अब संशय के काँटे दिखाई देने लगते हैं। हमारे युग में जिस तरह ईश्वर के सच्चे नामलेवा सिर्फ़ नास्तिक

बचे रहे हैं, उसी तरह अपने भीतर उगनेवाले पीड़ित सन्देहों से सही मुठभेड़ वही लोग कर पाते हैं, जिनमें आस्था पाने की प्यास सबसे अधिक झुलसा देनेवाली होती है। निबन्ध विधा एक तरह का चक्रव्यूह है, जहाँ सन्देह और आस्था हर अँधेरे कोने, हर अप्रत्याशित मोड़ पर एक-दूसरे के सामने क्षत-विक्षत, लहूलुहान खड़े दिखाई देते हैं। वहाँ यदि 'सिनिसिज़्म' के लिए जगह नहीं है, तो परम विश्वासों की गुंजाइश भी नहीं है।

पुस्तक में संकलित करने से पूर्व जब इन लेखों को दुबारा से देखने का अवसर मिला, तो कुछ अजीब-सा अनुभव हुआ, जैसे मैं किसी जानी-पहचानी पगडंडी पर चल रहा हूँ, जहाँ से इस शताब्दी के आरम्भ में मेरे पूर्वज-पितामह गुज़रे थे। मुझे लगता है, जैसे किसी जादू के खेल से बीसवीं शती के अन्त तक पहुँचते-पहुँचते हमारा देश वहीं पहुँच गया है, जहाँ से उसकी यात्रा शुरू हुई थी; अन्तर इतना ही है—और वह बड़ा अन्तर है—कि जहाँ पहले अपने को पाने का स्वप्न था, वहाँ आज सब कुछ खो जाने की पीड़ा है। इतिहास की धूल से पाँच हज़ार वर्ष पुरानी यात्रा के पद-चिह्न जहाँ-जहाँ खो गए थे, मिट गए थे, आँखों से ओझल हो गए थे, विवेकानन्द, गांधी, अरविन्द आदि मनीषियों ने बीच के समस्त झाड़-झंखाड़ हटाकर उसे दुबारा से एक पवित्र और प्रशस्त मार्ग में परिणत किया था। यह वह हमारी सभ्यता का खोया हुआ रास्ता था, जिसने पहली बार पूरे आत्मविश्वास के साथ पश्चिम की आधुनिक सभ्यता के सम्मुख एक नितान्त अनूठा, मानवदर्शी (मानव-केन्द्रित नहीं) विकल्प उपस्थित किया था। इस रास्ते पर चलकर हमने अपनी भूली हुई पहचान, अपने चेहरे, अपने 'निज' को पहचाना था।

स्वतंत्रता पाने के पचास वर्ष पूर्व जिस सांस्कृतिक जागरण की शुरुआत हुई थी, क्या आज—पचास वर्ष बाद—हम उस नवोन्मेष की कोई छाप अपने में देख पाते हैं? हमारे पूर्वजों ने 'आत्म-बोध' का जो अनमोल रत्न हमारे हाथ में सौंपा था, क्या हमने उसे कंकर समझकर

दुबारा तो मिट्टी में नहीं मिला दिया? हमने अपने को कैसा बना दिया? क्या यह वह 'छवि' है जिसे हमने बीसवीं शती के आरम्भ में पुनःस्मृत किया था और अब उसकी ढलती घड़ियों में—भुला दिया है? उस सभ्यता का क्या होता है जो जीवित रहते हुए भी आत्म-विस्मृत हो जाती है?

ये प्रश्न जब भावनात्मक पीड़ा और कुहासे से फूटकर बाहर तर्क के आलोक में आते हैं तब भाषा, परम्परा, धर्म जैसी अवधारणाएँ सिर्फ़ बौद्धिक विलास के खेल न रहकर एक सभ्यता के ज़िन्दा रहने की शर्त, मूल प्रतिज्ञा बन जाते हैं। हम दुबारा उन प्रत्ययों की खोजबीन करते हैं जो एक समय में हमारी जातीय अस्मिता के चिह्न, संस्कृति के प्रतीक और सभ्यता के स्मृति-संकेत थे। यदि इन लेखों और निबन्धों में मैं पुनः उन प्रत्ययों और प्रश्नों की ओर लौटने के लिए प्रेरित हुआ हूँ, तो इसलिए कि वे भारतीय सभ्यता के केन्द्रीय भाव थे, जिनसे आज हम छिटककर इतनी दूर चले गए हैं। रास्ता खोजने की शुरुआत ठीक उस जगह से शुरू होनी चाहिए, जहाँ हम अपनी राह से भटक गए थे।

अन्त में मैं भारतीय ज्ञानपीठ के प्रति अपना आभार प्रकट करना चाहूँगा, जिसने इतने कम समय में इतनी सुरुचि-सम्पन्नता से पुस्तक को प्रकाशित किया है।

—निर्मल वर्मा

नई दिल्ली
7 मई, 1997

सृजन का परिवेश

मनुष्यत्व से साक्षात्कार

सत्ता का सत्य उतना ही चिरंतन है, जितना सत्य की सत्ता का अनुभव। हर सत्ता के पीछे एक तरह की शक्ति क्रियाशील रहती है; वह परिवार हो, धर्म प्रतिष्ठान हो या राज्य-सत्ता हो, वे समस्त संस्थाएँ जो मनुष्य और मनुष्य, या मनुष्य और मनुष्येतर सत्ताओं के बीच सम्बन्ध निर्धारित करती हैं, इसी कोटि में आती हैं। मानव संसार में जहाँ भी मनुष्य अपनी भौतिक और आध्यात्मिक आवश्यकताओं की पूर्ति के लिए अपने से बाहर किसी अन्य सत्ता पर निर्भर करता है, उसे अनिवार्यत: उसका मूल्य चुकाना पड़ता है। वह अब पूर्णत: अपना स्वामी नहीं रहता, स्वाधीनता का अंश उन सत्ताओं को अर्पित करना पड़ता है, जो धरती पर उसका जीवन सम्भव बनाती हैं। बदले में ये सत्ताएँ उसके लिए पूरा एक नीति-विधान और नियम-संहिता बनाती हैं, जो उसके जीवन के समस्त पक्षों को प्रभावित करती हैं। मनुष्य वह अब भी रहता है, किन्तु अब उसका मनुष्यत्व सामाजिक, आर्थिक, ऐतिहासिक इकाइयों में विभाजित होने लगता है। यह कहना भी कठिन

लगता है कि उसकी अपनी एक अखंडित अस्मिता है—उसके भीतर उसकी 'अस्मिताएँ' कभी एक-दूसरे से अनजान, कभी आपस में टकराती हुई क़ायम रहती हैं।

इन सबके बीच 'साहित्य' का स्थान कहाँ है—यह एक प्रश्न है; शायद इससे अधिक महत्त्वपूर्ण प्रश्न यह है कि वह क्यों है, क्या प्रयोजन है उसके होने का? साहित्य के बारे में यह जिज्ञासा इसलिए जगती है, क्योंकि अन्य सामाजिक सत्ताओं की तरह वह कोई प्रयोजन पूरा नहीं करता। मनुष्य का कोई ऐसा पक्ष नहीं, जो उसके बिना सूखा या अतृप्त बचा रहे। उसकी समस्त भौतिक, सांसारिक इच्छाओं को दूसरी सत्ताएँ न्यूनाधिक मात्रा में तुष्ट कर देती हैं। और जहाँ तक उसकी आध्यात्मिक तृष्णा का प्रश्न है, शताब्दियों से विभिन्न धर्म-प्रतिष्ठान, ईश्वर की अवधारणाएँ, देवी-देवताओं का अस्तित्व किसी-न-किसी रूप में उसके जीवन और मृत्यु को अर्थ देते रहे हैं। इन सबके बावजूद अवश्य ही मनुष्य के भीतर कोई ऐसा रिक्त स्थान, कोई सूखापन, कोई तड़प बची रहती होगी जिसे कोई सत्ता अपने हिसाब-खाते में दर्ज नहीं करती, लेकिन जिसकी छाया हर अनलिखे पन्ने पर मँडराती है। क्या है वह छाया, जिसकी 'सत्ता' केवल साहित्य में मूर्तिमान होती है?

इसका एक सीधा-सा उत्तर होगा—मनुष्य के भीतर 'मनुष्यत्व' पाने की आकांक्षा। यह ऊपर से थोड़ा विरोधाभास जान पड़ेगा। वह जो पहले से ही 'मनुष्य' है, भला उसे मनुष्यत्व पाने का स्वप्न क्यों देखना चाहिए? यह इसलिए कि जिन सामाजिक-राजनीतिक सत्ताओं के बीच मनुष्य रहता है, वहाँ उसका केवल एक अंश उद्घाटित होता है, केवल उतना अंश जो इतिहास द्वारा परिचालित होता है। किन्तु मनुष्य सिर्फ़ ऐतिहासिक प्राणी नहीं है। इतिहास में वह जीता ज़रूर है (उसका कोई विकल्प नहीं है), लेकिन वह उसका 'घर' नहीं है। वह उसमें एक निर्वासित व्यक्ति की तरह जीता है। वह उसमें होकर भी कहीं और है, जिसकी कल्पना तो

वह कर सकता है, किन्तु जिसे वह परिभाषित नहीं कर सकता। इतिहास और समाज की सत्ताएँ उसे बाँधती हैं—कल्पना में वह हर दिये हुए बन्धन, क़ानून, नियम संहिताओं से मुक्त हो जाता है। दो शब्दों में कहें, तो वह पहली बार सामाजिक, ऐतिहासिक प्राणी होने के बजाय सिर्फ़ एक 'मनुष्य' होने की परिकल्पना करता है।

साहित्य वह 'घर' है—बिना दीवारों का घर—जहाँ वह पहली बार अपने 'मनुष्यत्व' से साक्षात्कार करता है।

यह सत्य का अनुभव है, सुख का नहीं। यदि हमें सुख की सुरक्षा चाहिए, तो हमें साहित्य के पास नहीं जाना चाहिए, घर शब्द से जो सुरक्षा की सुगंध आती है, वह साहित्य में नहीं है। घर वह सिर्फ़ इस अर्थ में है कि वहाँ हम समस्त बाहरी सत्ताओं से छुटकारा पाकर अपने सत्य के पास लौटते हैं। अपना सत्य यानी समूची मनुष्यता का अखंडित, अविभाजित सत्य। सत्ता हमेशा मनुष्य सापेक्ष होती है—साहित्य की विशेषता इसमें है कि वह मनुष्य द्वारा सृजित होने पर भी मनुष्येतर शक्तियों से नाता जोड़ता है, अपने को केवल मानव समाज तक सीमित नहीं रखता। साहित्य का सम्बन्ध प्रकृति और ब्रह्मांड की उन समस्त अन्धकारपूर्ण, रहस्यमय शक्तियों से है, जो मनुष्य के बाहर होते हुए भी उसकी नियति में दख़ल देती हैं। सत्ता का क्षेत्र मनुष्य जगत् है, किन्तु शक्ति का साम्राज्य समूचे प्राकृतिक परिवेश को घेरता है। मनुष्य जब अपने में लौटता है तो यहीं, इसी 'घर' में जिसकी विराटता, असीमता और अज्ञेयता आदिम मनुष्य को इतना आतंकित और सम्मोहित करती थी। साहित्य की 'सत्ता'—यदि उसे सत्ता कहा जा सके—उस वैदिक वृक्ष की याद दिलाती है, जिसकी जड़ें अन्तरिक्ष की ओर उठी हैं और शाखाएँ नीचे धरती की ओर झुकी हैं।

साहित्य का यह एक दूसरा विरोधाभास है कि उसमें मनुष्य अपनी औसत औकात से हटकर अपने अतिरेक में जीता है—और इस अतिरेक के माध्यम से हम उसके मनुष्यत्व के असली मर्म की तह में जा पाते हैं।

महाकाव्यों के चरित्र 'अतिरेक' के कारण ही नायक या हीरो बनने का गौरव प्राप्त करते हैं—क्योंकि वे जीवन की औसत सीमाओं का उल्लंघन करने का जोखिम उठाते हैं—अर्जुन अपनी वीरता में, दुर्योधन अपनी लिप्सा में, कर्ण अपनी दानशीलता में, युधिष्ठिर अपनी धर्म-मर्यादा में, द्रौपदी अपने प्रतिशोध में समाज की लगी-बँधी लीकों को तोड़कर हमारे सामने मानव-प्रकृति के चरम रहस्यों को उद्घाटित करते हैं। साहित्य की उत्कृष्ट कृतियाँ वे नहीं हैं जहाँ मनुष्य समाज के आईने में अपने प्रतिबिम्ब को देखता है, बल्कि वे हैं जिनमें वह आईने को तोड़कर अपने से परे जाता है—अपनी सम्भावना के अन्तिम छोर पर, जो उसके चरित्र की परिणति है—वह छोर है, जहाँ समसा नाम का एक ट्रैवलिंग सेल्समैन एक सुबह अपनी औसत ज़िन्दगी में अपने को एक कीड़े की तरह रेंगता पाता है और अन्ना कैरेनिना जैसी नायिका का प्रेम रेल की पटरी पर अपनी लहूलुहान लोथ में सम्पूर्ति पाता है। व्यास, टॉल्स्टॉय, काफ़्का के ये पात्र हमसे क्या कहते हैं? वे मानव जीवन के एक मूल सत्य को उद्घाटित करते हैं—वह यह कि मनुष्य का मनुष्यत्व उसकी यथास्थिति में नहीं, उसके अतिक्रमण में; उसकी औसत अवस्था में नहीं, उसके उल्लंघन में प्रकट होता है। 'अतिरेक' का क्षेत्र 'प्रकृति' का क्षेत्र है, सामाजिक नियमों का क्षेत्र नहीं। इन पात्रों में मनुष्य अपनी छद्म मर्यादाओं की ओढ़-बिछावन फेंककर प्रकृति के नग्न बीहड़ क्षेत्र में प्रवेश करता है।

इसी अर्थ में साहित्य के पात्र और स्थितियाँ मिथकीय आकार प्राप्त करती हैं। मिथक का प्रकृति से वही सम्बन्ध है, जो मनुष्य का अपने आभ्यंतरिक जगत् से। दोनों में एक ऐसी विराट अतिमानवीय शक्ति प्रवाहित होती है, जो झंझावात की तरह समाज के किसी नियम-क़ानून की परवाह किये बिना अपनी रौ में चलती है। कृष्ण जिस 'धर्म-मर्यादा' की बात दुर्योधन से करते हैं, वह दुर्योधन के क्रोध, आवेश, विजय-लालसा

के सामने क्या कुछ भी अर्थ रखते हैं? क्या कुंती के आँसू कर्ण की आक्रोश-अग्नि को थोड़ा भी बुझा पाते हैं? इलेक्ट्रा अपने भाई का दाह-संस्कार करने की आकांक्षा में क्या राज-नियमों की ज़रा भी चिन्ता करती है? नहीं, क्योंकि वे इन क्षणों में सामाजिक सत्ताओं के ऊपर किसी और शक्ति के नियंत्रण में हैं। सत्ता हमेशा मनुष्य सापेक्ष होती है, जबकि शक्ति एक मनुष्येतर दुनिया में प्रवाहित होती है। वह अपने 'होने' के लिए समाज की स्वीकृति और 'सैंक्शन' पर निर्भर नहीं होती। सत्ता का क्षेत्र मनुष्य जगत् है। वहीं से वह अपनी वैधता प्राप्त करती है। शक्ति का क्षेत्र समूचा ब्रह्मांड और मनुष्य की आन्तरिक प्रकृति है—दोनों जिस विस्फोटनीय स्थल पर मिलते हैं, वहाँ मिथकीय चरित्रों का जन्म होता है। साहित्य का स्रोत और कविता का उद्गम स्थल भी वही है।

यही कारण है कि साहित्य और सामाजिक सत्ताओं के बीच का सम्बन्ध इतना पेचीदा, दुविधाजनक और पीड़ायुक्त होता है। साहित्यकार भले ही जीने के लिए सत्ताओं के आगे घुटने टेकता रहे—साहित्य या वह साहित्य, जिसका उल्लेख हम यहाँ कर रहे हैं, हमेशा सत्ताओं की वैधता पर प्रश्नचिह्न लगाता है। समाज, विशेष कर राज्य सत्ता अपने सदस्यों को एक ख़ास लीक पर चलने के लिए बाध्य कर सकती है, विरोध करनेवालों को दंडित कर सकती है। बहुत समय नहीं गुज़रा जब राज्यों के नरेश अपनी सत्ता को 'दैवी अधिकार' (डिवाइन राइट) मानते आए थे। बीसवीं शताब्दी ऐसी निरंकुश शासक-सत्ताओं से अटी पड़ी है जिनकी तानाशाही का आतंक हर नीति-नियम, हर संविधान की सीमाओं के बाहर था। सत्ता की यह लिप्सा केवल सेक्यूलर राज्य-संस्थाओं तक सीमित नहीं थी। उनके 'धर्म प्रतिष्ठान' आज भी इतने शक्तिशाली हैं कि उनके आदेश का उल्लंघन ही एक अक्षम्य अपराध हो जाता है—और यह केवल मध्ययुग में ही नहीं था, जब लूथर और यान हुस को कैथोलिक चर्च के हाथों अपनी 'हैरेसी' के लिए दंड भोगना पड़ा था,

हमारे समय में सलमान रुश्दी और तसलीमा नसरीन को स्वयं अपनी अन्तश्चेतना की आवाज़ सुनने की सजा भुगतनी पड़ी है।

इसके विपरीत साहित्य के पीछे न राज्य सत्ता का बल है, न किसी धार्मिक संस्थान का आतंक। लेखकों को कारागृह में डाला जा सकता है, पुस्तकों को गली-चौराहों पर जलाया जा सकता है। ये हादसे कोई 'प्रिमिटिव' समाज की बर्बर सत्ताओं तले नहीं, ऐसे 'सभ्य' समाजों में होते थे जहाँ एक तरफ़ गोएटे और टॉल्स्टॉय की पूजा होती थी, दूसरी तरफ़ टॉमस मान और मैंडलश्टाम की पुस्तकों को पढ़ना निषिद्ध था। लिखा हुआ शब्द हमारे आधुनिक समाजों में जितना निरीह और निष्कवच रहा है, उतना शायद कभी नहीं। फिर क्या कारण है कि आततायी सत्ताओं को हमेशा वह एक ख़तरे भरा अन्देशा जान पड़ता है? कहाँ छिपा है उसकी शक्ति का स्रोत? यह स्रोत किसी बाहरी सत्ता में न होकर स्वयं शब्द के भीतर विद्यमान है। जो शब्द राजनीतिक सत्ताओं के समक्ष इतना निरीह और अवश दिखाई देता है, वही साहित्य में प्रवेश करते ही एक तरह की अज्ञात, असीमित ऊर्जा प्राप्त कर लेता है। बिना शब्द के साहित्य की परिकल्पना असम्भव है—इस दृष्टि से वह अन्य कलाओं से इतना भिन्न है। एक साहित्यिक कृति अपनी ऊर्जा उस भाषा से प्राप्त करती है, जिसमें वह अपने को रूपायित करती है। भाषा का सामाजिक पहलू उसके सम्प्रेषण में है, वहाँ वह एक 'माध्यम' के रूप में प्रयुक्त होती है। किन्तु साहित्य के सृजन-क्षेत्र में वह महज़ माध्यम बनकर नहीं रह पाती, बल्कि एक स्वायत्त शक्ति के रूप में प्रकट होती है। वह अपने प्रयोजन में समाजोन्मुख भले ही हो, अपने 'होने' के लिए समाज पर आश्रित नहीं है। शब्द वही रहते हैं, लेकिन एक कविता, नाटक, उपन्यास में आते ही वे अपनी स्मृतियों, संस्कारों, सन्दर्भों को उजागर करते हैं, सामाजिक सम्प्रेषण की व्यावहारिक शब्दावली से कहीं अधिक 'अस्तित्ववान' होते हैं—'अस्तित्ववान' इस अर्थ में कि वे सामाजिक उपादेयता से ऊपर

उठकर स्वयं मनुष्य को अपने अस्तित्व की मूलगामी स्थिति की ओर आकृष्ट करते हैं। साहित्य में प्रवेश करते ही 'शब्द' एक अतिरिक्त शक्ति प्राप्त कर लेता है।

यहाँ प्रश्न तथाकथित साहित्यिक भाषा का नहीं है, जो बोलचाल की भाषा की तुलना में कहीं अधिक बोझिल, कृत्रिम और पंडिताऊ होती है। मैं जिस अन्तर की ओर संकेत कर रहा हूँ, वह भाषा के चरित्र से नहीं, उसके उपयोग से सम्बन्ध रखता है। सामाजिक और राजनीतिक सत्ताओं के लिए भाषा सिर्फ़ एक उपयोग का साधन है—जिसे समाचार-पत्रों, राजनीतिक घोषणाओं और प्रचार के रूप में इस्तेमाल किया जाता है। उसकी उपादेयता का मापदंड इसमें है कि वह किस वर्ग और सम्प्रदाय का कितना हित साधने में सफल होती है। इसके विपरीत जो शब्द कविता और उपन्यास में प्रयुक्त होता है, उसकी शक्ति किसी सत्ता के स्वार्थ के लिए नहीं, स्वयं अपना 'अर्थ' उद्‌घाटित करने में प्रकट होती है। साहित्य के 'मैग्नेटिक फील्ड' में प्रवेश करते ही वह एक अद्‌भुत उज्ज्वलता, पवित्रता और ऊर्जा प्राप्त कर लेता है। क्रिश्चियन धार्मिक अर्थ में वह 'ग्रेस' के आलोक-मंडल में आ जाता है। हम चाहें तो कह सकते हैं कि जिस तरह मिथक औसत का अतिरेक है, उसी तरह कविता का शब्द स्वयं भाषा का अतिरेक है; उसकी शक्ति दूसरों तक पहुँचने में नहीं, अपनी ओर लौटने में है। अपनी ओर लौटकर ही वह साहित्य के सत्य को दूसरों तक पहुँचा सकता है।

हमने ऊपर 'साहित्यिक शब्द' को अस्तित्ववान कहा था—उसे थोड़ा और स्पष्ट करने की ज़रूरत है। हर सामाजिक सत्ता एक ऐतिहासिक क्षण की उपज है, इस अर्थ में वह समय-सापेक्ष है। वह चाहे कितनी मानववादी, कितनी लोकतांत्रिक क्यों न हो, मनुष्य के समूचे अस्तित्व के परिप्रेक्ष्य में हमेशा अधूरी, असन्तोषजनक, अपनी ऐतिहासिक बाध्यताओं द्वारा सीमित होती है। समय उनके भीतर बहता है, इसलिए भ्रष्ट होने के

कीटाणु उनमें हमेशा मौजूद रहते हैं। यथार्थ और आदर्श के बीच की अँधेरी खाई हमेशा खुली रहती है। साहित्य पर इस तरह का कोई अंकुश नहीं है। वह अपनी शक्ति भाषा के जिस स्रोत से प्राप्त करता है, वह मानव स्वभाव की चिरंतनता, समग्रता, उसके आदि स्वरूप से सम्बन्ध रखती है। इतिहास की छायाएँ उस पर ज़रूर हैं, उसके स्वरूप को तिरोहित नहीं करतीं, उलटे उसकी आत्यन्तिक छवि, उसके 'अस्तित्ववान' सत्य को और अधिक सघनता और उज्ज्वलता में उद्घाटित करती हैं। साहित्य वह लीलास्थल है, जिसमें इतिहास की छाया और मनुष्य के सत्य की द्वंद्व-क्रीड़ा चलती है विश्व साहित्य के शायद सबसे शक्तिशाली प्रसंग वहाँ आते हैं, जहाँ इस द्वंद्व के कुहासे में पहली बार मनुष्य को अपने 'अस्तित्व' का स्वर एक मर्मांतक चीख़ की तरह सुनाई देता है—एक ऐसी चीख़ जो समस्त ऐतिहासिक और राज्य सत्ताओं को भेदती हुई समय के आर-पार चली जाती है। एक ऐसा ही दृश्य टॉल्स्टॉय अपने उपन्यास 'युद्ध और शान्ति' में प्रस्तुत करते हैं, जिसका ज़िक्र मैंने अन्यत्र किया है और जिसे मैं यहाँ दोबारा उद्धृत करना चाहूँगा। प्रसंग युद्ध का है, जब समूचा मॉस्को शहर धू-धू जल रहा है। उपन्यास का एक मुख्य पात्र पियेर बदहवास-सा होकर जलते हुए मकानों और रोते-चीख़ते लोगों के हाहाकार के बीच भाग रहा है। अचानक नेपोलियन के सैनिक उसे पकड़ लेते हैं और उसे बन्दी बना लिया जाता है :

> और तब उसे लगा, जैसे वह किसी दीर्घ निद्रा से जागा है। वह सोचता है, उन्होंने मुझे बन्दी बना लिया है, मैं पकड़ लिया गया हूँ। लेकिन मैं कौन? उन्होंने किसे बन्दी बनाया है, वह जो मेरी अमर आत्मा है? वह हँसने लगा और फिर अचानक उसकी आँखें आकाश की ओर उठ गईं जहाँ मॉस्को के आकाश में असंख्य तारे चमक रहे थे। 'यह सब मेरा है और यह सब मैं हूँ।' और यह विचार आते ही व्यथा का सारा बोझ उसकी

आत्मा से उतर गया मानो सहसा उसने अपने और सृष्टि के बीच एक गहरा एकात्म पा लिया हो।

ऊपर के उद्धरण में, जैसा आपने नोट किया होगा, एक अजीब वाक्य आता है, 'जैसे वह किसी दीर्घ निद्रा से जागा है।' यह वह 'नींद' है जिसमें हम मरते हैं, मारते हैं, जीत और हार का खेल खेलते हैं, जहाँ मनुष्य के सब काम जैसे उसकी चेतना के बाहर अँधेरे में होते हैं। किन्तु कोई ऐसा दुर्लभ क्षण आता है, जब इतिहास की कुहेलिका में नीचे सहसा हमारी आँखें खुल जाती हैं और हम अपने समूचे 'अस्तित्व' के प्रति सचेत हो जाते हैं, हमारे अहं और सृष्टि के बीच की दीवारें ढह जाती हैं। यह वह क्षण होता है, जब मनुष्य की 'विभाजित अस्मिताएँ' जिसका उल्लेख हमने आलेख के आरम्भ में किया था, एक-दूसरे में घुल-मिल जाती हैं। मनुष्य अपने भूले हुए 'मनुष्यत्व' को पा लेता है, जहाँ वह इस धरती पर एक अनाथ व्यक्ति नहीं, एक 'अमर आत्मा' हो जाने का चमत्कारिक अनुभव करता है। वह अपनी निर्वासित अवस्था से मुक्ति पाकर अपने खोए हुए 'घर' में लौट आता है।

अपने 'सम्पूर्ण' होने का जो बोध मनुष्य को साहित्य में होता है, वह एक समग्र अनुभव है। मनुष्य उसे एक स्मृति की तरह अपने भीतर सँजोकर जीता है। जिस विराट का अनुभव टॉल्स्टॉय के पात्र को युद्ध की विभीषिका तले हुआ था, हमें अपने जीवन के खंडित, जर्जरित, दिग्भ्रांत क्षणों में होता है, जब हम किसी महान् कलाकृति के सम्पर्क में आते हैं। ज़रूरी नहीं, यह अनुभव स्थायी हो। यह एक तरह का अपूर्व, अद्वितीय आनन्द है—एक एक्स्टेसी का स्पन्दन—जो होता भाषा में है लेकिन अपने में शब्दातीत है। क्षणिक होता हुआ भी वह एक अमिट स्मृति की छाप हम पर छोड़ जाता है। कालान्तर में इन्हीं स्मृतियों की श्रृंखला एक जाति का संस्कार बन जाती है, उसकी जीवन गति को एक विशिष्ट लय प्रदान करती है।

यूरोपीय मानसिकता को जहाँ बाइबल की धार्मिक-आध्यात्मिक परम्परा ने प्रभावित किया है, वहाँ उतनी ही तेजस्विता से ग्रीक महाकाव्यों की कथाओं ने एक विशिष्ट जीवन-दृष्टि में ढाला है। पश्चिमी सभ्यता की परिकल्पना उनके बिना करना उतना ही असम्भव होगा, जितना 'रामायण' और 'महाभारत' के बिना भारतीय संस्कृति के मूल चरित्र के सम्बन्ध में कुछ भी कहना सारहीन होगा। किसी जाति की एपिक-गाथाएँ और महाकाव्य अपनी प्रभाव शक्ति में उसके 'धर्मग्रंथों' से कम महत्त्वपूर्ण नहीं होते। भारतीय परम्परा में तो एक को दूसरे से अलग करना ही असम्भव होगा। 'रामायण' और 'महाभारत' की काव्यात्मकता उतनी ही प्रखर और ओजपूर्ण है, जितनी उनकी आध्यामिक गहनता (यह आकस्मिक नहीं है, कि गीता का प्रवचन युद्ध की छाया तले दिया गया था, किसी तपोवन के मनोरम परिवेश में नहीं)। भारतीय संस्कृति की ये महान् काव्य-रचनाएँ न तो ओल्ड टेस्टामेंट और क़ुरान की तरह निरी धर्म-पुस्तकें और आचार-संहिताएँ हैं, न ग्रीक महाकाव्यों—'इलियड' और 'ओडिसी' की तरह 'सेक्यूलर' साहित्यिक कृतियाँ हैं। वे दोनों हैं और दोनों में से एक भी नहीं हैं। वे मनुष्य को उसकी समग्रता में, उसके उदात्त और पाशविक, गौरवपूर्ण और घृणास्पद, उजले और गँदले—उसके समस्त पक्षों को अपने प्रवाह में समेटकर बहती हैं। कला में सौन्दर्य का आस्वादन और सत्य की बीहड़ खोज कोई अलग-अलग अनुभूतियाँ न होकर एक अखंडित और विराट अनुभव का साक्ष्य बन जाती है।

काव्य का यह अनुभव हमें ऐसे स्तर पर ले जाता है, जहाँ साहित्य न तो सत्ता के विरोध में है, न उसके समर्थन में। पक्ष-प्रतिपक्ष का प्रश्न वहीं उठता है, जहाँ दोनों को अलग इकाइयों में बाँटकर देखा जाता है जबकि यथार्थ में इस तरह का अलगाव असम्भव है। हर सामाजिक सत्ता, वह शासन की हो अथवा किसी चर्च या धर्म-प्रतिष्ठान की, एक तरह से मनुष्य का ही वृहत्तर स्वरूप है, उसकी आन्तरिक आकांक्षाओं, कामनाओं का प्रत्यक्षीकरण।

इस अर्थ में हर सत्ता आधा स्वप्न, आधा यथार्थ होती है। यथार्थ में हिंसा, लोलुपता, अहम्मन्यता के तामसिक तत्त्व क्रियाशील रहते हैं, स्वप्न में उनका अतिक्रमण करके एक 'ईश्वरीय' व्यवस्था (संत आगस्टाइन के शब्दों में, 'किंग्डम ऑफ़ गॉड') रचने का आदर्श निहित रहता है। दार्शनिकों ने जिस 'यूटोपिया' की परिकल्पना की थी, वह चाहे रूसो की प्राकृतिक जीवन व्यवस्था हो, मार्क्स का वर्गहीन समाज या गांधी का रामराज्य, उनके मूल में भविष्य के आदर्श समाज का यही स्वप्न मौजूद रहता है। बाइबल की कथा में जिस आदि मानव को 'गार्डन ऑफ़ ईडन' से बहिष्कृत करके पाप के कीचड़ में फेंक दिया था—जो यह संसार है—यह उससे उबरकर पुनः उस खोई हुए पवित्रावस्था में लौटने की लालसा है। क्या यह 'लालसा' हमें उस अनुभव की याद नहीं दिलाती, जो हमें संसार की महान् साहित्यिक कृतियों के सम्पर्क में होती है—अपनी निर्वासित अवस्था से मुक्ति पाकर अपने 'घर' लौटने की लालसा, ताकि मनुष्य इस धरती पर एक अजनबी बनकर न रहे? सामाजिक क्रान्तियों की परिणति कितनी ही भयावह हो, उनके उत्स में इसी आदर्शमय, काल्पनिक, स्वर्णिम समाज को धरती पर बसाने की आकांक्षा होती है। यह बात अलग है कि सफल होने पर हर क्रान्ति कल्पना के 'घर' को कारागृह के यथार्थ में बदल देती है।

सच पूछा जाए तो इस धरती पर यह कारागृह ही मनुष्य का असली घर है—बाक़ी सब उसकी कामनाओं का कल्पनालोक है। किन्तु कल्पनालोक का सत्य भी कारागृह की दीवारों से कम यथार्थपूर्ण, कम जीवनदायी, कम शक्तिवान् नहीं होता। साहित्य हमें मुक्ति नहीं दिलाता, वह हमें बन्दी होने का एहसास कराता है। वह हमारे भीतर के रिक्त स्थानों को नहीं भरता, उनमें ख़ालीपन को दर्शाता है। यह ख़ालीपन हर जगह है, जहाँ पहले ईश्वर वास करता था। साहित्य का शब्द ईश्वर के विरह शोक को नहीं भरता, उसे एक घाव की तरह खोलता है।

इस अर्थ में हर साहित्यिक कृति सेक्यूलर सत्ताओं के मरुस्थल में एक असीम तृष्णा का अनुभव कराती है।

आधुनिक समय में हमने एक ऐसी दुनिया का निर्माण किया है, जहाँ से ईश्वर को 'देश-निकाला' दे दिया गया है। किसी दूसरे ग्रह का प्राणी अगर हमारी दुनिया के प्रवेश-द्वार पर आएगा, तो वह वहाँ पर यह तख़्ती देखेगा—'ईश्वर अब यहाँ नहीं रहता!' यदि ईश्वर कहीं है, तो उसी निर्वासित अवस्था में, जिसमें मनुष्य अपने को बिना ईश्वर के पाता है। एक दुनिया के बाहर, बहिष्कृत। दूसरा, दुनिया के भीतर निर्वासित...किन्तु ऐसे भी स्थल हैं, जहाँ दोनों एक-दूसरे को खोजते हुए पा लेते हैं, फिर खो देते हैं, फिर पा लेते हैं। खोने और पाने की यह आँख-मिचौनी जब तक चलती रहेगी, कविता और उपन्यास लिखे जाते रहेंगे। ईश्वर एक भिखारी है, जो हर घर का दरवाज़ा खटखटाता है। कवि उसे अपनी आत्मा के निविड़ अंधकार और सन्नाटे में सुनता है। हमने यदि साहित्य के शब्द को 'ग्रेस' की महिमा दी थी, तो कुछ सोच-समझकर ही। वह शब्द के भीतर ईश्वर की खटखटाहट है, जिसे इतिहास की सत्ताएँ अनसुना कर देती हैं। और लेखक अपनी रचना में 'दर्ज' कर लेता है। जिस रचना में वह खटखटाहट नहीं सुनाई देती, वह कितनी ही 'सत्तावान' क्यों न हो, साहित्य नहीं होती।

हमने शब्द को भाषा का अतिरेक माना था। हम चाहें तो कह सकते हैं कि 'ईश्वर' की अदृश्य सत्ता समस्त सत्ताओं का अतिरेक है। किसी लगे-बँधे 'धार्मिक' अर्थ में नहीं, बल्कि एक मनुष्येतर शक्ति के अर्थ में, जो मनुष्य के भीतर अन्तर्निहित है, उसके बाहर नहीं।

साहित्य का सम्बन्ध लौकिक सत्ताओं से क्या होगा, कैसा होना चाहिए, यह अन्ततः इस पर निर्भर करता है कि वह मनुष्य की इस 'अतिरेक सत्ता' से कैसा सम्बन्ध जोड़ता है। आज के 'सेक्यूलर' युग में जब मनुष्य की स्थिति को बदलने का दावा करने वाली सब क्रान्तियाँ धूल में ध्वस्त हो गई हैं—लौकिक सत्ता और 'अलौकिक' के बीच सम्बन्ध की पड़ताल क्या नये सिरे से आरम्भ नहीं होनी चाहिए?

सृजन का परिवेश

मुझे आज आपने इस विषय पर बोलने के लिए कहा है—एक लेखक की सृजन-प्रक्रिया और उसका परिवेश। सच तो यह है अगर मुझे यह अवसर न मिलता, तो शायद स्वतः अपनी इच्छा से मैं इस विधा पर कुछ अलग से लिखने या सोचने के लिए उत्प्रेरित न होता—न ही शायद उसकी कोई अन्दरूनी ज़रूरत महसूस करता। गुरु द्रोणाचार्य के लिए अर्जुन यदि धनुर्विद्या में अपना सबसे निपुण शिष्य जान पड़ा तो सिर्फ़ इसलिए कि निशाना बाँधते समय अर्जुन अपने परिवेश के प्रति सम्पूर्णतया अचेत था, उसकी सारी चेतना तो अपने तीर की नोक और पक्षी की आँख पर केन्द्रित थी। एक कलाकार—एक अच्छे कलाकार का शायद अपनी क़लम की नोक और लिखे जानेवाले शब्द के बीच ऐसा ही सचेत सम्बन्ध होना चाहिए।

दरअसल, देखा जाए तो लेखक के सृजन-कर्म में चेतन और अचेतन का बहुत ही नाज़ुक और दुर्लभ सन्तुलन होता है। टी.एस. इलियट ने एक

बार कहा था कि बुरे कलाकार वे होते हैं, जो उन चीज़ों के प्रति अचेत होते हैं, जिनके प्रति उन्हें सचेत होना चाहिए और उन चीज़ों के प्रति सचेत होते हैं, जिनके प्रति उन्हें अचेत होना चाहिए।

जब हम किसी लेखक के 'परिवेश' की चर्चा करते हैं, तो सचेत और अचेत के बीच का सम्बन्ध कुछ अधिक पेचीदा और समस्यामूलक हो जाता है। शायद ही कोई लेखक, चाहे वह कितना ही घोर 'यथार्थवादी' लेखक क्यों न हो, किसी संकल्प सिद्धान्त के तहत अपना परिवेश चुनता है। इच्छा-अनिच्छा से उसे ऐसी अधिकांश स्थितियों के बीच जीना होता है, जो पहले से ही पूर्व-निर्धारित हैं, जिन पर उसका कोई बस नहीं। एक हद तक वह इस दुनिया के विभिन्न प्रभावों को अनायास और निश्चेष्ट ढंग से जज़्ब करता रहता है। यह कहना शायद ज़्यादा उचित होगा कि वह अपने परिवेश को नहीं चुनता, वह अपने परिवेश द्वारा चुना जाता है।

जब अपने आरम्भिक जीवन—जिसे बचपन का समय कहा जाता है—के बारे में सोचता हूँ, तो मुझे यह दुनिया ही याद आती है, स्कूल, परिवार, माँ-बाप और शहर जिनके बनाने या चुनने में मेरा अपना कोई हाथ नहीं था, जो हमेशा से वहाँ थे, मुझसे बाहर लेकिन हमेशा मुझे अपने में घेरे हुए—शिमला के उन पहाड़ों की तरह, जिन्हें मैं हर रोज़ देखता था, जो मुझसे दूर और अलग होते हुए भी मेरी स्मृति का अभिन्न अंग थे। जिसे हम लेखक का परिवेश कहते हैं, वह बाहरी दुनिया का यथार्थ नहीं है, जिसमें वह जीता है, उसका परिवेश तभी बन पाता है जब वह अपना बाहरीपन छोड़कर उसके भीतर जीने लगता है। यह वह ममेतर है, जो मेरे 'मम' का ही हिस्सा है, कोई अलग, कोई अजनबी प्रदेश नहीं—एक ऐसा अन्दरूनी लैंडस्केप जिसकी आड़ी-तिरछी छायाएँ उसके रचना-संसार पर पड़ती रहती हैं।

हम अपने जीवन में जो अनुभव भोगते हैं, जिन प्रभावों को ग्रहण करते हैं, जिन घटनाओं द्वारा आक्रान्त या उद्वेलित होते हैं, वे उत्तरोत्तर

हमारे भीतर के ऐसे स्थलों को आलोकित करते हैं, जिनके प्रति हम या तो अब तक अचेत थे या जो अब तक अँधेरे में पड़े थे। कभी-कभी कहानी लिखते समय मैं अपने को ऐसे अनुभव-क्षेत्र में पाता हूँ, कि मुझे अपने विगत जीवन की झाँकी दिखाई देने लगती है, जो अब तक उपेक्षित पड़ी थी। कहानी का काल्पनिक अनुभव सहसा मुझे अपने विस्मृत यथार्थ से साक्षात् करा देता है। जिस तरह आत्मबोध की प्रक्रिया बराबर चलती रहती है, उसी तरह अपने परिवेश के प्रति सचेत और संवेदनशील होने की प्रक्रिया भी कभी समाप्त नहीं होती। दोनों में बराबर एक अन्तरंग सम्बन्ध क़ायम रहता है। हर व्यक्ति के साथ ऐसा होता है किन्तु कलाकार के सृजन-कर्म में यह सम्बन्ध सबसे अधिक सजीव और नाटकीय रूप में उद्घाटित होता है। कलाकार का परिवेश कच्ची धातु का वह ख़ज़ाना है जो किसी कलाकृति के संसार में अपने ऐंद्रिक बिम्बों और चित्रों द्वारा प्रकट होता है। यही उस कलाकृति को एक असाधारण विशिष्टता प्रदान करते हैं। यदि एक ही वस्तु-जगत् में रहते हुए दो लेखक अपनी कविता, कहानी में उसे बिलकुल अलग-अलग ढंग से अनुभूत और रूपायित करते हैं, तो इसका सीधा-सा कारण यह है कि दोनों की दुनिया एक होते हुए भी उन्हें अलग-अलग रूप-रंगों में दिखाई देती है। कलाकृति के दायरे में आते ही उस दुनिया का यथार्थ बदल जाता है, जो बाहर से एक जैसी ही दिखाई देती है। नदी, सागर, आकाश और पहाड़ों के शब्द एक जैसे ही रहते हैं, किन्तु यदि हर कलाकार अपनी रचना में उनके द्वारा नितान्त भिन्न अनुभूतियाँ जाग्रत करता है, तो इसलिए कि इन शब्दों का परिवेश और उससे जुड़ी स्मृतियाँ हर लेखक के लिए अलग-अलग होती हैं। अज्ञेय जिस 'सागर' का उल्लेख अपनी कविता में करते हैं, वह मैंने भी देखा है, किन्तु जिस स्मृति संस्पर्श से वह उनके शब्दों में आलोड़ित होता है, उसकी अनुभूति मैं केवल उनकी कविता में ही कर पाता हूँ।

इस बिन्दु पर हम सृजन के उस हत्-स्थल पर पहुँच पाते हैं, जो रचना के भीतर स्पंदित होता है। मैं उसे 'स्मृति का परिवेश' कहना चाहूँगा। लिखते हुए मुझे ऐसा नहीं लगता कि मैं किसी नये, अजीब स्थान की ओर जा रहा हूँ, बल्कि ऐसा लगता है कि मैं बार-बार हर कहानी और उपन्यास में उसे पाने की चेष्टा कर रहा हूँ, जिसके यथार्थ को मैंने खो दिया है, किन्तु जिसकी स्मृति की छाया अब भी बची है। मैं शब्दों द्वारा भोगे हुए यथार्थ को नहीं, भूले हुए यथार्थ को पुनर्जीवित करना चाहता हूँ। हमें किसी अजाने अजनबी स्थान में जाकर या किसी निपट नये अनुभव से गुज़रते हुए ऐसा भ्रम होता है कि हम यहाँ पहले भी आ चुके हैं, या हमारे साथ ऐसा पहले भी हो चुका है। ऐसा क्यों होता है? क्या यह सिर्फ़ मन का भ्रम है—एक छलना से अधिक कुछ नहीं? बहुत वर्ष पहले एक बार अमेरिका में विस्कान्सिन जाने का सुयोग मिला था, मेरी भारतीय मित्र अपनी गाड़ी में मुझे शहर घुमाने ले गईं। सर्दियों का मौसम था, छतों पर बर्फ़ जमी थी और सड़कों पर पेड़ नंगे खड़े थे। जब हम सैर के बाद घर लौटे तो वह कुछ नाराज़-सी दिखाई दीं। मैंने कारण पूछा तो कहने लगीं, तुम विस्कान्सिन पहली बार आए हो, लेकिन सारी शाम तुम इस शहर में कभी शिमला देखते रहे हो, कभी दिल्ली; विस्कान्सिन तुमने नहीं देखा! इस पर मैंने उन्हें तुर्गनेव की एक कहानी सुनाई, जिसमें एक साथ चार मित्र अपने प्रथम प्रेम के बारे में एक-दूसरे को बता रहे हैं। जब तीनों मित्र अपनी कहानी समाप्त कर चुके तो उन्होंने अपने चौथे मित्र से पूछा—तुम्हारे प्रथम प्रेम का अनुभव कैसा रहा? उसने कहा—दोस्तो, बात यह है, मेरा पहला प्रेम हुआ ही नहीं, इसलिए मैंने दूसरे से शुरू किया। हम जिसे पहला अनुभव कहते हैं, दरअसल वह पहले की आवृत्ति होता है, जो कभी हमारे अतीत या अचेतन में पहले ही घट चुका होता है। हम पहले अनुभव को नहीं, उसकी स्मृति को जीते हैं। महत्त्वपूर्ण बात यह है कि इसी स्मृति के सहारे ही हम उस अनुभव की प्राथमिकता,

उसके पहलेपन की ताज़गी और नूतनता से साक्षात् करते हैं। हर महत्त्वपूर्ण रचना, कलाकृति यही करती है, वह हमें अपनी स्मृतियों के संकेतों और बिम्बों के द्वारा हमारे जीवन के 'प्राथमिक अनुभवों' से साक्षात् कराती है, जो विस्मृति की परतों के नीचे दबे रह गए थे। हमें लगता है कि हम इस सृष्टि में अकेले व्यक्ति हैं, जो प्रेम, घृणा, ईर्ष्या, त्याग और विषाद जैसी अनुभूतियों को उनके नंगे कुँवारेपन में अनुभूत कर रहे हैं। यही कारण है कि जो घटनाएँ और अनुभव हमें अपनी औसत दिनचर्या में अछूता छोड़ जाते हैं, वे ही एक उपन्यास या कविता में रूपान्तरित होकर हमें इतने गहन स्तर पर झिंझोड़ जाते हैं।

एक लेखक को चौबीस घंटों में सोते-जागते सैकड़ों अनुभव होते हैं, किन्तु हर अनुभव उसके संवेदन तंत्र को स्पंदित नहीं करता। बाह्य-जगत् का केवल वही प्रभाव कलात्मक अनुभव बन पाता है, जो हमारे भीतर अपना एक परिदृश्य रचने में समर्थ होता है। और यह वह तभी कर पाता है, जब वह अनुभव की ऊपरी सतह से नीचे जाकर उसके स्मृति परिवेश में अपनी जगह बना लेता है। जर्मन कवि रिल्के ने एक बार अपने मित्र को पत्र लिखते हुए कहा था :

> मैं अपने होटल की खिड़की से पहाड़ों को देख रहा हूँ...मैं सिर्फ़ देख रहा हूँ, लेकिन उनके बारे में तुम्हें तब तक नहीं लिख सकता, जब तक वे मेरे भीतर भी कोई समानान्तर छवि नहीं बना देते...।

बहुत वर्ष पहले मैंने कलाकार के अनुभव और स्मृति-लोक के सम्बन्ध को विश्लेषित करते हुए एक निबन्ध लिखा था; यहाँ आपकी अनुमति से मैं उसकी कुछ पंक्तियाँ उद्धृत करना चाहूँगा, जो शायद इस सन्दर्भ में प्रासंगिक होंगी :

मुझे हमेशा अपना अतीत, अपनी स्मृतियाँ समय की धारा में ठहरे हुए सूत्र और संकेत जान पड़ते हैं। वे अन्तहीन प्रतीक्षा में दरवाज़े पर बन्द ताले के सामने पड़े रहते हैं और जब कोई अनुभव, कोई तनाव सामने आकर 'खुल सिम सिम' का जादू-मंत्र कह डालता है, तब ताला हिलता है, दरवाज़ा खुल जाता है और कच्चे-पक्के अनुभव, धूल और पसीने में लथपथ हमारी दैनिक औसत अनुभूतियाँ अपने को समेट देहरी लाँघकर उस गुफा में दाख़िल हो जाती हैं, जिसे हम लेखक का 'रचना-लोक' कहते हैं। किन्तु महत्त्वपूर्ण मेरे लिए यह अनुभव नहीं, स्मृति का वह झरोखा है जिसमें से गुज़रकर वे कहानियाँ बनते हैं। हवा में उड़ते, आसपास मँडराते अनुभव-खंडों में किसको पकड़ पाता हूँ, किसको छोड़ देता हूँ, किसको महज़ गुज़र जाने देता हूँ—यह महज़ संयोग पर निर्भर नहीं करता, न ही यह मेरी कलात्मक दक्षता या चालाक पकड़ पर निर्भर करता है, बल्कि जब तक उन अनुभव-खंडों को मेरे भीतर का जादू-मंत्र, अतीत पर गड़े स्मृति-संकेत अपने पास नहीं बुलाते, मैं उनका कोई फ़ायदा नहीं उठा सकता, उनकी कभी कोई कहानी नहीं बनती। ज़रूरी नहीं कि अगर कोई अनुभव स्मृति के इस घेरे में आ जाते हैं, तो वे सचमुच किसी सार्थक या अच्छी रचना में परिणत हो सकेंगे, किन्तु हर कहानी की शुरुआत या उसे शुरू करने की आकांक्षा इस बुलावे के आग्रह-स्मृति द्वारा अनुभव को आमंत्रित करने और अनुभव द्वारा स्मृति का दरवाज़ा खटखटाने की प्रार्थना से शुरू होती है।

काफ़्का ने जिसे 'ज़िन्दगी का गौरव' कहा है, मुझे लगता है, वह कलाकार की रचना पर भी लागू होता है। एक जगह वह अपनी डायरी में कहते हैं :

> ऐसा बिलकुल सोचा जा सकता है कि ज़िन्दगी का गौरव अपनी समूची सम्पूर्णता में हममें से हर व्यक्ति की प्रतीक्षा कर रहा है, लेकिन वह कहीं बहुत गहरे में, अदृश्य आँखों से ओझल है। वह ज़रूर वहाँ है और वह सहानुभूति-शून्य नहीं है, अनिच्छुक नहीं है, बधिर नहीं है। अगर तुम उसे सही शब्द, सही नाम से बुलाते हो, तो वह आएगा। यह जादू का मर्म है कि वह बनाता नहीं, बुलाता है।

मुझे लगता है, कला का मर्म भी यही है; वह उस सही नाम, सही शब्द की खोज है, जिसके द्वारा वह हमें अपने स्मृति-परिवेश में आने के लिए आमंत्रित कर सके। यहाँ प्रश्न उठता है कि क्या हम एक ऐसे परिवेश में अपने जीवन का सत्य पा सकेंगे, जो किसी कलाकार या लेखक की वैयक्तिक स्मृतियों और अनुभूतियों से उपजा है, जिसमें हमारा कोई साझा नहीं, जो सिर्फ़ एक कलाकार की निजी वैयक्तिक पूँजी है?

लेकिन यदि यह बात सच होती तो यह कैसे सम्भव होता है कि एक कलाकृति का सत्य अपने निजी परिवेश का अतिक्रमण कर हम तक पहुँच जाता है, कलाकार का वैयक्तिक अनुभव हमारा सच हो जाता है? आश्चर्य की बात यह भी है कि एक कलाकृति अपनी जातीय सीमाओं का उल्लंघन कर लेती है। अपने को समय और स्पेस और इतिहास के खूँटों से मुक्त करके एक तरह की सार्वभौमिकता भी अर्जित कर लेती है। अगर ऐसा न होता तो नितान्त भिन्न और अजान परिवेशों में रचे हुए होमर के महाकाव्य, शेक्सपियर के नाटक और टॉल्स्टॉय के उपन्यासों में हम कैसे अपने जीवन का सत्य खोज लेते? यह सही है कि व्यास, वाल्मीकि और तुलसीदास की काव्य-रचनाओं में हमें जो भावात्मक गरमाई और आत्मीयता मिलती है, वह होमर और शेक्सपियर में नहीं और इसका सीधा-सा कारण यह है कि उसके पौराणिक, धार्मिक, प्राकृतिक परिवेश में कहीं दूसरे सांस्कृतिक सन्दर्भों और स्मृति का भी साझा है;

काव्य में आया हुआ कोई प्रतीक, कोई बिम्ब, कोई रूपक सिर्फ़ सौन्दर्यानुभूति नहीं जगाते, वे दो हज़ार वर्ष पहले के कवि और बीसवीं शती के भारतीय पाठक के बीच सामान्य सन्दर्भ-बिन्दुओं को भी आलोकित करते हैं। यदि मध्यकाल में भक्ति काव्यधारा भारत के सुदूर भौगोलिक खंडों में बिना किसी संचार-साधन के प्रवाहित हो सकी, जिसने विभिन्न वर्गों और वर्णों को और विभिन्न भाषा-भाषी लोगों को इतने विराट् पैमाने और गहन स्तर पर आलोड़ित किया तो इसीलिए कि समस्त भेद-भावों के बावजूद स्मृति के वे स्रोत और सांस्कृतिक सन्दर्भ एक ही थे जो उनकी सृजन-प्रेरणा को उन्मेषित करते थे। भारतीय संस्कृति में क्लासिक कला और लोककला के बीच एक सतत जीवन-सम्बन्ध जोड़ने का काम भी इन्हीं सामान्य सन्दर्भ-बिन्दुओं की उपस्थिति से सम्भव हो पाता था।

मैंने यदि अपने विषय से भटककर भारतीय संस्कृति की इन कतिपय विशेषताओं की ओर संकेत करना ज़रूरी समझा तो इसलिए कि मैं उस प्रश्न को सही सन्दर्भ में प्रस्तुत कर सकूँ जो आधुनिक कला की मुख्य समस्या रही है; जिसे आज की फ़ैशनेबल शब्दावली में 'सम्प्रेषण का संकट' कहा जाता है। समकालीन साहित्य के सम्बन्ध में—विशेष कर कतिपय लेखकों, विचारकों की कृतियों के सन्दर्भ में—यह आपत्ति उठाई जाती है कि उनके द्वारा जो कुछ रचा-लिखा जाता है, उसका कितना अंश अपनी पूरी अर्थवत्ता के साथ सामान्य पाठक तक सम्प्रेषित हो पाता है? और जो कुछ एक टेक्स्ट से ग्राह्य भी होता है, वह क्या स्वयं पाठक की ग़लतफ़हमी से तो उत्पन्न नहीं होता, जिसे हम एक पुस्तक की 'मिसरीडिंग' कहते हैं? क्या सम्प्रेषण के संकट का बीज उस दूरी में है, जो आधुनिक युग में व्यक्ति और समाज के बीच फैल गई है, जहाँ कलाकार का सृजनात्मक परिवेश केवल उसकी वैयक्तिक अनुभूतियों और स्मृतियों तक सीमित रह गया है, जिसमें समाज के अन्य सदस्य साझा नहीं कर पाते, इसलिए नहीं कि वे अशिक्षित या संवेदनशून्य हैं,

बल्कि इसलिए कि स्मृति और संस्कारों के वे सन्दर्भ-स्रोत धीरे-धीरे सूखते गए हैं, जो एक समय में उनके बीच एक वैचारिक और भावनात्मक लेन-देन का मुख्य साधन थे? जिस तरह किसी जंगल के नष्ट हो जाने से, नदी के सूख जाने से केवल भौगोलिक पर्यावरण में ही विनाशकारी परिवर्तन नहीं होता है, उस समस्त प्रदेश के नागरिकों के आध्यात्मिक और भावनात्मक भूगोल में भी फाँक खिंच जाती है; उसी तरह समाज के विखंडित हो जाने से, जहाँ वह केवल अनाम व्यक्तियों का समूह-मात्र बनकर रह जाता है—क्या एक ऐसा सांस्कृतिक शून्य नहीं उत्पन्न हो जाता जिसके फलस्वरूप साहित्य किसी विराट् सत्य का संवाहक न रहकर महज़ मनोरंजन का साधन बनकर रह जाता है? जिस समाज में व्यक्ति और व्यक्ति को जोड़नेवाले परम्परागत सेतु व संस्कार नष्ट हो जाते हैं, वहाँ लिखा या बोला हुआ शब्द अपनी समस्त और प्रच्छन्न अनुगूँजों के साथ दूसरे तक सम्प्रेषित नहीं हो सकता।

व्यक्ति और समाज के बीच बढ़ते वैषम्य का सबसे संहारात्मक प्रभाव भाषा पर पड़ता है। भाषा—जैसा सर्वविदित है—व्यक्तियों के बीच सम्प्रेषण का एक सबसे सशक्त और सुलभ साधन है। किन्तु भाषा केवल साधन मात्र नहीं है—सृजन-कर्म में वह साध्य के रूप में प्रयुक्त होती है, दूसरी विधाओं की बात अलग है। एक लेखक की कठिनाई यह है—आप चाहें तो उसे एक चुनौती भी कह सकते हैं—कि जिन शब्दों से समाज का कार्य-कलाप चलता है, जो पत्रकारिता, राजनीतिक भाषणों और व्यापारिक क्षेत्रों में प्रयुक्त होते हैं—उन्हीं शब्दों से उस एक लेखक को कविता और कहानी भी लिखनी होती है। दूसरे शब्दों में कहें तो सामाजिक परिवेश की भाषा यदि बाह्य परिस्थितियों, राजनीतिक विचारधाराओं या बाज़ारू स्वार्थों द्वारा भ्रष्ट होती है तो उसकी छाया एक लेखक के सृजन कर्म पर भी पड़ती है जहाँ भाषा सूचना का साधन नहीं, स्वयं सृजन का साध्य भी है। साध्य बनकर ही कोई भाषा कविता और कहानी में अपना

आत्मीय स्वरूप चरितार्थ करती है। भूतपूर्व सोवियत व्यवस्था में यदि साहित्य की गरिमा धूमिल पड़ी तो अन्य कारणों के अतिरिक्त एक मुख्य कारण यह भी था कि रूसी भाषा अपनी आत्यन्तिक गुणवत्ता से स्खलित होकर उत्तरोत्तर दूसरों की हित-पूर्ति का साधन बनती गई, किन्तु भाषा का ऐसा दुरुपयोग केवल एक विशेष समाज-व्यवस्था तक सीमित नहीं है, वह न्यूनाधिक मात्रा में हर समाज में प्रकट होता रहता है। हम जिसे सम्प्रेषण का संकट कहते हैं, वह अन्तत: अभिव्यक्ति का संकट बन जाता है। एक सुप्रसिद्ध जर्मन कवि ने दूसरे महायुद्ध के बाद कहा था कि उस भाषा में कविता कैसे लिखी जा सकती है, जिस भाषा में बरसों हिटलर और गोयबल्स ने नात्सी विचारधारा का विष उगला था। भाषा मनुष्य के सामाजिक परिवेश का सबसे संवेदनशील अंग है, जब यह अंग आहत होता है, तो लेखक के सृजन-कर्म पर सीधे चोट पड़ती है।

महत्त्वपूर्ण बात यह है कि इन दबावों और प्रहारों के बावजूद कविता फिर भी लिखी जाती है, सम्प्रेषण के साधन के शिथिल हो जाने के बावजूद उत्कृष्ट कहानियों और उपन्यासों की रचना होती है। आज भी लिखे हुए शब्द में इतनी शक्ति है कि उसे लेकर लेखक को देश-निकाला दिया जा सकता है या उसे मृत्यु-दंड देने का फतवा दिया जाता है। मैं एक ऐसे देश में बरसों रहा हूँ—चेकोस्लोवाकिया में, जिसका राजनीतिक और सामाजिक परिवेश बरसों से मनुष्य के सृजनात्मक कर्म के विरोध में रहा था—अद्भुत बात यह थी कि जिन लेखकों ने अपने उपन्यासों, कविताओं में अपने समय के अँधेरे को व्यक्त किया था, उन्हीं की पुस्तकों ने उस परिवेश को बदलने में सबसे सशक्त भूमिका अदा की थी। यदि वे यह भूमिका सम्पन्न कर सके, तो अपनी 'सामाजिक प्रतिबद्धता' के कारण नहीं बल्कि इसलिए कि परिवेश के दबावों को झेलने के लिए उन्होंने शब्द के साथ एक नया सृजनात्मक सम्बन्ध बनाया था, अपनी काव्य भाषा और कथ्यात्मक शैली में अभूतपूर्व प्रयोग और परिवर्तन किये थे।

यह एक विडम्बना ही मानी जाएगी कि जिन लेखकों की रचनाओं को सामाजिक प्रतिबद्धता के पार्टी पक्षधरों ने रूपवादी और कलावादी कहकर ख़ारिज कर दिया था, ठीक उन्हीं रचनाओं ने अपने परिवेश पर लगी झूठ की कालिख को निरावृत करने में सबसे उपयोगी भूमिका अदा की थी।

मैं यहाँ इस बात को इसलिए भी रेखांकित करना चाहता हूँ क्योंकि पिछले वर्षों में हिन्दी साहित्य में जहाँ एक ओर 'सामाजिकता' के प्रति इतना प्रबल आग्रह पाया जाता है, वहाँ दूसरी ओर समाज का एक लेखक के सृजन-कर्म से कैसा संश्लिष्ट संवाद बनता है—भाषा के भिन्न स्तरों और रूपों में उसकी कैसी अभिव्यक्ति होती है, इसे या तो अनदेखा किया जाता है अथवा अत्यन्त इकहरे और सरलीकृत ढंग से परखने का प्रयास होता है। बाह्य-जगत् की अपूर्व विराटता को मनुष्य के सामाजिक सम्बन्ध तक संकुचित करना और समय के कालबोध को 'वर्तमान' तक सीमित रखना लेखक के समूचे परिवेश के वैविध्य और समृद्धता को विपन्न बनाना है। भारत की पौराणिक कथाओं और बोर्ख़ेस की कहानियों के बीच मुझे एक चमत्कारी समानता जान पड़ती है, दोनों में ही यूरोप के एक-आयामी, अनुक्रमणिक समय की अवधारणा की अस्वीकृति है, जहाँ मनुष्य के कालबोध को अतीत, वर्तमान और भविष्य के तथाकथित ऐतिहासिक कठघरों में विभाजित किया जाता है। आज जब भारतीय साहित्य में 'भारतीयता' की खोज की जाती है, तो शायद काल के उस विस्मृत परिवेश को पुनर्जीवित करना ज़रूरी है, जो एक समय में हमारे सृजनात्मक कर्म और चिन्तन को पोषित करता था, जो आज भी कहीं हमारे भीतर उपस्थित है, हमारे धार्मिक अनुष्ठानों और आध्यात्मिक विश्वासों में अभिव्यक्त होता है किन्तु जो एक लेखक के रचना-कर्म में विस्मृत और उपेक्षित पड़ा रहता है। यह एक शोचनीय कड़वा सत्य ही है कि जिस परम्परा का कालबोध हमारे सामान्य देशवासियों को सहज रूप से प्राप्त है, वह हमारे आधुनिक लेखकों के लिए विलुप्त-सा हो गया है।

मैं इसमें अपवाद नहीं हूँ—एक 'आधुनिक' लेखक होने के नाते मैं अपने को अपने देश की अनेक ऐसी ही विलुप्त, उपेक्षित, विस्मृत परम्पराओं के बीच पाता हूँ। वे आँखों से तिरोहित भले ही हों, अनुपस्थित नहीं हैं। जिस तरह अवचेतन का छिपा संसार बराबर मेरी चेतना में सेंध लगाकर मेरे सृजन-संसार में घुसपैठ करता रहता है, उसी तरह प्रकृति, परम्परा, ईश्वर, अनीश्वर की छायाएँ मेरी आधुनिक चेतना पर अपनी छायाएँ डालती रहती हैं। मेरी रचना-भूमि पर मृत और जीवित एक साथ रहते हैं, यहाँ मेरे पुरखे मेरे समकालीन हैं, मेरे अनुभव के साक्षी हैं। इसे मैं अपने सृजन का अदृश्य परिवेश कहना चाहूँगा और यह अदृश्य कम-से-कम रचना के क्षेत्र में, उससे कहीं विराट, व्यापक और विस्फोटक है, जिसे हम ऐतिहासिक या सामाजिक परिवेश कहते हैं। हर कविता और कहानी इस अदृश्य के छिपे, गोपनीय संकेतों को अपनी भाषा में मूर्तिमान करने का प्रयास है। यदि संयोग और सौभाग्य से वह ऐसा करने में सफल हो जाती है तो उसका अमूर्त यथार्थ हमारी जानी-पहचानी दुनिया के यथार्थवादी यथार्थ से कहीं अधिक उज्ज्वल, कहीं अधिक अर्थपूर्ण, कहीं अधिक विस्मयकारी दिखाई देता है।

मैंने अपने इस वक्तव्य को आत्म-कथ्य होने से बचाने की कोशिश की है। इसलिए नहीं कि मुझे अपने या अपने जीवन के बारे में कोई संकोच है या विनम्रतावश ऐसा कर रहा हूँ बल्कि इसलिए कि मेरे जीवन में जो कुछ भी बीता-गुज़रा है, वह कुछ इतने परोक्ष और पेचीदा ढंग से मेरी रचनाओं में रूपायित होकर आया है कि रचना के सत्य को जीवन के यथार्थ से जोड़ना मुझे हमेशा ही दूभर काम जान पड़ता है।

समस्या और भी पेचीदा हो जाती है, जब मैं देखता हूँ कि धीरे-धीरे मेरी स्मृति का यथार्थ मेरे जीवन के यथार्थ से कितना अलग होता गया है। कुछ दिन पहले मुझे एक अजीब निराशाजनक अनुभव हुआ। मैं शिमला के अपने उस मकान को देखने गया था, जहाँ मैंने बचपन के बहुत से वर्ष गुज़ारे थे। उस मकान के परिवेश की स्मृति में मैंने पूरा एक उपन्यास 'लाल टीन की छत' लिखा था। लेकिन जब मैं सचमुच वर्षों बाद उस मकान को देखने गया तो मुझे लगा, वह उस घर से कितना अलग था, जो मैंने अपनी स्मृतियों में बसा रखा था! उस मकान से दूसरे घरों के फ़ासले जो मुझे अपनी स्मृति में इतने लम्बे जान पड़ते थे, वे अचानक बहुत छोटे दिखाई दिये। मुझे लगा, जैसे घर के कमरे और गलियारे, खेल का मैदान, स्कूल और घर के बीच की दूरी मेरे स्मृति-संसार का एक संक्षिप्त संस्करण हो—स्मृति में जो सृष्टि इतनी विराट और रहस्यमय जान पड़ती थी—यथार्थ में वह उसका एक दयनीय 'कैरीकेचर' बनकर रह गई थी। मुझे अपने उपन्यास की दुनिया अपने जीवन के यथार्थ से कहीं अधिक जीवन्त, कहीं अधिक स्पन्दनशील, कहीं अधिक विस्फोटक जान पड़ती थी। जब मैं अपने घर से लौटकर शिमला इंस्टिट्यूट के कमरे में आया, जहाँ मैं उन दिनों रहता था, तो मुझे इस विचित्र अनुभव को याद करते हुए एक फ्रांसीसी लोककथा याद आई, जिसे मैंने बरसों पहले पढ़ा था। पता नहीं, उस कथा का मेरे उस अनुभव से क्या सम्बन्ध था, किन्तु मैं अपना वक्तव्य उससे समाप्त करना चाहूँगा।

कथा कुछ ऐसे चलती है—वह गर्मियों की रात थी—जुलाई की स्वच्छ, उजली रात। दो देवदूत आकाश में तारों से पोलो का खेल खेल रहे थे। सहसा एक देवदूत ने अपनी छड़ी इतनी ज़ोर से चलाई कि दो तारे आकाश से छिटककर लुढ़कते हुए धरती पर चले आए और वहीं अँधेरे में लोप हो गए। दूसरी रात जब ईश्वर ने तारों की गिनती की, तो पाया कि दो तारे कम हैं। उस देवदूत को बुलाया गया, जिसने तारों को फेंका था।

उसने अपना अपराध स्वीकार किया। ईश्वर ने उसे सज़ा दी कि जब तक वह भू-लोक से उन तारों की खोज कर नहीं लाएगा, उसे वापस नक्षत्र लोक में नहीं आने दिया जाएगा। बेचारा देवदूत बरसों दुनिया के नगरों, गाँवों के चक्कर लगाता रहा; कोई गली, चौराहा, घर ऐसा नहीं था, जहाँ उसने पता न लगाया हो, किन्तु वे दो तारे कहीं दिखाई नहीं दिये। एक शाम थका-माँदा जब वह एक पुराने शहर की गली से गुज़र रहा था कि उसे एक मकान की खिड़की दिखाई दी—भीतर कमरे में टेबल-लैम्प जल रहा था और एक बहुत सुन्दर लड़की एक पुरुष के साथ बैठी थी और पियानो बजा रही थी। अचानक लड़की ने आँखें ऊपर उठाईं, और देवदूत के पाँव रुक गए। उसका दिल ख़ुशी से धड़कने लगा। लड़की की आँखों में उसके दोनों खोए हुए तारे चमक रहे थे। उसने दौड़कर घर का दरवाज़ा खटखटाया। लड़की ने देखा कोई बाहर खड़ा है। उसे भीतर बुलाकर आने का कारण पूछा—देवदूत ने उसे अपनी सारी आपबीती सुना दी—कैसे वह इतने वर्षों से अपने खोए हुए तारों को खोज रहा था, जो उसे आज उसकी आँखों में दिखाई दिये हैं—आपकी बड़ी कृपा होगी, उसने कहा, यदि आप उसे वापस लौटा दें। लड़की के चेहरे पर एक रहस्यमय मुस्कान चली आई, उसने कोमल स्वर में पूछा—क्या तुम्हें पक्का विश्वास है, कि वे तारे मेरी आँखों में ही हैं? जी, मुझे इसमें कोई सन्देह नहीं, देवदूत ने कहा। ज़रा ध्यान से मेरी आँखों में देखो, लड़की ने कहा, फिर अपना निर्णय दो। देवदूत एकटक उसकी आँखों को देखता रहा, फिर उसने एक लम्बी सर्द साँस खींचते हुए हताशा में सिर हिलाया—मुझे माफ़ कीजिए, मुझसे चूक हुई—मेरे तारे चमकीले ज़रूर थे, किन्तु इतने नहीं, जितनी आपकी आँखें हैं—यह कहकर वह भारी क़दमों से बाहर चला आया। वह पुरुष जो उसका पति था और सब सुन रहा था, देवदूत के जाने के बाद उसने हँसकर कहा—कोई पागल था, जो तारों को तुम्हारी आँखों में ढूँढ़ रहा था। लड़की ने उदास धीमे स्वर में कहा—नहीं, वह सच कह रहा था।

बहुत साल पहले ऐसी ही जुलाई की रात थी, मैं पियानो के सामने बैठी थी। अचानक खिड़की से दो तारे भीतर आए और मेरी आँखों में समा गए। लेकिन वह देवदूत...आदमी ने कुछ आश्चर्य से कहा—वह तो कह रहा था कि तुम्हारी आँखें उसके तारों से कहीं ज़्यादा प्रकाशमान हैं। शायद इसलिए—लड़की ने कुछ सोचते हुए कहा—कि जब वह मेरी आँखों को देख रहा था, मैं उस घड़ी को याद कर रही थी, जब पहली बार तुमने मुझसे प्रेम किया था।

देवदूत ने लड़की की आँखों में जो देखा, वह बाह्य-जगत् का यथार्थ था—लड़की ने जिसे अपनी स्मृति में याद किया था, वह रचना का सत्य था, बाहर के यथार्थ से कहीं ज़्यादा उज्ज्वल और प्रकाशवान। इस कहानी के साथ मेरी कथा भी समाप्त होती है।*

---

* यह आलेख 'सृजन और परिवेश' व्याख्यानमाला के अन्तर्गत पढ़ा गया था, जिसे इलाहाबाद संग्रहालय की ओर से आयोजित किया गया था। मैं संग्रहालय के निदेशक डॉ. गोविन्दचन्द्र पांडेय का विशेष रूप से आभारी हूँ, जिन्होंने इसे प्रकाशित करने की अनुमति दी।

भाषा और राष्ट्रीय अस्मिता

भाषा के बारे में कुछ भी कहना अपनी छाया को पकड़ना है। यह कहना ज़्यादा ठीक होगा कि हम उसकी छाया हैं, अपना यथार्थ उसमें गढ़ते हैं, अपने को उसमें और उसके द्वारा परिभाषित करते हैं। मनुष्य की परिभाषा कभी सम्पूर्ण नहीं हो सकती, सिर्फ़ इसलिए नहीं कि उसमें अब भी कुछ ऐसा है जो अज्ञेय है बल्कि इसलिए भी कि वह अपने को रचने-बसने की प्रक्रिया में समाप्त नहीं हुआ है। हम मनुष्य को एक अन्तिम रूप से 'निर्मित माल' (फ़िनिश्ड प्रॉडक्ट) की तरह स्वीकार नहीं कर पाते। वह अपने को भविष्य में कैसे सम्पूर्ण करेगा, किन दिशाओं में उसकी अन्त:शक्तियाँ फलीभूत होंगी, इस सम्बन्ध में अनेक अनुमान, अटकलें लगाई जाती रही हैं। नीत्शे से श्री अरविन्द तक अनेक मनीषियों ने उसकी अन्तर्निहित सम्भावनाओं पर भविष्यवाणियाँ की हैं। यहाँ प्रश्न यह नहीं है कि वे कहाँ तक सही और संगत हैं, विचारणीय बात यह है कि वे मनुष्य जैसा भी हैं—उसके बारे में एक पीड़ायुक्त असन्तोष से उत्पन्न हुई हैं।

पशु और देवदूत के बीच मनुष्य ही एक ऐसा प्राणी है, जो अपने को अजीब अधूरेपन की अवस्था में पाता है, उसमें न पशु की आत्मलिप्तता है, न देवदूत की आत्म-परिपूर्णता। इतिहास के चौखटे में मनुष्य की आकृति कुछ वैसी ही अपूर्ण और अनगढ़ी दिखाई देती है जिसके कुछ रंग समय ने धुँधला दिये हैं, कुछ रेखाएँ अब भी कोई आकार पाने की प्रतीक्षा में ठिठकी रह गई हैं। मनुष्य की 'सम्पूर्ण छवि', यदि ऐसी कोई चीज़ है, तो कहीं बाहर न होकर स्वयं उसके भीतर दबी है। मनुष्य अपने को पाने के लिए स्वयं अपने को उत्खनित करता है, स्वयं अपने को अपनी क़ब्र से उठाता है।

आत्म-उत्खनन अथवा आत्म-अन्वेषण का सबसे सक्षम आयुध भाषा है। भाषा मनुष्य की देह का अदृश्य अंग है जो उसे आत्मदृष्टि देता है। भाषा और आत्मबोध का यह सम्बन्ध मनुष्य को समस्त जीव-जन्तुओं से अलग एक अद्वितीय श्रेणी में ला खड़ा कर देता है। अपने अधूरेपन को पहचानकर ही मनुष्य सम्पूर्णता का स्वप्न देखता है, अतः उसे पाने की प्राथमिक प्रतिज्ञा भी इसी आत्मबोध में निहित रहती है। किसी भी संस्कृति की पहचान महज़ उसके यथार्थ तक सीमित नहीं रहती, वह अपने स्वप्नों द्वारा भी अपनी विशेषता उजागर करती है, इसीलिए उसकी बनावट में भाषा का इतना महत्त्वपूर्ण योगदान रहता है।

एक संस्कृति के क्या स्वप्न हैं, यह बहुत हद तक उसकी स्मृतियाँ निर्धारित करती हैं। शब्द में यदि स्वप्न का संकेत है तो स्मृति की छाया भी। इसलिए कोई भी भाषा, जब तक वह है, कभी मृत भाषा नहीं होती। यदि हमारे अतीत का सब कुछ मर-मिट जाए, तो भी भाषा बची रहती है, जिसके द्वारा एक समाज के सदस्य आपस में संवाद कर पाते हैं, तो वर्तमान में रहते हुए भी वे अवचेतन रूप में अपने अतीत से जुड़े रहते हैं और अतीत अदृश्य रूप में उनके वर्तमान में प्रवाहित होता रहता है। इस अर्थ में भाषा का दुहरा चरित्र होता है, वह सम्प्रेषण का माध्यम होने

के साथ-साथ संस्कृति की वाहक भी होती है। किसी देश की संस्कृति ऐतिहासिक झंझावातों द्वारा क्षत-विक्षत भले ही हो जाए, उसका सत्य और सातत्य उसकी भाषा में बचा रहता है।

भारतीय संस्कृति इसका अप्रतिम उदाहरण है। उन्नीसवीं शती में जहाँ एक ओर यूरोपीय भाषाविदों और दार्शनिकों ने—जिनमें हेगेल और मैक्स मूलर प्रमुख थे—भारतीय सभ्यता के स्वर्णयुग को जहाँ सिर्फ़ सुदूर अतीत में दबे खँडहर की संज्ञा देकर उसके वर्तमान को ख़ारिज कर दिया था, वहाँ उन्हें—विशेष कर मैक्स मूलर जैसे भारत-विदों (इंडोलॉजिस्ट) को बराबर यह बोध भी था कि जब तक भारत में संस्कृत और उससे उद्भूत भाषाएँ परस्पर संवाद और आत्मचिन्तन के लिए जीवित रहती हैं तब तक उसकी सांस्कृतिक अस्मिता बची रहेगी। उसके रहते भारतीय सभ्यता को ग्रीक या मिस्र की सभ्यताओं की तरह म्यूज़ियम के गौरवमय किन्तु मृत स्मारकों की तरह नहीं देखा जा सकता। उन्नीसवीं शती के उत्तरार्द्ध में भारत की राष्ट्रीय चेतना इसी सांस्कृतिक अस्मिता के भीतर से प्रस्फुटित हो सकी थी। संस्कृत और भारतीय भाषाओं के भीतर जातीय स्मृतियों की एक ऐसी समृद्ध और विपुल सम्पदा सुरक्षित थी जो एक संजीवनी शक्ति की धारा की तरह अतीत से बहकर भारत की वर्तमान चेतना को आप्लावित करती थी। राष्ट्रीयता के बीज इसी चेतना में निहित थे, इसकी चेतावनी भी मैकॉले ने इन शब्दों में दी थी : “हम भारत में पश्चिमी संस्कृति का प्रभुत्व तब तक स्थापित नहीं कर पाएँगे, जब तक भारतीय शिक्षा पद्धति से संस्कृत भाषा को पूरी तरह निष्कासित नहीं कर देते।” जिस ‘वैचारिक’ स्वराज की बात भारतीय दार्शनिक के.सी. भट्टाचार्य ने उठाई थी, उसका गहरा सम्बन्ध एक जाति की भाषाई अस्मिता से जुड़ा होता था।

हम जिसे संस्कृति का सत्य कहते हैं, वह और कुछ नहीं, शब्दों में अन्तर्निहित अर्थों की संयोजित व्यवस्था है और जिसे हम ‘यथार्थ’ कहते हैं,

वह इन्हीं अर्थों की खिड़की से देखा गया बाह्य-जगत् है। जिस अनुपात में हम किसी ऐतिहासिक दबाव या दमन के कारण अपनी भाषा से उन्मूलित हो जाते हैं, ठीक उसी अनुपात में खिड़की से बाहर देखा गया परिदृश्य भी धूमिल और धुँधला पड़ता जाता है। भाषा भीतर के सत्य और बाहर के यथार्थ के बीच सेतु का काम करती है। दिलचस्प बात यह है कि सत्य और यथार्थ, दोनों असल में एक-दूसरे से अलग नहीं हैं, केवल वैचारिक सुविधा के लिए ही हम उन्हें दो पृथक् अवधारणाओं के रूप में देखते हैं। हम रहते एक ही शब्द-जगत् में हैं। जिस तरह बाहरी दुनिया भाषा की बन्दी है, वैसे ही हम भाषा के बन्दी हैं—खिड़की और खिड़की से बाहर देखा परिदृश्य एक-दूसरे से अलग नहीं है। विटगेंश्टाइन की उपमा का सहारा लें तो कहेंगे कि भाषा की दीवारों से टकराकर जब माथे पर गोमड़ पड़ते हैं, तभी हमें अपने बन्दी होने का बोध होता है।

किन्तु भाषा की इन 'दीवारों' के भीतर ही कोई संस्कृति अपनी निजी पहचान भी अर्जित करती है। मानवीय भाषाओं में एक तरह का स्थैर्य और स्थायित्व रहता है जिसके परिणामस्वरूप ही मनुष्य को अपनी पहचान और अस्मिता के गढ़ने का अवकाश मिल पाता है। इस दृष्टि से भी मनुष्य अन्य जीव-जन्तुओं से भिन्न होता है और वह सिर्फ़ 'भाषा' के कारण नहीं। बाक़ी जीव-जन्तु भी अपनी प्रजाति के सदस्यों से संवाद कर लेते हैं, भले ही उनके संवाद का माध्यम इतना परिष्कृत और व्यवस्थित नहीं होता। मनुष्य की भाषा यदि गुणात्मक रूप से उनसे भिन्न है, तो इसलिए कि एक सीमा के बाद उसके शब्द महज़ संवाद का साधन न रहकर एक स्वतंत्र, स्वायत्त सत्ता प्राप्त कर लेते हैं। पशु की 'भाषिक ध्वनियाँ' जिन आन्तरिक लालसाओं—वह सेक्स की लालसा हो, या भूख की—से उत्पन्न होती हैं, वे उन लालसाओं के लुप्त हो जाने के बाद विलुप्त हो जाती हैं। उनकी स्मृति तात्कालिकता से परे जाकर कोई स्थायित्व नहीं ग्रहण कर पाती। मानव समाज में ऐसा नहीं होता।

तात्कालिक लक्ष्यों को प्राप्त करने के बाद भी शब्दों की सत्ता क़ायम रहती है। मूल ध्वनियों से वे कालान्तर में अमूर्त प्रत्ययों में परिणत होकर एक स्थायी अर्थ हासिल कर लेती हैं। जिस तरह आदिम मनुष्य किसी चमत्कारिक घटना की स्मृति में एक दैवी शक्ति के गौरव में उसकी मूर्ति गढ़ लेता था, जो कालान्तर में एक देवता की तरह पूजी जाती थी, हालाँकि उस तात्कालिक घटना की स्मृति से उसका नाता कब का टूट चुका होता था, उसी तरह शब्द भी एक तरह से 'क्षणिक देवताओं' की तरह हैं; वे एक भावनात्मक स्फुटन के क्षण में जनित होते हैं और उसके बीत जाने के बाद अपना एक 'स्वावलम्बी' अस्तित्व ग्रहण कर लेते हैं। स्वावलम्बी केवल सीमित अर्थ में, क्योंकि वे केवल ध्वनि मात्र ही नहीं हैं, अर्थों के संवाहक भी हैं, जिनमें प्राक् स्मृति हमेशा जीवित रहती है। एक जाति के मिथक उसके शब्द-संसार की इन्हीं प्राक्-स्मृतियों द्वारा संयोजित होते हैं। भाषा का मिथक से वही सम्बन्ध है, जैसा आदि मनुष्य का अपने देवताओं से—दोनों ही उसकी आदिम स्मृतियों और संवेदनाओं को एक स्थायी 'रूपाकार' में परिणत करते हैं। मिथक भाषा के आदि-देवता हैं।

भाषा, मिथक और स्मृति का यह अन्तःसम्बन्ध ही एक समूह के सदस्यों को एक सामूहिक अस्मिता (कलेक्टिव आइडेंटिटी) में एकसूत्रित करता है। जिस तरह यूरोप की संस्कृति की कल्पना ग्रीक और लातिनी भाषा तथा उससे सम्बन्धित मिथक कथाओं से अलग नहीं की जा सकती, उसी तरह भारतीय संस्कृति ने अपना रूपाकार भी संस्कृत में रची उन पौराणिक कथाओं और महाकाव्यों से प्राप्त किया था, जिनकी आदिम स्मृति (ऑर्किटाइपल मेमोरी) आज भी भारतीय मानस पर अंकित है। एक संस्कृति का ऐतिहासिक अतीत तो होता है जिसे हम मानकर चलते हैं, किन्तु उसका एक 'आन्तरिक अतीत' भी होता है जो उसकी भाषा की अवधारणाओं, मिथकों और प्रत्ययों में अन्तर्ध्वनित होता है। "हर भाषा उन लोगों के इर्द-गिर्द, जो उसे बोलते हैं,

एक जादुई घेरा खींच देती है, जिससे केवल एक दूसरे घेरे में जाकर ही बचा जा सकता है"—**हाइडेगर।**

यहाँ भाषा के दो रूप हमारे सामने उभरकर आते हैं जिन्हें उसके चरित्र के दो पहलू कहना ज़्यादा उचित होगा। एक वह जो हम बोलते हैं, जिसके द्वारा हम संवाद करते हैं, उसका व्यावहारिक संवाद, केन्द्रित पहलू, दूसरा वह जो भाषा का आत्यन्तिक तात्त्विक स्वरूप है जो सतह के नीचे वास करता है किन्तु बराबर सतह के ऊपर बोले हुए शब्दों में प्रतिध्वनित होता रहता है। हम जो बोलते हैं, वह कहीं न कहीं भाषा के इस अदृश्य, आन्तरिक भूमिगत स्वरूप को व्यक्त करता रहता है हाइडेगर ने इसी बात को बहुत सुन्दर, काव्यात्मक ढंग से विवेचित किया है। वह कहते हैं :

> बोलना आन्तरिक ढंग से सुनना है, वह उस भाषा को सुनना है, जिसे हम बोलते हैं। हम सिर्फ़ वह सुनकर ही बोलते हैं जो हमारी भाषा स्वयं कहती है...और हम उसे उतना ही सुन पाने में समर्थ हो पाते हैं जिस हद तक हमारा अन्तर, (एस्सेंस) भाषा की आन्तरिकता के साथ जुड़ा रहता है।

एक कवि भाषा के इस आन्तरिक सत्य को शायद सबसे अधिक गहराई से अनुभव करता है। वह भाषा में जो सुनता है, उसकी अस्पष्ट, रहस्यमय अँधेरे तल से बाहर आती हुई आवाज़ों को अपने शब्दों में संगति देता है। कविता के शब्दों में हम उसे सुनते हैं जो भाषा हमसे कहती है। इस दृष्टि से कविता की आत्यन्तिक भाषा अपने स्वभाव और प्रयोजन में व्यावहारिक भाषा से बहुत अलग होती है।

> भाषा अपनी आत्यन्तिकता में एक शान्त धारा की तरह है, जो अपने प्रवाह में दो पाटों को जोड़ती है और उनका निर्माण भी करती है। एक पाट वह, जो वह कहती है, दूसरा पाट वह जो हमारी वाणी है, जिसे वह प्रतिध्वनित करती है।

भाषा के इस आन्तरिक स्वरूप और उसके व्यावहारिक चरित्र के बीच एक गत्यात्मक सम्बन्ध रहता है। मनुष्य के विकास के साथ हर भाषा की विशिष्ट गठन और संरचना बनती है जो एक बार अस्तित्व में आ जाने के बाद स्वयं मनुष्य की अन्त:प्रक्रियाओं को प्रभावित करती है। ये दोनों प्रक्रियाएँ एक साथ चलती हैं : भाषा एक जाति की अस्मिता, उसकी चारित्रिक विशिष्टता को निर्धारित करती है और उस जाति के सामूहिक अनुभव, स्मृतियाँ और संस्कार उसकी भाषा के अनूठे स्वरूप को निर्मित करते हैं। यह एक प्रकार की वर्तुलाकार प्रक्रिया (सर्क्यूलर प्रॉसेस) है, जिसमें मुर्ग़ी और अंडे की तरह पहले या बाद का प्रश्न अनुत्तरित रहता है। जो बात स्पष्ट होकर आती है, वह यह कि एक भाषा जैसी कोई चीज़ नहीं होती, अनेक भाषाएँ होती हैं। इन भाषाओं के भीतर ही दुनिया की विभिन्न जातियों, जनसमूहों, राष्ट्रीय गुटों का भरण-पोषण होता है, भाषाएँ उनका 'आवास गृह' होती हैं। इस अर्थ में हर भाषा आत्यन्तिक रूप से 'मातृभाषा' होती है। भाषा के द्वारा मनुष्य पहली बार दुनिया के प्रति उन्मुख होता है, खुलता है, उससे जुड़ता है। वह किसी समाज के बाहरी कार्य-कलाप, उसके सुपर स्ट्रक्चर का ही अंग नहीं होती—(हालाँकि सांसारिक प्रयोजनों को साधने में उसका योगदान रहता है) बल्कि वह उसके अन्दरूनी स्वभाव और अन्त:प्रेरणाओं व संवेदन-तंत्र को भी निर्धारित करती है, उसके विशिष्ट आध्यात्मिक चरित्र को उद्घाटित करती है। एक भाषा दूसरी भाषा से अपने ध्वनि-संकेतों, और शब्दार्थों के कारण ही भिन्न नहीं होती, बल्कि अपनी विश्व-दृष्टि के कारण भी अलग होती है। हर भाषा दुनिया को ख़ास ढंग से देखती, परखती, अपने अर्थों में अनूदित करती है। ऋग्वेद में अग्नि, सूर्य, धेनु, अन्तरिक्ष आदि के प्रतीक, भारतीय मानस में जिन दैवी शक्तियों की ओर संकेत करते हैं, वे ग्रीक अथवा लातिनी वाङ्मय के प्रतीकों से अलग अर्थ सम्प्रेषित करते हैं, अलग इसलिए क्योंकि उनके मिथकीय स्रोत और सन्दर्भ एक-दूसरे से भिन्न हैं।

मानवीय भाषाएँ एक ही दुनिया में जन्म लेती हैं किन्तु हर भाषा की दुनिया अपने में अलग है। जब हम एक भाषा से दूसरी भाषा में अनुवाद करते हैं तो वह सिर्फ़ शब्दों का अनुवाद नहीं है, शब्दों द्वारा भाषा की एक समूची सृष्टि अपने पूरे माल-असबाब के साथ दूसरी भाषा में अवतरित होती है।

इस सन्दर्भ में हारवर्ड विश्वविद्यालय के संस्कृत विद्वान् माइकेल वित्सेल की चेतावनी महत्त्वपूर्ण है—वैदिक शब्द 'ऋत' के अनुवाद की कठिनाई बताते हुए वह कहते हैं, और मैं अनुवाद न करके उन्हीं के शब्दों में उन्हें उद्धृत कर रहा हूँ :

> Many words in Sanskrit as well as in other languages can not be rendered by a single good translation of the 'term', the concept encompassed by the 'Rt' is in fact quite similar to the equally untranslatable letter Hindu 'dharma' on modern usage of the word truth does not cover all aspects of the term Rt... Rt is an active realisation of truth, a vital force which can underlie human in divine action... English, German etcetra have no word expressing the combination of concept carried by the term Rt.

जो बात डॉ. वित्सेल ने 'ऋत' शब्द के सम्बन्ध में कही है, वह भारतीय संस्कृति के अन्य केन्द्रीय प्रत्ययों—आत्म, ब्रह्म, सत्, असत् आदि पर भी लागू होती है। हमने ऊपर भाषा की जिस विश्व-दृष्टि की बात कही थी, वह भाषा के इन्हीं संस्कारयुक्त और स्मृति-सम्पन्न प्रयत्यों से छनकर ही आती है। अत: किसी दूसरी भाषा में इन प्रत्ययों का अनुवाद तभी सार्थक रूप से सम्प्रेषणीय हो सकता है जब उन्हें केवल शाब्दिक अर्थ में नहीं, उसके साथ जुड़े समस्त सांस्कृतिक और दार्शनिक सन्दर्भों के साथ प्रस्तुत किया जाए। प्रश्न अच्छे या बुरे अनुवाद का नहीं,

बल्कि इन प्रत्ययों की अनूठी विलक्षणता का है जो केवल परम्परागत सन्दर्भ में अपना प्रकाश उद्‌भासित करते हैं। बहुत पहले आनन्द कुमारस्वामी ने भाषा के इस सत्य के बारे में हमारा ध्यान आकृष्ट कराया था। उन्होंने जो बात हिन्दू धर्म के बारे में कही थी, वह कमोबेश हर उस प्राचीन धर्म-व्यवस्था पर लागू होती है जिसे औपनिवेशिक प्रदूषण से गुज़रना पड़ता है। कुमारस्वामी अपनी पुस्तक 'हिन्दू धर्म और बौद्ध धर्म' (हिन्दूइज़्म एंड बुद्धिज़्म) की भूमिका में लिखते हैं :

> ब्राह्मणवाद या हिन्दू धर्म की गणना दुनिया के प्राचीनतम गूढ़ धर्मों (मिस्ट्री रिलीजंस) अथवा आधिभौतिक (मेंटाफ़िजिकल) अनुशासनों में की जाती है। वह अकेला एक ऐसा धर्म है जिसकी परम्परा पिछले दो हज़ार वर्षों से अखंडित-सी है—एक ऐसी परम्परा जो आज भी लाखों लोग अपने आचरण में गुनते-जीते हैं। इसके बावजूद यह कहना अतिशयोक्ति नहीं होगी कि पिछले सौ वर्षों में यूरोपीय भाषाविद् और वे भारतीय विद्वान् जो यूरोप की आधुनिक विकासवादी धारा में दीक्षित हैं—इन सबने इस परम्परा के सम्बन्ध में जो अपने विचार और मंतव्य प्रकट किये हैं, उनमें से अधिकांश को नकार कर ही हिन्दू धर्म की सही व्याख्या की जा सकती है।

इसका कारण बताते हुए कुमारस्वामी कहते हैं कि पाश्चात्य विद्वानों और उनकी नक़ल में भारतीय इतिहासकारों ने कर्म-सिद्धान्त, भाषा, पुनर्जन्म, आत्म और ब्रह्म जैसे प्रत्ययों की जो भ्रांतिमूलक विवेचना अपनी भाषाओं में की है, उनका इन शब्दों के आत्यन्तिक अर्थ से कोई वास्ता नहीं, जो भारतीय संस्कृति के मूलाधार हैं।

ज़ाहिर है, यहाँ कुमारस्वामी यूरोपीय भाषाओं की क्षमता पर सन्देह नहीं करते, केवल उनकी सीमा की ओर संकेत करते हैं। यह सीमा हर भाषा की होती है, क्योंकि हर भाषा संस्कृति-सापेक्ष होती है।

दो नितान्त भिन्न पृष्ठभूमियों से आयातित प्रत्ययों के घालमेल से कैसी ग़लतफ़हमियाँ उत्पन्न होती हैं, इसका उदाहरण 'सेक्यूलरिज़्म' जैसा शब्द है जिसका गहरा सम्बन्ध यूरोप की संस्कृति और इतिहास से रहा है और जिसका 'धर्मनिरपेक्षता' की उस अवधारणा से दूर का नाता नहीं जो हम स्वतंत्रता के बाद अपनी राज्य-प्रणाली और शिक्षा पद्धति पर आरोपित करते रहे हैं।

एक सेक्यूलर राज्य-व्यवस्था भी अपने आत्यन्तिक चरित्र में धर्म-परायण हो सकती है...बशर्ते धर्म का वह अर्थ न हो जो 'रिलीजन' शब्द में ध्वनित होता है। यूरोपीय भाषाओं के प्रभुत्व से कैसे एक एशियाई देश के नागरिक स्वयं अपने समाज के मूल चरित्र को ही भूल जाने का प्रयास करते हैं, यह इसका एक अद्‌भुत उदाहरण है। यह इस बात का भी सूचक है कि अब किसी समाज और उसकी भाषा के बीच किसी बाहरी शक्ति का हस्तक्षेप होता है तो उस समाज के सदस्य स्वयं अपनी पहचान खोने लगते हैं।

यूरोपीय भाषाओं के सार्वभौमिक प्रभुत्व के जिस ख़तरे की ओर कुमारस्वामी ने संकेत किया था, उसे यूरोप के ही एक मनीषी दार्शनिक हाइडेगर ने 'धरती के यूरोपीयकरण' की संज्ञा दी थी। उसके कारण पूर्वी संस्कृतियों के सम्बन्ध में जो ग़लतफ़हमियाँ और भ्रांतिमूलक धारणाएँ उत्पन्न होती थीं, वह उनके प्रति भी सचेत थे। एक जापानी चिन्तक से बातचीत करते हुए हाइडेगर ने जो आशंकाएँ प्रकट की थीं, उसका उल्लेख भारतीय दार्शनिक श्री जड़ावलाल मेहता ने किया है। वह हमारे वर्तमान विषय से इतनी गहरी प्रासंगिकता रखता है कि मैं उसका उद्धरण ज्यों-का-त्यों उन्हीं के शब्दों में देना चाहूँगा, वह लिखते हैं :

> यूरोप से लौटकर एक जापानी दार्शनिक ने क्योटो विश्वविद्यालय में जापानी कला और कविता के सौन्दर्यशास्त्र (इस्थेटिक्स) के बारे में भाषण दिये थे, जिनमें उन्होंने जापानी कला को

यूरोपीय 'इस्थेटिक्स' की सहायता से समझाने का प्रयत्न किया था। इस पर हाइडेगर ने आपत्ति की—इसके लिए क्या यह उचित है कि 'इस्थेटिक्स' पर निर्भर रहा जाए? यह नाम और वस्तु—दोनों का उद्‌भव यूरोपियन चिन्तन में हुआ था, फ़लसफ़े में। इस्थेटिक्स की दृष्टि-शैली तो पूर्वी एशियाई विचार के लिए मूलतः 'परायी, अपरिचित ही रहेगी, फिर यह क्यों आवश्यक है कि आप इस्थेटिक्स की सहायता लें?' जापानी विद्वान् उत्तर में कहते हैं, 'इसलिए कि इस शास्त्र से हमें वे प्रत्यय (कान्सेप्ट्स) प्राप्त होते हैं, जिनके द्वारा हम अपनी कला और काव्य के तत्त्वों को समझ सकें।' हाइडेगर ने पूछा, 'क्या इसके लिए 'कान्सेप्ट्स' की आवश्यकता है?' जापानी विद्वान् ने कहा, 'लगता है, हाँ, क्योंकि यूरोपीय विचार-शैली के सम्पर्क में आने के बाद हमारी भाषा में एक प्रकार की असमर्थता दीखने लगी है; यह कमी कि उसमें पदार्थों को परिसीमित करने की शक्ति नहीं है, वह उनको एक-दूसरे को पर और अवर क्रम में रखकर उसके एकार्थक समन्वय को कल्पित नहीं कर सकती।' हाइडेगर ने कहा, 'क्या आप इस अक्षमता को सचमुच अपनी भाषा की त्रुटि मानते हैं? क्या यह आवश्यक और उचित है कि आप यूरोपीय प्रत्ययशास्त्रों की ओर दौड़ें? यदि आप ऐसा करते हैं, तो क्या इसका फल यह नहीं होगा कि आप अपनी और पाश्चात्य दृष्टि की वास्तविकता, उसका अपना-अपना अलग स्वरूप नहीं देख पाएँगे, और तब इन दोनों का वास्तविक संवाद शुरू नहीं हो पाएगा?' आख़िर जापानी विद्वान् इस बात को स्वीकार करते हैं कि यूरोपीय प्रत्ययों से अभिभूत होकर वे स्वयं अपनी भाषा के प्रत्ययों की विशिष्टता का अवमूल्यन कर देते हैं, जो उन्हें परम्परा से मिले हैं।

एक संस्कृति का दर्शन और तत्त्वज्ञान कैसे उसकी भाषा में ढलकर आता है, इसका एक अन्य उदाहरण हमें उस बातचीत से मिलता है जब हाइडेगर के एक जर्मन मित्र ने, जो लाओत्से का अनुवाद जर्मन में कर रहे थे, अपने एक चीनी मित्र से पूछा :

> मुझे समझ में नहीं आता, चीनी इस तरह क्यों बोलते हैं? चीनी विद्वान् ने उत्तर दिया, क्योंकि उस समय हम चीनी अरस्तू के लॉजिक को नहीं जानते थे।
>
> धन्यवाद है भगवान का, हाइडेगर ने कहा, कि चीनी उससे अपरिचित रहे।

हम सबका यह अनुभव रहा होगा—कम-से-कम मेरा तो रहा है—कि जब हम अपने विचारों को दूसरी भाषा में व्यक्त करते हैं तो एक हद तक स्वयं हमारे विचार उस भाषा के प्रत्ययों द्वारा अनुशासित होने लगते हैं। भाषा सिर्फ़ माध्यम नहीं रहती, वह एक स्वायत्त शक्ति का साधन (इंस्ट्रूमेंट ऑफ़ फ़ोर्स) बन जाती है। हम उसमें अपने विचारों को व्यक्त कर सकते हैं किन्तु उसी रूप में जिसमें वह हमसे करवाना चाहती है। डॉ. मेहता के शब्दों में :

> प्रश्न यहाँ भाषा के प्रभुत्व का है कि कहाँ तक हम भाषा की पकड़ में होते हैं, कहाँ तक हम कहना कुछ चाहते हैं पर भाषा हमसे कुछ कहलवाती है।

भारतीय चिन्तक, विद्वान्, लेखक, बुद्धिजीवी, जिन पर पिछले दो सौ वर्षों से अंग्रेज़ी भाषा का प्रभुत्व रहा है, क्या अपने से कभी वह प्रश्न पूछते हैं जो हाइडेगर ने जापानी चिन्तक से पूछा था? क्या उन्हें ऐसा नहीं लगता है कि जब वे अपने देश की कला और कविता के सत्य को समझने और समझाने के लिए पाश्चात्य भाषा को अपनाते हैं तो वह माध्यम ही

उनकी आन्तरिक अनुभूति पर हावी हो जाता है? हम एक ऐसी भाषा के माध्यम से अपने को व्यक्त करना चाहते हैं, जिसका तर्कशास्त्र हमें एक दिशा में ले जाता है, जबकि हमारी अनुभव-दृष्टि हमें विपरीत दिशा में खींचती है। क्या हममें से अधिकांश शिक्षित लोग अपने को एक ऐसी 'भाषाई विस्थापन' (लिंग्विस्टिक डिसप्लेसमेंट) की स्थिति में नहीं पाते जिसके चलते हमारी राष्ट्रीय चेतना भी सन्दिग्ध और विकृत हो जाती है? उसके बीचोबीच एक ऐसी फाँक पड़ जाती है जिसे स्वतंत्रता के पचास वर्षों बाद भी हम पाट पाने में सफल नहीं हो पाए हैं।

एडवर्ड सईद जैसे आलोचक इसका सारा दोष यूरोपीय 'इंडोलॉजिस्ट्स' पर थोपकर अपने को निष्कलंक महसूस करते हैं। वे यह भूल जाते हैं कि एशिया के अधिकांश देशों के 'औपनिवेशिक' बुद्धिजीवियों और पश्चिमी शिक्षित भारतीयों ने अपनी सांस्कृतिक धरोहर की पहचान इन्हीं पाश्चात्य विद्वानों के अनुसंधानों और अनुवादों द्वारा की थी। यह एक कड़वा सत्य है जिसकी ओर से आँखें मूँदना अपने को धोखा देना होगा। यह सही है कि इन यूरोपीय विद्वानों ने ग़ैर-पाश्चात्य संस्कृति के सारभूत तत्त्वों को अपनी भाषा के प्रत्ययों और अवधारणाओं में ढालकर एक हद तक झुठलाया था किन्तु दोष हमारा भी है कि अपनी औपनिवेशिक मानसिकता के कारण हमने उनके निष्कर्षों को जस का तस स्वीकार कर लिया जो उन्होंने हमारे अतीत, इतिहास और संस्कृति के बारे गें प्रतिपादित किये थे। प्रश्न यह नहीं है कि वे निष्कर्ष अपने में कितना सही या ग़लत थे बल्कि यह कि जिन बौद्धिक चौखटों के भीतर से वे निकाले गए थे, क्या हमने अपनी स्वाधीन चेतना से उनका आलोचनात्मक अन्वेषण किया था? श्री अरविन्द पहले मनीषी थे जिन्होंने 'फ़ाउंडेशन ऑफ़ इंडियन कल्चर' में यह विश्लेषण किया था, किन्तु हमारे विश्वविद्यालयों और दर्शन के विभागों में उनका स्थान आज भी नगण्य ही माना जाएगा। स्वयं सईद की पुस्तक 'ओरियंटलिज़्म' में

श्री अरविन्द का ज़िक्र एक बार भी नहीं आता। अन्य के सम्पर्क में आकर अपने को परखना एक बात है, अन्य की आँखों से अपने को परिभाषित करना बिलकुल दूसरी बात है।

ऊपर चीनी भाषा के सन्दर्भ में अरस्तू के लॉजिक का ज़िक्र हुआ था। यह उल्लेखनीय है कि जिन भाषाओं पर 'रीज़न' या 'रेशनेलिटी' का दबाव प्रमुख रहता है, उनका रूप-विन्यास उन भाषाओं से कुछ भिन्न होता है जिनकी जड़ें जातीय बिम्बों और मिथकों में होती हैं। यहाँ कवि और चिन्तक की भाषा-भूमि एक-दूसरे से बहुत अलग नहीं होती—दोनों में 'रीज़न' की अपेक्षा कल्पना का योगदान कहीं अधिक प्रमुख रहता है। शब्दों की दुनिया एक तरह से अनुभवी जीवन-दृष्टि के समानान्तर चलती है। एक समाज की धार्मिक संवेदनाएँ और मिथकीय चेतना उसकी भाषा में भी अपने स्मृति-चिह्न, अपनी अनुगूँज छोड़ जाती है। यही कारण है कि भारतीय दर्शनशास्त्र—वे उपनिषद् हों या भगवद्गीता—की दार्शनिक अवधारणाएँ और काव्य-भाषा के बिम्बों के बीच विभाजन-रेखा खींचना आसान नहीं है। रामकृष्ण परमहंस का तो समूचा 'दर्शन' रूपकों और प्रतीकों, दंतकथाओं और मिथकीय संकेतों की उर्वरा धरती पर प्रवाहित होता दिखाई देता है। आत्म, परमात्म, ब्रह्म, पुरुष और प्रकृति जैसे अमूर्त प्रत्ययों को वह एक ऐसा काव्यात्मक आयाम देते हैं कि कविता और तत्त्व-चिन्तन के बीच की सीमारेखा ही मिट जाती है।

इसके अनेक कारण हो सकते हैं—मैं उनमें नहीं जाऊँगा, किन्तु दो प्रमुख तथ्यों की ओर आपका ध्यान खींचना चाहूँगा—पहला है, एक संस्कृति का काल-बोध जो अदृश्य रूप से भाषा के आन्तरिक स्वरूप को प्रभावित करता है। भारतीय संस्कृति की काल-प्रतीति ऐतिहासिक काल-क्रम की पश्चिमी अवधारणा से बहुत अलग रही है, जिसने उसकी भाषाओं पर भी गहरी छाप डाली है। इस सम्बन्ध में अज्ञेय ने एक सारगर्भित टिप्पणी की है। हाल ही में उनकी अन्तिम डायरी के कुछ अंश प्रकाशित हुए हैं। उनमें एक जगह वह लिखते हैं :

> ऐतिहासिक काल को पूरी तरह मान लेने से भाषा में, वाक्य की अन्विति में एक जड़ता, लचीलेपन की कमी, बल्कि उसका परित्याग आया है। आवर्तीकाल के बोध के साथ हमारी भाषा में भी एक लचीलापन था, जिसे छोड़ने को हम लाचार हो गए—एक निर्विकल्प अन्विति से तनिक-सा व्यतिक्रम हमें खटकने लगा इस मामले में 'नई कविता' की अन्विति उससे पहले से कितनी कम लचीली, कितनी अधिक जड़ हो गई है—क्या इसका कारण यह नहीं है कि इसमें काल की प्रतीति बड़ी कठोरता के साथ अनुक्रमिकता के साथ बँधी है?

'नई कविता' के काल-बोध के सम्बन्ध में अज्ञेय की यह धारणा कहाँ तक सही है, कहना मुश्किल है किन्तु काल के अनुक्रमिक बोध ने आधुनिक भारतीय उपन्यास और कथात्मक गद्य की सम्भावनाओं को अवश्य ही जड़ित और संकुचित बनाया है, इसमें कोई सन्देह नहीं। शायद इसका कारण यह भी है कि उपन्यास की संरचना में घटनाओं को जिस क्रम में नियोजित किया जाता है उसमें कविता की अपेक्षा समय का हस्तक्षेप अधिक महत्त्वपूर्ण होता है। ऐतिहासिक काल-बोध और भारतीय उपन्यास के बीच सम्बन्ध का विश्लेषण मैंने अन्यत्र किया है।* यहाँ सिर्फ़ यह कहना आवश्यक है कि भारतीय मनीषा में काल की अनेक परिकल्पनाएँ रही हैं, उन्हें पाश्चात्य ऐतिहासिक बोध की अनुक्रमिक अवधारणा में ढालकर हमने उन्हें विपन्न और एक-आयामी बनाया है जिसका असर अनिवार्य रूप से रचनात्मक विधाओं की भाषा पर भी पड़ता है।

काल-बोध के अलावा एक दूसरा तत्त्व भी है जिसकी ओर हमारा ध्यान अधिक नहीं जाता, किन्तु जो किसी जाति की भाषा के चरित्र को विशिष्ट बनाने में गहरा योग देता है—वह है मनुष्य का प्रकृति से सम्बन्ध।

---

* 'संस्कृति, समय और भारतीय उपन्यास' (शताब्दी के ढलते वर्षों में)

यह एक नृतत्त्वीय सत्य है कि जिन समाजों में मनुष्य और प्रकृति दो विरोधी सत्ताएँ नहीं हैं, जहाँ उनके परस्पर सम्बन्ध अधिक आत्मीय निकट और नैसर्गिक होते हैं, वहाँ अनुभूति और चिन्तन की भाषा में अन्तराल अधिक नहीं होता और उसकी मिथकीय संवेदनाएँ अधिक समृद्ध होती हैं। ऐसे समाजों में भाषा अपने मूल स्वभाव में रूपकात्मक (मेटाफ़ोरिकल) होती है। सुप्रसिद्ध आलोचक नार्थरोप फ्राई के शब्दों में :

> प्रकृति और मनुष्य एक समान ऊर्जा में साझा करते हैं और उनकी एक अविभाज्य इकाई होती है। किन्तु इन समाजों में जहाँ मनुष्य और प्रकृति दो विरोधी श्रेणियों में बँट जाते हैं वहाँ भाषा की यह रूपकात्मक एकता खंडित हो जाती है। रूपक की जगह अब बुद्धि का प्रभुत्व भाषा पर हावी हो जाता है। तब मनुष्य बिम्बों के स्थान पर बौद्धिक प्रत्ययों की भाषा रचने लगता है। चिन्तन और कल्पना की परिपाटियाँ अपनी रूपकीय सत्ता खोकर एक-दूसरे से विच्छिन्न हो जाती हैं, जैसा पाश्चात्य भाषाओं में हुआ है, जहाँ तर्क और विज्ञान के आक्रामक प्रभुत्व के कारण मनुष्य का प्रकृति से सम्बन्ध लगभग टूट चुका है।

यदि भारतीय भाषाओं का विकास बिम्बों और प्रतीकों के प्रभामंडल में हुआ तो इसका बड़ा कारण मनुष्य और प्रकृति के बीच का वह पवित्र सम्बन्ध रहा है जो आधुनिकता के आक्रमण से पहले शताब्दियों तक अक्षुण्ण रहा था। जिस तरह अँधेरे में चलता यात्री आकाश के नक्षत्रों की गति देखकर अपना पथ खोजता है, उसी तरह एक भारतवासी अपनी अस्मिता को इन्हीं प्रतीकों और रूपकों के आलोक में चिह्नित करता था। नक्षत्र जिस प्रकार अपने ग्रहमंडल में स्थिर रहकर भी चलते दिखाई देते हैं, वैसे ही भाषा भी अपने पौराणिक वाङ्मय में स्थिर रहकर अपने अर्थों का विकास करती है। गति और स्थैर्य का सन्तुलन भारतीय भाषाओं को एक तरह का गत्यात्मक स्थायित्व प्रदान करता है।

हर भाषा का जैसे अपना इतिहास होता है, वैसे उसका भूगोल भी होता है। हम उसके प्रतीकात्मक चरित्र को उसके प्राकृतिक परिवेश से अलग नहीं कर सकते। भारतीय भाषाओं में यदि गंगा, सरस्वती, हिमालय, सागर और अन्तरिक्ष के बिम्ब इतनी गरमाई और गहराई से हमारी काव्यात्मक भावनाओं को झिंझोड़ते हैं तो उसका कारण यह है कि ये केवल प्रकृति के उपादान न होकर हमारी पौराणिक स्मृतियों के वाहक भी हैं जो किसी समय भारतीयों को उनके देवी-देवताओं से जोड़ते थे, उनके लौकिक परिवेश को एक तरह की अलौकिक पवित्रता प्रदान करते थे। 'भारत' शब्द का अर्थ ही उसका सत्य था, आलोक से घिरा भूमंडल। भारत को 'देव भूमि' और संस्कृत को 'देवभाषा' कहने के पीछे भूमि और भाषा के बीच का शाश्वत और पुनीत सम्बन्ध ही ध्वनित होता है।

उन्नीसवीं शती में भारतीय जनमानस को जिस राष्ट्रीय भावना ने आलोकित किया था, उसमें भाषा के इन रूपकात्मक बिम्बों का गहरा योगदान रहा था। बंकिम बाबू के उपन्यासों, श्री अरविन्द के चिन्तन, गांधी के 'हिन्द स्वराज' और कुमारस्वामी के कला-चिन्तन में इसकी अनेक झलकें दिखाई देती हैं। जब आज के कुछ भारतीय इतिहासकार फ्रेंच दार्शनिकों की फ़ैशनेबल शब्दावली में राष्ट्रीय अवधारणा को महज़ एक 'कंस्ट्रक्ट' बताते हैं, जहाँ स्वयं भारत को एक राष्ट्रीय इतिहासकारों की 'काल्पनिक उपज' या एक 'आविष्कृत अवधारणा' (इन्वेंटेड कंस्ट्रक्ट) के रूप में परिकल्पित किया जाता है तो भारतीय राष्ट्रीयता की भाषाई और सांस्कृतिक पीठिका को बिलकुल भुला दिया जाता है जो औपनिवेशिक विस्मृति का सजीव उदाहरण है। भारत में विदेशी दासता से मुक्ति पाने की लालसा महज़ राजनीतिक उद्देश्यों से उत्प्रेरित नहीं थी, उसके पीछे अपनी सांस्कृतिक अस्मिता को विस्मृति के अँधेरे से बाहर लाने की आकांक्षा भी थी। इस दृष्टि से यह यूरोप की आधुनिक राष्ट्रीय सत्ताओं (नेशन स्टेट्स) की आक्रामक अहंग्रस्त भावना से कुछ अलग थी जिसकी स्थापना अनेक

जातियों, नस्लों और जनभाषाओं को नष्ट करने के बाद ही सम्भव हुई थी। भारतीय राष्ट्रीय चेतना यदि आरम्भ से ही आत्मकेन्द्रित संकीर्णता से मुक्त रही तो इसका कारण यह था कि वह ऊपर से बलपूर्वक आरोपित नहीं की गई थी, उसके संस्कार पहले से ही उसकी सांस्कृतिक परम्परा में मौजूद थे। भारत की विभिन्न बोलियों और भाषाओं में विभिन्नता होने के बावजूद अन्तर्निहित एकसूत्रता के तत्त्व विद्यमान थे* जिनके रहते वे भारत के राष्ट्रीय एकीकरण के रास्ते में कभी भी बाधा बनकर प्रस्तुत नहीं हुईं। उनका वैविध्य ही उन्हें खुलापन प्रदान करता था, घर एक ही था, खिड़कियाँ अलग-अलग थीं जिसके झरोखों से भारतीय संस्कृति के अन्त:सम्बन्धों को आँका जा सकता था। अक्सर कहा जाता है, हम अपनी भाषा में स्वरूप देखते हैं, कुछ संस्कृतियों के साथ भी शायद ऐसा ही होता है कि वे अपनी कहानी अपनी स्वप्न भाषा में ही कहती हैं।

भारत की राष्ट्रीय अस्मिता का यथार्थ शायद ऐसी स्वप्न भाषाओं में रूपायित हुआ है।

सन्दर्भ

1. Language And Myth : Ernst Cassirer (Tr : Susanne K. Langer)
2. The Philosophy of Martin Heidegger : J.L. Mehta
3. Hinduism And Budhism : Anand Coomaraswami
4. Vedic Literature : Michael Witzel
5. कविकर्म और चिन्तन : जड़ाव लाल मेहता

* भारत की यह अन्तर्निहित एकता ही उसे भूतपूर्व सोवियत संघ की कृत्रिम 'एकता' से अलग करती है, जिसके राज्यों को बल और आक्रमण से स्थापित किया गया था और जिसके हटते ही वह इतनी आसानी से विशृंखलित हो गया।

परम्परा-बोध में द्वंद्व

द्वंद्व का धागा परिवर्तन के साथ जुड़ा है...। जो चीज़ नितान्त स्थिर और शान्त है, उसमें कोई द्वंद्व नहीं, वह हर परिवर्तन के परे है—और इसीलिए तनाव-शून्य है। अक्सर यह भ्रम पाला जाता है कि 'परिवर्तन' की अवधारणा आधुनिक वैज्ञानिक युग की देन है, किन्तु सच्चाई यह है कि अनेक प्राचीन धर्म, जिन्हें हम 'परम्परागत' विश्वासों से जोड़ते हैं, परिवर्तन को जीवन की मूल और शाश्वत प्रक्रिया के रूप में स्वीकारते हैं। यूनानी दार्शनिक हीराक्लिटस की प्रसिद्ध उक्ति तो सर्वविदित है—सब कुछ पल-छिन बदलता रहता है; समय उस नदी की तरह है जिसमें हम दुबारा नहीं नहा सकते, क्योंकि जिस पानी में नहाए थे, वह तो बह गया और जिन क्षणों को हम ने जिया था वे तो कहीं लोप हो गए। बौद्ध धर्म में तो परिवर्तन को जीवन-प्रक्रिया का मुख्य धर्म माना गया है—एक चिरंतन और सार्वभौमिक सत्य। यह काफ़ी विचित्र लगता है—और हम इसे आसानी से नहीं स्वीकार कर पाते कि हम जो इस क्षण हैं,

वह अगले क्षण में 'यह मैं हूँ' कहते-कहते ही मैं का स्वरूप बदल चुकता है। क्या कोई ऐसी कड़ी नहीं है जो बीते हुए क्षण को इससे जोड़ सके। जो मैं 'अब हूँ' और अब जो हूँ, उसका नाता आनेवाले क्षण से बना सके? यदि ऐसी कोई कड़ी नहीं है तो मनुष्य का कोई 'आत्यन्तिक स्वभाव' है या नहीं? वह है और नहीं भी। द्वंद्व इसीलिए उत्पन्न होता है कि जो बीत रहा है, हम उससे चिपके रहना चाहते हैं, उसे रोकने का विफल प्रयास करते हैं, और जो अस्थायी है, उसे स्थायित्व की मूल्यवत्ता देना चाहते हैं।

मनुष्य का यह दुःख सबसे बड़ा है कि जो रोका नहीं जा सकता, वह उसे रोकने का प्रयास करता है (जैसे समय) और यही उसका अभिशाप भी है। रोकने की हड़बड़ी में वह उसे भी खो देता है जो उसका अपना है, अपने की पहचान, उसका आत्म जो हर परिवर्तन को झेलता हुआ अपने को गढ़ता है। गढ़ने की यह प्रक्रिया स्वयं व्यक्ति द्वारा होती हुई भी सिर्फ़ व्यक्ति तक सीमित नहीं रहती; अनिवार्यतः यह 'अन्य' से अपने को जोड़ती है—अन्य, जो समाज है, संसार है, सृष्टि है।

इसीलिए हम जिसे 'आत्मज्ञान' या 'मनुष्य का धर्म' कहते हैं, वह और कुछ नहीं, ज़मीन के उस टुकड़े को टटोलना है, जहाँ स्थिर रहकर हम इस सृष्टि के परिवर्तन-व्यापार को देख सकें, उससे अपना नाता जोड़ सकें, अन्ततः उसका अर्थ पा सकें। अर्थ देते ही संसार 'शब्द' में बदल जाता है। मनुष्य की आत्मचेतना और शब्द का जन्म एक ही समय में होता है—बिना एक के दूसरा अर्थहीन है। 'मनुष्य ही एकमात्र ऐसा प्राणी है जिसका इतिहास है,' ऐसा नीत्शे कहते थे—और ठीक कहते थे—क्योंकि इतिहास आत्मचेतना की उपज है जो सिर्फ़ मनुष्य को प्राप्त है।

किन्तु यह 'आत्मचेतना' ही है जो शब्द की पवित्रता स्वीकार करते हुए भी उसे एक चिरंतन अर्थ में नहीं बाँधती; उसे खुले संसार में छोड़ देती है। यहीं, ठीक इस बिन्दु पर कुछ परम्पराओं के भीतर द्वंद्व के बीज अंकुरित होते हैं। ऐसी धर्म परम्पराएँ हैं जहाँ कहा गया 'उद्घाटित शब्द'

अन्तिम और सम्पूर्ण माना जाता है—कुछ इस तरह कि वह दूसरे शब्दों और सत्यों की न केवल अवहेलना करता है, बल्कि उन्हें नष्ट करते हुए अपने 'शब्द' को सुरक्षित रखने की चेष्टा करता है। किसी भी परम्परा में रूढ़ि की यह ग्रंथि हमेशा हिंसा, निषेध और दमन को प्रोत्साहित करती है। इसका अधुनातन उदाहरण हमें स्वयं अपने समय में देखने को मिलता है। अयातुल्लाह खुमैनी ने क़ुरान के अपने शब्दार्थ के समक्ष सलमान रुश्दी के 'शब्द' को न केवल नकार दिया, बल्कि उस पुस्तक और उसके रचयिता के ख़िलाफ़ मौत का फ़तवा जारी कर दिया। ऐसी परम्पराएँ होती हैं जो एक शब्द, एक सत्य, एक पुस्तक में जब तक मनुष्य की समूची आत्मचेतना के आकाश (स्पेस) को अपना उपनिवेश नहीं बना लेतीं, तब तक अपने अस्तित्व के सम्बन्ध में आश्वस्त नहीं हो पातीं। अतीत में भी 'धर्म पुस्तक' की छाया तले अनेक 'धर्म द्रोहियों' को जलाया जाता रहा है। कौन कह सकता है कि हमारे समय में जिन हतभागे लोगों को शिविरों और यातना शिविरों में नष्ट हो जाना पड़ा, उनके अन्त की शुरुआत उस ब्रिटिश लाइब्रेरी से नहीं हुई थी, जहाँ एक जर्मन-यहूदी बहुत तन्मयता से एक पुस्तक लिखने में जुटा हुआ था। क्या मार्क्स को मालूम था कि उसके बाद की शताब्दी में एक दूसरे देश में उसके क्या-क्या दुष्परिणाम होंगे!

परम्पराएँ भी कभी-कभी नृशंस नादिरशाही में परिणत हो सकती हैं और ऐसे द्वंद्वों को जन्म दे सकती हैं जिनसे भीषण रक्तपात हों। क्या कभी कोई यह सोच सकता था कि ईसाई परम्परा के भीतर ही प्रोटेस्टैंट और कैथोलिक सम्प्रदाय एक-दूसरे के इतने कट्टर विरोधी हो जाएँगे कि मध्यकालीन यूरोप में वर्षों तक ख़ून की होली खेली जाती रहेगी? क्या यह एक क्रूर और हास्यास्पद विडम्बना नहीं है कि हमारे समय में पुस्तकों की होली जलानेवालों में कमोबेश वही लोग थे जो किसी न किसी पुस्तक के 'परम सत्य' में अडिग विश्वास रखते थे!

इससे कभी-कभी यह आशंका होती है कि वे व्यक्ति, जिनसे परम्परा शुरू होती है—जीसस, बुद्ध या नानक उनका सत्य वही नहीं होता (अथवा हूबहू वही नहीं होता) जो हमारे समय में परम्परा हमें सम्प्रेषित करती है यद्यपि व्यक्ति के दर्शन और परम्परा के सत्य को बहुत साफ़-साफ़ ढंग से विभाजित नहीं किया जा सकता। उनमें कहीं, चाहे वह कितना ही अस्पष्ट और परोक्ष क्यों न हो, कोई सम्बन्ध ज़रूर रहता। आज का इस्लाम या मार्क्सवादी आन्दोलन वही नहीं है जो मुहम्मद साहब या मार्क्स ने अपने इलहाम या अनुभव—ज्ञान द्वारा निरूपित किया था; किन्तु जो आज हम तक सम्प्रेषित हुआ है, उसे उनके मूल निरूपकों के व्यक्तित्व, जीवन और सन्देश से बिलकुल अलग भी नहीं किया जा सकता। एक दूषित सन्देश में भी कहीं न कहीं मूल सन्देश के गंध-प्राण बसे रहते हैं। असल में वही 'परम्परा' सम्पूर्ण रूप से मुक्त होती है जो किसी व्यक्ति-विशेष या पैग़ंबर की वाणी या किसी एक 'परम पुस्तक' के शाश्वत सन्देश से नहीं बँधी होती।

परम्परा का मूल मर्म सिर्फ़ उसके शब्द में नहीं, बल्कि शब्द और कर्म के बीच अखंडित सम्बन्ध में निहित होता है। ईसा का सत्य सिर्फ़ उसमें नहीं है जो उन्होंने कहा था, बल्कि उस 'बलिदान' में है जिसके द्वारा उन्होंने उसे अपने जीवन में चरितार्थ किया था। इसीलिए 'सेक्रेड' और 'सैक्रीफ़ाइस' शब्द एक ही मूल धातु से उपजे हैं जो 'कर्म' द्वारा 'शब्द' को पवित्र बनाते हैं। शब्द कर्म में चरितार्थ होता है और कर्म मृत्यु द्वारा शब्द को पवित्र बनाता है।

बलिदान का मूल और प्राथमिक अर्थ अपनी इच्छा से किसी चीज़ को त्यागना, अर्पित कर देना है, किन्तु यह सिर्फ़ अधूरा अर्थ है, नकारात्मक अर्थ।

उसका शेष, बाक़ी बचा हुआ अर्थ उस 'उपलब्धि' में है जो बलिदान द्वारा अर्जित की जाती है। दोनों ही बलिदान के अनिवार्य तत्त्व हैं—त्याग द्वारा 'पवित्र' की उपलब्धि। हम निरन्तर अपने को नष्ट करते हैं, ताकि फ़ीनिक्स की तरह अपनी ही भस्म से अपने को पुनः जीवित कर सकें। किन्तु जो पुनर्जीवित होता है, वह वही नहीं होता जो नष्ट हो चुका होता है, यद्यपि उसके घटक वही रहते हैं। यह पुनर्जीवित अवस्था न तो पुरातन को ध्वस्त करने से प्राप्त होती है, न उसकी यंत्रवत् पुनरावृत्ति से—बल्कि अपने ही अस्तित्व के पुराने घटक एक नये क्रम और पैटर्न में संयोजित हो जाते हैं। ईसाई परम्परा में बलिदान और आत्मबलिदान की अवधारणा भारतीय प्राकृतिक चक्र में जो 'ऋत' का धर्म है, उसके सबसे निकट बैठती है, जो कि मानव इतिहास को सर्वथा एक नया नैतिक आयाम देती है। वह जो प्रकृति का धर्म है, मानवीय चरित्र का एक आवश्यक गुण बन जाता है। "गेहूँ का दाना बोने के बाद अकेला रहता है, जब तक मर नहीं जाता; किन्तु जब वह मर जाता है तब उसमें फल निकलना शुरू होता है"—बाइबल।

चूँकि मनुष्य की 'प्रकृति' वही है जो बाहर भी है इसलिए मनुष्य का कर्तव्य उन समन्वय-बिन्दुओं (प्वाइंट्स ऑफ़ कॉरेस्पांडेंस) को रेखांकित करना हो जाता है जहाँ उसके 'आत्म' का आमना-सामना 'अन्य' से होता है, उसकी आभ्यंतरिक प्रकृति की मुठभेड़ उस प्रकृति से होती है जो उसके बाहर है, क्या वे अलग-अलग हैं, या एक के ही अलग-अलग रूप हैं? भारतीय परम्परा चूँकि किसी एक परम-पुस्तक या पैग़ंबर के सन्देश से नहीं जुड़ी है, उसे आत्म और अन्य के रिश्ते को संयोजित करने के लिए बार-बार उन मूल स्रोतों की ओर जाना पड़ता है जिसे हम 'परम्परा' का नाम देते हैं। अतः परम्परा अपने में कोई बन्द, ठहरी हुई, जड़ चीज़ नहीं है वह जो अन्य है, बाहर है, अपने से अलग है, उसे अपने भीतर ढालने की अनवरत प्रक्रिया और प्रयास में यह रूपायित होती रहती है।

'पवित्र' की अवधारणा भी आत्म और अन्य के बीच अन्तराल को पाटने के प्रयास में ही निहित है। तब दुनिया कोई 'बाहर' की चीज़, कोई 'पर्दा' नहीं रहती जिस पर मनुष्य की छवियाँ प्रतिबिम्बित हों। अब वह मनुष्य के आभ्यंतरिक जगत् का ही अंश है, जहाँ छवि और पर्दा एकीकृत हो जाते हैं।

किन्तु 'परम्परागत समाज' में पवित्रता के ये क्षण चिरस्थायी नहीं रहते। आत्म और अन्य, भीतर और बाहर के बीच जो अन्त:सम्बन्ध बनते हैं, वे बार-बार टूट जाते हैं और उसकी टूटन से जो विद्वेष, दूषण और क्लेश उत्पन्न होता है, वह उसी तरह भयावह और संहारकारी हो सकता है, जैसा हम तथाकथित आधुनिक समाजों में देखते हैं। 'महाभारत' और 'रामायण' के सबसे मर्मांतक दृश्य वही हैं, जहाँ मनुष्य स्वयं अपनी परम्परा, अपने धर्म, अपनी कर्तव्यनिष्ठा के सम्बन्ध में सन्देहशील हो जाता है—उसे समझ में नहीं आता, सही रास्ता कौन-सा है, किस दिशा में जाता है? हमें इस सुखद भ्रम से छुटकारा पाना होगा कि परम्परा अपने में द्वंद्वहीन होती है।

सच तो यह है कि जहाँ कहीं मानव समाज है, वहाँ द्वंद्व अनिवार्य है। अन्तर सिर्फ़ इतना है कि द्वंद्व का अतिक्रमण करने का जो उपाय परम्परा सुझाती है, वह उससे मूलत: भिन्न है, जो आधुनिक समाजों ने अपने लिए ढूँढ़ने का प्रयास किया है। भिन्न इसलिए कि दोनों में मानव-प्रकृति के सम्बन्ध में अवधारणाएँ एक-दूसरे से बहुत अलग हैं। मनुष्य का जो आदर्श बिम्ब हमें परम्परा से मिला था, वह आधुनिक समाजों में अगर विलुप्त नहीं तो नितान्त विकृत और खंडित अवश्य हो चुका है।

हमें इस अन्तर को समझना होगा, विशेष कर आज के समय में जब आधुनिक सभ्यता स्वयं आत्म-विनाश के कगार पर आ खड़ी हुई है।

हमने परम्परागत समाज में 'पवित्रता' की अवधारणा का उल्लेख किया था। क्या आज के 'वैज्ञानिक' युग में वह कहीं दिखाई देती है? यदि नहीं दिखाई देती तो उसका सीधा-सा कारण यह है कि हमने उस दृष्टि को खो दिया है जिससे परम्परा मनुष्य और सृष्टि के सम्बन्ध को देखा करती थी। वहाँ मनुष्य के आन्तरिक अनुभव और बाहर के परिदृश्य के बीच कोई दरार नहीं खिंची थी—ऐसी दरार जो रिल्के या होल्डरलिन की कविताओं में विषाद की खरोंच की तरह दिखाई देती है। सच कहें तो पश्चिम का आधुनिक साहित्य परम्परा से विच्छिन्न यथार्थ के मरुस्थल या मरीचिका पर एक लम्बा विलाप-गीत है। इसके विपरीत 'परम्परागत कला' में मनुष्य, पशु-जीव और प्रकृति के बीच इस तरह का कोई अलगाव, या अलगाव को पाटने की पीड़ा कहीं नहीं दिखाई देती। वे बहुत सरल और आत्मीय भाव से एक-दूसरे में अन्तर्गुम्फित होते हैं। इससे भी अधिक महत्त्वपूर्ण चीज़ यह है कि कलाकार का दुनिया से सम्बन्ध एक द्रष्टा और दृश्य का सम्बन्ध नहीं है, जहाँ सर्जक अपनी स्वायत्त इच्छा से किसी निष्क्रिय वस्तु (ऑब्जेक्ट) को अदल-बदल सकता है; परम्परागत कला में दोनों ही—दृष्टि और दृश्य—एक-दूसरे में इस अभिन्न ढंग से विलय हो जाते हैं कि जिस कलाकृति का जन्म होता है, उसमें सहज रूप से दोनों ही समाहित होते हैं—वह दोनों की होकर भी दोनों से ऊपर उठ जाती है।

यह एक विचित्र संयोग है कि कला के इस (परम्परागत) सत्य के सम्बन्ध में यूरोप और भारत के दो कला मनीषी लगभग एक मत रखते थे : पॉल क्ले और कुमारस्वामी। पॉल क्ले अपने 'जर्नल' में लिखते हैं कि कभी-कभी जंगल में घूमते हुए उन्हें लगता है कि वह ही वृक्षों को नहीं देख रहे, वृक्ष भी उन्हें देख रहे हैं। और यह एक विचित्र अनुभव है—

स्वयं अपने को अन्य द्वारा देखा जाना! मुझे पूरा विश्वास है कि पॉल क्ले यदि यह बात बस्तर के किसी आदिवासी कलाकार से कहते, तो वह उनसे बिलकुल सहमत होता। और यही अनुभव कुमारस्वामी के कथन में एक उज्ज्वल-सी पवित्रता ग्रहण कर लेता है जब कला के मर्म को वह परम्परागत दृष्टि में खोजते हैं। वह लिखते हैं :

> यदि कलाकृतियों का कोई मूल्य है तो वह मनुष्य के बोध को जगाना है—उसकी अनुभूतियों को नहीं। एक तरह से सामान्य दर्शक का यह प्रश्न कि 'कला की दुनिया किसके बारे में है?' ठीक ही है। हमें उन्हें यह पीड़ायुक्त उत्तर देना ही होगा कि अधिकांश कलाकृतियाँ ईश्वर के बारे में हैं, जिसकी चर्चा हम सम्भ्रांत समाज में नहीं करते; कि कलाकृतियाँ हमारे अनुभूति—लोक को नहीं, बल्कि हमारे फ़लसफ़े को विकसित करती हैं...हमें यह स्वीकारना होगा कि यदि उनके द्वारा मनुष्य का जीवन प्रभावित नहीं होता और उसकी मान्यताएँ नहीं बदलतीं, तो उनकी उपलब्धि शून्य है।

कहना न होगा, कुमारस्वामी के ये शब्द एक आधुनिक 'एस्थीट' अथवा 'सेक्यूलर' बुद्धिजीवी को कितने असहनीय जान पड़ेंगे! किन्तु ये शब्द पहली बार बेझिझक और बेबाक ढंग से परम्परा का मर्म उघाड़ने का साहस करते हैं। वे मनुष्य की उस छवि को स्वीकार नहीं करते जो यूरोप में रेनासाँ (नवजागरण) के बाद विकसित हुई थी और जहाँ ईश्वर को निष्कासित करके मनुष्य ने स्वयं को सार्वभौमिक शक्ति का स्रोत मान लिया था, जिसमें मनुष्य का अहं अपने अलगाव में सम्पूर्ण रूप से स्वायत्त बन जाता है, जिसके लिए 'बाहर की दुनिया' इतनी अन्य और परायी और ख़तरनाक बन जाती है कि जब तक उसे हथिया कर अपनी प्रभुसत्ता के अन्तर्गत नहीं लाया जाता, मनुष्य के अहं को तुष्टि नहीं मिलती।

यदि पुरातन काल में आदम का 'आदि-पतन' प्रकृति से बहिष्कृत होने के प्रतीक में मिलता है, तो आधुनिक युग तक आते-आते प्रकृति स्वयं मानव जगत् से बहिष्कृत कर दी जाती है। अब वह पृष्ठभूमि में एक अभिशप्त छाया-सी डोलती है, धरती पर मनुष्य होने की शोकमग्न साक्षी : यूरोपीय रेनासाँ के चित्रों में प्रकृति की यह वियोग-भरी छाया भारत के उन मिनिएचर, लघु चित्रों से कितनी अलग है जहाँ वह मनुष्य के दैनिक संसार का ही सुखद, उज्ज्वल और आत्मीय अंग दिखाई देती है।

आज की दुनिया में जहाँ प्रकृति को 'देश-निकाला' दे दिया गया है, वहाँ ईश्वर की दैवी संरक्षण की छत्रच्छाया भी मनुष्य के ऊपर से उठ गई है। परम्परायुक्त व्यक्ति चाहे अपने में कितना अकेला क्यों न हो, इसी दैवी छत्रच्छाया के रहते अपने को कभी असहाय महसूस नहीं करता था। मनुष्य का कर्म चाहे उसे द्वंद्व की तरफ़ ले जाता हो, जैसा कि 'महाभारत' में हमें दिखाई देता है, किन्तु अपने इस कर्म के लिए हर व्यक्ति (वह चाहे युधिष्ठिर हो या कर्ण) एक तरह की ईश्वरीय वैधता और संरक्षण प्राप्त करना चाहता था। वह दुनिया, जो परम्परा से टूट जाती है, उस ईश्वरीय वैधता की चाहना से भी वंचित हो जाती है जिसके बिना मनुष्य का हर कर्म और निर्णय उच्छृंखल और स्वेच्छाचारी बन जाता है। आत्म-चेतना अवश्य रहती है, किन्तु आत्म की शक्ति परम से स्खलित होकर निरे अहं में सिकुड़ जाती है—इसीलिए मनुष्य एक ही समय में अपनी अनुभूतियों गें इतना असुरक्षित और प्रवृत्तियों में इतना आक्रामक हो जाता है।

असुरक्षा की भावना डर को जन्म देती है जो हिंसा और आक्रामकता का मूल स्रोत है। एक बार जब मनुष्य दुनिया के प्रति अपनी परम्परागत दृष्टि

(उसी अर्थ में जिसमें कुमारस्वामी ने उसे प्रयुक्त किया है) खो देता है, तब उसके लिए द्वंद्व ही एकमात्र ऐसा उपमान बचा रहता है जिससे वह धरती पर अपनी अस्मिता और प्रभुत्व स्थापित कर सके, क्योंकि तब 'अन्य' को नष्ट करने में ही वह अपने 'अहं' को सुरक्षित रखने का स्वप्न देखता है। यहाँ वह अपने को एक विनाशकारी दुश्चक्र में फँसा लेता है। वह जितनी अधिक मात्रा में अपने आत्म के प्रति सशंक और सन्देहशील होता जाता है, उतना ही 'अन्य' के प्रति उसका आक्रोश बढ़ता जाता है, और उसी अनुपात में द्वंद्व की विभीषिका भी बढ़ने लगती है, जो सिर्फ़ आत्म के हनन अथवा 'अन्य' के विनाश द्वारा ही दूर की जा सकती है—हत्या अथवा आत्महत्या, तीसरा कोई विकल्प दिखाई नहीं देता।

किन्तु एक विकल्प अब भी बचा रहता है, जो सिर्फ़ परम्परा, विशेष कर भारतीय परम्परा में अधिक स्पष्ट होकर आता है। यह विकल्प हत्या या आत्महत्या में नहीं, स्वयं अपने 'अहं' की हत्या में निहित है; क्योंकि अहं ही वह युद्ध क्षेत्र है जहाँ से न केवल द्वंद्वों का सूत्रपात होता है, बल्कि जहाँ उन्हें लड़ा भी जाता है। यह आत्म से अनात्म की ओर मुड़ना नहीं है, बल्कि उस आत्म में वापस लौटना है जहाँ से हमारे 'अहं' ने हमें निष्कासित कर दिया था। एक प्रवासी की तरह मनुष्य दुबारा अपने 'घर' लौटता है। यह घर कहीं समय या स्पेस में हमसे बाहर नहीं है; यह हमारे भीतर आत्म-भुलावे की तहों के नीचे दबा है, जिसे सिर्फ़ स्मृति द्वारा ही उत्कीर्णित किया जा सकता है। यही कारण है, हर परम्परा में स्मृति को इतना महत्त्व दिया गया है—स्मृति, जो हमें अपने पूर्वजों की शृंखला के साथ जोड़ती है। यह जुड़ाव, यह सम्बन्ध एक कलाकार के लिए और भी अधिक मूल्यवान् है, क्योंकि उसे पहली बार अहसास होता है कि सृजनात्मकता इसमें निहित नहीं है कि कोई कृति कितनी नई या मौलिक है, बल्कि किस हद तक वह हमारी उस क्षमता से उपजती है जिसके रहते हम विस्मृति के अँधेरे लोक से उसे आलोक में ला सकें जो मनुष्य

की प्रकृति का सहज अंग है; दुनिया में मनुष्य होने की चेतना और उससे उत्पन्न हुआ उस का कर्तव्य-बोध है, जिसमें उसका 'धर्म' निहित है। इसी 'धर्म' को बार-बार 'महाभारत' में कुहासे के क्षणों में याद किया गया है, ताकि वह मनुष्य को अपने भूले हुए कर्तव्य की याद दिला सके।

यह आज और भी अधिक ज़रूरी हो जाता है कि जहाँ प्रगति, आधुनिकता और औद्योगिक विकास के धुआँधार थपेड़ों से दुनिया में थोड़े-से बचे हुए परम्परागत समाज इतनी निर्ममता से तहस-नहस हो रहे हैं; ऐसी आँधी में धर्म और स्व-धर्म का विवेक अक्षुण्ण रखना आसान नहीं है। किन्तु फिर भी, दुनिया में ऐसे समाज, सम्प्रदाय और सभ्यताएँ बची हुई हैं जो निरन्तर परम्परा और धर्म की जीवन्त जड़ों से अपनी प्राणवत्ता ग्रहण करती हैं। संकट और विनाश की यातनापूर्ण घड़ियों में मनुष्य इन्हीं से इतना साहस और नैतिक शक्ति प्राप्त करता है कि वह आधुनिक दुनिया की आक्रामक, लोलुप और आत्मकेन्द्रित विचारधाराओं को चुनौती दे सके। ख़ुद हमारे समय में दलाई लामा इस विवेक और परम्परा बोध का जीता-जागता उदाहरण हैं। चीन की हिंसात्मक आक्रामकता और नृशंसता के सम्मुख उनकी धैर्यशीलता और उनका अहिंसात्मक आचरण उसी परम्परा से शक्ति प्राप्त करता है जिसने एक समय में अंग्रेज़ी राज के विरुद्ध गांधीजी के शान्तिपूर्ण संघर्ष को अनुप्राणित किया था। हमारे समय की दो महान आत्माएँ, जिन्होंने अपने युग के क्रूर एवं दुर्निवार द्वंद्वों को सुलझाने की शक्ति और प्रेरणा सीधे अपनी परम्परा की समृद्ध विरासत से प्राप्त की थी और इसके लिए नितान्त नये और प्रयोगशील साधनों का उपयोग किया था। अन्त में शायद यह कहना ही उचित होगा कि द्वंद्व की परम्परा उतनी ही पुरातन है जितनी सामंजस्य और शान्ति की। यहाँ हमने जिस परम्परा-बोध पर विचार किया है, वह उसके बारे में नहीं है जो अतीत में घटा था अथवा जो पहले कभी किया गया था। यहाँ केवल उस 'दृष्टि' को याद किया गया है जिसे मनुष्य अतीत और वर्तमान,

किसी भी समय, युग और देश में सृष्टि के प्रति अपनाता रहा है : उस सृष्टि के प्रति जो है तो 'अन्य', किन्तु जिसके साथ सम्बन्ध द्वंद्वहीन हो सकता है, बशर्ते कि उसे आत्म का विरोधी न समझा जाए। आधुनिक युग में हम इसे भुला चुके हैं, पर इसका मतलब यह नहीं कि आधुनिक युग में रहनेवाला व्यक्ति भी उसे अपनी स्मृति, व्यवहार और आचरण में भुला दे। परम्परा-बोध का सम्बन्ध न अतीत से है, न वर्तमान से। उसका सम्बन्ध केवल मनुष्य से है—और यह सम्बन्ध उस समय तक रहेगा (चाहे भुलावे की परतों में या चेतना की रोशनी में) जब तक धरती पर मनुष्य जैसा जीव बचा है।

इतिहास और आकाश के बीच*

ज़रूरी नहीं, कविता का ओज आँकने या परखने के लिए उसके प्रेरणास्रोत की पड़ताल की जाए। वह स्रोत कुछ भी हो सकता है। कवि की जीवन-यात्रा का कोई निर्णायक बिन्दु, कोई वैयक्तिक पीड़ा, कोई बीहड़ घड़ी अथवा कोई ऐसा विशिष्ट स्थान, जिसके अकस्मात् अनुभव के बिखरे अणुओं को एक ख़ास अर्थ पैटर्न में व्यवस्थित करने का अप्रत्याशित अवसर प्रदान किया हो। हत्या का पता चलाने के लिए शायद घटनास्थल का पता चलाना ज़रूरी हो, जहाँ ख़ून हुआ है। कविता का मर्म जाँचने के उस स्थल का पता चलाना, जहाँ कविता रचने की 'घटना' हुई है, केवल वही व्यक्ति कर सकता है, जिसने आलोचना के नाम पर पुलिस की कार्रवाई की हो किन्तु ऐसी कविताएँ भी हैं, जहाँ उनके रचयिता ने स्वयं उनके उद्गम स्थल को उद्घाटित करना ज़रूरी समझा है। रिल्के की विश्वविख्यात कविता 'दुइनो विलाप गीत' दुइनो कासल की स्मृति

* अशोक वाजपेयी के कविता-संग्रह 'आविन्यों' पर।

में लिखी गई थी, जहाँ रिल्के वर्षों एकान्तवास में रहे थे। कहना मुश्किल है कि रिल्के यह कविता लिख पाते या वैसे ही लिख पाते, जैसी वह है, यदि जीवन के एक ख़ास चरण में उस स्थान का अकेलापन, अलगाव और सन्तोष उन्हें एक दैवी संयोग की तरह उपलब्ध न हो पाता। कविता ख़ास दुइनो कासल के बारे में नहीं है, लेकिन उसके एकान्त के बिना वह शायद सम्भव भी न हो पाती। इसके बिलकुल विपरीत ब्रॉड्स्की की वह कविता है, जो कुछ वर्ष पहले उन्होंने वेनिस के बारे में लिखी थी, जहाँ स्वयं वेनिस का नगर, नहरें, महल और गलियों का भौगोलिक परिवेश एक गहरे स्तर पर कविता का केन्द्र रूपक बनकर आता है। अशोक वाजपेयी की नई कविताओं को पढ़ते हुए यदि ये दो कवि याद आते हैं, तो इसलिए कि फ्रांस के मध्यकालीन शहर में लिखी ये कविताएँ कवि और कविता के उद्गम स्थल के बीच के द्विविधात्मक रिश्ते को नये सिरे से उजागर करती हैं।

अशोक के प्रस्तुत संग्रह की कविताएँ—जैसा कि उसके शीर्षक से स्पष्ट होता है—फ्रांस के एक प्रान्तीय नगर 'आविन्यों' में स्थित चौदहवीं शती की ईसाई मॉनेस्टरी में लिखी गईं। फ्रेंच सरकार के सौजन्य से उन्हें वहाँ कुछ दिन रहने का निमंत्रण मिला था। मठ के एकान्त वातावरण में ज़रूर कुछ ऐसा विशिष्ट रहा होगा, जिसने उन्हें मन के उन अज्ञात, अनछुए गलियारों में जाने के लिए उत्प्रेरित किया होगा, जो दिल्ली की सत्ता के गलियारों (Corridors of Power) में दुर्लभ है। उन्नीस दिनों में पैंतीस कविताएँ और सत्ताईस गद्य-खंड लिखना वैसे भी अशोक जैसे बतरसी व्यक्ति के लिए मुश्किल होता, जो अपने स्वभाव या टेंपरामेंट में ज़्यादा एकान्त के आदी नहीं हैं। अपनी जानी-पहचानी दुनिया से अलग छिटककर उन्हें अचानक ये दिन मध्यकालीन नींद में सोई मॉनेस्टरी के सूने और निस्तब्ध सन्नाटे में गुज़ारने पड़े। ऐसे परिवेश की अनोखी छाया उसकी इन कविताओं पर पड़ना स्वाभाविक थी।

अशोक स्वयं इस प्रभाव को स्वीकारते हैं : "यहाँ रहकर ये रचनाएँ लिखी गईं, वहाँ का सीधा प्रभाव उन पर साफ़ है। ला शत्रुज ने उनकी स्थानीयता, पदार्थमयता और रंगतों को लगातार प्रभावित किया है। उनका भूगोल एक तरह से आज का और कालातीत भूगोल है और उम्मीद है, उससे इन रचनाओं को उनका 'विशिष्ट अध्यात्म' भी मिले।"

अशोक के इस आत्मकथ्य से कम-से-कम यह बात स्पष्ट हो जाती है, ये कविताएँ उस अर्थ में रूपकात्मक (metaphorical) नहीं हैं, जहाँ किसी विशेष स्थिति या स्थान को केन्द्रीय बिम्ब बनाकर एक कवि उसके समानान्तर अपना एक निजी स्वायत्त संसार रचता है—यह सही है कि यह उस बिम्ब से पूर्णतया विदाई नहीं लेता किन्तु अपने काव्य-सत्य के लिए उस पर पूर्णतया निर्भर भी नहीं रहता। अशोक के लिए 'ला शत्रुज' का ईसाई मठ रूपक से अलग एक प्रतीक अधिक है, क्रिश्चियन धर्म स्थल से लिपटी पवित्रता का प्रतीक। किन्तु यदि वह सिर्फ़ यही होता तो शायद वह एक भौगोलिक पीठिका से अधिक महत्त्व नहीं रखता; वह भौगोलिक परिवेश से अधिक एक आध्यात्मिक स्थल है, जो स्वयं कवि की भाव-व्यंजना में प्रवेश करता है और उसे बाध्य करता है कि वह उन समस्त प्रतीकों की पुनः जाँच-पड़ताल कर सके, जो उसकी पिछली कविताओं में सहज रूप से आए हैं, किन्तु जिनके प्रति एक नये परिवेश में वह अधिक चौकन्ना, अधिक सचेत—हम चाहें तो कह सकते हैं—अधिक 'प्रश्नाकुल' हो गया जान पड़ता है। जिन 'धार्मिक प्रतीकों' को अशोक अपनी पिछली कविताओं में इतनी सहृदय उच्छलता से इस्तेमाल करते थे, हिन्दी के लोकप्रिय मुहावरे में कहें, दोनों हाथों से लुटाते थे, वहाँ सहसा ईसाई तपस्वियों की तंग कोठरियों के भीतर वे किंचित् त्रस्त और अन्तर्मुखी-से हो जाते हैं। शायद यही कारण है कि इस संग्रह की कुछ ऐसी कविताएँ जिनमें अब भी अभिसार, शृंगार, विरह और परिणय के 'ऐरॉटिक' प्रतीक आते हैं, वे कुछ ग़ैर-आमंत्रित अतिथि-से जान पड़ते हैं,

जैसे वे उनके पुराने संग्रहों की मदभरी कमनीयता के बाद का पीला-सा हैंगओवर हों। भारत की साहित्य परम्परा में जो रागात्मकता देह और आत्मा की लीला-भूमि पर अपनी सहज ऊष्मा के साथ अभिव्यक्त हो जाती थी—एक-दूसरे में घुलकर मेहँदी की तरह रच जाती थी, वहीं वह मध्यकालीन मॉनेस्टरी के सात्त्विक एकान्त के बीच कुछ बेगानी-सी जान पड़ने लगती है। ला शत्रुज के परिवेश में लिखी गई ये कविताएँ कितनी आध्यात्मिक हो जाती हैं—कहना मुश्किल है—किन्तु वे अपनी चिन्ताओं में कभी-कभी भयार्त्त ज़रूर जान पड़ती हैं। जहाँ तक मुझे याद आता है, अशोक की कविताओं की धूपीली उन्मुक्तता पर भय की छाया पहली बार दिखाई दी है। शायद ही उनकी पिछली कविताओं में 'भय' का शब्द इतनी बार आया है, जितना इस संग्रह की कविताओं में।

भय की यह अनुभूति यदि सिर्फ़ भिक्षुओं की सूनी कोठरियों और गूँगे पत्थरों के खँडहरों से होती, तो हम उसे एक भारतीय कवि का एक सर्वथा नये परिवेश से उपजा सैलानी कवि का अनुभव समझकर स्वीकार कर लेते, हालाँकि हमें आश्चर्य अवश्य होता कि स्वयं अशोक अपनी इन कविताओं में बार-बार उसकी ओर क्यों लौटते हैं, जैसे वह उनकी भाव-त्वचा में गड़ी किसी अदृश्य फाँस की टीस हो, जो नज़र कहीं नहीं आती, किन्तु आँखें मोड़ते ही कसकने लगती है। भय का यह अनुभव यद्यपि वर्तमान के एक ख़ास बिन्दु पर उपजता है, किन्तु एक बार अनुभव के घेरे में आने के बाद वह जैसे कवि के समूचे अतीत की स्मृतियों को एक नई तरतीब और शृंखला में पिरो देता है। वर्तमान के अनोखे आईने में अतीत का पहचाना चेहरा भी कुछ अजनबी-सा जान पड़ता है जो अपने में एक भयानक न सही, भयाकुल अनुभव हो सकता है। 'आविन्यों' की इन कविताओं में अतीत और वर्तमान का यह परस्पर भेदी व्यापार कुछ अजीब तरीक़े से होता है—जहाँ मध्यकालीन मॉनेस्टरी के उपादानों के बीच कवि को अपने अतीत के गोपनीय स्मृति-स्थल दिखाई दे पाते हैं,

जैसे हम क़ब्र किसी और की खोलते हैं, और शव अपना दिखाई दे जाता है।

याद नहीं किस जन्म या सदी में
समय की एक अँधेरी खोह में मैं रख आया था—
अपने बचपन के जमा बीज-पत्थर और कुछ फूल
....
अब याद नहीं आता किस भूगोल में है वह खोह,
या कि किस सपने में।

आप देखेंगे, इस कविता में काल का अनंत विस्तार वही है, जो अशोक की पूर्ववर्ती कविताओं में आता है, किन्तु यहाँ वह 'समय की अँधेरी खोह' में प्रकट होता है; अशोक का प्रिय बिम्ब 'अनंत' सहसा ईसाई स्मारकों के सम्पर्क में आते ही 'आरम्भ' और 'अन्त' के ऐतिहासिक बिन्दुओं के बीच सीमित हो जाता है—मीर्चा इलियादे के शब्दों में पवित्र समय की सीमा रेखा पार करते ही हम सांसारिक समय की दूषित दुनिया में आ जाते हैं, जहाँ मनुष्य जन्म से ही पाप की कलुषित दुनिया में डूबा है, जिससे हमें केवल ईश्वर की 'कृपा' ही उबार सकती है। अशोक के काव्य संस्कार जिस परम्परा में पगे हैं, वहाँ पवित्रता का कोई अलग स्थल या समय नहीं है, जिसकी लक्ष्मण-रेखा पार करते ही हमें कामना के जोखिम भरे जंगल में आना पड़ता है। अशोक की आरम्भिक कविताएँ इसीलिए इतनी निष्कलंक और उत्सवधर्मा लगती थीं, क्योंकि वहाँ वासना पवित्रता के विरोध में नहीं, उसके पड़ोस में बसती थी, एक ऐसा पड़ोस जो उन्हीं के शब्दों में—भीड़, शोभा-यात्रा, जुलूस, दुनिया की समूची हलचल और तामझाम के द्वारा स्पंदित होता था। इसके विपरीत जिन धर्म-सम्प्रदायों में पवित्रता की पूँजी केवल संसार की लौकिक लालसाओं को वर्णित मानकर अर्जित की जाती है, वहाँ ईश्वर और मनुष्य के बीच दूरी असीम होती है : एक क्रिश्चियन मठ की तंग दीवारों के बीच अशोक

वाजपेयी जिस रूप से साक्षात् करते हैं, वह शायद उस अँधेरी खाई से उत्पन्न होता है, जो पवित्रता और लौकिकता, मनुष्य और ईश्वर के बीच खुल गई है। यहाँ अनंत का नीला विस्तार नहीं, दूरी की दहशत है और अलगाव का घाव भी जो आत्मा में रिसता है।

यही कारण है कि एक सीमा के बाद अशोक अपनी कुछ कविताओं में ऐसी 'पवित्रता' पर ही सन्देह करने लगते हैं, जिसे पाने के लिए कवि को इतना भारी मूल्य चुकाना पड़ता है। यह एक ऐसा प्रदेश है, जहाँ आस्था और अनिश्चितता के पीड़ित धुँधलके में ईश्वर है भी और नहीं भी। अपनी एक कविता 'अनुपस्थिति' में अशोक लिखते हैं :

चौदहवीं शताब्दी के अपने इस कमरे की खिड़की से
जब मैं सामने की ओर झाँकता हूँ
तो सामने के चैपल की एक हमेशा खुली खिड़की से
लगता है दो आँखें एकटक घूर रही हैं—
बिना पहचाने मैं उन आँखों को,
जिन्हें शायद मैं दिन-दहाड़े एक दुःस्वप्न में देखता हूँ
नाम देना चाहता हूँ : ईश्वर।
रात देर गए।
जब आवाज़ें अँधेरा और समय सब सो जाते हैं
....
सपने की तरह धीरे-धीरे बे-आवाज़ क़दमों से चलता हुआ
जो भी कोई आता है
मैं अपने भय का द्वार खोलकर उससे पूछना चाहता हूँ : ईश्वर?

क्या मनुष्य और ईश्वर, लौकिक और अलौकिक, पवित्र और दूषित के बीच की खाई को कविता पाट सकती है? अशोक अपने से यह प्रश्न अलग सन्दर्भों में बार-बार पूछते हैं। देखा जाए, तो यूरोप में दांते से लेकर इलियट तक की आध्यात्मिक कविता ठीक इस अन्तराल की पीड़ा और

उसे पार करने के अतिक्रमण—दोनों को अभिव्यक्त करने का गौरवपूर्ण प्रयास है। उल्लेखनीय बात यह है कि अशोक अपनी कविता में ईश्वरीय पवित्रता के जिस अखंडित और समग्र अनुभव पर सहज रूप से विश्वास कर लेते हैं, गद्य की विधा में पाँव रखते ही उस पर कहीं सन्देह की छाया गिरने लगती है। क्या हम यह मान लें कि आधुनिक गद्य की परम्परा जो हमें पश्चिम से मिली है, वह बराबर उन आस्थाओं पर प्रश्न लगाती रहती है, जिन्हें हमने अपनी विरासत में पाई काव्य-परम्परा में सहज रूप से स्वीकार कर लिया था? अशोक अपने इन गद्यांशों को अपने आलोचनात्मक निबन्धों से अलग करते दीखते हैं, अलग सिर्फ़ इसलिए नहीं कि पहली बार अशोक की गद्य—शैली अवधारणात्मक ऊँचाई से उतरकर अपनी चिन्ताओं में उत्तर देती हुई वही प्रश्न पूछती हुई दिखाई देती है, किन्तु इसलिए भी कि स्वयं उनके चिन्तन कक्ष के दरवाज़ों पर ऐसे प्रश्न दस्तक देते हैं, जिन्हें उन्होंने कोई और उपयुक्त शब्द न पाकर 'आध्यात्मिक' प्रश्न कहा है, यद्यपि स्वयं आध्यात्मिकता के 'अर्थ' के बारे में अशोक काफ़ी स्पष्ट दिखाई देते हैं।

कामू ने एक बार अपने से प्रश्न पूछा था कि क्या बिना ईश्वर में विश्वास किये कोई व्यक्ति संत हो सकता है? अशोक इसे पलटकर मानो पूछना चाहते हैं कि आस्तिक आस्था के बिना क्या 'आध्यात्मिक कविता' लिखी जा सकती है? 'ईश्वर' शब्द बार-बार इन कविताओं में एक 'रिफ्रेन' की तरह आता है और वह उनकी कविता में अपने द्विविधाजनक अर्थों में उतना ही कष्टप्रद जान पड़ता है, जितना आध्यात्मिकता का आग्रह उनके गद्यांशों में। यह आग्रह कुछ उतना ही अजीब जान पड़ता है, जितना उनकी कविता में ईश्वर के प्रति असन्तोष। यह वह असन्तोष नहीं है जो किसी साधक के हृदय में सन्देह या शंका के रूप में प्रकट होता है, जहाँ अपनी सजी-सँवरी आस्थाएँ सहसा ढहती-सी जान पड़ती हैं, एक ऐसी घनघोर आत्मघाती पीड़ा, जिसे पास्कल ने 'आत्मा की अँधेरी रात' कहा था।

वह एक यूरोपीय आधुनिक कवि की पीड़ा भी नहीं है, जो कहीं दुनिया के धर्मनिरपेक्ष मरुस्थल में अपनी अथक प्यास बुझाने के लिए बारिश की एक बूँद के लिए तड़पता है, जो हमें इलियट के 'वेस्टलैंड' में दिखाई देती है।

अशोक का असंतोष आध्यात्मिक से अधिक एक काव्य साधक की सौन्दर्यमूलक चिन्ताओं में प्रकट होता जान पड़ता है। वह एक ऐसे सेक्यूलर बुद्धिजीवी का असन्तोष है, जो अपने काव्यात्मक संसार को अधिक सघन, समूचा, बहुआयामी बनाने के लिए अन्य अनुभूतियों के साथ 'आध्यात्मिकता' को भी जगह देना चाहते हैं, जैसे भारतीय परिवारों में माँ या दादी अलग कोने में 'ठाकुरद्वारा' बना देती हैं, घर-परिवार के बाक़ी लोग उनके ठाकुरजी में आस्था न भी करें, तो भी उस कोने से आती धूप या कपूर की सुगंध उन्हें पवित्रता का स्पर्श देती रहती है। जब तक वह कोना भरा-पूरा रहता है, हमारा ध्यान उसकी ओर नहीं जाता, किन्तु यदि लम्बी सांसारिक यात्रा के बाद हम घर लौटें, और उस कोने को ख़ाली पाएँ, तो क्या वह घर उतना ही उजाड़ और श्रीहीन नहीं लगता जितना मॉनेस्टरी के सूने गलियारे, जहाँ ईश्वर की अनुपस्थिति इतनी भयावह यातना से भरी जान पड़ती है?

देखा जाए, तो भारतीय परम्परा में मनुष्य के सांसारिक धंधों के बीच देवी-देवताओं का पड़ोस एक ऐसी आत्म पवित्रता और सुरक्षा प्रदान करता है, जो एक सम्प्रदायग्रस्त आस्था (institutional faith) से अलग हैं—अशोक इसे जानते हैं, लेकिन इसे अपने गद्यांशों में रेखांकित नहीं करते जबकि कविताओं में पवित्रता का शब्द बार-बार आता है। और तब यह भी समझ में आता है कि अशोक जिस परम्परा से आते हैं, उस भूमि से उनका असन्तोष या उलझन—ईश्वर से नहीं, ईसाई सम्प्रदाय की 'एक ईश्वरीय' अवधारणा से है, जो मनुष्य की भावनाओं पर इतना गहरा दबाव डालती है, जहाँ अन्य भावनाओं और अनुभूतियों को ईश्वर की एकमात्र आस्था के बीच अपने में स्थगित करना पड़ता है और जहाँ

यह आस्था टूटती है, तो समूचा जीवन अर्थहीन और निस्सार जान पड़ने लगता है। इसके विपरीत भारतीय आध्यात्मिक परम्परा में इस तरह का कोई दबाव या बन्धन नहीं है—यदि उसके एक छोर पर देवी-देवताओं का सौरमंडल है, जहाँ बहुत-से ईश्वर एक साथ चमकते हैं, वहाँ दूसरे छोर पर निराकार ब्रह्म की सार्वभौमिक उपस्थिति है, जो अपने होने के लिए किसी विश्वास या आस्था की अपेक्षा नहीं रखती। कभी-कभी अशोक की इन कविताओं को पढ़ते हुए लगता है कि बाइबल की एक ईश्वरीय अवधारणा उनके भारतीय आध्यात्मिक संस्कारों को अवरुद्ध और आकर्षित एक साथ करती है। वह कुछ आश्चर्य से पूछते हैं :

यहाँ शान्ति है,
पर अभय क्यों नहीं?
यहाँ सुनसान है
पर शब्द के पहले का मौन क्यों नहीं?
यहाँ जमा हुआ अँधेरा है,
पर रोशनी के बाद का क्यों नहीं?

वह कहीं यह भी पाते हैं कि एक ईश्वरीय अवधारणा कहीं समय के एक-रैखिक ऐतिहासिक बोध के साथ जुड़ी है, जहाँ घटनाओं की क्रमानुगत नियमबद्धता में कुछ वैसी ही जकड़न है, जैसे ईश्वरीय अस्तित्व के समय मनुष्य की निरीहता :

यहाँ सब अपने क्रम से आते हैं,
दिन रात शिशिर हेमंत
गर्मियाँ और जाड़े
सैलानी, बूढ़े और रंगीन चिड़ियाँ
अरण्य रोदन
वही क्यों नहीं आता
स्वयंभू स्वयंदीप्त।

क्या आख़िरी दो शब्दों से औपनिषदिक सत्य का सर्वव्यापी आलोक और दिव्यता याद नहीं आती, जो किसी ईश्वरीय पुत्र के आगमन और अवसान की ऐतिहासिक धारणा के परे अपने में शाश्वत, नित्य और चिरंतन है, स्वयंभू और स्वयंदीप्त? भारतीय दार्शनिक जे. एल. मेहता ने कहा था कि वह चीज़ जो हमारे सबसे निकट होती है—हमारा आत्म—उस तक पहुँचने के लिए हमें सबसे लम्बी यात्रा से लौटना पड़ता है। फ्रांस के मध्यकालीन ईसाई मठ की कोठरी के भीतर ही क्या अशोक को अपने खोए हुए ईश्वर का ब्रह्मस्वरूप याद आया था? यह एक तरह से अपने घर वापस लौटना? अशोक के ही शब्दों में : "कभी-कभी हम अपने से मिलने अपने से बाहर आ जाना चाहते हैं।"

लेकिन बाहर एक दूसरा समय है, जो इतिहास द्वारा अनुशासित होता है। ईसाई, यहूदी चेतना में ऐतिहासिक कालबोध का केन्द्रीय महत्त्व है। वह जहाँ एक असह्य बोझ है, वहाँ मुक्ति पाने का स्रोत भी है। ये मार्क्स के यहूदी संस्कार ही थे, जिनके कारण उन्होंने वर्गहीन समाज में इतिहास के दु:स्वप्न से मुक्ति पाने की वैसी ही परिकल्पना की थी, जैसी यहूदी-ईसाई संतों के इतिहास में अभिशप्त समय में ही मसीहा के आगमन पर अपनी समूची आशा केन्द्रित की। कैथोलिक कवि इलियट ने अपनी लम्बी कविता 'फोर कुआरेंट्स' में, जो शायद इस सदी की सबसे सशक्त धार्मिक कविता है, कहा था कि समय में रहकर ही समय से मुक्ति पाई जा सकती है, जिससे अज्ञेय ने कभी अपनी गहरी असहमति प्रकट की थी, क्योंकि यह धारणा कहीं उनके भारतीय काल-बोध से टकराती थी। कुछ वर्ष पूर्व डॉ. जिवागो को दुबारा पढ़ते हुए मेरा ध्यान उन पंक्तियों पर ठिठक गया था, जहाँ "इतिहास की पवित्रता उस क्षण से आरम्भ होती है, जब ईश्वर पुत्र जीसस क्राइस्ट उसमें आगमन करते हैं..." यह उस कवि के मार्मिक उद्‌गार थे, जिसके समूचे जीवन को इतिहास ने तहस-नहस कर डाला था। बीसवीं शती के दो महान् धार्मिक कवि—इलियट और

पास्तरनॉक कभी यह कल्पना भी नहीं कर सकते थे कि मनुष्य अपने पाप या अपनी यातना से मुक्ति कहीं इतिहास के बाहर पा सकता है। कहते हैं, मैंडलश्टाम अपने साथ हमेशा दांते की 'डिवाइन कॉस्मेडी' रखते थे, ताकि अगर उन्हें कहीं घर के बाहर पकड़ लिया जाए तो वह कम-से-कम उस एक पुस्तक को अपने साथ ले जा सकें। इतिहास की क्रूरता और उसकी दिव्यता कैसे एक-दूसरे के साथ रह सकती है, यह उसका अनुपम उदाहरण है।

किन्तु मुझे इतिहास-चक्र की इन भटकनों से हटकर अशोक की किताब पर वापस आ जाना चाहिए। देखा जाए तो मैं उससे बहुत दूर नहीं गया हूँ। अशोक के जिस गद्यांश ने मुझे यह सब सोचने के लिए प्रेरित किया, उसका सीधा नाता 'समय के घुमावदार गलियारों' से नहीं, उस धूप से है, जो उसके पुराने जीर्ण पत्थरों पर पड़ती है। वह लिखते हैं :

> धूप से हम समय की पहचान करते हैं। पर धूप समय के आर-पार फैल जाती। वह अतीत पर, हमारे वर्तमान पर और भविष्य पर मानो एक साथ छा जाती है। उसके लिए सब कुछ एक साथ है, एक के बाद एक नहीं : हमारा सारा समय धूप में एकत्र होता है। आज धूप नहीं है, तो मठ चौदहवीं शती के धुँधलके में है और हम बीसवीं सदी के ढलान पर। कल जब धूप होगी, तो इन सभी सदियों, इनके बीच के अन्तराल पर और हम पर एक साथ होगी। धूप का इतिहास नहीं है। यह हमें भी इतिहास से मुक्त करती है। धूप वही है, जो थी और जो होगी।

क्या यह सच है? क्या सचमुच 'धूप' एक जैसी ही रहती है? अशोक की इन पंक्तियों को पढ़ते हुए मैं सहसा एक दूसरे समय में पहुँच गया। एक दूसरे स्थान में। वह दिन भी धूप से भरा था, वसन्त का उजला दिन।

लेकिन जहाँ मैं था, वहाँ चौदहवीं शती की नहीं बीसवीं शती की धूप थी, पोलैंड में ऑशवित्स क़ैद के फाटक, तहख़ानों, दीवारों पर गिरती हुई। वह वसन्त की पहली धूप थी, जब पेड़ों पर पत्ते उगना शुरू हुए थे और लम्बी सर्दियों के बाद आकाश नीले वृत्ताकार में सचमुच अनंत का आभास देता जान पड़ता था। और तब मुझे एक अजीब-सा विचार झिंझोड़ गया—यह वही धूप, आकाश और वसन्त की हवा रही होगी, जिसे कैम्प के निवासियों ने मृत्यु-स्थल जाने से पहले आख़िरी बार सूँघा, देखा, महसूस किया होगा। उन्हें इतिहास से मुक्त करती हुई नहीं बल्कि उनकी अभिशप्त नियति के प्रति सर्वथा उदासीन और तटस्थ ऑशवित्स की उस धूप और रणभूमि के उस नीले आकाश के बीच कोई अन्तर नहीं था, जिसे टॉल्स्टॉय के उपन्यास में आंद्रे ने घायल सैनिकों की दारुण चीख़ों के बीच देखा था—क्या एक कवि के लिए आकाश और इतिहास के बीच चयन करना अनिवार्य है, अथवा दोनों को एक साथ देखने की पीड़ायुक्त प्रक्रिया में ही कविता सच्चे अर्थों में 'आध्यात्मिक' हो पाती है—अशोक का यह संग्रह हमें इस प्रश्न के कगार पर लाकर छोड़ देता है।

इस शताब्दी के अन्त में सिर्फ़ आकाश की अनंतता को देखना ही काफ़ी नहीं है, गैस चैम्बर के उस धुएँ को भी देखना होगा, जो चिमनियों से निकलकर आकाश की धूप और हवा में लहराता है। यह एक ऐसा समय है, जहाँ, कवि रोज़ेविच के शब्दों में, जिसे स्वयं अशोक ने उद्धृत किया है : "हम कीचड़-सने जूतों के साथ ही स्वर्ग प्रदेश में क़दम रख सकते हैं।"

कलाकृति, समाज और आलोचना

हर रचना अपनी परिभाषा लेकर ख़ुद चलती है, इसलिए उसे किसी सामान्य या सार्वजनीन परिभाषा में बाँधना असम्भव जान पड़ता है। शब्दों के एक विशिष्ट संयोजन के भीतर जिस सृष्टि का दर्शन होता है, वह इतनी अनोखी और अद्वितीय होती है कि उसकी तुलना किसी दूसरी सृष्टि से करना असम्भव जान पड़ता है। यह सृष्टि अपने में कितनी सच्ची, प्रामाणिक और वास्तविक है, यह भी किसी पूर्व निर्धारित सिद्धान्त द्वारा सिद्ध नहीं किया जा सकता। इस दृष्टि से एक कलाकृति का सत्य ज्ञान-विज्ञान के अन्य अनुशासनों से बहुत अलग पड़ जाता है; वह अपने सत्य के लिए किसी तर्क-विधान पर निर्भर नहीं रहती—उसका अनुभव ही उसका सत्य है। हर रचना का सत्य उसकी स्वयं सिद्ध सत्ता में वास करता है, कहीं बाहर से अपनी वैधता या प्रामाणिकता प्राप्त नहीं करता।

रचना स्वयं-सिद्ध है। इसका मतलब यह नहीं कि वह दुनिया के कार्य-कलाप से अछूती है। जीवन की विभिन्न संवेदनाएँ, अनुभव, विश्वास

और शंकाएँ इसमें मूर्तिमान होते हैं। वह कैसी भी अद्भुत और अजीब सृष्टि का निर्माण क्यों न करे, कहीं न कहीं हम उसमें अपने से साक्षात् कर लेते हैं। और यह साक्षात्कार केवल आईने में अपने को जस का तस देखने के अनुभव से बहुत अलग है—कलाकृति में हुआ साक्षात् हमेशा कुछ आश्चर्य भरा और विस्मयकारी-सा होता है—जैसे हम स्वप्न में अपने को देख रहे हों—आदमक़द नहीं, उससे कुछ ज़्यादा या कुछ कम, उसमें कुछ छूट जाता है, कुछ जुड़ जाता है; वह सिर्फ़ देखी हुई दुनिया और जी हुई ज़िन्दगी का अक्स नहीं होता—इसके विपरीत वह अपना एक निजी और स्वायत्त यथार्थ गढ़ती है, जिसमें वे सब अनुभव जगह पा लेते हैं, जिन्हें हमने अपनी वास्तविक ज़िन्दगी में असम्भव या अनैतिक या अतार्किक मानकर देश-निकाला दे दिया था। रचना असम्भव को सम्भव नहीं बनाती, वह असम्भव को अनुभव की सीमाओं के भीतर संभाव्य बना देती है।

कला में कल्पना की यह अद्भुत भूमिका है कि उसमें कोई भी अनुभव काल्पनिक नहीं जान पड़ता। सच बात तो यह है कि उसमें कल्पना-जगत् और यथार्थ-जगत् को विभाजित करने वाली सीमाएँ ही छद्म और नक़ली जान पड़ने लगती हैं। रचना के यथार्थ से हम जीवन के यथार्थ को एक नई दृष्टि से देखने लगते हैं और यह दृष्टि हमें बाह्य-जगत् की विचारधारा या दर्शनशास्त्र से नहीं मिलती, स्वयं रचना के भीतर से उपलब्ध होती है। रचना की भूमि में स्वयं आलोचना का बीज निहित रहता है। हम एक इकाई से दूसरी इकाई का आकलन नहीं करते, बल्कि रचना के धरातल पर हमें समस्त इकाइयों के अन्त:सम्बन्ध दिखाई देने लगते हैं—इस अर्थ में मैथ्यू आर्नोल्ड का यह कथन ठीक जान पड़ता है कि कला जीवन की आलोचना है।

यहीं यह प्रश्न भी उठता है कि यदि रचना स्वयं जीवन की आलोचना करती है, तो उस 'आलोचना' का क्या प्रयोजन रह जाता है, जो स्वयं रचना को चिन्तन का विषय बनाती है, जिसे हम शास्त्रीय शब्दावली में

'आलोचना की विद्या' कहते हैं और उसे साहित्य की एक अलग, विशिष्ट श्रेणी में रखते हैं। यह प्रश्न आज के उत्तर-आधुनिक बुद्धिजीवियों के बीच और भी अधिक महत्त्वपूर्ण हो गया है। उनकी राय में एक बार जन्म लेने के बाद हर रचना अपने रचनाकार से नाता तोड़ लेती है। अपना जीवन स्वयं जीती है—और यह जीवन एक नहीं है, हर पाठक उसे एक नया जीवन देता है। पुस्तक का टेक्स्ट हर पाठक के साथ बदलता रहता है, एक तरह से पाठक ही रचना का निर्माता बन जाता है। रचना का कोई एक मूल, स्थायी सत्य नहीं होता, न ही किसी बाहरी सन्दर्भ में उसका मूल्यांकन हो सकता है। हर रचना न केवल अपने में स्वायत्त है, बल्कि आत्मसन्दर्भित (Self-Referential) भी होती है। उसे खोलकर उसके विभिन्न तत्त्वों का अन्वेषण-अवलोकन तो किया जा सकता है, उसमें जो अप्रत्यक्ष या परोक्ष रूप से अन्तर्निहित है, उसे उद्घाटित भी किया जा सकता है—कुछ वैसे ही, जैसे मानसिक रोग से ग्रस्त मरीज़ के दमित और अवचेतन में छिपे विकारों और ग्रंथियों को आलोक में लाया जाता है, किन्तु रचना की मूल या आत्यन्तिक अस्मिता पर विश्वास नहीं किया जा सकता—चूँकि उसका अस्तित्व ही सन्दिग्ध है। इसलिए उसका मूल्यांकन भी निरर्थक है। रचना अब आलोचना के चिन्तन का विषय उसी सीमा तक है, जिसके सहारे वह अपना एक सिद्धान्त शास्त्र विकसित कर सके, जिसे आलोचना का नहीं थ्योरी का नाम दिया जाता है। जहाँ पहले रचना की स्वायत्तता पर इसलिए ज़ोर दिया जाता था कि उसके सत्य को उसकी समूची कलात्मक विलक्षणता में ग्रहण किया जा सके, वहाँ अब उसे इस हद तक स्वायत्त कर दिया गया है जहाँ उसका सत्य नष्ट नहीं हुआ, अनेक सापेक्ष रूपों में खंडित हो गया है।

कुछ ऐसा लगता है कि बीसवीं शती के पूर्वार्द्ध में मार्क्सवादी दर्शन ने जिस आक्रामक और सर्वग्रासी ऐतिहासिक आइडियोलॉजी को जन्म दिया था, उसके मोहभंग के परिणामस्वरूप एक ऐतिहासिक परिप्रेक्ष्य के प्रति

एक गहरा सन्देह उत्पन्न हो गया है—यदि आइडियोलॉजी ने रचना के स्पेस पर अपने को आरोपित करके उसकी स्वायत्त गरिमा को नष्ट करने का प्रयास किया था, तो आज 'थ्योरी' ने साहित्य की उस सृजनात्मक स्पेस पर अपने को हावी कर लिया है, जिसके भीतर ही उसका स्वतंत्र आलोचनात्मक विवेचन सम्भव हो सकता था। दोनों ही स्थितियों के बीच एक चरम रूप से टोटैलिटेरियन, दूसरी चरम रूप से सापेक्ष पूर्ण कला और आलोचना के बीच का वह द्वंद्वात्मक तनावपूर्ण सम्बन्ध ढीला पड़ गया है, जिसके आधार पर ही साहित्य समाज की गतिविधियों में विशिष्ट रूप से अपना योग और हस्तक्षेप, दोनों ही करता था।

यहाँ पूछा जा सकता है कि रचना की आलोचना ज़रूरी है? अगर है—तो किसके लिए उपयोगी है? कला के अभाव में एक समाज अपने को विपन्न मान सकता है, किन्तु क्या हम यह आलोचना के बारे में भी कह सकते हैं? अगर आलोचना न हो, तो क्या उस समाज के सदस्य कहीं अपने को ख़ाली, अतृप्त या अधूरा महसूस करेंगे? हमारे समय में अनेक ऐसे लेखक, कलाकार मिल जाएँगे जिन्हें अपने सृजन-व्यापार में आलोचना न केवल ग़ैर-ज़रूरी जान पड़ती है, बल्कि एक अवांछनीय अतिथि भी, मान न मान मैं तेरा मेहमान जैसी—जो समय-असमय लेखक की 'एकान्त साधना' में विघ्न डालने आ धमकती है, हालाँकि कहीं भीतर यह इच्छा भी छिपी रहती है कि अच्छी आलोचना उसकी कृति को पाठक तक पहुँचाने में एक सशक्त सेतु की तरह सहायक हो सकती है। यह उल्लेखनीय बात है कि आलोचना और रचना के बीच यह आकर्षण-विकर्षण, यह द्वंद्व, यह अन्तराल—कुछ भी कह लीजिए—सिर्फ़ आधुनिक युग की देन है, जहाँ कलाकार अपनी वैयक्तिक चेतना का प्रतिनिधि होकर प्रकट होता है, किसी धार्मिक या मिथकीय स्मृतियों, संस्कारों का संवाहक नहीं, जिनमें प्राचीन और मध्यकालीन समाज के सब सदस्य साझा करते थे। ऐसे समाज में आलोचना कोई विशिष्ट विधा या व्यवसाय न थी,

जो अलग से श्रोताओं या पाठकों को किसी काव्य कृति का अर्थ समझाने या उसे सम्प्रेषित करने का काम करे—चूँकि कलाकार और समाज के बीच किसी तरह की खाई और अन्तराल नहीं था, इसलिए उन दोनों के बीच आलोचक जैसे किसी मध्यस्थ या 'मिडल मैन' की ज़रूरत भी महसूस नहीं होती थी। अरस्तू या भरत मुनि जब सौन्दर्यशास्त्र या रस सिद्धान्त का विवेचन करते थे तो वह उस फ़लसफ़े का ही अंश था, जिसमें जीवन के समस्त कार्य-कलापों पर चिन्तन-मनन होता था।

पिछले दो या तीन सौ वर्षों में यदि कलाकार की भूमिका में मूलभूत अन्तर आया है, तो इसलिए कि समाज में पहली बार 'व्यक्ति' जैसी इकाई का आविर्भाव हुआ है। सच बात तो यह है कि आधुनिक युग की समस्त प्रणालियाँ इसी वैयक्तिक चेतना की उपज हैं, जो समाज के भीतर होते हुए भी उससे अपने को अलग, स्वतंत्र और एक हद तक निर्वासित पाती हैं। औद्योगिक क्रान्ति के बाद एक ऐसे जनसमुदाय का जन्म हुआ, जिसे हम Mass Society कहते हैं—मनुष्यों के पारस्परिक सम्बन्धों में बसा समाज नहीं, बल्कि अलग-अलग व्यक्तियों का संगठन, जिसे सामान्य स्मृतियाँ या संस्कार नहीं, राज्य के निजी स्वार्थ अनुशासित करते हैं। ऐसे समाज में एक कलाकार या तो सिर्फ़ एक बोहेमियन के तौर पर जी सकता है या आउटसाइडर की हैसियत से...लेखक की वैयक्तिक स्वतंत्रता कितनी गौरवशाली क्यों न हो, उसके लिए एक भारी क़ीमत चुकानी पड़ती है—जिस अनुपात में रचना अपने आग्रहों और अनुभूतियों में स्वायत्त होती जाती है, उसी अनुपात में वह उन सन्दर्भों से कटती जाती है, जिनके माध्यम से वह अपने समाज से संवाद करता था। आज हम जिसे सम्प्रेषण का संकट या लेखक और पाठकों के बीच संवादहीनता की स्थिति कहते हैं, वह व्यापक रूप से समाज के विघटन होने का ही परिचायक है। इसे समझे बिना आधुनिक संस्कृति के संकट को समझना असम्भव है।

आधुनिक आलोचना का विकास न केवल इस सांस्कृतिक संकट की उपज था, बल्कि उससे उबरने का साहसपूर्ण नैतिक प्रयास भी था। समाज की विघटित इकाइयों के बीच यदि कोई चीज़ एक सेतु का काम करती थी, तो वह उस समाज की भाषा थी। जिस भाषा में एक रचना रूपायित होती है, वह उससे भिन्न नहीं होती, जिसमें जीवन-यापन के कार्य-कलाप सम्पन्न होते हैं। एक कवि चाहे अपनी कल्पना में कितना ही मौलिक क्यों न हो, उसे अपनी कहानी और कविता में व्यक्त करने के लिए किसी नई भाषा को ईजाद नहीं करना पड़ता। उन्हीं शब्दों पर निर्भर रहना पड़ता है, जो दैनिक व्यवहार के काम में आते हैं, इससे एक अजीब विकट स्थिति उत्पन्न हो जाती है। कवि को अपनी पवित्रतम और अन्तरतम भावनाओं को व्यक्त करने के लिए भी उसी भाषा पर निर्भर रहना पड़ता है जो आज के बाज़ारू युग में व्यावसायिक और राजनीतिक लिप्साओं द्वारा सबसे अधिक दूषित होती है—ठीक यहाँ आलोचनात्मक मनीषा अपना उपयोगी रचनात्मक रोल अदा करती है—वह कुछ रचनाओं की समीक्षा करके, उनके गुण-दोष बतलाकर ही अपना कर्तव्य पूरा नहीं करती, बल्कि कविता और कहानी में प्रयुक्त हुए शब्दों के उन स्मृति-संकेतों और सन्दर्भों को भी उजागर करती है जो सिर्फ़ राजनीति और प्रचार का माध्यम बनकर अपने अर्थों को खो देते हैं। आलोचक उस भाषा को साध्य मानकर उसके आत्यन्तिक चरित्र को पुनः स्थापित करता है। जिन समाजों में भाषा सिर्फ़ विचारों को सम्प्रेषित करने का माध्यम बन जाती है, उसे बहुत आसानी से अपने स्वार्थों के अनुकूल भ्रष्ट भी किया जा सकता है। भ्रष्ट भाषा और रचना की भाषा के बीच बढ़ते अन्तराल को दूर करने का एक आसान उपाय तो यही है—स्वयं रचनाकार अपने को व्यापक जनसमुदाय तक पहुँचाने के लिए तथाकथित लोकप्रिय साहित्य का 'निर्माण' करना शुरू कर दे। तब वह भूल जाता है कि शब्दों को अवमूल्यित करके वह जिस विराट जनसमुदाय तक अपने सत्य को सम्प्रेषित करता है,

वहाँ स्वयं सत्य की सत्ता भी दूषित हो जाती है। लेकिन एक दूसरा रास्ता भी है, थोड़ा कठिन और दुर्गम—वह भाषा के उस मौलिक और आत्यन्तिक चरित्र को उद्‌घाटित करना है, जो राजनीतिक स्वार्थ और व्यावसायिक लिप्साओं के दबावों तले दब जाता है, धूमिल पड़ जाता है और इस तरह लेखक और पाठक के बीच सम्प्रेषण के मार्ग को थोड़ा प्रशस्त करता है। समर्थ और ज़िम्मेदार आलोचना बहुत चौकन्नी सतर्कता के साथ पाठक समुदाय का ध्यान रचना और भाषा के बीच के इस बहुत नाज़ुक सम्बन्ध का रहस्य उद्‌घाटित करती है, जिसके द्वारा भाषा अपना आत्यन्तिक स्वभाव रचना के भीतर और रचना अपना सत्य भाषा में रूपायित करती है। रचना की स्वायत्तता को अवमूल्यित किये बिना सम्प्रेषण के स्रोतों को निर्बाध खोल पाना—यह केवल वही आलोचना कर सकती है, जो खंडित 'व्यक्ति' में मनुष्य और बाज़ार की अनाम भीड़ में 'समाज' का आदर्श कहीं अपनी चिन्तन-केन्द्र में स्थिर रख सकती हो। अन्ततः क्षितिज पर टिके इसी आदर्श के आलोक में ही किसी 'कलाकृति' के खरे-खोटे को परखा जा सकता है।

हमारे समय में शायद आलोचना की यही सबसे समर्थ, सार्थक भूमिका हो सकती है कि वह समाज में रचना के सत्य, उसकी समूची विशिष्टता के साथ स्पष्ट कर सके। न केवल शब्दों के भीतर छिपे बहुआयामी अर्थों को उद्‌घाटित करे, बल्कि शब्दों के बीच फैले उस मौन को भी वाणी दे सके। एक कलाकार के लिए आलोचना भले ही प्रत्यक्ष रूप से कोई अर्थ न रखती हो, किन्तु परोक्ष रूप से वह उसके लिए एक ऐसे संवेदनशील, प्रबुद्ध पाठकों का समाज तैयार करती है, जिसके साथ एक रचनाकार अपने एकान्त में बैठा हुआ भी संवाद कर सकता है। एक संस्कृति इसी संवाद से अपनी संजीवनी शक्ति प्राप्त करती है। पिछले युगों की बात कुछ और थी, आज के युग में, जहाँ राजनीतिक आतंक और व्यावसायिक प्रलोभनों ने मनुष्य को व्यक्ति और व्यक्ति को एक अनाम

और असहाय इकाई में बदल दिया है, जहाँ स्वयं कलाकृति महज़ एक क्रय-विक्रय की वस्तु में परिणत होती जा रही है, वहाँ आलोचना की भूमिका केवल साहित्य तक सीमित नहीं रहती, समूचे समाज और उसकी भाषा को अनुप्राणित करती है। बिना कलाकृति के आलोचना बोझ ही होती है—चाहे उसे थ्योरी या किसी अन्य संज्ञा से विभूषित क्यों न किया जाए; किन्तु जिस समाज में स्वतंत्र और आलोचनात्मक चिन्तन के लिए स्थान नहीं है, वहाँ कोई जीवन्त कला और संस्कृति साँस ले सकती है, मुझे सन्देह है।

लेखक की स्वतंत्रता : आज के सन्दर्भ में

मैं साहित्य अकादेमी का आभारी हूँ, जिसकी ओर से आज मुझे 'लेखक की स्वतंत्रता' जैसे महत्त्वपूर्ण विषय पर बोलने के लिए आमंत्रित किया गया है। मुझे ख़ुशी होती, यदि अकादेमी इस विषय पर संवाद-गोष्ठी बीस वर्ष पूर्व आयोजित करती, जब हम आपातकाल की कठिन घड़ी से गुज़र रहे थे। मुझे याद आता है, उन दिनों 'राइटर्स गिल्ड' ने एक सेमिनार आयोजित किया था, जिसमें आमंत्रित लेखकों ने साहित्य की हर समस्या पर विचार किया था—सिवा लिखने की स्वतंत्रता को छोड़कर। उन दिनों जो कुछ हुआ, वह हमारे लिए कोई गर्व की बात नहीं है। अन्य पत्रिकाओं की बात तो अलग रही, 'दिनमान' जैसी पत्रिका, जिसकी गौरवशाली परम्परा पर हम सब अभिमान कर सकते हैं, के पन्नों को पलटते हुए आश्चर्य होता है कि उसके सम्पादकीय लेखों पर कहीं उन दुर्दिनों की छाया तक दिखाई नहीं देती, आक्रोश या विरोध की बात तो बहुत दूर रही।

स्वतंत्रता का मूल्य संकटकाल में ही पहचाना जाता है, उसे हम आँख मूँदकर तुष्ट भाव से स्वीकार नहीं कर सकते। वह उस पौधे की तरह है, जिसे बराबर अपनी सतर्कता और चौकसी से सींचना पड़ता है, ज़रा-सी आँख हटते ही वह मुरझाने लगता है।

इस सन्दर्भ में एक दूसरी बात को रेखांकित करना भी आवश्यक है, जो वैसे तो सीधी और स्पष्ट है, किन्तु जिसे प्राय: भुला दिया जाता है—वह यह कि लेखक की स्वतंत्रता कभी अकेले एकान्त में सँजोकर नहीं रखी जा सकती, वह उसकी अन्य नागरिक स्वतंत्रताओं के साथ अन्तरंग रूप से जुड़ी होती है। वैयक्तिक स्वतंत्रता को वैचारिक स्वतंत्रता से अलग रखना असम्भव है। मैं यह बात इसलिए भी दुहराना ज़रूरी समझता हूँ, क्योंकि हाल में आपातकाल पर एक परिचर्चा में भाग लेते हुए श्री ख़ुशवंत सिंह ने कहा था कि वह इमरजेंसी के समर्थक थे, लेकिन सेंसरशिप के विरोध में थे। जब यही बात उन्होंने आपातकाल की समाप्ति पर इंदिरा गांधी से कही तो उन्होंने कुछ आश्चर्य में कहा, "क्या एक को दूसरे से अलग किया जा सकता है?" मैं समझता हूँ, यह वह दुर्लभ क्षण था, जब इंदिरा जी ने एक सही बात कही थी।

वैचारिक स्वतंत्रता नागरिक अधिकारों की रक्षा में सबसे सशक्त ढाल का काम करती है, इसलिए एक स्वेच्छाचारी, अतिचारी शासन-व्यवस्था में उस पर पहली और सीधी चोट लगती है। आज यदि आप गुज़री हुई बीसवीं शती का लेखा-जोखा करें, तो पाएँगे कि इस शताब्दी में जो मानव-मूल्य सबसे अधिक घायल, क्षत-विक्षत हुआ, वह वैचारिक स्वतंत्रता का मूल्य था। आश्चर्य तो यह है कि यह कोई एशिया के 'पिछड़े' देशों में नहीं, यूरोप के सबसे विकासशील, बौद्धिक वैभव और भौतिक सम्पदा से सम्पन्न समाजों में घटित हुआ। मार्क्स से लेकर सार्त्र तक अनेकानेक स्वनामधन्य बुद्धिजीवियों ने न जाने कितने दार्शनिक सिद्धान्त, ऐतिहासिक फ़ॉर्मूले, समाजशास्त्रीय स्थापनाएँ आविष्कृत की थीं,

सिर्फ़ यह प्रमाणित करने को कि व्यक्ति की स्वतंत्रता एक गए-गुज़रे ज़माने का बुर्जुआ अवशेष है, जिसे सिर्फ़ 'इतिहास के कूड़ेदान' में फेंका जा सकता है। जब कभी बीसवीं शती का बौद्धिक इतिहास लिखा जाएगा, तो यह शायद उसकी सबसे अधिक विस्मयकारी विडम्बना साबित होगी कि जहाँ तक व्यक्ति की वैचारिक स्वतंत्रता का प्रश्न था, उसकी मृत्यु-घोषणा तानाशाही अधिनायकों और रेडिकल, वामपंथी बुद्धिजीवियों ने समवेत स्वर में की थी, जिसमें एक को दूसरे से अलग करके पहचानना असम्भव था। वह फ़ासिज़्म हो या सोवियत साम्यवाद, उसको हमेशा कहीं-न-कहीं, किसी-न-किसी बुद्धिजीवी की ओर से समर्थन प्राप्त होता रहता था। यदि आज मानव स्वतंत्रता का मूल्य विनाश के खँडहरों के बीच एक 'फ़ीनिक्स' की तरह पुनरुज्जीवित हो उठा है तो इसका कारण यह है कि स्वतंत्रता केवल एक नागरिक अधिकार ही नहीं है, जो इतिहास द्वारा व्यक्ति को मिला है; बल्कि वह इस धरती पर उसके मनुष्य होने की, उसके 'मनुष्यत्व' की बुनियादी और प्राथमिक मर्यादा भी है। हमारी शताब्दी के अँधेरे में मनुष्य की यह मर्यादा धूमिल अवश्य पड़ी है, उसकी आत्मा से तिरोहित कभी नहीं हुई। आज उसके अन्तिम वर्षों में यही एकमात्र ऐसा मूल्य है, जिसने नस्ल, जाति और देश की सीमाओं से उठकर एक सार्वभौमिक, नैतिक मान्यता के रूप में स्वीकृति पाई है। आज इतिहास के कूड़ेदान में वैचारिक स्वतंत्रता का मूल्य नहीं, वे विचारधाराएँ दिखाई देती हैं; जिनकी वेदी पर उसे बलिदान करने का महायज्ञ रचा गया था।

क्या कारण है इसका? क्यों मनुष्य पिछले चार सौ वर्षों से बोलने, लिखने, सोचने की स्वतंत्रता को इतना महत्त्व देता रहा है? क्योंकि उसे लगता है कि आत्माभिव्यक्ति के अधिकार के साथ उसकी वैयक्तिक अस्मिता भी जुड़ी है, जिससे वंचित होते ही वह न केवल दूसरे तक नहीं पहुँच पाएगा, बल्कि स्वयं अपने लिए भी एक छाया बनकर रह जाएगा। प्राचीनकाल में, जिसे हम संस्कृति का क्लासिक युग कहते हैं,

अथवा मध्यकालीन मनुष्य को इस तरह का डर, अपनी आँखों में स्वयं अपने 'स्व' के खो जाने की चिन्ता नहीं सताती थी। सुप्रसिद्ध अंग्रेज़ी विचारक ईसाया बर्लिन ने लिखा है कि यद्यपि 'व्यक्ति' की अवधारणा प्राथमिक रूप से पश्चिमी संस्कृति की देन मानी जाती है, प्राचीन यूनानी चिन्तकों, प्लेटो और अरस्तू के दर्शन में उसका कहीं उल्लेख नहीं मिलता। व्यक्ति की स्वतंत्रता को पहली बार रेनासाँ—यूरोप के पुनरुत्थान युग के बाद ही विशेष महत्त्व दिया गया—उसके पूर्व मध्यकालीन और प्राचीन संस्कृतियों में उसका कोई केन्द्रीय स्थान नहीं था। यह बात पूर्वी देशों—विशेष कर भारत और चीनी संस्कृतियों—पर और भी अधिक सचाई से लागू होती है, जहाँ व्यक्ति की सत्ता समाज से इस तरह घुली-मिली रहती है कि अलग से उसकी पहचान उसके सन्दर्भों में ही की जा सकती है, उससे अलग होकर नहीं। एक स्वायत्त इकाई के रूप में 'व्यक्ति' की अवधारणा तभी उत्पन्न होती है, जब किसी समाज की सामूहिक संस्थागत आस्थाएँ विघटित होने लगती हैं। मनुष्य का 'आत्म' अब दूसरों की स्मृतियों, विश्वासों और अनुभवों में साझा नहीं करता, स्वयं अपने वैयक्तिक 'निज' का प्रतिनिधित्व करता है। कबीर, रैदास, नानक अपनी 'विद्रोही' मुद्रा के बावजूद समान परम्परा और सन्दर्भों के कारण न केवल समाज का अंग बने रहते हैं, बल्कि मरी हुई टहनियों को काटकर उसकी जड़ों को नये उन्मेष से सींचते भी हैं। लूथर या एबेलार्ड की तरह उन्हें चर्च द्वारा उत्पीड़ित, निष्कासित नहीं किया जाता, सिर्फ़ इसलिए कि उनके वैयक्तिक अनुभव चर्च या राज्य की रूढ़िगत मान्यताओं से मेल नहीं खाते। कौन-सा आध्यात्मिक अनुभव, जीवन-दर्शन ज़्यादा प्रामाणिक, तर्कसंगत है—इसका निर्णय करने का सही अधिकारी कौन है? वह, जो राज्य या चर्च या समाज के प्रतिष्ठानों की सत्ता है, अथवा वह, जो अकेले व्यक्ति के द्वारा अर्जित उसका निजी सत्य है, जो किसी बाहरी शक्ति द्वारा परिचालित न होकर उसकी अन्तरात्मा में वास करता है?

व्यक्ति की स्वतंत्रता, उसकी आत्माभिव्यक्ति की अवधारणा सीधे इस पीड़ायुक्त प्रश्न से जुड़ी है।

मनुष्य कितने ही बँधे, सीमाबद्ध समाज में क्यों न रहे, भीतर से वह सम्पूर्ण रूप से स्वतंत्र रह सकता है। नहीं रहता, यह अलग बात है; किन्तु रह सकने की क्षमता उसमें रहती है। यदि ऐसा न होता तो मनुष्य उतना ही स्वतंत्र होता, जितना ऐतिहासिक क्षण में वह समाज, जिसमें वह रहता है। फिर यहूदी समाज में जीसस, ग़ुलाम समाज में स्पार्टाकस, पूँजीवादी व्यवस्था में मार्क्स की परिकल्पना असम्भव होती। दूसरी ओर यह 'परम स्वतंत्रता' भी कहीं-न-कहीं उस समाज की अभिलाषाओं, महत्त्वाकांक्षाओं और निहित स्वार्थों द्वारा बाधित और आच्छादित होती है, जिसका वह सदस्य है। अत: हर व्यक्ति अपने भीतर इन 'दो स्वतंत्रताओं' को लेकर जीता है—परम और समाज-सापेक्ष। जब कभी कोई राज्य-व्यवस्था अथवा धर्म-प्रतिष्ठान (यहाँ 'धर्म' मैं धर्म के अर्थ में नहीं, रिलीजन या मज़हब के अर्थ में प्रयुक्त कर रहा हूँ) किसी सिद्धान्त, या क्रान्ति-स्वप्न, या आइडियोलॉजी की आड़ में मनुष्य की नागरिक, वैचारिक, वैयक्तिक स्वतंत्रता को सीमित करती है तो मनुष्य अपनी 'परम-स्वतंत्रता' के परिप्रेक्ष्य में ही उसके औचित्य-अनौचित्य की परख कर सकता है। मनुष्य का यह सम्पूर्ण स्वतंत्रता-बोध ही है, जिसकी अदालत में वह इतिहास और राज्य-व्यवस्था के नियम-विधानों की नैतिक वैधता की जाँच-पड़ताल करता है और प्रतिकूल पाने पर उन्हें अस्वीकार करने का जोखिम उठाता है। हर क्रान्ति का स्वप्न समाज-सापेक्ष स्वतंत्रता को परम स्वतंत्रता में परिणत करने का होता है—उसकी ट्रेजेडी यह है कि जब वह अपने लक्ष्य में सफल होती है, तो 'परम' का आदर्श किसी 'नये' समाज के प्रति सापेक्ष हो जाता है और कालान्तर में मनुष्य की स्वतंत्रता उसके द्वारा सीमित और अनुशासित होने लगती है। फ्रांसीसी और रूसी क्रान्तियाँ इसके प्रत्यक्ष उदाहरण हैं।

किन्तु इसका एक उथला पक्ष भी है, परम स्वतंत्रता का लक्ष्य भले ही बाह्य-जगत् में चरितार्थ न हो सके—या निरन्तर स्थगित होता जाए—मनुष्य की अन्तर्भावना में वह सतत क़ायम रहता है। वह भीतर के अन्तरिक्ष में उतना ही प्रकाशमान है, जितना इतिहास के क्षितिज के परे उज्ज्वल बना रहता है। हर संवेदनशील व्यक्ति उसे अनुभूत करता है, किन्तु एक लेखक अपनी कल्पना-शक्ति से समय और स्पेस की सीमाओं का अतिक्रमण कर उसे एक ऐसे यथार्थ में अवतरित करता है, जो उसका 'दूसरा जीवन' है, जिसे हम कला कहते हैं। इतिहास, अर्थशास्त्र, समाजशास्त्र, दर्शन मनुष्य को विभिन्न अवधारणात्मक कोटियों में परिभाषित करते हैं, कला में मनुष्य अपने को समूची समग्रता में परिभाषित करता है। यह वह तभी कर सकता है, जब 'दूसरे' तक पहुँचने में उसे अबाध छूट का अवकाश हो। अन्य के सम्पर्क में आकर वह अपने 'आत्म' का परीक्षण कर सकता है। लिखने की स्वतंत्रता समाज के भीतर ऐसे संवाद की सम्भावना खोलती है, जो किसी बाहरी दबाव से परिचालित न होकर स्वयं मनुष्य के 'आत्मबोध' से उन्मेषित होती है।

एक आदर्श समाज-व्यवस्था में कोई व्यक्ति न तो अपने में निरा साध्य होता है, न महज़ साधन होता है; वह एक साथ दोनों ही होता है। संवाद का सबसे सशक्त माध्यम भाषा है। मनुष्य भाषा द्वारा ही अपने को दूसरे तक सम्प्रेषित कर पाता है, इस अर्थ में वह साधन है। किन्तु भाषा मनुष्य के 'मनुष्यत्व' की प्रतीकात्मक पहचान भी है, जिसमें उसकी स्वतंत्रता वास करती है। इस अर्थ में वह साध्य भी है। भाषा पर अंकुश लगाते ही हम मनुष्य की परिभाषा को अवमूल्यित कर देते हैं। कोई सत्ता या संविधान मनुष्य को स्वतंत्रता नहीं देती, सिर्फ़ उस स्वतंत्रता-बोध को अक्षुण्ण और सुरक्षित रखती है, जो मनुष्य होने के नाते उसे पहले से ही प्राप्त है। जब कोई शासन-सत्ता किसी व्यक्ति को उसके आत्माभिव्यक्ति के अधिकार से वंचित करती है, तो वह संवाद की उस मूल प्रतिज्ञा को

ठेस पहुँचाती है, जिसके रहते वह दूसरे तक पहुँचता है, वापस मुड़कर अपने को पहचानता है। बीसवीं शती का इतिहास ऐसी 'सामाजिक क्रान्तियों' से अँटा पड़ा है। यहाँ 'समाज' की ख़ातिर व्यक्ति की स्वतंत्रता को नष्ट किया गया और इस प्रक्रिया में स्वयं समाज विघटित होता गया, जैसा आज हम भूतपूर्व सोवियत संघ के रूसी समाज की भयानक अराजकता में देखते हैं।

हमारा देश भले ऐसी क्रान्तिकारी मरीचिकाओं के सम्मोहन से मुक्त रहा हो, यहाँ ऐसे बुद्धिजीवियों की कमी नहीं रही जो लेखक की स्वतंत्रता को हमेशा कुछ हेय और सन्देह की दृष्टि से देखते रहे। एक ग़रीब देश में जहाँ लोगों को दो जून की रोटी भी नसीब न हो, वहाँ अभिव्यक्ति की स्वतंत्रता क्या व्यर्थ के विलास की चीज़ नहीं है? मध्यवर्गीय, बुर्जुआ बुद्धिजीवियों का पाखंड और इने-गिने कलावादी लेखकों की सनक से अधिक उसका क्या मूल्य हो सकता है? यह सही है कि एक भूखा आदमी रोटी की कामना पहले करता है, स्वतंत्रता की कल्पना बाद में; किन्तु इससे रोटी और स्वतंत्रता को दो विरोधी विकल्पों में प्रस्तुत करना एक ख़तरनाक आत्म-छलना से ग्रस्त होना है, जिसकी भयानक परिणति हमने भूतपूर्व सोवियत समाज में देखी थी; जिन भौतिक सुविधाओं की ख़ातिर मनुष्य की वैचारिक स्वतंत्रता का बलिदान किया गया, वह न केवल उनसे वंचित हुआ, बदले में उसे उस मानवीय गरिमा से भी हाथ धोना पड़ा, जो मनुष्य होने के नाते उसके पास पहले से ही मौजूद थी—अपनी समूची ग़रीबी और विपन्नता के बावजूद।

रोटी और स्वतंत्रता के ये विकल्प जब भारत के ग़रीब नागरिकों के समक्ष प्रस्तुत किये जाते हैं, तो उसके पीछे एक अन्य धारणा भी मौजूद रहती है, जिसे ऊपर से व्यक्त नहीं किया जाता, किन्तु जो इस तर्क का मुख्य अंग (Sub-text) है—वह यह कि एक ग़रीब देश का नागरिक, ग़रीब होने के कारण मनुष्य से कुछ 'कम मनुष्य' है,

रोटी की तुलना में स्वतंत्रता का मूल्य उसके लिए वह महत्त्व नहीं रखता, जो एक विकासशील समृद्ध देश के नागरिक के लिए होता है। वे यह भूल जाते हैं कि भूखा मनुष्य कितना ही भूखा क्यों न हो, अपनी भावनाओं और आकांक्षाओं में रहता मनुष्य ही है; यदि कोई शासन-सत्ता उसकी अवहेलना करती है, तो न केवल उसे मनुष्यत्व से वंचित करती है, बल्कि जिसे रोटी मिलती है, वह—वह 'मनुष्य' नहीं रहता, जिसके लिए 'मानव-मुक्ति' का अभियान रचा गया था।

अत: लेखक की स्वतंत्रता कोई विलास की चीज़ नहीं, जोखिम से भरी चुनौती के रूप में देखनी होगी—वह सबसे अधिक उसकी भाषा में मुखर होकर प्रकट होती है। भले ही एक लेखक अपनी कल्पना में एक वैकल्पिक सृष्टि की रचना करता हो, वह अन्तत: उन्हीं शब्दों के 'कच्चे माल' से बनी होती है, जिन्हें वह अपने दैनिक व्यवहार और दुनियावी कार्यकलाप में इस्तेमाल करता है। वह जिस भाषा द्वारा अपने को रचना में मुक्त करता है, उसी भाषा द्वारा दुनिया से अपने को बँधा पाता है। रचना की भाषा और व्यवहार में आनेवाली भाषा कोई अलग-अलग भाषाएँ नहीं होतीं, किन्तु उनके बीच एक गहरा अन्तर रहता है। शब्द वही रहते हैं, लेकिन उनका प्रयोजन बदल जाता है। सत्ता भाषा के माध्यम से अपना स्वार्थ साधने का प्रयास करती है, जबकि रचनाकार का स्वार्थ भाषा के भीतर से अपनी रचना के सत्य को उघाड़ना होता है। टॉमस मान या रिल्के जिस भाषा में उपन्यास और कविता लिखते थे, उसके संस्कार और स्मृतियों की अनुगूँज हिटलर और गोयबल्स की भाषा के प्रयोजनों से बिलकुल भिन्न थी। रचना के सत्य और सत्ता के स्वार्थ के बीच जो युद्ध हुआ था, वह जर्मन भाषा का कुरुक्षेत्र था—और यह कुरुक्षेत्र हर देश में मौजूद है, जहाँ रचना की भाषा को बराबर व्यावहारिक भाषा पर चढ़ी मैल और धूल को माँजना, पोंछना पड़ता है, ताकि पाठक रचना के सत्य को उसी पवित्रता और पारदर्शिता में ग्रहण कर सके,

जिसे लेखक उस तक पहुँचाना चाहता है। एक लेखक की स्वतंत्रता उस समय तक अधूरी रहती है, जब तक उसकी रचना पाठक तक नहीं पहुँचती—उसी भाषा में—जिसमें उसका सत्य ध्वनित होता है।

यह एक आदर्श है, किन्तु जिस समाज में हम रहते हैं, वह चाहे लोकतांत्रिक मर्यादाओं से सम्पन्न समाज क्यों न हो, वहाँ भी लेखकों और पाठकों के बीच एक ऐसी खाई खुद गई है, जिसे पाटना निरन्तर कठिन होता जाता है। शब्द का अवमूल्यन केवल एक आक्रामक, अहंग्रस्त तानाशाही व्यवस्था में नहीं होता (हालाँकि वह सबसे अधिक होता है), एक अपेक्षाकृत अधिक उदार, मानवीय समाज में भी होता है, जहाँ बाज़ारू, व्यावसायिक शक्तियों को इतनी खुली छूट होती है कि पुस्तक का शब्द सत्य का संवाहक नहीं, बिक्री की वस्तु और मनोरंजन का साधन बनकर रह जाता है। वॉल्टर बेन्यामिन जिसे कलाकृति का 'आलोक-मंडल' कहते थे, वह रंगीन काग़ज़ का सस्ता मुकुट हो जाता है, जो नौटंकी-लीला के ख़त्म होते ही धूल में लोटता दिखाई देता है। स्वतंत्रता लेखन की बुनियादी शर्त और प्राथमिक मर्यादा भले ही हो, वह अपने में श्रेष्ठ, सार्थक लेखन की गारंटी नहीं है। स्वतंत्रता अपने में सिर्फ़ एक शब्द बनकर रह जाती है, जबकि शब्द स्वयं अपनी स्वतंत्रता से विलगित होने लगता है। जिस समाज में आत्माभिव्यक्ति की आज़ादी तो हो, किन्तु स्वयं उसका 'आत्मबोध' धूमिल और धुँधला पड़ता जाए, वहाँ समाज समाज न रहकर आत्महीन, स्मृतिहीन, व्यक्तित्वहीन इकाइयों का समूह मात्र रह जाता है। क्या ऐसे 'समाज' में व्यक्ति का पुस्तक से कोई भरा-पूरा, सत्यान्वेषी, सार्थक सम्बन्ध क़ायम हो सकता है? आज दुनिया में लाखों की संख्या में पुस्तकें प्रकाशित होती हैं, जितनी जल्दी पढ़ी जाती हैं, उतनी जल्दी वे भुला भी दी जाती हैं। आज के 'बेस्ट सेलर' कल रद्दी के भाव बेचे जाते हैं। अक्सर प्रश्न उठाया जाता है कि ऐसा छद्म साहित्य, जो न केवल कलात्मक दृष्टि से निकृष्ट है, बल्कि जो अपने व्यावसायिक

बाज़ारूपन के कारण हानिकारक भी, क्या लेखकीय स्वतंत्रता के नाम पर उसका प्रकाशन स्वयं मनुष्य के नैतिक बोध, उसकी मेधा-मर्यादा को कुत्सित-कलुषित नहीं करता?

अवश्य ही यह आशंका आधारहीन नहीं है, किन्तु उसकी आड़ में लेखक की स्वतंत्रता को अवरुद्ध करना उतना ही मूर्खतापूर्ण है, जितना गंदे वायुमंडल में किसी व्यक्ति को साँस लेने से रोकना कि वह कहीं प्रदूषित हवा को भीतर न ले जाए। समाधान प्रदूषण के कारणों को जाँचने से मिलेगा, साँस लेने की स्वतंत्रता पर प्रतिबन्ध लगाने से नहीं। प्रश्न यह भी है कि कुत्सित और उत्कृष्ट साहित्य के बीच भेद करने का विवेक क्या निर्भय होकर किसी शासन-सत्ता को सौंपा जा सकता है? आख़िर जॉयस और लॉरेंस के उपन्यासों पर प्रतिबन्ध लोकतांत्रिक व्यवस्था के अन्तर्गत ही लगाया गया था। अक्सर देखा गया है कि 'कुत्सित' साहित्य पर रोक लगाने के अतिशय उत्साह में वह सांस्कृतिक परिवेश ही बंजर हो जाता है, जिसमें उत्कृष्ट साहित्य का सृजन भी होता है। स्वतंत्रता अच्छे साहित्य की गारंटी भले ही न दे, सेंसरशिप उसकी सम्भावना को ही नष्ट कर देती है। अमेरिका और यूरोप में, जहाँ सस्ते, मनोरंजक, अश्लील साहित्य की कमी नहीं, वहाँ सॉल बैलो, चोम्स्की, जॉर्ज ऑरवेल और अल्बैर कामू की पुस्तकें ही हमें हमारे कटु यथार्थ से साक्षात् कराती हैं, कहीं गहरे में हमारी अन्तरात्मा को झिंझोड़ती हैं। यदि सर्वसत्तावादी आतंक के भीतर अन्ना अख़्मातोवा, सोल्ज़ेनित्शिन और पास्तरनाक जैसे लेखक हुए, तो सेंसरशिप के बावजूद, जहाँ वे सर्वव्यापी मानसिक दासता के दम घुटते परिवेश में अपनी स्वतंत्रता का एक कोना सुरक्षित रख सके।

भारत में लेखक यदि अपने को कुछ अलग स्थिति में पाता है, तो इसलिए कि न तो उसे पश्चिमी लेखक की तरह ऐसे परिवेश में रहना पड़ता है, जहाँ सॉल बैलो के शब्दों में मनुष्य का आत्मबोध ही एक ऐसी सन्दिग्धावस्था में चला गया है कि उसे अभिव्यक्त करने की स्वतंत्रता तो

उपलब्ध है, लेकिन वह क्या 'चीज़' है, जिसे वह अभिव्यक्त करे, इस बारे में निश्चित नहीं है। अहं और आत्म के बीच की यात्रा कितनी दुर्गम, यातनादायी, छलनापूर्ण हो सकती है, हरमैन हैस्स के उपन्यासों का मुख्य विषय ही यह है। यह अतिशयोक्ति न होगी, अगर हम कहें कि 'सेल्फ़' की खोज ही अन्ततः एकमात्र 'धार्मिक' प्रयास है, जिसे पश्चिम के धर्मनिरपेक्ष समाज में कला सबसे अधिक सशक्त रूप में अभिव्यक्त करती है। उसके अभाव में समूची लेखकीय स्वतंत्रता के बावजूद लेखकीय कर्म अन्य व्यवसायों की तरह मात्र मनोरंजन का व्यवसाय, 'एंटरटेनमेंट इंडस्ट्री' का एक अंग बनकर रह जाता है। यह एक ऐतिहासिक विडम्बना है कि भारतीय समाज, जो अपेक्षाकृत अपनी धार्मिक परम्परा से अधिक गहरे स्तर पर जुड़ा है, वहाँ भारतीय लेखक का कलात्मक संघर्ष (यदि हम उसे संघर्ष कहें) इस परम्परा को ठुकराकर, अपने आत्मबोध को झुठलाते हुए एक ऐसी 'आइडेंटिटी' को उपलब्ध करने का होता है, जो उसे वैसे ही 'स्वतंत्र' करे, जैसी स्वतंत्रता वह यूरोपीय मनुष्य में पाता है। वह इस विरोधाभास को अनदेखा कर देता है कि स्वयं यूरोपीय लेखक अपनी इस स्वतंत्रता का सार्थक उपयोग एक ऐसे सेल्फ़ की खोज में करते हैं, जो भारतीय लेखक को सहज रूप से अपनी परम्परा से प्राप्त है, जिसे वह आधुनिकता की झोंक में अतीत की—मार्क्सवादी शब्दावली में कहें—तो 'सामंतवादी, ब्राह्मणवादी' परम्परा की देन मानकर जल्द-से-जल्द नष्ट कर देना चाहता है। हम यह भूल जाते हैं कि परम्परा से 'मुक्त' होने पर हम भले ही स्वतंत्र हो जाएँ, हम उस आत्मबोध से भी वंचित हो जाएँगे, जिसके बिना स्वतंत्रता भी खोखली हो जाती है।

सौभाग्य से एक भारतीय लेखक को अधिकांश समय ऐसी सर्वग्रासी, आतंकपूर्ण स्थितियों से नहीं गुज़रना पड़ा, जितना कुछ अन्य यूरोपीय देशों के लेखकों को—जिनका सामना आज भी अनेक एशियाई लेखकों को करना पड़ रहा है, वह चीन हो या ईरान—जहाँ आत्म की चेतना तो है,

लेकिन उसे शब्दों में चरितार्थ करने का कोई साधन नहीं। इस दृष्टि से एक भारतीय लेखक बड़ी सीमा तक अपने को बाहरी शक्तियों के दबाव से मुक्त रख सका है, किन्तु क्या इसके साथ हम यह भी कह सकते हैं कि वह अपनी 'संवैधानिक स्वतंत्रता' का उपयोग निडर, निर्बाध ढंग से कर पाया है? स्वतंत्रता के बाहरी साधन मौजूद हो जाने से क्या हमारी चेतना सचमुच स्वाधीन हो जाती है? क्या हमारे भीतर ऐसी वर्जनाएँ, ऐसे अवरोध—अतीत से दिये हुए अथवा वर्तमान में पाले हुए—हमारे हाथों को खुला छोड़कर भी कहीं भीतर की आत्मा पर हथकड़ियाँ डाले नहीं रहते? लिखने की स्वतंत्रता पर बाहरी शक्तियों द्वारा जो अंकुश लगाया जाता है, उसे हम देख सकते हैं, उसका विरोध भी कर सकते हैं, किन्तु उस अदृश्य सेंसर से कैसे निबटा जाए, जो हमारे भीतर एक पर्दे की तरह टँगा है, जिसे भेदने के लिए हमें किसी बाहरी शक्ति से नहीं, अपने से जूझना पड़ता है? क्या यह 'जूझना' अपने में ही तो निरर्थक नहीं है; क्योंकि पर्दे को भेदकर किसी सत्य को पाने की लालसा अपने में ही एक भ्रम, एक इल्यूज़न हो सकती है। जिस परम्परा में हम रहते हैं, उसमें कहीं 'पर्दे' का रहना ही तो सत्य के रहस्य को समझना नहीं है, जहाँ एक को भेदने से दूसरा भी ओझल हो जाता है? जिस 'स्वतंत्रता-बोध' से सम्पन्न होकर हम अपनी परम्परा को छीजते हैं, जैसे कोई आस्थावान व्यक्ति स्वयं ईश्वर की सत्ता पर सन्देह करने लगता है—और यह प्रश्नाकुलता हमें टॉल्स्टॉय, दोस्तोएव्स्की, स्वयं रवीन्द्रनाथ ठाकुर के उपन्यास 'गोरा' में घिरी दिखाई देती है, वहाँ यह भी हो सकता है कि परम्परा स्वयं हमारे स्वतंत्रता-बोध पर प्रश्न लगा सकती है, जो हमें एक दूसरे क़िस्म की 'स्पेस' प्रदान करती है, जहाँ खड़े होकर गांधी ने समूची आधुनिक सभ्यता पर शंका प्रकट की थी।

इस बिन्दु पर हम एक ऐसी जगह आ जाते हैं, जहाँ स्वतंत्रता एक लेखक का महज़ अधिकार नहीं, बल्कि दायित्व बन जाती है—दायित्व किसके प्रति? ज़ाहिर है, अपनी भाषा के प्रति, जो उसे परम्परा से मिली है,

जिसमें रचना के द्वारा वह अपनी स्वतंत्रता को रूपायित करता है। वह एक ऐसे वाक्य की रचना करता है, जो बिलकुल नया और अप्रत्याशित है, लेकिन उन शब्दों से बँधा है, जो उसे अपनी परम्परा और पूर्वजों से मिले हैं। वह जिन शब्दों में उनके प्रति अपना ऋण चुकाता है, उन्हीं को अपनी स्वाधीन चेतना से पूर्वनियोजित करता हुआ एक कहानी, एक कविता, एक उपन्यास की रचना करता है। एक 'वाक् देवता' के प्रति समर्पित होकर वह इतना साहस जुटा पाता है कि वह उन समस्त झूठे देवताओं के दंभ, दर्प और दहशत को ठुकराने का जोखिम उठा सके, जो उसकी स्वतंत्रता को झुठलाने का प्रयास करते हैं।*

* यह आलेख उस बीज भाषण का संशोधित रूपान्तरण है, जो 'लेखक की स्वतंत्रता' पर केन्द्रित साहित्य अकादेमी की एक संगोष्ठी में पढ़ा गया था।

निरंकुशता और दासता के बीच साहित्य

प्रस्तावित विषय पर सोचते हुए मुझे एक अजीब-सा विचार आया—शायद इसलिए कि आजकल यह अफ़वाह फिर ज़ोरों पर है कि अन्तरिक्ष के 'मंगल' ग्रह में आज भी जीवित प्राणी बसते हैं...मैंने सोचा, अगर ऐसा ही कोई ग्रह-निवासी अचानक अन्तरिक्ष से उतरकर हमारे शहर चला आए और कनॉट प्लेस की किताबों की दुकान 'बुक-वर्म' या 'श्रीराम सेंटर' में पुस्तकों को उलट-पुलटकर देखे, तो क्या वह उनसे कुछ भी अनुमान लगा पाएगा—या उसे इतनी दिलचस्पी होगी कि अनुमान लगाए कि ये पुस्तकें, उपन्यास, कविताएँ कैसी परिस्थितियों के बीच रची गई थीं और इनके रचनाकारों का जीवन-संघर्ष कैसा था? क्या वे स्वाधीन थे? पराधीन थे? स्वाधीन थे तो कितना, पराधीन थे तो कैसे? साहसी शूरवीर थे या कायरता के मारे या एक साथ कायर और शूरवीर, दोनों थे? क्या उसके पास ऐसा कोई मापदंड होगा कि एक लैंड-सर्वेयर की

तरह फ़ुटरूल और गज़ लेकर प्रेमचन्द का उपन्यास या निराला की कविता पढ़ते हुए तय कर सके कि लिखते समय उनकी स्वाधीनता का घेरा कितना विस्तृत था, कितना संकीर्ण? समस्या और भी पेचीदा हो जाएगी, यदि बाहरी परिस्थितियों के अलावा उसे ख़ुद लेखक के भीतर के भयों, कुंठाओं, वर्जनाओं का भी लेखा-जोखा करना पड़े; जिनकी छाया अनिवार्यत: कविता, कहानी और उपन्यास पर पड़ती है—क्या तब उसे फ़ुटरूल छोड़कर कैंची की ज़रूरत नहीं पड़ेगी, जिससे वह बाहरी दबावों को भीतरी बन्धनों से काटकर दोनों को तराज़ू के पलड़े पर तौल सके? जमा-नफी करके बची हुई ज़मीन का क्षेत्रफल नाप सके, जहाँ लेखक ने निर्विघ्न होकर, शुद्ध मुक्तभाव से साहित्य-साधना की थी।

मुझे लगता है, वह बेचारा इन फेरों में नहीं पड़ेगा और सीधा कलाकृति के संसार में प्रवेश करना बेहतर समझेगा, जो अपने में एक अलग लोक है। उसका व्यवहार कुछ वैसा ही होगा, जैसा हमारा अपनी साहित्यिक कृतियों से होता है; जो दो हज़ार, तीन हज़ार वर्ष पहले लिखी गई थीं और जिनके रचनाकारों के बारे में हमें कुछ भी नहीं मालूम।

हर महान् कलाकृति—वह किसी भी देश-काल की हो—हमें अपनी रची हुई सृष्टि में इतना सोख लेती है कि न केवल हम उसके ज़ख़्मों और जोखिमों को तुरन्त भुला देते हैं, जिन्हें झेलकर वह जन्म लेती है, बल्कि उनके सृजनकर्ता की तात्कालिक कठिनाइयों, नैतिक विडम्बनाओं और व्यक्तिगत संघर्षों को भी दरकिनार कर देती है। यह शायद ठीक भी है। कलाकृति का 'सत्य'—यदि ऐसी कोई चीज़ है—अन्तिम और सम्पूर्ण व आत्मनिर्भर है, बाक़ी सब चीज़ें आनुषंगिक हैं; अप्रासंगिक न सही, लेकिन उतनी ही उपयोगी, जो सिर्फ़ उस सत्य को उजागर करने में योग दे सके।

एक रचनाकार बहुत हद तक दी हुई परिस्थितियों के बीच जीता है...कुछ को वह स्वयं बनाता है, और जिन पर उसका कोई वश नहीं,

उनसे निपटने के लिए उसे हर तरह की कौशल-नीति बरतनी पड़ती है; कहीं समझौता करना पड़ता है, कहीं संघर्ष; कभी आवाज़ उठानी पड़ती है, कभी चुप रहना पड़ता है। इतिहास की अनिवार्यताओं के बीच उसे अपने लिखने का जुगाड़ बनाना पड़ता है—कुछ वैसे ही, जैसे मौसम के मिज़ाज और तेवर को देखकर किसान को अपना खेत जोतना पड़ता है। लिखने के लिए वह किसी आदर्श स्थिति की प्रतीक्षा नहीं करता—तब वह सिर्फ़ प्रतीक्षा करता रहेगा, लिख कुछ भी नहीं पाएगा; क्योंकि सच बात तो यह है कि 'आदर्श परिस्थितियाँ' न व्यक्तिगत जीवन में सम्भव हैं, न कोई समाज-व्यवस्था इन्हें जुटा सकती है। मैं यहाँ ऐसी राज्य-व्यवस्थाओं की बात नहीं कर रहा, जहाँ लेखकों-कलाकारों को हर तरह की सुख-सुविधा, भोग-विलास के साधन उपलब्ध होते हैं; केवल एक स्वतंत्र शब्द लिखने का अधिकार नहीं, जिस पर दूसरों की बात अलग रही—लेखक स्वयं विश्वास कर सके। महत्त्वपूर्ण बात यह है कि ऐसी कठिन परिस्थितियों में भी ऐसे लेखक थे—एक मैंडलश्टाम, एक अन्ना अख़्मातोवा, एक वात्सलाव हावेल—जिन्होंने पराधीन परिवेश के अँधेरे में अपनी स्वतंत्र मेधा की लौ जलाए रखी। किन्तु जिस समाज-व्यवस्था में जान को हथेली पर रखकर साहित्य रचा जाए—वहाँ साहित्यकार के साहस की तो प्रशंसा की जा सकती है—उस समाज को किसी अर्थ में एक स्वच्छ या स्वस्थ समाज नहीं कहा जा सकता। मुझे बर्टोल्ड ब्रेख़्त का एक वाक्य याद आता है, जो उन्होंने अपने नाटक 'गैलीलियो' के एक पात्र से कहलवाया है : "दयनीय हैं ऐसे समाज, जिन्हें शूरवीरों की ज़रूरत पड़ती है।"

स्वाधीनता का अर्थ एक लेखक के लिए कोई ऐसी सुविधा नहीं है, जिसके लिए उसे दूसरों पर निर्भर करना पड़े, बल्कि यह उसकी अन्तश्चेतना का अनिवार्य अंग है। परिस्थितियाँ जैसी भी हों, शासन-सत्ता कोई भी हो, इतिहास जिस दौर से भी गुज़र रहा हो; अपने लेखन के लिए अन्ततः उसे अपनी इसी अन्तश्चेतना के प्रति उत्तरदायी रहना पड़ता है।

यदि वह इससे डिगता है तो दूसरों को दोष नहीं दे सकता, यदि इसमें अडिग रहता है तो कोई बहादुरी का काम नहीं करता, सिर्फ़ अपना कर्तव्य पूरा करता है। यह कर्तव्य उसने अपने ऊपर ओढ़ा है, किसी बाहरी सत्ता ने उस पर आरोपित नहीं किया। समाज के अन्य कार्यकलापों के बीच जब वह लिखने और सिर्फ़ लिखने में 'अपने होने' का अर्थ पाता है, तो महज़ उसके कारण वह अन्य नागरिकों की अपेक्षा अधिक स्वाधीनता पाने का अधिकारी नहीं हो जाता; बल्कि उसे उतनी ही स्वाधीनता के ईंधन से अपना चूल्हा जलाना पड़ेगा, जो इतिहास के उस क्षण दूसरे लोगों को उपलब्ध है। लेखक का माध्यम चूँकि शब्द है, उसे शुद्ध और कारगर रखने के लिए उसकी चेष्टा उतनी ही व्यावहारिक होगी जितनी कुम्हार की अपनी मिट्टी से, एक बढ़ई की काष्ठ से होती है। यह वह 'पदार्थ' है, जिसके सहारे वह अपना यथार्थ गढ़ता है, जिसमें उसका स्वप्न आकार लेता है। यही कारण है कि मध्यकाल में कलाकार और कारीगर (artist और artisan) के बीच गुप्त गुणात्मक भेद भले ही रहा हो, प्रयोजनात्मक (functional) भेद नहीं था। दोनों की स्वाधीनता उसी पदार्थ द्वारा निर्धारित होती थी, जिसे वे अपनी कला के निजी अर्थ में रूपान्तरित करते थे।

इससे हम एक अनोखे निष्कर्ष पर पहुँचते हैं—लेखक की स्वतंत्रता जहाँ—एक नागरिक की हैसियत से—समय सापेक्ष, समाज-सापेक्ष होती है; न उससे कम, न उससे ज़्यादा—वहाँ दूसरी ओर एक कलाकार की हैसियत से वह काल, इतिहास और समाज के उन समस्त दबावों और प्रहारों के प्रति निरपेक्ष रहती है, जिसे लेखक को अपने जीवन-काल में झेलना पड़ता है। यह नहीं कि लेखक की रचनाओं में समय की थरथराहट स्पंदित नहीं होती, किन्तु वे उसकी शर्तों द्वारा अनुशासित नहीं होतीं, अपनी मर्यादाओं का पालन करती हैं। साहित्य और साहित्यकार की स्वतंत्रता में यह मूल अन्तर है—साहित्य की स्वायत्तता एक तरह से

अपने रचनाकार की स्थिति का अतिक्रमण कर लेती है। इसलिए समय के घात-प्रतिघातों के बीच जन्म लेने के बावजूद साहित्यिक रचना उसके बन्धनों, छलनाओं, भ्रांतियों से न केवल मुक्त रहती है, बल्कि मुक्त रहने के कारण ही उनको भेदने, परखने, निरावृत करने का जोखिम उठा पाती है। रचना की देह पर जो समय के घाव दिखाई देते हैं, वे उस वृक्ष की याद दिलाते हैं, जो झंझावात के बाद भी खड़ा दिखाई देता है—आहत, क्षत-विक्षत; लेकिन फिर भी जीवित, आकाश की ओर ताकता हुआ। यदि ऐसा न होता तो घोर ऐतिहासिक प्रतिकूलताओं के बीच हमें एक तुलसीदास, एक दांते, एक दोस्तोएव्स्की, एक पास्तरनाक का साहित्य कैसे उपलब्ध हो पाता? जिस मध्यकालीन समाज की चर्चा हमने ऊपर की है, उस पर भी ऐतिहासिक विभीषिकाओं का दबाव कोई कम नहीं था। निराला ने अपनी ओजस्वी कविता 'तुलसीदास' में स्वयं उस विभीषिका का दारुण चित्र खींचा है, जिनके भीतर रहकर ही कवि ने न केवल अपनी रचनात्मक मनीषा को स्वाधीन रखा था, बल्कि 'रामचरितमानस' की अमर काव्य-गाथा में एक हताश, पराजित समाज की सांस्कृतिक स्मृति को पुनर्जाग्रत भी किया था।

किन्तु इससे भी अधिक महत्त्वपूर्ण बात यह है, जिसे हम आधुनिक लेखक अक्सर भुला देते हैं कि मध्यकालीन कवियों के लिए—वह चाहे यूरोप के महान् कवि दांते हों अथवा भारत के भक्त कवि कबीर या तुकाराम—रचनाकार की स्वतंत्रता कोई नकारात्मक मूल्य नहीं थी, जैसी वह आज के सेक्यूलर, आधुनिक कवि के लिए है, जो हमेशा अन्य के विरोध या समर्थन से अर्जित की जाती है, अपने आत्म के प्रति दायित्व पूरा करने में नहीं। यही कारण है कि आधुनिक लेखक अपनी स्वतंत्रता के साथ सहज रिश्ता नहीं बना पाता, इसीलिए जब कभी कोई संकट पड़ता है तो उसे त्यागने के लिए उसे गहरा आत्मसंघर्ष नहीं करना पड़ता और जब इस तरह का कोई संकट नहीं होता, जैसा हम अधिकांश

पश्चिम की लोकतांत्रिक व्यवस्थाओं में देखते हैं, तो वहाँ उसके लिए शब्द क्रय-विक्रय का साधन भी आसानी से बन जाता है...। उससे अगर कविता लिखी जा सकती है तो हॉलीवुड फ़िल्म की पटकथा या किसी राजनेता का मेनिफ़ेस्टो या जल्दी से बिकनेवाला लोकप्रिय 'बेस्ट सेलर' भी उत्पादित किया जा सकता है। अंकुशहीन स्वतंत्रता और मानसिक ग़ुलामी दो विपरीत चीज़ें नहीं, एक ही सिक्के के दो पहलू बन जाते हैं।

इसलिए यह प्रश्न मन में उठता है—क्या आज का लेखक, जो अपेक्षाकृत अधिक स्वतंत्र परिवेश में जाता है, जहाँ स्वाधीन अभिव्यक्ति की 'स्पेस' पिछले युगों से कहीं अधिक खुली और व्यापक है? क्या इसी कारण से वह होमर, व्यास या शेक्सपियर से अधिक दृष्टिसम्पन्न, मर्मज्ञ और संवेदनशील है? क्या ऐसा तो नहीं है कि स्वतंत्रता के साधन जहाँ विस्तृत हुए हैं, वहाँ अभिव्यक्ति का दायरा संकुचित हुआ है—बाहरी परिस्थितियों द्वारा उतना नहीं जितना स्वयं मनुष्य के आत्मबोध के बीच कोई फाँक खिंची है, जहाँ एक ओर उसका अहं है, दूसरी ओर समाज—लेकिन उसे जोड़नेवाला दायित्वबोध कहीं नहीं है, जो कभी लिखे हुए शब्द को संस्कार देता था, जिसमें समूचे समाज की आत्मा धड़कती थी? लेखक के 'मैं' और समाज के 'अन्य' को जोड़नेवाली कड़ी जिसके बिना अभिव्यक्ति की स्वाधीनता, खोखली, स्मृतिहीन और आत्मशून्य जान पड़ती है।

यह बात आज विशेष रूप से हमारा ध्यान इसलिए भी अपनी ओर खींचती है, क्योंकि विदेशी शासन से मुक्त होने की हम इस वर्ष पचासवीं वर्षगाँठ मना रहे हैं। क्या हम अपने स्वातंत्र्योत्तर वर्षों को देखते हुए निर्द्वंद्व भाव से कह सकते कि स्वतंत्र भारत का कोई भी राजनेता, मनीषी और चिन्तक ग़ुलाम भारत के विवेकानन्द, श्री अरविन्द, तिलक और गांधी से अधिक स्वाधीन चेतना और वैचारिक विवेक से मंडित है? क्या इतिहास की यह क्रूर विडम्बना नहीं कि राजनीतिक रूप से स्वतंत्र होने

के बाद हमने वह आत्मविश्वास भी खो दिया, जो सांस्कृतिक परम्परा की सचेतन पहचान से आता है? और क्या यह कटु सत्य हमारे लेखकों, बुद्धिजीवियों, पत्रकारों पर भी दुर्भाग्यवश लागू नहीं होता? विदेशी शासन के दमघोंटू विषैले वातावरण में ही हमने गणेशशंकर विद्यार्थी, बालकृष्ण शर्मा 'नवीन', प्रेमचन्द और निराला जैसे पत्रकारों-लेखकों की गौरवशाली परम्परा को जन्म दिया था। किन्तु यदि कोई विदेशी इतिहासकार भारत आकर आपातकाल के दिनों में प्रकाशित होनेवाली दो सम्मानित पत्रिकाओं—'दिनमान' और 'धर्मयुग'—की फ़ाइलें उलट-पुलटकर देखे तो वह क्या ज़रा-सा भी उस गहरे आत्मसंकट का अनुमान लगा पाएगा, जिसके दौरान हमारा देश उस समय गुज़र रहा था? मैंने यदि विशेष रूप से इन पत्रिकाओं का उदाहरण दिया है तो इसलिए कि उनके सम्पादक कोई बिकाऊ बाज़ारू पत्रकार नहीं, ऐसे प्रतिष्ठित लेखक थे, जिनकी साहित्यिक देन पर हम आज भी गर्व करते हैं।

ऐसा क्यों होता है? यह बीसवीं शती की शायद सबसे अद्भुत और अभेद्य पहेली है—क्या सभ्यता के ऊँचे शिखर से मानसिक दासता के अँधेरे में झाँका जा सकता है? क्या हम ऐसी स्थिति में पहुँच गए हैं जहाँ लेखक के सृजनात्मक व्यक्तित्व और उसकी नैतिक अन्तश्चेतना के बीच लेन-देन का व्यापार, जो पहले कभी शब्द को गरिमा देता था, वह अचानक इस तरह अवरुद्ध हो गया है कि एक का दूसरे से कोई सम्बन्ध नहीं? या जैसा मिलान कुंडेरा ने अपनी नई पुस्तक 'टेस्टामेंट्स बिटरेड' में इस द्वंद्व का उल्लेख करते हुए कहा कि हम आज जज की कुर्सी पर बैठकर उन लेखकों पर कोई निर्णय कैसे दें, जो एक ऐसी धुंध में जी रहे थे, जिसके आर-पार कुछ भी दिखाई नहीं दे रहा था; और क्या अधिकार है उनके सम्बन्ध में कुछ कहने का, ख़ास कर हमें, जो शायद स्वयं आप अपनी धुप में घिरे हैं? कुंडेरा का तर्क मर्मज्ञ होता हुआ भी बहुत गहरे में नहीं जाता। किसी भी युग में लेखक इतना सौभाग्यवान नहीं होता कि पूरी

रोशनी में जीता हो, न इतना अभागा होता है कि उसे अँधेरे में कुछ नहीं सूझता। वह अक्सर धुंध और रोशनी के मिले-जुले कुहासे में जीता है। वैसे भी कुंडेरा ने अँधेरों का नहीं, 'धुंध' का रूपक इस्तेमाल किया है; धुंध की विशेषता यह है कि उसमें कुछ दिखाई देता है, कुछ नहीं। यह लेखक के अन्तर्विवेक और आत्मीय अनुभव पर निर्भर करता है—जो एक महान् लेखक हर युग में करता आया है कि उसे जो दिखाई देता है, उसकी लिपि में वह उसे पढ़ लेता है, जो सिर्फ़ अदृश्य है, अनलिखा नहीं है। इसी 'अदृश्य' को पढ़ने की आँख एक लेखक को द्रष्टा बनाती है। असली सत्य कुहासे में नहीं, उस आँख में है, जो कुहासे को भेदती है। एक वैज्ञानिक की अश्लील उत्सुकता के वशीभूत होकर नहीं कि वह यह जान ले कि उसके पीछे क्या भेद छिपा है; बल्कि उस भेद को अक्षुण्ण रखते हुए भी अपने शब्द में प्रकाशित करने के लिए, जो सिर्फ़ एक कवि की आँख कर सकती है। हर कवि की नहीं, सिर्फ़ वह आँख—जो न झूठे आलोक से चकाचौंध होती है, न युग के कुहासे में पलक मूँद लेती है—बल्कि जो दोनों को परखती हुई स्वयं अपने प्रकाश में चमकती है।*

---

* 'साहित्य अमृत' द्वारा 'निरंकुशता और दासता के बीच साहित्य' विषय पर आयोजित संगोष्ठी में प्रस्तुत बीज भाषण का संशोधित रूप।

अस्मिता की खोज

परम्परा का भारतीय सन्दर्भ

हम जिस परम्परा में जीते हैं, साँस लेते हैं, उसका बोध तब तक नहीं होता, जब तक उससे थोड़ा कट नहीं जाते। यह कटाव जहाँ एक तरह की टीस उपजाता है, वहाँ हमें तटस्थ दृष्टि भी देता है। हम अपने को पहली बार एक ऐसे बिन्दु से देखने लगते हैं, जो हमारा अभिन्न अंग होते हुए भी बाहर और अलग है। इस बिन्दु पर खड़े होकर हम एक परिदृश्य में दो चीज़ें एक साथ देखने लगते हैं—एक वह जो हम हैं, दूसरा वह, जिसने हमें रचा और सिरजा है। दोनों अलग-अलग होते हुए भी एक-दूसरे के पूरक हैं। यह एक तरह से मिट्टी और मूर्ति का सम्बन्ध है। मूर्ति मिट्टी से बनी होती है, लेकिन एक बार बनने पर उसकी अपनी अलग स्वायत्त सत्ता भी होती है। मिट्टी में छिपी मूर्ति परम्परा का अचेतन अंश है, जो केवल रचने के उपरान्त ही आत्मचेतन हो पाती है। व्यक्ति और परम्परा का भी ठीक वैसा ही सम्बन्ध है। एक स्वायत्त, स्वचेतन व्यक्ति अपनी परम्परा की उपज होते हुए भी उसे एक विशिष्ट रूप में ढालता है।

आप चाहें तो इसे परम्परा में व्यक्ति का हस्तक्षेप कह सकते हैं, किन्तु हस्तक्षेप से कुछ ऐसी ध्वनि आती है कि कोई बाहरी परायी शक्ति परम्परा में ज़बरदस्ती दख़लअन्दाज़ी कर रही है। जब ऐसा होता है तो परम्परा सचमुच टूटती है, घायल होती है, कभी-कभी बिलकुल नष्ट हो जाती है।

इस तरह हस्तक्षेप भी नितान्त दो क़िस्म के हो सकते हैं : एक आत्यन्तिक और स्वत:स्फूर्त जो अन्ततोगत्वा फलदायी सिद्ध होता है। दूसरा, बाह्य स्वार्थों द्वारा उत्प्रेरित जो हिंसात्मक और विनाशकारी होता है। भारतीय परम्परा का इतिहास कुछ ऐसा रहा है कि उसे इन दोनों के बीच अपने को रूपायित करना पड़ा है, बल्कि यह कहना ज़्यादा सही होगा कि उसे बाहरी और हिंसात्मक हस्तक्षेप का सामना करने के लिए स्वयं अपने भीतर के विश्रृंखलित सूत्रों और शक्तियों को समेटना पड़ा है ताकि यह संकट की घड़ियों में अपनी अस्मिता को अक्षुण्ण रख सके। दूसरे शब्दों में जो परम्परा अपने भीतर हस्तक्षेप करने का जोखिम नहीं उठाती, वह बाहरी हस्तक्षेप के ख़तरे का सामना करने में भी असमर्थ रहती है। बाहर और भीतर का यह द्वंद्वात्मक सम्बन्ध ही किसी परम्परा को बार-बार अपने को पुन:भाषित करने की प्रेरणा देता है, यही उसके जीवित रहने की बुनियादी शर्त भी है।

किन्तु यहाँ 'भीतर' और 'बाहर' जैसे शब्दों को थोड़ा स्पष्ट करने की ज़रूरत है। हर परम्परा की कुछ मूलभूत प्रेरणाएँ, प्रतिज्ञाएँ और आदर्श होते हैं, जो उस परम्परा में रहने वाले नागरिकों को इस धरती पर जीने का अर्थ प्रदान करते हैं। वे यह अर्थ प्राप्त कर सकें, इसके लिए उन्हें (इस परम्परा के नागरिकों को) अनेक तरह के दायित्वों को पूरा करना पड़ता है। आज के युग में जहाँ सिर्फ़ मानवाधिकारों की बात की जाती है, वहाँ हम यह भूल जाते हैं कि मनुष्य का मूल अधिकार अपने जीवन का अर्थ पाना है, जो तभी उपलब्ध हो सकता है, जब वह मनुष्य होने के नाते अपने दायित्व पूरा कर सके। विडम्बना की बात यह है कि आधुनिक समाज

में दायित्वों की चर्चा नगण्य है, जो उसे परम्परागत समाज से बिलकुल अलग कर देता है, जो दायित्वों के तंत्र पर ही आधारित होता है। कहना न होगा इस दृष्टि से आधुनिकता का हस्तक्षेप परम्परागत समाजों में सबसे अधिक आततायी और आतंककारी रहा है, न केवल प्रकृति को प्रदूषित करने में, बल्कि स्वयं मानव प्रकृति को विकृत करने में।

इसलिए यह अकारण नहीं था कि भारतीय परम्परा में 'धर्म' को केन्द्रीय स्थान दिया गया है, क्योंकि वह मनुष्य के कर्तव्यों और दायित्वों को न केवल एक आध्यात्मिक आधार देता था, बल्कि उसकी जीवन व्यवस्था को संचालित करने के लिए एक नैतिक निर्देशन की भूमिका भी निभाता था। प्राय: ईसाई और इस्लामी थियोलिजियन (धर्मशास्त्री) धर्म जैसे प्रत्यय की अस्पष्टता पर असन्तोष प्रकट करते हैं। उसका कोई निर्धारित कोड नहीं है। न ही उसकी व्याख्या बाइबल या क़ुरान की तरह किसी परम पुस्तक में निरूपित है। इस अस्पष्टता के कारण एक तरह की धोखाधड़ी और धाँधली भी उत्पन्न होती है, कम-से-कम आचरण के क्षेत्र में, किन्तु इसका एक उजला पक्ष—ब्लैसिंग इन डिस्गाइस—यह भी है कि किसी धार्मिक संहिता के अभाव में धार्मिक कट्टरता और कठमुल्लेपन की गुंजाइश भी कम रह जाती है। हर व्यक्ति को समय और परिस्थितियों के अनुसार अपने तईं धर्म को पुन:भाषित करने का दुस्साहस करना पड़ता है, ताकि वह परम्परा के आदर्श और जीवन के यथार्थ के बीच फैली खाई को पुन: पाट सके। इसके लिए कभी-कभी 'परम पुस्तकों' के सत्य को भी नया अर्थ देना पड़ता है। जैसे ईसा मसीह ने 'ओल्ड टेस्टामेंट' के सत्यों को अपने जीवन-अनुभवों के आलोक में एक नये अर्थ में ढाला था, इसी अर्थ में यहूदी परम्परा में ईसा का हस्तक्षेप इतना गहरा ऐतिहासिक महत्त्व ग्रहण कर लेता है। ईसा स्वयं यहूदी थे, जैसे गौतम बुद्ध स्वयं हिन्दू थे। दोनों ने ही अपनी परम्पराओं में जो हस्तक्षेप किया, उसके कारण यहूदी या हिन्दू परम्पराएँ नष्ट नहीं हुईं,

बल्कि उन्हें अपने सातत्य में उन अन्दरूनी प्रत्ययों को पुनः परीक्षित करना पड़ा, जो उनके हस्तक्षेप के बिना असम्भव होता। यदि ईसा और बुद्ध के हस्तक्षेप नैतिक और आध्यात्मिक स्तर पर इतने मूलगामी होने के बावजूद इन परम्पराओं के लिए विनाशकारी नहीं हुए तो इसका सीधा-सा कारण यह था कि मूल परम्परा के भीतर से ही हस्तक्षेप भी उत्पन्न हुए थे, किसी बाहरी आक्रामक शक्ति के रूप में नहीं। इसीलिए बुद्ध को एक अवतार के रूप में पूजा जाना हिन्दुओं के लिए उतना ही स्वाभाविक था, जितना एक ईसाई के लिए 'न्यू टेस्टामेंट' के साथ 'ओल्ड टेस्टामेंट' को भी पवित्र पुस्तक मान लेना। दो परम्पराएँ अपने में विशिष्ट होते हुए भी किस तरह अन्योन्याश्रित हो सकती हैं, यह उसका उत्कृष्ट उदाहरण है।

भारतीय परम्परा में यदि अन्य परम्पराओं को समाहित करने की अद्‌भुत क्षमता रही है तो इसका कारण उसकी सहिष्णुता या सौहार्दता नहीं है, बल्कि वह उसके अन्तर्निहित चरित्र का ही अंग है, जहाँ किसी एक विशेष संस्थान या पुस्तक या मार्ग को किसी परम शाश्वत सत्य का संवाहक नहीं स्वीकारा गया। जब सत्य पाने का सिर्फ़ एक रास्ता हो तो बाक़ी रास्ते न सिर्फ़ बन्द हो जाते हैं, बल्कि उन रास्तों पर चलने वाले सत्यान्वेषी अपने-अपने विरोधी मान लिये जाते हैं। उन्हें अपने रास्ते पर लाने के लिए या तो ज़ोर-ज़बरदस्ती उनका धर्म-परिवर्तन करना ज़रूरी हो जाता है, जैसा भारत में इस्लाम के आक्रमण के बाद और कालान्तर में ईसाई मिशनरियों द्वारा हुआ था या उनके धर्म-विश्वासों, पर्व और अनुष्ठानों, पूजा-स्थलों को नष्ट करने में ही अपने सत्य की सर्वशक्तिमान परमता साबित करने की चेष्टा होती है। हस्तक्षेप का यह आक्रमण स्वरूप कितना संहारात्मक और विनाशकारी हो सकता है, इसका प्रमाण वे सभ्यताएँ, संस्कृतियाँ और परम्पराएँ हैं, जो लातिन-अमेरिका, अफ़्रीका और एशिया में हमेशा के लिए नष्ट हो गई हैं, जिनके आज सिर्फ़ ढूह-खँडहर ही दिखाई देते हैं। जहाँ अन्य को नष्ट करके ही अपने सत्य

को प्रतिष्ठित करने का प्रयास किया जाता है, वहाँ परम्पराओं के बीच किसी सार्थक संवाद की सम्भावना ही समाप्त हो जाती है। अन्य के प्रति सहिष्णुता बरतने से ही समस्या का समाधान नहीं हो जाता क्योंकि वह सहिष्णुता कभी भी टूट सकती है, जैसा कि लिबरल लोकतंत्र की आधुनिक व्यवस्था में बराबर होता रहा है। जब तक अन्य की 'अन्य' के रूप में सत्ता रहेगी, तब तक एक की दूसरे में हस्तक्षेप की सम्भावना बनी रहेगी और यह हस्तक्षेप तब तक जारी रहेगा, जब तक 'अन्य' नष्ट नहीं हो जाता अथवा दूसरे में विलीन नहीं हो जाता।

भारतीय परम्परा ने इस द्वंद्व के सत्य को पहचाना था, इसीलिए उसने चिन्तन और दर्शन के क्षेत्र में पहली बार 'अद्वैत' के क्रान्तिकारी सिद्धान्त को प्रतिपादित किया, जहाँ आत्म और अन्य के बीच भेद को ही आत्म-छलना का कारण बताया गया। जिस संस्कृति में अन्य एक अजनबी, अनात्मीय और परायी सत्ता न रहकर स्वयं का ही एक वृहत्तर रूप माना जाता रहा हो, वहाँ अन्य के होने से अपने को ख़तरा नहीं जान पड़ता, वह कोई विरोधी शत्रु तत्त्व नहीं है, जिस पर अपने को आरोपित करने से ही सुरक्षा का आभास मिलता हो, या उसे अपने रूप में ढालने से (जो धर्म परिवर्तन में परिलक्षित होता है) ही अपने अस्तित्व की रक्षा की जाती हो। अब अन्य सिर्फ़ एक वस्तु, महज़ एक ऑब्जेक्ट नहीं रह जाता, वह आत्म के 'डिस्कोर्स' का ही एक अंग बन जाता है। दूसरे शब्दों में अन्य को समझने के लिए स्वयं को पहचानना ज़रूरी हो जाता है। हमारी आँखें दूसरे की विशिष्टता तभी पहचान सकती हैं, जब वह अपनी सच्चाई की थाह पा लेती हैं। हस्तक्षेप यहाँ भी है, लेकिन वह अन्य के प्रति न होकर अपने प्रति है, जिससे आत्म-मंथन की प्रेरणा जगती है। अन्य को हथियाने या उस पर अपने को लादने की लालसा नहीं जगाती।

जब आत्म और अन्य के बीच दीवार ढहती है तो उसका कम्पन और उसकी थरथराहट पूरे समाज में महसूस होती है। वह महज़ वेदांत

की एक सूक्ति न रहकर दार्शनिकों तक सीमित नहीं रहती। भारतीय समाज की वर्ण-व्यवस्था में कवियों का हस्तक्षेप असम्भव होता, यदि उन्हें अपनी प्रेरणा निरन्तर हिन्दू धर्म की औपनिवेशिक और वेदांतिक परम्परा और बौद्ध दर्शन से न मिलती। मीरा, तुलसी और कबीर एक-दूसरे से भिन्न क्यों न हों, उनकी परम्परा के सन्दर्भ बिन्दु एक ही हैं, इसीलिए वे भारतीय जनमानस को इतने गहन और व्यापक स्तर पर आलोड़ित कर सकते थे। भारतीय समाज की रूढ़िगत जड़ता को तोड़ने में यदि उनका हस्तक्षेप इतना महत्त्वपूर्ण था तो इसलिए कि एक कवि मनीषी आधुनिक 'सेक्यूलरिस्ट' बुद्धिजीवियों की तरह अपने हस्तक्षेप के अपने आलोचनात्मक हथियार किसी बाह्य तर्क-विधान से आयातित नहीं करते थे, बल्कि स्वयं अपनी परम्परा के जाने-पहचाने, जनसाधारण सुलभ अनुभवों और सन्दर्भों में ही टटोलते थे। अपने समाज की सार्थक आलोचना वही कर सकता है, जो कहीं न कहीं गहरे स्तर पर उसकी मूल स्थापनाओं से जुड़ा होता है। नानक ने जहाँ एक समय में ब्राह्मणों के भीतर समाए तमस की आलोचना की, वहीं कालान्तर में जब कश्मीर के मुस्लिम शासकों द्वारा सताए ब्राह्मण गुरु तेग बहादुर की शरण में आए तो वह उनकी रक्षा के लिए और भारत में हिन्दू परम्परा को जीवित रखने के लिए अपना बलिदान करने में एक क्षण भी नहीं हिचके। कहना न होगा, पंजाब और कश्मीर की समकालीन स्थिति पर यह एक उदाहरण भारतीय परम्परा और उसकी अखंडता पर सौ बहसों से कहीं अधिक रोशनी डालता है। यह उनके लिए तो शिक्षाप्रद है ही, जो आज के सन्दर्भ में राजनीति को धर्मनीति से अलग करने में ही भारत की मुक्ति का निदान खोजते हैं, बल्कि उनसे अधिक यह हिन्दुत्व के उन समर्थकों के लिए भी एक चेतावनी है, जिनका परम्परा-बोध शिवाजी और राणा प्रताप से पीछे नहीं जाता।

हमने ऊपर 'बाहरी हस्तक्षेप' को उस जातीय हस्तक्षेप से अलग दर्शाने की कोशिश की थी, जो स्वयं अपनी धरती से उपजता है।

भारत में अंग्रेज़ों का औपनिवेशिक प्रवेश इस बाहरी हस्तक्षेप का सबसे सटीक उदाहरण है, जिसके परिणाम हम आज तक भुगत रहे हैं। एक तरह से वह इस्लामी हस्तक्षेप से कहीं अधिक व्यापक और निषेधात्मक था, क्योंकि वह सीधे-सीधे उन समस्त बौद्धिक और सांस्कृतिक आधारों पर आघात करता था जिनसे भारतीय समाज और व्यक्ति के संस्कारों की संरचना हुई थी। अंग्रेज़ी भाषा और पश्चिमी शिक्षा-पद्धति ने धीरे-धीरे उन समस्त स्रोतों को सुखा दिया, जिनके द्वारा एक भारतीय अपनी आत्मा, अपनी अस्मिता, अपने अस्तित्व को सँजोता-सँभालता था। वह दो फाँकों में बँटा हुआ एक आत्म-उन्मूलित व्यक्ति बन गया, जिसका एक भाग परम्परा से जुड़ा था, दूसरा भाग पश्चिम की आधुनिक जीवन-शैली, चिन्तन-पद्धति और यूरोपीय संस्कृति के प्रति अनुरक्त था और चूँकि दोनों भागों में किसी तरह का सन्तुलन नहीं था, इसलिए इसका परम्परा-पक्ष उतना ही खोखला बनता गया, जितना उसका आधुनिक पक्ष कृत्रिम और दिखावटी। बाहरी हस्तक्षेप भारतीय मानस को जितना आत्म-निर्वासित करता गया उतना ही अन्दरूनी हस्तक्षेप के ऊर्जा स्रोत सूखने लगे। यह नहीं कि समाज-सुधार आन्दोलन नहीं हुए, उत्तरी भारत में आर्य समाज और बंगाल में ब्रह्म समाज की भूमिका को नकारा नहीं जा सकता, किन्तु यह विडम्बना ही थी कि उनका स्वरूप और संगठन बहुत कुछ उन्हीं विदेशी संस्थाओं से मिलता-जुलता था, जिनके हस्तक्षेप के विरोध में वे भारतीय चेतना को उन्मेषित करने का प्रयत्न कर रहे थे। यदि अपने को सुधारने के हथियार वही हों, जिनके द्वारा पश्चिमी सभ्यता ने भारतीय संस्कृति को भ्रष्ट किया था, तो उस सुधार में भी विवाद के कीटाणु छिपे रहते हैं, जो कभी न कभी उभर कर आते हैं। यदि 'अन्य' को (विदेशी सत्ता के रूप में) ही ईविल मान लिया जाए, तो आत्मशोधन की ज़रूरत भी समाप्त हो जाती है और यदि अपनी संस्कृति को ही निकम्मा और निरर्थक मान लिया जाए, तो अन्य के प्रति अपने को समर्पित करने के अलावा कोई दूसरा विकल्प नहीं बचा रहता।

इन दो विकल्पों के अलावा तीसरा रास्ता सिर्फ़ यह हो सकता था कि विदेशी सत्ता के सांस्कृतिक हस्तक्षेप से हमारी परम्परा जहाँ-जहाँ से विश्रृंखलित हुई थी, टूटी थी, बिखरी थी, उसके धागों को समेटकर उन्हें एक ऐसे पैटर्न में पुनर्नियोजित किया जाए जो न तो अतीत की पुनरावृत्ति हो, न पश्चिम की अनुकृति ही; बल्कि एक ऐसी नव-निर्मित सांस्कृतिक सत्ता जो प्राचीन भारतीय परम्परा के आदर्शों से अनुप्राणित होकर यूरोप के 'अन्य' को अपने 'आत्म' में समाहित कर सके। यही रास्ता गांधी, श्री अरविन्द और कुमारस्वामी ने चुना था। पहली बार इन मनीषियों ने न केवल अपनी परम्परा में हस्तक्षेप करके उसे बीसवीं शती की चुनौतियों का सामना करने के लिए समर्थ बनाया था, बल्कि स्वयं पहली बार भारतीय परम्परा ने उनके माध्यम से स्वयं पश्चिमी संस्कृति और चिन्तन-पद्धति में हस्तक्षेप करने का 'दुस्साहस' किया था। कुछ संस्कृतियों का यह अभिशाप होता है कि उन्हें कभी मुक्ति का रास्ता नहीं मिल पाता। हमारा दुर्भाग्य शायद यह है कि दो सौ वर्ष की ग़ुलामी के अँधेरे से बाहर निकलकर जो सत्य का रास्ता हमें दिखाई दिया था, हमने उसे भी खो दिया। आज उस पर विस्मृति की इतनी गाढ़ी धूल जमा हो गई है कि हमारी युवा पीढ़ी को याद भी नहीं आता कि यहीं कहीं वह रास्ता था, जो हमें अपनी मुक्ति की ओर ले जाता था और जिस पर आज मील का पत्थर भी दिखाई नहीं देता।

बीच की एक राह

धर्म हमें जिस अनुभव लोक से जोड़ता है, वह इतना धुँधला और अस्पष्ट है कि उसे सही-सीधे शब्दों में परिभाषित करना आसान नहीं है। कविता और कला की तरह वह मनुष्य की एक ऐसी अदम्य और आदिम लालसा से उद्भूत होता है, जिसका लक्ष्य उन सब सीमाओं के परे जाना है, जो मनुष्य को किसी एक लगी-बँधी अवधारणा में बाँधने का प्रयास करती है। प्राचीनकाल से आज तक मनुष्य को परिभाषित करनेवाली जितनी अवधारणाएँ सामने आई हैं—मनुष्य एक सामाजिक प्राणी है, राजनीतिक जन्तु है, आर्थिक जीव है—धर्म की प्राणवत्ता इन सब परिभाषाओं के चौखटे तोड़कर ऐसे अनूठे अनुभव में प्रवाहित होती रही है, जो अपने में विशिष्ट होता हुआ भी केवल विशिष्ट व्यक्तियों तक सीमित नहीं रहता, उसे हर आदमी महसूस करता है, जो इस धरती पर अपने जीने का अर्थ और मृत्यु का रहस्य जानना चाहता है।

यहाँ मैं धर्म के उस पक्ष की बात कर रहा हूँ, जो मनुष्य के सीमित, खंडित, अधूरे अस्तित्व को किसी परम, सम्पूर्ण मानवेतर अर्थ से जोड़ने की प्रक्रिया में उजागर होता है। बोलचाल की चालू भाषा में हम यद्यपि इसे मनुष्य का 'आध्यात्मिक पक्ष' मानते हैं, किन्तु यह मनुष्य अनुभव का सिर्फ़ एक पक्ष या पहलू नहीं, वह उसके समग्र जीवन तंत्र को प्रभावित करता है। वह मनुष्य के समस्त व्यावहारिक कार्य-कलापों को एक संगतिपूर्ण अर्थवत्ता में ढालने का जीवन्त प्रयोग है। आज के वैज्ञानिक सेक्यूलर युग में इस बात पर ज़ोर डालना और भी ज़रूरी है, क्योंकि ज्योंही हम मनुष्य के आत्म और परम के गहन अन्त:सम्बन्ध को एक अलग 'आध्यात्मिक' खाँचे में डाल देते हैं, त्योंही मनुष्य के आत्म और अन्य के लौकिक, व्यावहारिक रिश्ते को भी विकृत और विदूषित कर देते हैं। इसकी तार्किक परिणति यह होती है कि मनुष्य का लौकिक जीवन, जिसमें राजनीति भी शामिल है, अपना वह नैतिक विवेक खो देती है, जो उसे अपनी अन्दरूनी अन्तश्चेतना से प्राप्त होता है और उसका आध्यात्मिक जीवन इसलिए विपन्न और निर्जीव हो जाता है, क्योंकि वह अपने को लौकिक, व्यावसायिक जीवन की जड़ों से काट लेता है। यह उल्लेखनीय है कि ईसा, बुद्ध, गांधी जैसे लोग अपने समय की समाज-व्यवस्था और राजनीति में इसीलिए इतना सार्थक और स्मरणीय हस्तक्षेप कर सके, क्योंकि उनके भीतर धर्म और समाज, आत्म और अन्य के बीच वह कृत्रिम विभाजन नहीं था, जिसकी माँग आज हमसे धर्मनिरपेक्षता या सेक्यूलरिज़्म के नाम पर की जाती है।

जब किसी ने गांधीजी से राजनीति और धर्म के सम्बन्ध के बारे में प्रश्न किया था, तो उत्तर में उन्होंने कहा था : "वे लोग जो राजनीति को धर्म से अलग करके देखते हैं, वे न तो राजनीति का अर्थ समझते हैं, न धर्म का।"

ज़ाहिर है, यहाँ गांधीजी के लिए 'धर्म' का वह आशय नहीं है, जो हमारे सेक्यूलर, धर्मनिरपेक्षी राजनेताओं और बुद्धिजीवियों के लिए है।

यहाँ धर्म सिर्फ़ व्यक्ति के उन मताग्रहों का पुंजमात्र नहीं है जिसे अपनी वैधता किसी चर्च, किसी प्रतिष्ठान, किसी पुस्तक (कुरान या बाइबल) से प्राप्त होती है। वह एक आइडियोलॉजी नहीं है। वह शताब्दियों से अर्जित अनुभवों से निचोड़ा हुआ आत्मबोध है, जिसकी कसौटी पर हम झूठ को सच से, न्याय को अन्याय से, सत् को तमस, से अलग करने का प्रयास करते हैं। प्रयास ही करते हैं, ज़रूरी नहीं, सफल भी हों। इस बीहड़ रास्ते में हम बार-बार धोखा खाते हैं, मरीचिकाओं के पीछे भागते उद्भ्रांत होते हैं—इसका सजीव उदाहरण 'महाभारत' का महाकाव्य है—एक अनूठा धर्मग्रंथ, जहाँ अधर्म के अँधेरे से गुज़रकर ही कभी-कभार धर्म के दर्शन हो पाते हैं। महत्त्वपूर्ण बात यह है कि इन सब आत्म-भ्रांतियों के बावजूद हर व्यक्ति में, वह राजा हो या रंक़, यह विश्वास अटल रहता है कि उसके हर कर्म की निर्णायक एक ऐसी सत्ता है, जिसकी अवहेलना करते ही उसका अपना अस्तित्व, अपने जीवन की अर्थवत्ता—एक शब्द में कहें तो उसका अपना धर्म संकट में पड़ जाता है।

यही वह भाव-बोध है, जिसमें मनुष्य की अन्तश्चेतना, उसकी कॉन्शस, उसकी अन्तरात्मा वास करती है। मनुष्य का मज़हब, रिलीजन, विश्वास, तंत्र कुछ भी क्यों न हो, वह एक पतली डोर से इस भाव-बोध, इस अन्तश्चेतना के साथ जुड़ा रहता है। इस डोर का एक सिरा मनुष्य के आत्म के साथ जुड़ा है, दूसरा उसके दुनियावी लोक के साथ। इन दो सिरों के बीच फैले तंतुजाल में मनुष्य का लोक-परलोक, उसकी लौकिक गर्यादाएँ और अलौकिक आस्थाएँ, उसका धर्म-कर्म, उसका नैतिक विवेक, मन, राज्य समुदाय के साथ उसके सम्बन्ध अन्तर्निहित होते हैं। जब हम मनुष्य के धर्म को उसकी राजनीति से अलग करने की बात करते हैं, तो वस्तुतः हम इस डोर को बीच में से ही काट डालते हैं, जिसका घातक परिणाम यह होता है कि एक छोर पर उसका आत्म नीतिशून्य हो जाता है और दूसरे छोर पर उसकी राजनीति आत्म-शून्य।

कहना न होगा, यूरोप में सेक्यूलरिज़्म, जिसे हम धर्मनिरपेक्षता कहते हैं, मनुष्य के भीतर हुए इस आत्मविभाजन की उपज है। यूरोप की देखा-देखी इस अवधारणा को अपने देश में आयातित करना उस मानसिक ग़ुलामी का दुःखद परिणाम है, जो अंग्रेज़ों के जाने के बाद भी हमारे भीतर ज्यों की त्यों क़ायम है।

देखा जाए तो पिछले चालीस-पचास वर्षों से हम धर्मनिरपेक्ष समाज में रह रहे हैं। उसके क्या परिणाम हुए हैं? हमारी शिक्षण संस्थाओं, स्कूलों, कॉलेजों में धर्म शिक्षा के लिए कोई स्थान नहीं है, जिसके कारण एक ही कक्षा में पढ़नेवाले हमारे हिन्दू, मुस्लिम, सिख, ईसाई छात्र एक-दूसरे के धर्मविश्वासों, अनुष्ठानों, पर्वों के प्रति कोई जानकारी, कोई ज्ञान, कोई जिज्ञासा नहीं रखते। हम बहुत अभिमान और गर्व से भारतीय समाज को बहुधर्मी और विविध दृष्टियों से सम्पन्न समाज कहते आए हैं, लेकिन असली हालत यह है कि जिन क्लासिक भाषाओं के ज्ञान से हम एक-दूसरे की दृष्टि, दर्शन, धर्म की कोई अन्तर्दृष्टि प्राप्त कर सकते हैं—संस्कृत, फ़ारसी, अरबी भाषाएँ आज अंग्रेज़ी भाषा के प्रभुत्व तले न केवल घोर उपेक्षित हैं, बल्कि उन्हें सीखने-जानने के जो हमारे परम्परागत शिक्षा संस्थान, पुस्तकालय, अध्ययन केन्द्र बचे थे, वे भी धीरे-धीरे नष्ट हो रहे हैं। कितनी विचित्र विडम्बना है कि अमेरिका के विश्वविद्यालयों में विश्व के विभिन्न धर्मों के शिक्षा केन्द्र मौजूद हैं, जहाँ हिन्दू धर्म, जैन धर्म, बौद्ध धर्म और इस्लाम धर्म की शिक्षा की दी जाती है, जबकि स्वयं इन धर्मों के लाखों अनुयायियों के जन्मस्थल भारत व बहुवर्गीय समाज में इस तरह के शिक्षा केन्द्रों के लिए कोई स्थान नहीं। इस सन्दर्भ में दिया गया मानव-संसाधन विकास मंत्री का वक्तव्य कि हमारे स्कूलों-कॉलेजों में किसी भी धर्म की शिक्षा नहीं दी जाएगी, मंत्री महोदय की उस 'धर्मनिरपेक्षीय' नीति को उजागर करता है, जो आज हमें अज्ञान के उस अँधेरे गड्ढे में खींच लाया है, जिसमें आज हम जीते हैं।

यह इसका भी सजीव उदाहरण है कि धर्म को राजनीति से अलग करनेवाले हमारे प्रवक्ता हर मौक़े पर अपनी सुविधा-स्वार्थ के लिए धर्म के हर क्षेत्र में हस्तक्षेप कर सकते हैं, किन्तु वह हमारी धर्म-परम्परा को इतना क्षीण, निस्तेज और निर्जीव ज़रूर कर देना चाहते हैं कि वह राजनीति पर किसी तरह का कोई नैतिक अंकुश लागू न कर सके।

हमने ऊपर 'अज्ञान के अँधेरे' की बात की थी। हमारे समाज में बढ़ती साम्प्रदायिकता इसी अँधेरे की उपज है। जब मनुष्य को ताज़ा पानी पीने को नहीं मिलता तो उसे बरबस अपनी प्यास गँदले पानी से बुझानी पड़ती है। धर्म को समाज से निष्कासित करने के बाद जो आत्म-शून्यता फैलती है, उसमें अनेक बीमारियों के बीच वह चाहे भौतिक लोलुपता हो, वैचारिक कट्टरता हो, उपभोगी मनोवृत्ति हो—मौजूद रहते हैं। साम्प्रदायिकता इस बीमारी का लक्षण भी है, तो आत्म-शून्यता को भरने का साधन भी। धर्म नहीं है, इसलिए धर्म के छद्म वेश में वह हमें छलती है—कुछ इसी तरह जैसे एक समय में न्याय और समता का वेश धारण करके साम्यवाद हमारे बुद्धिजीवियों को भ्रमित करता था। यदि इन्हीं बुद्धिजीवियों और सेक्यूलर राजनीतिज्ञों को आज धर्मनिरपेक्षता का नारा आकर्षित करता है, तो इसलिए कि वह धर्म के स्खलित रूप (विद्रूप कहें तो बेहतर है) को तो देखते हैं, जो साम्प्रदायिकता में प्रकट होता है, उसके आत्यन्तिक सत्य को नहीं, जिसे हमने देश-निकाला दे रखा है। अंग्रेज़ी में एक कहावत है : बच्चे को जिस पानी में नहलाया गया, उसे नहलाने के बाद बाल्टी के गँदले पानी के साथ ही फेंक दिया गया। हमारी हालत इससे भी बदतर है। हमने धर्म को तो छोड़ दिया, गँदले पानी को बचा लिया, जिससे साम्प्रदायिकता का जन्म होता है। हमारी राजनीति क़ा सम्बन्ध इस गँदले पानी से है, जो धर्म के नाम पर बचा रह गया है—उस सत्य से नहीं, जिसे धर्मनिरपेक्षता के नाम से फेंक दिया गया है।

यह सत्य कोई हवाई, अमूर्त, आध्यात्मिकता की धुंध में लिपटा सत्य नहीं है। यह हाड़-मांस की तरह ठोस है और हर भारतीय के जीवन में मेहँदी की तरह रचा-बसा है। यह सत्य किसी थियोक्रेटिक राज्य के संकीर्ण मताग्रहों में चुक कर समाप्त नहीं हो जाता, उससे कहीं अधिक वृहत्तर और विशाल है। यह वही सत्य है, जिसने भारतीय जनता को देश-विभाजन की विभीषिका के बावजूद इस प्रलोभन से बचाए रखा कि वह पाकिस्तान की देखा-देखी में अपने को हिन्दू-राष्ट्र घोषित न करे। यदि भारत ने पाकिस्तान की धार्मिक संकीर्णता के तर्क को अस्वीकार किया तो यह कोई सेक्यूलरिज़्म की विजय नहीं थी, जो वैसे भी एक सर्वसाधारण भारतीय के लिए एक परायी, विदेशी और आयातित अवधारणा रही है, बल्कि इसका श्रेय उस सांस्कृतिक मनीषा को जाता है जिसे राष्ट्रीय आन्दोलन के कठिन वर्षों में विवेकानन्द, श्री अरविन्द, रमण महर्षि और गांधी जैसे व्यक्तियों ने अपने चिन्तन, दर्शन और जीवन-कर्म से परिपोषित किया था। हमारी राजनीति का दुर्भाग्य यह नहीं है कि वह पर्याप्त मात्रा में धर्मनिरपेक्ष नहीं है, उसका दुर्भाग्य और हमारे अधोपतन का कारण यह है कि उसने पर्याप्त मात्रा में हमारी इस अपूर्व धार्मिक और सांस्कृतिक सम्पदा का उपयोग नहीं किया, जो ये मनीषी हमारे लिए छोड़ गए थे। शायद ही किसी देश को ऐसी बहुमूल्य सम्पदा विरासत में मिली हो जो हमें स्वतंत्र होने के बाद प्राप्त हुई थी। शायद ही किसी देश के राजनेताओं और प्रगतिशील बुद्धिजीवियों ने उसे इतनी बेदर्दी, रुखाई और मूढ़ता से बर्बाद किया हो, जितना हमारे देश में। आज प्रश्न राजनीति को धर्म से अलग करने का नहीं है, जिसके परिणाम हम भुगत रहे हैं। आज प्रश्न उस धार्मिक सम्पदा को दुबारा से अपने जीवन में पुनः प्रतिष्ठित करने का है, जिसके अभाव में हमारी राजनीति इतनी विवेकशून्य और हमारी धार्मिक संवेदना इतनी खोखली हो गई है। क्या हममें इतना नैतिक साहस है कि स्वार्थपरक राजनीति और धर्मांध कट्टरता के बीच इस रास्ते को चुन सकें, जिसे हम आज तक अनदेखा करते आए हैं?

अस्मिता की खोज

इस दुनिया में मनुष्य अपने को अजनबी क्यों पाता है? हमारा अधिकांश आधुनिक लेखन इस प्रश्न की त्रस्त छाया से अभिशप्त जान पड़ता है। पिछले दशकों में यूरोप और एशिया के विराट् भूखंडों पर जो व्यापक उथल-पुथल हुई है, उससे इस प्रश्न की भयावह वास्तविकता और भी अधिक तीव्र और सघन हुई है। यदि 'अजनबीपन' सिर्फ़ एक व्यक्तिगत अनुभूति नहीं है और उसकी जड़ें कहीं गहरे में आधुनिक सभ्यता के उन्मूलन-बोध में निहित हैं, तो पिछले वर्षों में जिस बड़े पैमाने पर लाखों लोग अपना आवासस्थल छोड़कर कहीं पराये अनजबी देशों में शरण पाने के लिए विवश हुए हैं—कारण चाहे राजनीतिक उत्पीड़न, धार्मिक कट्टरता (ईरान, इजराइल) अथवा तानाशाही आतंक रहे हों, या सिर्फ़ नौकरी-पेशा ढूँढ़ने के लिए अपना घरबार छोड़कर दूसरे देशों में निर्वासित जीवन जीने के लिए बाध्य होना पड़ा हो, उसका मर्म यही है कि एक बार अपने जीवनस्थल से उजड़कर, अपने प्राकृतिक परिवेश से उन्मूलित

होने पर मनुष्य का अपनी अस्मिता में विश्वास एकाएक डगमगा-सा गया है। यदि मनुष्य की आत्म-अस्मिता का बोध उसके अन्त:सम्बन्धों के गूढ़ जाल में विन्यस्त होता है, तब किसी तरह का विस्थापन—अपने बचपन, अपनी मातृभाषा, अपने धार्मिक विश्वासों की दुनिया से विस्थापन—एक गहरी आत्मशून्यता और अभाव-व्यथा को जन्म दे सकता है। मनुष्य का उन्मूलन-बोध उसकी आत्म-अस्मिता को सबसे गहरी और मर्मान्तक ठेस पहुँचाता है।

यह कोई नया तथ्य नहीं है और इसके सम्बन्ध में हमारे अनेक समकालीन प्रबुद्ध समाजशास्त्रियों और इतिहासकारों ने अपने मंतव्य भी प्रकट किये हैं। इन सबके बावजूद एक सन्देह ज़रूर बचा रहता है कि समाजशास्त्रियों के अकादमीय आख्यानों में बीमारी के सिर्फ़ लक्षण बताए गए हैं, किन्तु रोग की जड़ के बारे में कोई जानकारी नहीं मिलती, या जब मिलती है तो अधूरी और अन्तर्विरोध भरी। उदाहरण के तौर पर एक आदिवासी कैसे अपने प्राकृतिक आवास से उन्मूलित होता है—इसके औद्योगिक कारण तो बताए जाते हैं, किन्तु स्वयं इस 'औद्योगिक आक्रामकता' के पीछे आधुनिक मनुष्य की आध्यात्मिक शून्यता के बारे में कुछ नहीं कहा जाता, जिसके रहते ही आधुनिक युग में मनुष्य की विस्थापन गाथा शुरू होती है। हमारे अकादमिक बुद्धिजीवियों के अन्तर्विरोध का मूल कारण यही है कि वे विस्थापन की प्रक्रिया को सिर्फ़ कुछ बाहरी परिस्थितियों, भौगोलिक-राजनीतिक तत्त्वों तक सीमित कर देते हैं। वह किसी व्यापक उन्मूलन-बोध—आधुनिक मनुष्य के आत्म-उन्मूलित संकट—से सम्बन्ध रख सकती है, इसकी ओर शायद ही कभी ध्यान देते हों, जबकि हक़ीक़त यह है कि एक को दूसरे से अलग कर नहीं देखा जा सकता।

पश्चिम की आधुनिक सभ्यता ने अनेकानेक एशियाई-अफ्रीकी जनपदों, जन-संस्कृतियों को अपने सहज आवासस्थल से अपदस्थ किया है—यह सर्वविदित सत्य है। ऐसा क्यों और कैसे हुआ—

इसके विस्तार में न जाकर केवल इतना संकेत ज़रूरी है कि स्वयं आधुनिकता-बोध के बीच कहीं आत्म-उन्मूलन की बीमारी का कीटाणु मौजूद है, जिसे जाँचे बिना अन्य ग़ैर-यूरोपीय सभ्यताओं के विस्थापन की प्रक्रिया को नहीं समझा जा सकता। बाहरी परिस्थितियाँ—वे ऐतिहासिक हों या सामाजिक—मनुष्य के आत्म-उन्मूलित बोध, धरती पर उसके अकेलेपन और अजनबीपन की अनुभूति को गहन भले ही करती हों, किन्तु उसके होने और उसके अस्तित्व को समझा नहीं सकतीं। यही कारण है कि बिना अपने आवासस्थल से विस्थापित हुए भी एक व्यक्ति स्वयं अपने 'घर' में, अपने भीतर, अपनी आत्मा में अपने को अजनबी पाने लगता है और कभी-कभी तो इस अनुभूति से इतना त्रस्त हो जाता है कि अपने घर-परिवार, अपने जन्मस्थल, अपनी जानी-पहचानी वस्तुओं से घबराकर किसी पर्वतीय स्थल, किसी वन्य प्रदेश अथवा किसी नितान्त अपरिचित परिवेश में शरण पाकर ही उसे मुक्ति का एहसास होता है। हम अक्सर इस आत्म-निर्वासित अनुभूति को 'अस्मिता का संकट' कहकर छुट्टी पा लेते हैं, किन्तु यह अस्मिता है क्या, जिसके रहते कोई जीव, कोई प्राणी 'मनुष्यत्व' के गुण को प्राप्त करता है—दूसरों से अलग अपने में 'मनुष्य' होने की आत्मचेतना से आप्लावित होता है? इसे परिभाषित किये बिना 'अस्मिता' की समूची बहसें बौद्धिक विलास से अधिक कोई महत्त्व नहीं रखतीं।

क्या हम कह सकते हैं कि यह 'खोए हुए आत्म की खोज है, जिसे पाए बिना मनुष्य का 'मनुष्यत्व' हमेशा सन्दिग्ध और अनिश्चित बना रहेगा? हर मनुष्य अपने प्रति अजनबी बना रहेगा, जब तक वह स्वयं अपने को अपने आत्म, अपने 'सेल्फ़' से संयुक्त नहीं कर लेता। आत्मवियोग की सबसे यातनामय स्थिति यही है कि मनुष्य स्वयं आत्यन्तिक 'मैं' से, जिसमें उसकी सही अस्मिता छिपी है, विलगित हो जाता है और इस धरती पर एक अनाथ बच्चे की तरह भटकता है। 'अनाथ' इसलिए नहीं कि वह अपने माँ-बाप से छूट गया है, बल्कि इसलिए कि वह स्वयं अपने से बिछुड़ गया है।

अपने से बिछुड़ने का आतंक आधुनिक युग में मनुष्य के 'आत्म-उन्मूलन' का सबसे मर्मांतक अनुभव है।

कहना न होगा, आत्मक्षरण की इस दारुण मानवीय स्थिति की अभिव्यक्ति—सम्पूर्ण और सर्वांगीण अभिव्यंजना—जितनी साहित्य में होती है या हो सकती है, उतनी अन्यत्र नहीं। यह बहुत ग़लत नहीं होगा, यदि हम कहें कि बीसवीं शती का साहित्य अपने चरमोत्कर्ष क्षणों में खोए हुए आत्म की तलाश है और यह बात पश्चिमी यूरोपीय साहित्य पर उतनी ही सच्चाई से लागू होती है, जितनी एशियाई, अफ़्रीकी और लातिन-अमेरिकी साहित्य पर। यद्यपि 'आत्म' की छवियाँ हर संस्कृति में अपनी संस्कारगत विशेषताएँ रखती हैं, किन्तु यह अलग प्रश्न है जिसकी चर्चा के लिए यहाँ स्थान नहीं। मुख्य बात यह है कि मनुष्य की आत्मछवि कुछ भी क्यों न हो, वह सिर्फ़ उसके कर्म, उसके उस क्रियाकलाप में ही उद्घाटित होती है, जिसके द्वारा वह बाहर की दुनिया से अपना सम्बन्ध जोड़ता है। हम जिसे मनुष्य का 'आत्यन्तिक स्वभाव' मानते हैं, वह न तो कोई स्थिर जड़ चीज़ है, न कोई अमूर्त अवधारणा। वह सिर्फ़ उसके कर्मों की शृंखला है—एक ऐसा अनवरत सिलसिला, जिसके पीछे न जाने कितनी अन्तर्विरोधी भावनाएँ, लालसाएँ, आकांक्षाएँ कार्यरत रहती हैं। मनुष्य कोई ऐसा अभिनेता नहीं, जिसकी सिर्फ़ एक बनी-बनाई भूमिका हो, बल्कि वह अपने भीतर अनेक अस्मिताओं की भूमिकाएँ निभाता है, जो प्राय: एक-दूसरे से टकराती रहती हैं। साहित्य वह 'युद्धस्थल' है, जहाँ इन अनंत अन्तर्द्वंद्वों की लहूलुहान लीला में हमें मानव-प्रकृति की झलकें दिखाई देती हैं। क्या हम मनुष्य के 'आत्यन्तिक स्वभाव' का मर्म उसके उस कार्यकलाप से जान सकते हैं, जो अपने में आत्मविरोधी अन्तर्द्वंद्वों से अटा पड़ा है?

यह एक असम्भव सा काम जान पड़ता है। इतना असम्भव और दुर्गम कि हताशा की घड़ी में सार्त्र ने एक बार कहा था कि "मनुष्य की अपनी कोई प्रकृति नहीं है, उसका सिर्फ़ इतिहास है।"

किन्तु इस हताशा के बावजूद यदि साहित्य ने मनुष्य की, प्रकृति को उसकी अन्तर्विरोधी प्रवृत्तियों के बीच भेदना चाहा है—भेद कर उसके हृत्स्थल तक पहुँचना चाहा है, तो उसके कारण हैं। एक कारण तो यही है कि मनुष्य की प्रकृति केवल उसके कर्मों में ही समाप्त नहीं हो जाती, बल्कि वह इससे भी निर्धारित होती है कि वह कैसे उन्हें देखता-परखता है। यह मनुष्य का विलक्षण स्वभाव है कि वह एक साथ, एक समय में अपने कर्मों के भीतर भी रहता है और उन्हें बाहर से भी देख सकता है। अपने को बाहर से एक द्रष्टा की तरह देखना, तटस्थ और निस्संग दृष्टि से आत्म-अवलोकन करना भारतीय परम्परा की प्रमुख विशेषता रही है। यह इसमें निहित नहीं है। जैसा कि अक्सर ग़लत समझा जाता है कि मनुष्य अपने को 'सम्बन्धों के संसार' से मुक्त कर ले। सच्चाई इसके विपरीत है। अपने को बाहर से देखने की क्षमता संसार के बाहर नहीं, स्वयं अपने आत्म के भीतर से उद्भूत होती है और यही इस धरती पर मनुष्य की अस्मिता, उसकी मनुष्यता का सबसे मौलिक लक्षण है। यह कैसा लक्षण है जिसके रहते मनुष्य अपने को भीतर-बाहर से देखने की क्षमता प्राप्त करता है। एक ऐसी शक्ति, जो उसके कार्यकलापों को पर्दे के पीछे से परिचालित करती है? यह आदिकाल से साहित्य और कला सृजन का शाश्वत प्रश्न रहा है।

इसका उत्तर हम पश्चिम के दर्शनशास्त्रियों की तरह 'व्यक्ति की संकल्प शक्ति' में नहीं पा सकते। कोई भी, संकल्प, इच्छा या आकांक्षा अपनी वैधता किसी ऐसे निष्कर्ष द्वारा ही प्राप्त कर सकती है, जो स्थिर और सार्वभौमिक हो, जहाँ व्यक्ति का चंचल मन हस्तक्षेप न कर पाता हो, तभी संकट की घड़ी में वह कोई ऐसा निर्णय ले सकता है, जिसे पहले से ही एक ऐसी कसौटी पर परख लिया गया हो, जहाँ व्यक्ति की इच्छा

और समय की उच्छृंखलता का प्रभाव क्षीणतम हो। यह कसौटी मनुष्य को कहीं और से नहीं, सिर्फ़ अतीत से मिल सकती है। संकट की घड़ी में मनुष्य वह करता है, जो पहले से होता आया है, किन्तु जो पहले से होता आया है, वह एक ऐसा बन्द ताला है, जिसे खोलने के लिए 'आत्मदृष्टि' की चाबी चाहिए, जो हमें सिर्फ़ परम्परा से प्राप्त होती है। परम्परा—एक जड़ित समय की धरोहर नहीं, बल्कि वह समय जो अतीत से बहता हुआ हमारे वर्तमान की धमनियों में प्रवाहित होता है। यहाँ अतीत कोई मृत चीज़ नहीं, बल्कि वह सब कुछ जो हो चुका है और हमारे साथ जी रहा है। अपने अतीत से उन्मूलित होना, जैसा सिमोन वेल ने अपनी प्रसिद्ध पुस्तक 'नीड फॉर रूट्स' में कहा है, आत्म-उन्मूलन का सबसे अभिशप्त रूप है। वह मनुष्य को उससे खंडित कर देता है, जो उसकी स्मृति है—स्मृति, जो उसे अपने पूर्वजों से जोड़ती है। स्मृति पहचान का वह क्षण है, जो उसकी अस्मिता परिभाषित करती है। आत्म-विस्मृति से अधिक कोई अन्य भयंकर और दयनीय स्थिति नहीं। वह मनुष्यत्व के सबसे पवित्र पहलू को दूषित करती है। भारत का पश्चिमी शिक्षित, तथाकथित सेक्यूलर वर्ग, जो पिछले पचास वर्षों से, हमारे समाज और राज्य व्यवस्था को संचालित कर रहा है, आत्म-विस्मृति का सबसे दारुण शिकार रहा है, जो चाहे मार्क्सवाद हो, धर्मनिरपेक्षतावाद अथवा आधुनिकतावाद, किसी भी नाम से अपने अतीत, अपनी परम्परा, अपनी जातीय स्मृति पर पर्दा डालने की कोशिश करता रहा है। किन्तु यह भारत के सत्ताधारी वर्ग की स्थिति नहीं है—उन समस्त उपनिवेशों का अभिशाप है, जिन्होंने विज्ञान, आधुनिकता और प्रगति के नशे में अपनी परम्परा की बहुमूल्य सम्पदा को या तो भुला दिया है या पश्चिम के हाथों कौड़ी के मोल बेच दिया है।

यही कारण है कि हमारा 'आधुनिक साहित्य' अपने को इतनी जर्जरित और विपन्न अवस्था में पाता है। साहित्य के पीछे हमेशा एक 'परम इतर' शक्ति लौ की तरह जलती रहती है। ज़रूरी नहीं कि हम इसे ईश्वर, धर्म या कोई आध्यात्मिक शक्ति कहें। किन्तु यह वह संसार है जिसमें मनुष्य और मनुष्येतर जीवलोक के बीच एक नाटकीय लीला चलती रहती है। सच कहें तो विभिन्न संस्कृतियों के मिथक और महाकाव्य अपने में कुछ नहीं, अँधेरे के वे सिग्नल हैं, जो हमें इस परम और अपरिमेय लोक की झलकें दिखा जाते हैं। मुझे लगता है कि आधुनिक मनुष्य का घोर आत्म-उन्मूलन और अनाथावस्था इसमें निहित है कि उसने उन संकेतों और सिग्नलों का अर्थ भुला दिया है, जो उसके संसार को इतना सघन और समृद्ध बनाते थे, उसे उस सृष्टि से जोड़ते थे, जो उसके परे होते हुए उसकी आत्मचेतना में वास करती थी, जिससे वंचित होकर आज वह एक निरावृत आत्मा की तरह अँधेरे में ठिठुरता है।

इसलिए प्रश्न आस्था या अनास्था का नहीं है, न ही वह 'आस्तिकता' अथवा 'नास्तिकता' जैसी अवधारणाओं से कोई सम्बन्ध रखता है। प्रश्न यह है कि किसी लेखक में इस 'अर्थ' को पाने की तड़प और लालसा है, जो सिर्फ़ इस 'देखे हुए मानवीय यथार्थ' में ही नहीं चुक जाता था, बल्कि जिसका अनुभव बराबर उस रहस्य से झंकृत और स्पंदित होता रहता है, जो सिर्फ़ धरती पर 'जीने' के साथ जुड़ा है (जिसमें मृत्यु का वह बोध भी शामिल है, जो एक छाया की तरह मनुष्य को उसकी नश्वरता का अहसास करवाता है)। नश्वर होने के बावजूद जब मनुष्य में अपने जीवन में मूल्यों का सृजन करने की कामना बची रहती है, जिसमें न्याय भी है और स्वतंत्रता भी, पवित्रता भी है, प्रेम भी और इन मूल्यों के लिए आत्म-बलिदान करने का गौरव भी—एक ऐसा गौरव जो वह व्यक्ति भी महसूस करता है, जिसका शायद किसी धर्म, ईश्वर या अतिमानवीय शक्ति में विश्वास नहीं, किन्तु यह आस्था अवश्य है कि जब तक हम

अपने सीमित अनुभव को किसी असीमित, अपरिमेय, जीवनेतर, सत्य से नहीं जोड़ेंगे, हमारा यथार्थ हमेशा पंगु, बौना और अधूरा बना रहेगा। और यह खोज़ सिर्फ़ कविता, उपन्यास या कहानी में ही सम्पूर्णता प्राप्त करती है—दर्शन, तत्त्वज्ञान और समाजशास्त्र में नहीं, क्योंकि कल्पनाशील साहित्य में ही सत्य का उद्घाटन अमूर्त अवधारणा में नहीं, बल्कि स्वयं जीने की गँदली, मैली, पापमयी और गौरवपूर्ण प्रक्रिया में प्रकट होता है—द्रौपदी के आर्तनाद में, अर्जुन के संशय में, राम के धर्मसंकट में, अन्ना कैरेनिना की प्रेम-पिपासा में, ऑथेलो की द्वेषाग्नि में, शेखर की विदग्ध आत्मचेतना में! अपनी एक ज़िन्दगी में 'परम' की प्राप्ति, जो अदृश्य है और कहीं हमसे बहुत दूर और परे है, अपनी अस्मिता को प्राप्त करने की तलाश बन जाती है।*

---

* यह लेख, कुछ संशोधनों के साथ, एक वक्तव्य के रूप में सितम्बर, 1991 में बर्लिन की एक संगोष्ठी में पढ़ा गया था।

समाजवाद का स्वप्न और दुःस्वप्न

वर्ष के गुज़रने के साथ हम अक्सर अपने विगत जीवन का लेखा-जोखा करते हैं—अंग्रेज़ी में जिसे 'स्टॉक-टेकिंग' कहते हैं—जिसमें बहीखाते पर जो पाया, खोया, उसे दर्ज करने का दर्द और उल्लास दोनों ही अलग-अलग खानों में अंकित होता है। किन्तु ऐसे वर्ष भी आते हैं, जब बीते अनुभवों का 'तापमान' जिस थर्मामीटर पर दर्ज होता है, उसका पारा आत्मा के ज्वर और दुनिया की दशा के साथ कुछ इस तरह घुलमिल जाता है कि एक को दूसरे से अलग करके देखना असम्भव हो जाता है।

समाजवाद या शायद यह कहना ज़्यादा सही होगा कि समाजवाद के मानवीय स्वप्न से मेरा रिश्ता पुराना रहा है—उतना ही नाज़ुक, उदास और हसरत भरा, जैसा कि प्रायः शुरू जवानी के स्वप्न होते हैं। स्कूल के अन्तिम वर्षों में, जिस शाम मैं मार्क्स और लेनिन की पुस्तकें ख़रीदकर लाया, वह काफ़ी आत्मगौरव का क्षण था, यह मुझे याद है।

कुछ वर्षों बाद मुझे दिल्ली की वह शाम भी याद है, जब जेल से छूटकर जयप्रकाश जी ने पहली बार अपने संयत और सन्तुलित, किन्तु गहन संजीदा स्वर में भाषण दिया था, जिसे सुनकर पहली बार मुझे समाजवाद के स्वप्निल आदर्श ने जिस वैयक्तिक स्तर पर आलोड़ित किया था, उतना मार्क्स और लेनिन की पुस्तकों ने नहीं। बाद के वर्षों में अनेक उतार-चढ़ाव आए—कम्यूनिस्ट पार्टी में शामिल होना, हंगरी और चेकोस्लोवाकिया की घटनाएँ, स्वयं भारतीय समाजवादी आन्दोलन से निराशा, किन्तु इस सबके बावजूद यह विश्वास अडिग रहा कि जिस अन्याय और उदासीनता की दुनिया में हम जीते हैं, उससे मुक्ति पाने का विकल्प कहीं अवश्य होगा, होना चाहिए।

पिछले वर्ष पूर्वी यूरोप और सोवियत संघ में साम्यवादी व्यवस्था का विघटन सबने देखा, किन्तु उसकी टूटन के पीछे जो पीड़ा छिपी थी, वह शायद इसलिए भी थी कि जिस विराट् मानवीय स्वप्न को लेकर सोवियत क्रान्ति हुई थी, वह वास्तव में उसी विकल्प को पाने की लालसा से जुड़ी थी, जिसका उल्लेख मैंने ऊपर किया है। यह लालसा कब आत्म-छलना में बदल गई और मानव-मुक्ति का यह विकल्प कैसे झूठा पड़ गया, यह हमारी शती का सबसे त्रासद अध्याय है। कहते हैं, क्रान्ति अपने शिशुओं को खा लेती है, किन्तु वह उन साक्षियों को भी नष्ट कर देती है, जो आज यदि जीवित होते, तो सोवियत व्यवस्था ने जो स्वप्न जगाया था, उसके असीम सौन्दर्य और उसकी भीषण परिणति की झाँकी दे पाते। आज दुर्भाग्यवश वही साम्यवादी बचे हैं, जो इस भीषण व्यवस्था के परजीवी भोक्ता थे। वे उसके स्वप्न की पवित्रता के साक्षी नहीं, जितना उसके दूषण के भागीदार हैं। जिस इतिहास को वे आज तक अपनी क्रान्तिकारिता का साक्षी बनाते आए थे, स्वयं वह इतिहास आज उनकी गवाही पर विश्वास करने से हिचकिचाएगा।

किन्तु यह प्रश्न तब भी बचा रहता है, जो बार-बार मन को सालता है कि समय रहते यदि वे स्वयंसिद्ध प्रगतिशील बुद्धिजीवी और लेखक सोवियत वास्तविकता के बारे में अपनी झूठी गवाही न देते, तो सम्भवत: सोवियत क्रान्ति के स्वप्न की यह दयनीय और दारुण परिणति न होती जो हम आज देख रहे हैं। स्तालिन ने एक समय में लेखकों-कवियों को 'आत्मा के इंजीनियर' की उपाधि से विभूषित किया था। कैसे थे ये इंजीनियर और किस तपे इस्पात में इन्होंने अपनी आत्मा को ढाला, आज यदि इसका थोड़ा-सा भी सिंहावलोकन करें, तो हमें सम्भवत: बीसवीं शती की सबसे विस्मयकारी, विडम्बनापूर्ण सच्चाई का सामना करना पड़ेगा कि जिस शताब्दी में तर्क, बुद्धि और विज्ञान का चरमोत्कर्ष-विकास हुआ था, ठीक उसी समय आत्मविवेक और नैतिक चेतना का किस हद तक ह्रास हो सकता है।

सोवियत क्रान्ति के आदर्शों का पतन अचानक कोई एक रात में नहीं हुआ, उसकी विकृति और विघटन का इतिहास बीसवीं शती के अधिकांश हिस्से को आच्छादित करता रहा है। आत्मा के इन शिल्पियों ने स्वयं मानवीय आत्मा का हनन होते देखा था, जिसमें उन समस्त मानवीय आदर्शों और मान्यताओं की अस्थियाँ जमा थीं, जिनमें एक दुखी, पराजित और हताश मनुष्य ने अपनी मुक्ति का विकल्प खोजा था। एक देखे प्रत्यक्ष सत्य को अनदेखा करना, आनेवाले भविष्य की मरीचिका में वर्तमान की क्रूरताओं और कुरूपता को ढकना, किसी अमूर्त इतिहास के नियमों की आड़ में मूर्त, यथार्थ की भयावह सच्चाई के प्रति आँखें मूँद लेना—बुद्धि के साथ बुद्धिजीवियों का विश्वासघात यहाँ शुरू होता है। सोवियत समाज-व्यवस्था के सम्बन्ध में भारत और यूरोप के अधिकांश प्रगतिशील लेखकों की यह भूमिका हमारे समय में 'आत्म-इंजीनियरिंग' का सबसे अद्भुत चमत्कार साबित हुई है।

बात कुछ इतनी अद्भुत नहीं होती यदि लेखकीय ज़िम्मेदारी का यह अभाव सिर्फ़ कम्यूनिस्ट या उनके 'सहयात्री' लेखकों तक सीमित रहता। नेरुदा की आत्मतुष्ट आत्मकथा में आत्मा की कचोट कहीं दिखाई नहीं देती, न इस बात का कोई आत्मक्लेश दिखाई देता है कि जिस सोवियत सत्ता की प्रशंसा में उन्होंने आजीवन स्तुतिगान किया था, उसी समाज के कुछ उत्कृष्ट कवियों में से एक मांदेलश्ताम को लेबर कैम्प में अपने अन्तिम वर्ष पागलों की तरह बिताने पड़े। नेरुदा की चुप्पी इसलिए भी अजीब लगती है कि आत्मकथा लिखते समय स्तालिनवादी शासन के अनेक गोपनीय तथ्य प्रकाश में आ चुके थे। नेरुदा जैसा कल्पनाशील कवि क्या इतनी भी कल्पना करने में असमर्थ था कि उन्हीं के समय में, उन्हीं की समकालीन सोवियत कवयित्री अन्ना आख़्मातोवा ने अपने जीवन के श्रेष्ठ वर्ष पुलिस थानों के आगे लेनिनग्राद की सर्दी में ठिठुरते हुए काटे थे, ताकि वे साइबेरिया में बन्दी अपने पुत्र को खाने का पार्सल भिजवा सकें? यदि लातिन-अमेरिका की तानाशाही का प्रखर आलोचक कवि एक दूसरे देश की तानाशाही में जीनेवाले प्राणियों की यातना को इस तरह अनदेखा कर देता है, सिर्फ़ इसलिए कि वह 'समाजवादी' सत्ता की तानाशाही है—तो इसे क्या माना जाए? कवि का भोलापन? आत्म-छलना? या निपट नैतिक संवेदनहीनता, जो शायद ज़्यादा सच है?

किन्तु इस संवेदनहीनता में नेरुदा अकेले नहीं थे। यूरोपीय बुद्धिजीवी ने बीसवीं शती में अपने सोच और चिन्तन में जिस नैतिक आयाम को खोया था, यह 'संवेदनहीनता' उसका जीवन्त लक्षण थी। कामू, ऑरवेल और

टॉमस मान जैसे लेखकों ने बार-बार हमारा ध्यान मनीषा के बीच धँसे इस विषैले कीटाणु के प्रति सचेत किया था। सार्त्र जैसे बुद्धिजीवी इसके जीते-जागते प्रतीक और प्रतिनिधि थे, जो अपने चिन्तन में, स्वतंत्र-चेतना की यातना और अन्तर्द्वंद्व प्रकट करते थे और अपने जीवन-व्यवहार में बीसवीं शती की सबसे नृशंस, आततायी व्यवस्थाओं का समर्थन करते रहे-सोवियत संघ हो या चीन या क्यूबा—और अन्त तक उन्हें कभी अपनी बौद्धिक चेतना के खोट और अन्तर्विरोध की आत्मालोचना करने की आवश्यकता महसूस नहीं हुई। यह महज़ संयोग नहीं था कि अमेरिका में नीग्रो उत्पीड़न की तीव्र आलोचना करनेवाले सार्त्र कामू से इस बात पर नाराज़ हुए थे कि वे (कामू) अमेरिका के साथ-साथ सोवियत संघ के लेबर कैम्पों की कड़ी निंदा करने में नहीं हिचकते थे। सोवियत व्यवस्था की आज जो परिणति हुई है, उसमें सार्त्र जैसे चिन्तकों और बुद्धिजीवियों (जिनकी संख्या बेशुमार रही है) की देन कम महत्त्वपूर्ण नहीं है।

सच पूछा जाए, तो एक अर्थ में सोवियत क्रान्ति का अवसान पश्चिम के बुद्धिजीवियों के चिन्तन के एक बहुत अँधेरे, अभिशप्त पक्ष के साथ अविच्छिन्न रूप से जुड़ा है, जिसके इतिहास का विश्लेषण अभी तक समुचित ढंग से नहीं किया गया है। होगा, तब उस 'मानसिक महामारी' की कुछ जानकारी मिल सकेगी, जिसे न नेरुदा या सार्त्र, बल्कि लेखकों, बुद्धिजीवियों की पूरी पीढ़ी—बर्टोल्ट ब्रेख़्त की लज्जास्पद, अवसरवादिता से लेकर लुई अरागों की आत्मत्रासदी, सोवियत लेखक, कॉगीसार, फ़ादयेव की आत्म-लांछना से प्रकट होगी, जिसके बारे में मांदेलशताम की पत्नी ने लिखा है कि एक बार लिफ़्ट में चढ़ते हुए जब वे फ़ादयेव से मिलीं—जो स्तालिन के समय में लेखकों की नियति के कर्णधार थे—तब उन्होंने पाया कि फ़ादयेव की आँखों में आँसू हैं और वे मूक आँखों से उनसे मांदेलशताम की मृत्यु के लिए क्षमा माँग रहे हैं। उस घटना के तीन दिन बाद ही फादयेव ने आत्महत्या कर ली।

एक दूसरे स्तर पर यह हाइडेगर के अतीत, जब उन्होंने नात्सी सत्ता का समर्थन किया था और पॉल डि मान जैसे प्रखर चिन्तक-आलोचक की युद्धकालीन पत्रकारिता के बारे में शंका भी उठाता है, जब वे यूरोप में फ़ासिस्ट शक्तियों का औचित्य सिद्ध करने में जुटे थे। कम्यूनिज़्म हो या फ़ासिज़्म, उसे हम स्तालिन या हिटलर की थाती मानकर इस भयावह सत्य से छुटकारा नहीं पा सकते कि जिस यूरोप को दुनिया की अन्य संस्कृतियों की तुलना में बौद्धिक रूप से अधिक विकसित और विवेकशील माना जाता रहा है, उसके कुछ शीर्षस्थ बुद्धिजीवियों, चिन्तकों और लेखकों ने बीसवीं शती की सबसे अमानवीय विचारधाराओं का समर्थन किया था। इस समूची अतीत गाथा में यूरोप के लिबरल (उदारवादी) बुद्धिजीवियों को एक अभिशप्त नियति का सामना करना पड़ा। उनका इतिहास शायद इससे अधिक त्रासद और यातनामय है। वे शुद्ध रूप से यूरोप की सहिष्णु, लोकतांत्रिक, मानवीय आदर्शों से उत्प्रेरित परम्परा का अनुकरण करते थे। जिस तरह उन्हें दो सर्वसत्तावादी, मानवविरोधी विचारधाराओं के पाटों के बीच अपनी स्वंतत्र मेधा को अक्षुण्ण और अखंडित रखना पड़ा, वह कोई आसान नहीं था। अनेक लेखक अमेरिका में अपनी भाषा, साहित्य और परिवेश से उन्मूलित शरणार्थियों की तरह भटकते रहे—टॉमस मान उन्हीं में से एक थे। किन्तु ऐसे भी दर्जनों लेखक थे, अधिकांश यहूदी बुद्धिजीवी, जिन्हें नात्सी और सोवियत यातनागृहों में ख़त्म हो जाना पड़ा। आज भी हमें नहीं मालूम, सोवियत संघ के सर्वश्रेष्ठ रंगकर्मी और प्रयोगवादी थियेटर के निर्माता मायरखोल्ड और महान् कथाकार ईसाक बाबेल की मृत्यु साइबेरिया में कहाँ, किस लेबर कैम्प में हुई। इन दमघोंटू परिस्थितियों से उत्पन्न होकर जिन यूरोपीय लेखकों ने आत्महत्या कर ली—स्टेफान त्स्वाइग, अर्नस्ट टोलर और वॉल्टर बेन्यामिन, वह यूरोप की बौद्धिक ट्रेजेडी की सबसे दारुण कथा है।

उनकी अभिशप्त नियति को समाजवाद की पतन गाथा से अलग नहीं किया जा सकता।

किन्तु यह सिर्फ़ अँधेरे, आत्म-छलना, विश्वासघात का ही युग नहीं था। आज इस शती के अन्तिम मोड़ पर पहुँचकर जब हम पीछे मुड़कर देखते हैं, तो साहस, संकल्प और दुर्दमनीय समय में भी अपने विवेक और नैतिक संवेदनशीलता को एक स्वच्छ लौ की तरह प्रज्वलित रखने के उज्ज्वल उदाहरण दिखाई देते हैं—अधिक नहीं, कहीं दुर्लभ, नक़्क़ारख़ाने में तूती की आवाज़, किन्तु समाजवाद, न्याय और स्वतंत्रता की मान्यताओं में अदम्य विश्वास रखनेवाले एक ऑरवेल, एक कामू, एक पास्तरनाक, आंद्रे जीद और टॉमस मान कुछ ऐसे नाम हैं, जिन्होंने घोर बदनामी, अपमान और लांछनाओं के बावजूद झूठ के घटाटोप में सत्य का आँचल नहीं छोड़ा। उन्होंने फ़ासिज़्म और सोवियत साम्यवाद का जो बीभत्स चेहरा देखा, उसे पूरी निर्ममता और बौद्धिक निष्ठा के साथ उस भाषा में प्रकट किया, जिसके प्रति, एक लेखक और बुद्धिजीवी होने के नाते, वे अपनी प्राथमिक ज़िम्मेदारी महसूस करते थे। यदि लेखक का मतलब 'अपने समय का साक्षी' होना है, तो वे सच्चे अर्थों में अपने लेखन में उसे चरितार्थ करते थे। उन्हें कौन-कौन-सी गालियाँ, लांछनाएँ, जघन्य आरोप नहीं सहने पड़े। अंग्रेज़ वामपंथियों के बीच ऑरवेल जैसे लेखक अपने को इसीलिए इतना अकेला पाते थे कि उन्होंने 'सोवियत समाजवाद' और पश्चिम के रेडिकल बुद्धिजीवियों के असीम पाखंड, दोमुँही नैतिकता, जिसे वे 'डबल टॉक' और 'डबल थिंक' का प्रपंच कहते थे, उसके अपराधी मुखौटे को उतारा था।

फ्रांस के वामपक्षी बुद्धिजीवियों कामू को बुर्जुआ, मध्यवर्गीय उदारपंथी लेखक की हैसियत से जो भर्त्सना सहनी पड़ी, वह अपने में बौद्धिक दिवालिएपन का अनुपम उदाहरण है—और वह सिर्फ़ इसलिए कि उन्होंने सार्त्र की तरह सोवियत समाज के सम्बन्ध में झूठी गवाही देना उचित नहीं माना। और स्वयं भारतीय वामपक्षी लेखकों ने बोरिस पास्तरनाक को नोबेल पुरस्कार मिलने पर उन पर जो अपमानजनक लांछन लगाए, वह स्वयं हमारे समाजवादी इतिहास का एक ऐसा लज्जास्पद अध्याय है, जिसे भुलाना कठिन है। ऐसे वामपक्षी भक्तों के बीच स्वयं गांधी, लोहिया और लोहिया के समाजवाद की भारतीय धारा किस सनकीपन के साथ भारत की मुख्य वैचारिक धारा से कटकर अलग जा पड़ी, जिसका परिणाम हम आज तक भुगत रहे हैं। सोवियत साम्यवाद का सबसे बड़ा ऐतिहासिक अभिशाप सिर्फ़ यह नहीं रहा कि उसने स्वतंत्रता न्याय और मुक्ति की उन सब मान्यताओं को खंडित और विकृत किया, जो एक समय समाजवाद का आदर्श थीं, बल्कि यह भी—और इस ओर कम लोगों का ध्यान गया है—कि उसने भारत और यूरोप की उन समस्त रेडिकल विचारधाराओं को हाशिए पर डाल दिया, जो कभी एक पूँजीवादी तंत्र की लोलुप, स्वार्थपरक, हिंसात्मक हृदयहीनता, भौतिक लिप्सा और प्रगति की छलनाओं का विकल्प प्रस्तुत करती थीं। एक तरह से साम्यवाद के सोवियत संस्करण ने समाजवाद की उस समूची सम्पदा को तिरोहित कर दिया जो उसे रूसो, टॉल्स्टॉय, प्रिंस कोपेटकिन और गांधी जैसे मनीषियों से मिली थी।

इसीलिए आज जब हम सोवियत व्यवस्था के विखंडन का विश्लेषण करते हैं, तो उसका एक ही रचनात्मक पक्ष उभरकर आता है कि पिछले वर्षों में समाजवाद के पतन से हमारे जीवन में जो निराशा और आध्यात्मिक शून्य उत्पन्न हुआ है, उसे भरने के लिए हम वे सब वैचारिक विकल्प एक बार पुनर्जीवित करने का संकल्प ले सकें,

जिन्होंने पिछले तीन सौ वर्षों की औद्योगिक संस्कृति के दानवी तंत्र के विरोध में एक अपेक्षाकृत संवेदनशील समाज रचना का स्वप्न देखा था। सोवियत सत्ता का अवसान समाजवाद के स्वप्न का नहीं, उसके दुःस्वप्न का अन्त है। ख़ून, आतंक और घृणा में लिथड़े उस दुःस्वप्न के कीचड़ से क्या हम मानव मुक्ति का सच्चा स्वप्न उबार पाएँगे? यह एक ऐसा प्रश्न है, जिसका सामना हर उस लेखक और बुद्धिजीवी को करना होगा, जिसने अपनी अन्तरात्मा को 'किसी आइडियोलॉजी की रखैल न बनाकर आत्मचेतना की संवाहक' बनाना श्रेयस्कर समझा है।

कुछ टिप्पणियाँ

मानसिक ग़ुलामी का शब्दकोश

यह एक सर्वविदित और निर्विवाद सत्य है कि विचारों के व्यापार में शब्दों की करेंसी केन्द्रीय भूमिका अदा करती है। जिस तरह ग्रेशम नियम के तहत खोटे सिक्के बाज़ार से खरे सिक्कों को निष्कासित कर देते हैं, उसी तरह खोटे शब्द विचारों की दुनिया से खरे शब्दों को धीरे-धीरे ग़ायब कर देते हैं। आज जब हम भारतीय, विशेष कर हिन्दी के बौद्धिक परिदृश्य पर नज़र डालते हैं, तो वह खोए हुए जातीय शब्दों का ऊसर मरुस्थल-सा दिखाई देता है, जहाँ असली वनस्पति की जगह प्लास्टिक के पौधे उसे और अधिक भयावह बनाते हैं। हम शायद ही कभी इस बात पर चिन्ता करते हैं कि जिन शब्दों को लेकर इतना धूम-धड़ाका और बवंडर खड़ा किया जाता है, स्वयं उन शब्दों का संस्कार हमारी बौद्धिक चिन्ताओं से कितना मेल खाता है। धर्मनिरपेक्षता एक ऐसा ही शब्द है। क्या एक भारतीय के लिए 'धर्म' का वही भावार्थ है, जिसका सिक्का 'रिलीजन' की मुहर लगाकर पश्चिमी दुनिया में चलता है? यदि नहीं तो वह शब्द,

जो भारतीय मनीषा और मानस में इतना गहन और समृद्ध रोल अदा करता है, जो उसके भावनात्मक संसार के केन्द्र में है, उसके प्रति निरपेक्ष रहने के क्या मानी रह जाते हैं? सच तो यह है कि जिस अंग्रेज़ी शब्द 'सेक्यूलरिज़्म' के शब्दार्थ को लेकर हम उसे 'धर्मनिरपेक्षता' के नाम पर अपनी वैचारिक मंडी में चलाते हैं, वहाँ उसका दो कौड़ी का मूल्य नहीं। यूरोप के राजनीति शास्त्र में 'सेक्यूलरिज़्म' का जो अपना विशिष्ट इतिहास रहा है, उसका हमारी सांस्कृतिक पीठिका से दूर का लेना-देना नहीं और संस्कृति में 'धर्म' की जो भूमिका रही है, उसकी यूरोप की उस ऐतिहासिक पृष्ठभूमि से कोई तुलना नहीं, जहाँ चर्च और राज्य के बीच बराबर एक आक्रामक विरोध बना रहा है।

हमारी संस्कृति का परिवेश जहाँ अन्य तत्त्वों से निर्मित होता है, वहीं उसका एक बड़ा अंश शब्दों के पारस्परिक अन्तःसम्बन्धों से भी संयोजित होता है। उलझन तब उत्पन्न होती है, जब हम आयातित शब्दों की आड़ में अपने समाज में कृत्रिम और छद्म द्वंद्वों का आविष्कार करने लगते हैं। यह नहीं कि भारतीय समाज के अपने अन्तर्विरोध नहीं हैं, लेकिन ये अपने स्वरूप और चरित्र में वे बिलकुल नहीं हैं, जो हमने आयातित शब्दों के सहारे यूरोप की नक़ल में अपनी धरती पर आरोपित किये हैं। यदि धर्म ने हमारी सांस्कृतिक परम्परा में विभिन्न सम्प्रदायों के बीच एक सामंजस्य निर्मित किया था, तो इसलिए कि 'धर्म' और 'सम्प्रदाय' के बीच का रिश्ता उससे बहुत अलग था, जो यूरोप में ईसाई चर्च और समाज के बीच था। डॉ. गोविन्द चन्द्र पांडेय ने अपने एक भाषण में इस बात पर विरोध प्रकट किया था कि शब्दों के अंधाधुंध खिलवाड़ में किस तरह हमने 'सम्प्रदाय' जैसे सुन्दर शब्द को अपनी सेक्यूलर दासवृत्ति के रहते 'साम्प्रदायिकता' जैसी मनोवृत्ति में अवमूल्यित कर दिया है। हम सोचते हैं कि धर्म के प्रति निरपेक्ष अथवा विमुख रहकर हम साम्प्रदायिकता को रोक सकते हैं। होता इसके विपरीत है। जिस धर्म को हमने अपनी व्यवस्था के

मुखद्वार से निकाल दिया था, वह अपने अभाव के कारण हमारे भीतर के मानस को इतना रीता और रेतीला बना देता है कि हम उसे छिपकर पिछले दरवाज़े से अपने पास बुला लेते हैं—किन्तु अब उसमें धर्म की गरिमा और प्रेम न होकर एक गहरी घृणा और असहिष्णुता होती है—हर दमित आकांक्षा की तरह, जिसे मुक्त हवा में साँस लेने की आज़ादी नहीं है। हम जिसे साम्प्रदायिकता का विष कहते हैं, वह धार्मिक भावना का ही दमित और विकृत रूप है, जो बाहर की हवा न पाकर भीतर ही भीतर रिसता है और मौक़ा पाते ही मवाद की तरह बाहर निकल आता है।

यहाँ मैंने सिर्फ़ कुछ आयातित शब्दों की चर्चा की है—धर्म, सम्प्रदाय, धर्मनिरपेक्षता आदि, वे सिर्फ़ उदाहरण के लिए, क्योंकि उनकी संख्या इससे कहीं ज़्यादा है। अभी कुछ अरसा पहले तक—और आज भी अनेक भारतीय मार्क्सवादियों द्वारा—इस अंधाधुंध रौ में वर्ग, वर्ग संघर्ष, सर्वहारा और साम्यवादी न्याय की चर्चा की जाती थी—बिना यह सोचे कि इन शब्दों से हमारी जाति-व्यवस्था और समाज-संगठन की पेचीदगियों को खोलने में कितनी मदद मिलती है। अपने में यह अनुसंधान की चीज़ है कि हमारे वामपक्षी आन्दोलन को तहस-नहस करने में इन शब्दों ने कितनी संहारात्मक भूमिका अदा की है। वे उन ग़लत चाबियों की तरह हैं जिन्हें हमने काल्पनिक तालों को खोलने के लिए इस्तेमाल किया है—जिनसे चाबियाँ तो टेढ़ी-मेढ़ी हुई ही हैं, तालों का हवाईपन भी साबित हुआ है।

आज़ादी मिलने के बाद हमने अपनी मानसिक ग़ुलामी का एक बृहत् शब्दकोश तैयार किया है, जहाँ अर्थों की व्यवस्था तो है, किन्तु वह व्यवस्था नहीं, जिसके अर्थालोक में एक साधारण भारतवासी अपने जीवन की अर्थवत्ता ग्रहण करता है। इससे हमारे समाज का जो अहित हुआ है, वह तो आँखों के सामने है, किन्तु इससे हमारे साहित्य, चिन्तन और विचार की दुनिया कितनी विपन्न हुई है, इसका अनुमान नहीं लगाया जा सकता।

जिन शब्दों के माध्यम से एक समाज के सदस्य आपस में वैचारिक आदान-प्रदान करते हैं, यदि उनके सन्दर्भ किसी दूसरे समाज से सम्बन्ध रखते हों—वह चाहे लोकतंत्र हो या स्वतंत्रता या सामाजिक न्याय—तो हम अपने चिन्तन के बुनियादी प्रत्ययों से बिछुड़कर एक बियाबान जगत् में भटकने लगते हैं, जिसके पेड़-पौधों का उस प्रकृति से कोई सम्बन्ध नहीं, जहाँ एक समय में हमारी जातीय स्मृति वास करती थी। आज के समय में भारतीय बुद्धिजीवी का एकमात्र कर्तव्य सिर्फ़ यह हो सकता है कि वह भूली हुई भाषा को अपनी चिन्तन की परिधि में पुनःस्थापित कर सके, किन्तु यह तभी सम्भव है जब वह उस खाई में झाँकने का साहस करे जो पिछले वर्षों में हमारी जीवन-प्रणाली और वैचारिक प्रत्ययों के बीच फैल गई है। यदि उसमें इस अन्तराल की पीड़ा नहीं है, तो खाई को पाटने का प्रयास भी पूरा नहीं होगा।

किन्तु प्रश्न यह है कि जिस बीमारी के लिए स्वयं भारतीय बुद्धिजीवी ज़िम्मेवार है, क्या वह उसका निदान पा सकता है? यदि हमारा बुद्धिजीवी स्वयं अपनी वैचारिक दासता से अनभिज्ञ है, तो क्या उसकी बुद्धि उस विवेक दृष्टि का वाहक बन सकती है, जिसके आधार पर ही सही और प्रामाणिक कसौटियाँ विकसित और परिष्कृत होती हैं? सही और ग़लत, उचित और अनुचित के बीच भेद करने की बौद्धिक क्षमता केवल उस दृष्टि से हासिल होती है, जो यथार्थ के प्रति नितान्त और निर्मम रूप से वस्तुपरक हो। इसमें न तो परम्परा का सम्मोहन काम देता है, न आधुनिकता का आकर्षण—वह हर तरह की अन्तर्मुखी छायाओं, सब्जेक्टिविटी के छलावों से अपने को मुक्त रखने का प्रयास करती है,

ताकि जो है उसे वैसा ही वस्तुपरकता के ठंडे आलोक में जाँचा-परखा जा सके। हम क्या हैं—इस प्रश्न का उत्तर देने पर ही हम इस प्रश्न का उत्तर दे सकते हैं कि—हमें क्या होना चाहिए अथवा क्या-क्या करना चाहिए? दूसरे शब्दों में, नीति का प्रश्न किसी आरोपित नैतिकता से नहीं, स्वयं यथार्थ की वस्तुस्थिति में अन्तर्निहित रहता है।

हमारा बुद्धिजीवी वर्ग क्या अपने इस प्राथमिक कर्तव्य को पूरा कर पाया है? यदि नहीं, तो इसका सीधा-सा कारण यही है कि अपनी वस्तुस्थिति को आँकने के लिए जिस भाषा संस्कार की ज़रूरत होती है, उसे हमने बड़ी निष्ठुरता से नष्ट कर दिया है। वस्तुपरक दृष्टि तभी हासिल होती है, जब हम उस ज़मीन को पहचान सकें, जहाँ खड़े होकर हम यथार्थ का अवलोकन करते हैं। देखने में दोनों चीज़ें शामिल होती हैं—न सिर्फ़ वह जो देख रहे हैं, बल्कि वह भी जहाँ खड़े होकर हम देखते हैं।

भाषा हमें वह भूमि देती है, जिस पर पैर टिका कर ही हम अपने यथार्थ का आकलन कर सकते हैं—पैरों के नीचे से यदि वह भूमि खिसकती जान पड़े जहाँ हम खड़े हैं, तो आसपास का समूचा परिदृश्य गड़बड़ा जाता है। हम विचारों के वाहक नहीं, विचारधाराओं की रखैल बन जाते हैं। अपने को किसी रेडिकल या 'क्रान्तिकारी' विचारधारा से नत्थी कर हम अपनी वैचारिक दासवृत्ति से छुटकारा नहीं पा सकते। बंगाल के नवजागरण से लेकर स्वतंत्रता के आन्दोलन तक हमारे अधिकांश बुद्धिजीवी वर्ग ने जिस 'भाषाई रेह्टरिक' के प्रत्ययों का प्रयोग किया, उसका हमारे वैचारिक संस्कारों, बिम्बों और प्रतीकों से कोई सम्बन्ध नहीं था। एक संस्कृति के प्रतीक वे दीये होते हैं, जिनकी रोशनी से हम अपनी यात्रा की दिशाएँ खोजते हैं।

यह संयोग नहीं था कि दो सौ साल पहले जब अंग्रेज़ यहाँ आए थे, तो उन्होंने सबसे पहले एक-एक कर इन दीयों को बुझाना ज़रूरी समझा था या शायद यह कहना ज़्यादा ठीक होगा कि भारतीय जनमानस को उसकी भाषा से उन्मूलित करते ही बाक़ी सब रोशनियाँ अपने-आप बुझ गई थीं। जो अंधकार तब शुरू हुआ था, उसमें हम आज भी जी रहे हैं।

संस्कृति, जनमानस और वैचारिक स्वायत्तता—इन तीनों के बीच गहरा सम्बन्ध है। भाषा इनके बीच एक जोड़नेवाली कड़ी का काम करती है। अर्थों के इस तथ्य की सच्चाई अंग्रेज़ शासक कितनी गहराई से महसूस करते थे, यह मैकाले की इस टिप्पणी से स्पष्ट होती है, जो उन्होंने 1913 में की थी : "जो बंगाली पश्चिमी शिक्षा पाएगा, उसे उन सब प्रत्ययों से विरक्ति हो जाएगी, जिसे हिन्दू कहा जाता है। अगर आप एक ऐसी युवा पीढ़ी उत्पन्न करना चाहते हैं, जो न केवल अपनी अस्मिता और विरासत से अनभिज्ञ हो, बल्कि उसके प्रति गहरी हिकारत भावना रख सके, तब उसे संस्कृत की शिक्षा नहीं देनी चाहिए, क्योंकि वह एक ऐसी भाषा है, जो एक भारतीय को अपनी सशक्त परम्परा और विशिष्ट अस्मिता के प्रति सचेत करती है—उसे अंग्रेज़ी की शिक्षा देनी चाहिए, जिसके माध्यम से वह पश्चिमी मूल्यों में दीक्षित हो सके।"

ये हमारे लिए आँख खोल देनेवाले शब्द हैं। संस्कृत को, जो भारतीय भाषाओं बीच सेतु का काम करती थी, भारतीय मानस से अपदस्थ करने का मतलब सिर्फ़ भारतीय एकता और अस्मिता को नष्ट करना ही न था, बल्कि विचार और चिन्तन के उन बुनियादी प्रत्ययों और संकेतों को ही विस्मृति के अँधेरे में फेंक देना था, जिनसे एक भारतीय जीवन, प्रकृति, जाति, धर्म और ईश्वर से अपना सारगर्भित सम्बन्ध जोड़ता था। इन्हीं प्रत्ययों और प्रतीकों की वैचारिक भूमि पर खड़े होकर हम अपने को पहचानते हैं और जो 'अन्य' है, उसकी पड़ताल करते हैं। यही वैचारिक स्वायत्तता का उत्स है, जिसमें सूखने पर चिन्तन के सब स्रोत और सोते सूख जाते हैं।

चूँकि अधिकांश भारतीय बुद्धिजीवी इस 'सूखे' में जीते हैं, वे समस्त प्रत्ययों और बिम्बों के उस कोश को ख़ाली कर देते हैं, जिसमें हमारी परम्परा और विरासत की अनुगूँजें छिपी रहती हैं। वे अनुगूँजें जो हमारी संस्कृति के टेक्स्चर की बुनावट को विशिष्टता प्रदान करती थीं, अब अलग-अलग चिथड़ों में झूलती दिखाई देती हैं, जिन पर लिखे धर्म, सम्प्रदाय, लोकतंत्र और स्वतंत्रता जैसे शब्द खोखले, लावारिस और संस्कारहीन दिखाई देते हैं। क्या इन शब्दों के सहारे हम अपने बीच कोई अर्थपूर्ण संवाद की सम्भावना खोज पाएँगे—वह चाहे साम्प्रदायिकता के बारे में हो अथवा मंडल रिपोर्ट के बारे में?

सबसे बड़ा व्यंग्य यह है कि हमारे समाज को जो छोटा-सा सम्प्रदाय, अब भी आधुनिकता की चपेट से अपने भाषागत संस्कारों को अक्षुण्ण रख सकता है, उसे हमारे शहरी पश्चिमी शिक्षा से लैस बुद्धिजीवी वर्ग ने 'पुनरुत्थानवादी' कहकर मुद्दत से हाशिए पर धकेल दिया है। संयोगवश यह शब्द भी हमारी मानसिक ग़ुलामी की ही देन है, जिसके कारण पुनरुत्थान जैसे सुन्दर शब्द का एक गाली की तरह इस्तेमाल किया जाता है। क्या किसी को पुनर्जीवित करना गुनाह है—वह बीमार मरीज़ हो अथवा रुग्ण संस्कृति? दरअसल, अपने समाज की यह बौद्धिक छुआछूत जिसके द्वारा परम्परावादियों को हमने अपने चिन्तन की तथाकथित मुख्यधारा से काटकर फेंक दिया है, हमारी वैचारिक दरिद्रता को और अधिक बढ़ाती है। यह ख़ुशी की बात है कि पिछले वर्षों में भारत के कुछ संवेदनशील बुद्धिजीवियों ने इन्हीं परम्परावादी पंडितों और उलेमाओं की वर्जित दुनिया में प्रवेश करने का बौद्धिक अभियान शुरू किया है।

सुविख्यात दार्शनिक डॉ. दयाकृष्ण ने आधुनिक विद्वानों और संस्कृत के पंडितों और फ़ारसी-अरबी के उलेमाओं के बीच अनेक विचार संगोष्ठियाँ आयोजित की हैं, ताकि कम-से-कम तत्त्वज्ञान के क्षेत्र में हम अपने को औपनिवेशिक मानसिकता से मुक्त कर सकें। आज समस्या यह नहीं है कि हम आधुनिक पश्चिमी शिक्षा से कैसे अपने को बचा लें—हम चाहें भी तो यह असम्भव है। महत्त्वपूर्ण बात यह है कि जो शिक्षा पिछले डेढ़ सौ वर्षों से हमारे बुद्धिजीवी वर्ग के ख़ून में घुलमिल गई है, स्वयं उसके आलोचनात्मक औज़ारों से अपनी ग़ुलाम मानसिकता की पड़ताल कर सकें। यदि गांधी यह पड़ताल कर्म और व्यवहार के क्षेत्र में कर सकते थे और उसके आधार पर स्वयं अपनी परम्परा के जीवन्त प्रतीकों को विस्मृति के अँधेरे से निकाल सकते थे—उन्हें न केवल निकाल सकते थे, बल्कि स्वयं उसमें 'सत्याग्रह' जैसे औज़ारों का आविष्कार कर सकते थे—तो कोई कारण नहीं कि हम चिन्तन के क्षेत्र में ऐसा नहीं कर सकते। इसी उपाय से हम पश्चिमी शिक्षा के औपनिवेशिक अभिशाप को स्वतंत्र चेतना के वरदान में परिणत कर सकते हैं।

किन्तु यह वही बुद्धिजीवी कर सकता है, जो स्वयं इस शब्द की औपनिवेशिक संकीर्णता से—जो 'इंटेलेक्चुअल' शब्द की घिसी-पिटी अनुकृति से आती है—मुक्ति पा सके। एक 'बुद्धिजीवी' को बुद्धि का परजीवी न रहकर सम्पूर्ण चेतना का वाहक होना होगा, ताकि वह बुद्धि की भूमिका को भारतीय मनीषा में पुनः परिभाषित कर सके।

हमारी चुनी हुई चुप्पियाँ

व्यक्तिगत जीवन में चुप्पी का अपना महत्त्व है। कुछ बातें करने लायक़ नहीं होतीं, कुछ को शर्म-लिहाज़ में दबा लिया जाता है या शायद हम इसलिए भी कभी-कभार चुप्पी साध लेते हैं कि हमें लगता है कि हम जो कहेंगे, उसमें हमारा अनकहा अनसुना रह जाएगा, जिससे कहे का मूल्य भी बेमानी हो जाएगा। हम कुछ छिपाना नहीं चाहते, सिर्फ़ आशा करते हैं कि कहे में कहीं अनकहा भी ध्वनित हो जाएगा।

राजनीति के क्षेत्र में दुर्भाग्यवश उलटा होता है। बुराई यह नहीं है कि वहाँ मुँहफट बात कही जाती है। कोशिश यह रहती है कि कुछ भी दबाया न जाए। दूध का दूध, पानी का पानी—इसी में एक समाजकर्मी, एक राजनीतिज्ञ अपनी मुखर क़िस्म की ईमानदारी प्रकट करने का प्रयास करता है। यह भी उचित ही है। लोकतंत्र में ढोल-करतालों, शोर-नारों की अपनी उपयोगिता है, वे चाहे हमें कितने कटु, कर्कश और कर्णभेदी क्यों न जान पड़ें। एक सर्वसत्तावादी व्यवस्था के सन्नाटे से वह कहीं अधिक

स्फूर्तिदायक है—यह तो वे भी मानेंगे, जो इस चुप्पी की आड़ में आज तक समाज पर अपने अर्द्धसत्य आरोपित करते रहे हैं।

किन्तु इससे यह निष्कर्ष निकालना बिलकुल भ्रामक होगा कि लोकतंत्र की अपनी चुप्पियाँ नहीं होतीं। सच तो यह है कि हर पार्टी के लॉकर में कुछ चुनी हुई चुप्पियाँ बड़ी सतर्कता से सुरक्षित रखी जाती हैं। मुझे लगता है, इन चुप्पियों को उघाड़ना, प्रकाश में लाना हर अच्छे पत्रकार और सजग बुद्धिजीवी का कर्तव्य होना चाहिए, वरना वे काफ़ी ख़तरनाक और स्वयं लोकतंत्र के स्वास्थ्य के लिए हानिकारक सिद्ध हो सकती हैं। कुछ चुप्पियाँ तो इतनी 'ऊँची' होती हैं कि आश्चर्य होता है, उन्हें बहुत कम लोग सुन पाते हैं, सुनते भी हैं, तो उसे अनसुना करना बेहतर समझते हैं। कितने भारतीय राजनीतिज्ञ हैं, जो शान्ति की गौरवगाथा गाते नहीं थकते, किन्तु जब अपने देश को अणु शस्त्र से मुक्त करने की चर्चा होती है अथवा इस तरह का प्रस्ताव अन्तरराष्ट्रीय सम्मेलनों में किया जाता है, तब हमारा शासक वर्ग जिन तर्कों-कुतर्कों से इन प्रस्तावों को ठुकरा देता है या उन्हें स्वीकार करने में आनाकानी करता है, तब हमारे शान्ति के लम्बरदार, बुद्धिजीवी अचानक चुप क्यों हो जाते हैं? यह नहीं कि हमें अपनी राष्ट्रीय सीमाओं और भौगोलिक अखंडता का महत्त्व नहीं मालूम, किन्तु क्या उन्हें सुरक्षित रखने का एकमात्र सक्रिय उपाय यह नहीं कि भारत और उसके पड़ोसी देश स्वेच्छा से अपने भौगोलिक परिवेश को आणविक दूषण और आतंक से मुक्त रख सकें? आप-हम इस बारे में चुप क्यों हैं? क्या देशभक्ति के कारण? या, देशभक्ति की आड़ में कहीं अपनी आणविक प्रभुसत्ता को बनाए रखने की ओछी लालसा है? नैतिक माँग तो यह थी कि भारत अपनी शान्ति की परम्परा के अनुकूल चीन, अमेरिका, सोवियत संघ आदि देशों से अणु शस्त्रों को नष्ट करने का प्रस्ताव करता, किन्तु यह हम तभी निष्कलंक भाव से कर सकते थे, जब स्वयं इतना नैतिक साहस बटोर पाते कि अपने देश को सबसे पहले अणु

शस्त्रमुक्त राष्ट्र घोषित कर सकते। कितना बड़ा व्यंग्य है कि एक ज़माने में बर्ट्रैंड रसेल के नेतृत्व के अभियान में भाग लेनेवाले हमारे रेडिकल बुद्धिजीवियों की बोलती आज अचानक बन्द हो गई है।

चुप्पियाँ और भी हैं और वे सिर्फ़ शासन-सत्ता की नहीं हैं, उनकी भी हैं जो अपने को 'नागरिक अधिकारों का रक्षक' मानती हैं। हमारी ये नागरिक अधिकारों की स्वयंसिद्ध संस्थाएँ (पीयूसीएल आदि) पंजाब और कश्मीर में मरनेवाले निर्दोष नागरिकों की नृशंस और निरुद्देश्य हत्याओं के बारे में चुप रहती हैं, किन्तु ज्योंही राज्य की ओर से आतंकवादियों के विरुद्ध कोई कड़ी कार्रवाई की जाती है, तभी अचानक वे अपना मौन व्रत तोड़कर 'राज्य आतंकवाद' की भर्त्सना करने लगती हैं, मानो हिंसावादियों के मानव अधिकार हिंसा से संत्रस्त नागरिकों की अपेक्षा कहीं अधिक मूल्यवान हैं। कहीं दिखाई नहीं देता कि उनकी ओर से कश्मीर से भागे, उत्पीड़ित अपने ही देश में शरणार्थियों के प्रति कोई सहानुभूति प्रकट की गई हो, किन्तु यही लोग मित्रों की तरह जमा हो जाते हैं, जब उन अलगाववादी शक्तियों को थोड़ी-सी भी ठेस पहुँचती है। तब सहसा 'स्टेट टेररिज़्म' के विरुद्ध उमड़ा उनका आक्रोश देखते बनता है। यह नहीं कि हमारे देश में राज्य की ओर से मानव अधिकारों का उल्लंघन नहीं होता। बिहार, उत्तर प्रदेश और मध्य प्रदेश व अनेक आदिवासी इलाक़ों में जिस तरह पुलिस डंडे के बल पर दहशत फैलाती है, वह किसी से छिपा नहीं है। किन्तु कश्मीर, असम और पंजाब में जो हो रहा है, जिसके कारण देश की भौगोलिक अखंडता और सांस्कृतिक परम्परा साँसत में पड़ गई है, उसे अन्य क्षेत्रों की घटनाओं से अलग कर न देख पाना या एक के बारे में मानव अधिकारों की दुहाई देना और दूसरे के बारे में चुप्पी साध लेना नैतिक दायित्वहीनता का सबसे भीषण प्रमाण है।

एक ज़माने में ऐसी ही दुहरी कसौटियों का इस्तेमाल हमारे प्रगतिशील बुद्धिजीवी करते थे। कुछ देशों की घटनाएँ उन्हें गहरा सदमा पहुँचाती थीं,

वियतनाम का नाम आते ही आँसू गिरते थे, किन्तु चेकोस्लोवाकिया या अफ़ग़ानिस्तान की चर्चा होते ही मुँह फेर लेते थे, मानो उनके तराज़ू के पलड़ों पर हर देश की पीड़ा और उत्पीड़न को अलग-अलग बाटों से तौला जाता हो। आज तिब्बत के भीतर मानव अधिकारों का भीषण संहार हो रहा है। उसके प्रति उनकी चुप्पी उन पुरानी चुप्पियों से बहुत भिन्न नहीं है, जो एक समय उन्होंने पोलैंड और हंगरी की घटनाओं के प्रति अपनाई थी।

इन चुप्पियों को चुनने के मामले में हमारे 'धर्मनिरपेक्षी' (सेक्यूलरिस्ट) नेताओं और बुद्धिजीवियों ने विलक्षण दक्षता हासिल की है। सच पूछा जाए तो हमारे देश में सेक्यूलरिज़्म का स्वर्णमहल इन चुप्पियों की ईंटों से ही चुन-चुनकर खड़ा किया गया है। अतीत, इतिहास और मिथकों के बारे में कब चुप रहा जाए, कब बोला जाए, इसका निर्णय भी वे अपनी सुविधा के अनुसार कर लेते हैं। उस अतीत को भुला देना बेहतर है, जब बलपूर्वक धर्म-परिवर्तन किया गया था अथवा लाखों की संख्या में मन्दिरों को ढहाया गया था क्योंकि यद्यपि यह ऐतिहासिक सत्य है, तो भी इसे याद करने पर 'साम्प्रदायिक विद्वेष' फैलता है; किन्तु उस अतीत को अवश्य पुनर्जीवित किया जाए जब ब्राह्मणों के प्रभुत्व से भारतीय समाज में वर्ग-शोषण का सूत्रपात हुआ। यह दूसरा अतीत ऐतिहासिक रूप से सच हो न हो, कम-से-कम हमारे आरक्षणकर्ताओं के लिए तात्कालिक लाभ तो पहुँचा ही सकता है। किन्तु तब यह चीज़ एकदम भुला दी जाती है कि इससे समूचे समाज के भीतर किस तरह के विषैले विनाशकारी तत्त्व पनपने लगते हैं। इतिहास और अतीत का यह मनमाना चयन हमारे रेडिकल

धर्मनिरपेक्षी बुद्धिजीवियों ने उन सोवियत मार्क्सवादियों से सीखा था, जो अपने इतिहास और अतीत के साथ इसी तरह की स्वेच्छाचारी छेड़छाड़ करने में ज़रा भी नहीं झिझकते थे—इस हद तक कि दोस्तोएव्स्की लेखक नहीं रहे और ट्रॉटस्की और बुख़ारिन क्रान्तिद्रोही बन गए।

कठिनाई यह अधिक नहीं है कि यह चयन कितना सनकी और मनमाना है, बल्कि यह कि जिस तर्क पर यह चयन किया जाता है, हमारे धर्मनिरपेक्षी बुद्धिजीवी स्वयं उस तर्क पर अधिक देर नहीं टिके रहते, ज़रा-सा ख़तरा देखते ही उसे अधबीच में छोड़ देते हैं। यह बात राम जन्मभूमि-विवाद से ज़्यादा स्पष्ट हो सकेगी। उनकी राय में राम जन्मभूमि का विषय राजनीति से बाहर रहना चाहिए, क्योंकि वहाँ कभी राम का मन्दिर रहा होगा, इसका कोई ऐतिहासिक प्रमाण नहीं है, सिर्फ़ एक 'पौराणिक विश्वास' के सहारे मस्जिद-मन्दिर का मामला तय नहीं किया जा सकता। इतिहास में मिथक का कितना महत्त्व है—यदि एक क्षण के लिए हम इस बहस को छोड़ भी दें और सिर्फ़ उन्हीं के तर्क को सत्य मानकर चलें, तो फिर इसी तर्क की कसौटी पर एक सच्चे सेक्यूलरिस्ट के नाते हमें यह भी मानना चाहिए कि सलमान रुश्दी की पुस्तक पर इतना बखेड़ा क्यों? एक उपन्यास की हैसियत से वह तो सचमुच एक काल्पनिक रचना है, मिथक से कहीं अधिक कल्पनापूर्ण, सच्चे अर्थों में फ़िक्शनल! फिर एक बेचारी निर्दोष क़िस्सागोई को ही क्यों राजनीति के घेरे में खींचना चाहिए? सिर्फ़ इसलिए कि वह किसी सम्प्रदाय के कट्टर लोगों की भावनाओं को ठेस पहुँचाती है और इन 'भावनाओं' को इतना महत्त्व दिया जाता है कि हमारे शासन-सत्ता अपनी समस्त सेक्यूलर, लोकतांत्रिक मर्यादाओं (जिनमें वाणी की स्वतंत्रता सबसे महत्त्वपूर्ण है) का खंडन कर उस पुस्तक पर पाबन्दी लगाती है! यहाँ सलमान रुश्दी के उपन्यास की कलात्मक अच्छाई-बुराई का प्रश्न नहीं है। प्रश्न यह है कि यदि राम जन्मभूमि को मिथक मानकर एक सम्प्रदाय की धार्मिक

भावनाओं की कोई चिन्ता नहीं की जाती, तो उसी तर्क के आधार पर एक उपन्यास की कल्पनाजनित कथा से यदि किसी दूसरे सम्प्रदाय के लोगों को ठेस पहुँचती है, तो उसके प्रति इतनी गहरी चिन्ता का क्या तर्क है? क्या एक क्षण के लिए भी हमें यह संशय नहीं कोंचता कि या तो हमारी धर्मनिरपेक्षता में कहीं खोट है या अपने समाज के धार्मिक विश्वासों के बारे में हमारी समझ खोखली है।

यहाँ प्रश्न हिन्दुत्व या इस्लाम या किसी अन्य धर्म-सम्प्रदाय की सच्चाई का नहीं है, उस छल और पाखंड का है, जो हमारी तथाकथित सेक्यूलर राजनीति के साथ जुड़ा है और जिसने हमारी मानसिकता—ख़ास कर आधुनिक पश्चिम शिक्षित भारतीयों की मानसिकता—को इस तरह दूषित कर दिया है कि जहाँ-जहाँ सच बोलने का जोखिम उठाना पड़ता है, ठीक वहाँ चुप्पी के रिक्त स्थान दिखाई देते हैं।

हमारा लोकतंत्र अभी इतना परिपक्व और संवेदनशील नहीं हुआ कि वह उन लेखकों, बुद्धिजीवियों और चिन्तनशील नागरिकों के मौन का महत्त्व समझ सके, जो किसी भी बात पर दोटूक निर्णय लेने से हिचकते हैं या उस मौन का मर्म समझ सके, जहाँ वह असहमति का सूचक होता है—ऐसा मौन जिसकी, अज्ञेय के शब्दों में, अपनी दहाड़ होती है। दुर्भाग्यवश हम ऐसे समय में रह रहे हैं, जहाँ कर्णभेदी शोर और चुनी हुई सुविधाजनक चुप्पियों के बीच हमें अपना सत्य परिभाषित करना होगा। शोर मचाने से कोई सत्य उजागर नहीं होता, किन्तु चुप रह जाने से वह हमेशा के लिए मुरझा सकता है।

तिब्बत : संसार का अन्तिम उपनिवेश

"तिब्बत हमारी शती का अन्तिम उपनिवेश है, जिसकी सांस्कृतिक अस्मिता कभी भी नष्ट हो सकती है।" (बीसवीं सदी की उल्लेखनीय घटनाओं की रिपोर्ट)—यह किसी पत्रकार की नाटकीय अतिशयोक्ति नहीं है, बल्कि यह हमारे पड़ोसी देश की त्रासद नियति का भयावह खुलासा है, जिसकी संस्कृति, राजनीतिक अस्मिता और पर्यावरण को पिछले पैंतीस वर्षों से योजनावत तरीक़ों से ध्वस्त किया जा रहा है। हमारे समय में नात्सियों द्वारा यहूदियों के नरसंहार—जेनोसाइड—के बाद शायद यह दूसरी घटना है, जब एक विशिष्ट जनसमूह की समूची जातीय नस्ल को नष्ट करने का प्रयास किया जा रहा है—अन्तर सिर्फ़ इतना है कि जो कुकृत्य नात्सी नेता लुके-छिपे कर रहे थे, आज यह दिन-दहाड़े खुलेआम हो रहा है, और जो राष्ट्र इसके लिए उत्तरदायी है, उस पर उँगली उठानेवाला कोई नहीं। क्या यह सम्भव है कि हमारे एक निकटवर्ती देश,

जिसके साथ हमारे हज़ारों वर्ष पुराने सांस्कृतिक सम्बन्ध रहे हैं, जिसके लाखों निवासी अपनी भूमि से उन्मूलित होकर हमारे देश में शरणार्थियों की तरह रह रहे हैं, हम मूक दर्शक की तरह मुँह में ताला लगाए उसकी सांस्कृतिक सम्पदा को लुप्त होते देखते रहें और कुछ न कहें?

यह सत्य है कि 1959 में तिब्बत पर चीनी आक्रमण के बाद भारतीय सरकार ने दलाई लामा और उनके देशवासियों को न केवल शरण दी है, बल्कि उनकी शैक्षिक संस्थाओं और धर्म-संस्थानों को प्रचुर आर्थिक सहायता भी दी है। यदि आज तिब्बत के बाद तिब्बत की सांस्कृतिक अस्मिता सुरक्षित रह सकी है, तो इसका बड़ा श्रेय जवाहरलाल नेहरू की सौहार्दपूर्ण नीतियों को जाता है। इनमें न केवल तिब्बत की विपदा के प्रति सहानुभूति का भाव था, बल्कि दलाई लामा के प्रति एक गहरा पाप-बोध भी था, जो बरसों नेहरू जी की सलाह पर चीनी सरकार के छलावों का शिकार बनते रहे। चीन की कम्यूनिस्ट सरकार के प्रति नेहरू जी ने जो सुखद भ्रम पाल रखे थे, जब तक उनके प्रति मोह भंग होता, तब तक बहुत देर हो चुकी थी। अपने समस्त समझौतों को तोड़कर जब चीन ने तिब्बत पर आक्रमण किया, तब वह उससे कम अनैतिक और भयावह नहीं था, जो एक समय में नात्सी जर्मनी ने चेकोस्लोवाकिया के साथ किया था। इन दो ऐतिहासिक त्रासदियों के बीच एक और अद्‌भुत समानता थी—बड़े महाबली राष्ट्रों की तटस्थ चुप्पी। हिटलर की महत्त्वाकांक्षाओं को तुष्ट करने के जो घातक परिणाम समूची मानवता को भुगतने पड़े, उन्हें भुलाकर आज चीन के साथ हर तरफ़ से जो आर्थिक और व्यापारिक सम्बन्धों को बनाने की आकुलता दिखाई देती है, इससे अधिक आश्चर्य की बात और क्या हो सकती है? इतिहास से क्यों हम कुछ नहीं सीखते? क्या इसीलिए वह अपने को दुहराता रहता है?

पश्चिमी राष्ट्रों की बात एक क्षण के लिए छोड़ भी दें, जिनके लिए किसी देश के मानवाधिकारों का प्रश्न तब तक महत्त्व नहीं ग्रहण करता,

जब तक वह देश स्वयं उनके स्वार्थों और राजनीतिक चालों की शतरंज में उपयोगी सिद्ध नहीं होता। तिब्बत की यातना के प्रति यदि इतनी गहरी अवहेलना और सनकीपन बढ़ता जाता है, तो सिर्फ़ इसलिए नहीं कि कुवैत, इराक, इस्राइल की तरह वह किसी सत्तामूलक कूटनीति के खेल में फिट नहीं होता, बल्कि इसलिए भी—और यह महत्त्वपूर्ण है—कि तिब्बत अन्य राष्ट्रों की तरह महज़ एक राजनीतिक इकाई नहीं है, उसका एक विशिष्ट सांस्कृतिक चरित्र है, जो शताब्दियों से बौद्ध धर्म की परम्पराओं, आस्थाओं और निष्ठाओं से निर्मित हुआ है—सेक्यूलर देशों की भीड़ में एकमात्र धार्मिक संस्कारों का वाहक भिक्षुक देश, ऐसे देश के लिए राजनीतिक स्वायत्तता सिर्फ़ एक साधन है, जिसके आधार पर वह बिना किसी डर व दबाव के अपनी विलक्षण और अनूठी अस्मिता को सुरक्षित रख सके।

कुछ महीने पहले धर्मशाला में होनेवाली एक विचार-गोष्ठी में बौद्ध भिक्षुक और मनीषी रिनपोछे जी ने अपने मर्मस्पर्शी शब्दों में इसी तथ्य को रेखांकित करते हुए कहा था कि जिस बड़े पैमाने पर तिब्बत की सांस्कृतिक धरोहर को चीन द्वारा नष्ट किया जा रहा है, प्राचीन पुस्तकालयों से पांडुलिपियों को निकालकर जलाया जाता है और उनकी मूल्यवान् कवर-जिल्दों को अलग करके डालरों के मोल बेचा जाता है, धार्मिक संस्थानों को दूषित किया जाता है और हज़ारों की संख्या में तिब्बती निवासियों को अपना देश छोड़कर चीन में बसने को बाध्य किया जाता है, ताकि बड़ी संख्या में चीनियों को तिब्बत में बसाकर तिब्बतियों को अपने ही घर में 'अल्पसंख्यक' सिद्ध किया जा सके, उसे देखकर लगता है कि कुछ वर्षों बाद तिब्बत की सांस्कृतिक और धार्मिक अस्मिता बिलकुल नष्ट हो जाएगी। उसके नष्ट हो जाने के बाद यदि तिब्बत को अपनी राजनीतिक स्वतंत्रता मिल भी जाती है, तो उसका राख बराबर भी मूल्य नहीं रहेगा। आज जब हमारे देश में राजनीति और धर्म के बीच

अलगाव की बात की जाती है, तो रिनपोछे जी के ये उद्गार हमारे लिए अतिरिक्त रूप से प्रासंगिक हो जाते हैं।

धर्म और संस्कृति की यही वह समान विरासत है, जो भौगोलिक सीमाओं के कहीं अधिक सार्थक रूप में तिब्बत को भारत के इतना निकट ला देती है। क्या हमें यह कुछ अजीब नहीं लगता कि दोनों देशों के बीच जिस प्राचीन और पवित्र सम्बन्ध की महिमा का गुणगान दलाई लामा जी अपने हर भाषण में करते हैं, उसके बारे में हमारे अधिकांश राजनेता और रेडिकल बुद्धिजीवी चुप रहना पसन्द करते हैं। विश्वास नहीं होता कि इस चुप्पी का कारण केवल अज्ञान हो सकता है। आख़िर पिछले अनेक वर्षों से राहुल सांकृत्यायन जैसे मनीषी पर्यटक, राममनोहर लोहिया जैसे प्रबुद्ध राजनीतिज्ञ, आचार्य नरेन्द्र देव और गोविन्द चन्द्र पांडेय जैसे बौद्ध दर्शन के विज्ञ इतिहासकारों ने इस पारम्परिक सम्बन्ध को अनेक कोणों से उजागर किया है। यह उल्लेखनीय है कि तिब्बत पर आक्रमण करने से पहले स्वयं चीन के कम्यूनिस्ट नेता भारत-चीन की सीमा वार्ताओं में तिब्बत और भारत के बीच विशेष सांस्कृतिक सम्बन्ध को स्वीकार करते आए थे। आज यदि वे इसकी चर्चा करते हुए कतराते हैं, तो बात समझ में आती है। जो बात समझ में नहीं आती, वह हमारे राजनेताओं की चुप्पी है। क्या तिब्बत हज़ारों वर्षों से चीन और भारत की सीमाओं को जोड़नेवाला 'सेतु' बफर स्टेट नहीं रहा है? क्या उसके प्रतिनिधियों की शिरकत के बिना दोनों देशों के बीच होनेवाली कोई भी सीमा वार्ता सफल हो सकती है?

यह इसलिए भी ज़रूरी है कि चीन के आधिपत्य तले आज विकास के नाम पर जो कुछ भी दुर्गति तिब्बत में हो रही है, उसका दुष्प्रभाव समूची हिमालय शृंखला में बसे प्रदेशों के पर्यावरण—उसके नदी-नालों, उसकी वन्य सम्पदा, उसके वायुमंडल पर पड़ता है। इसमें से बहुतों को याद होगा कि एक समय में हमारे देश के प्रगतिशील बुद्धिजीवियों और

राजकर्मियों ने इसी दुर्गति और विकास की दुहाई देकर तिब्बत पर चीन के आक्रमण को वैध और वांछनीय ठहराया था। इस औचित्य के पीछे उनके मन में तिब्बत की 'प्रतिक्रियावादी, पिछड़ी, अंधविश्वासी' धार्मिक परम्पराओं के प्रति जो वितृष्णा थी, उसकी चर्चा मैं यहाँ नहीं करूँगा (देखने लायक़ बात है कि प्रगतिवाद और 'धर्मनिरपेक्षता' का रिश्ता कोई नई बात नहीं है)। मैं यहाँ इस प्रगति अभियान के उन प्रत्यक्ष परिणामों की ओर संकेत करना चाहूँगा, जिसके चलते आज तिब्बत जैसा शान्तिप्रिय देश चीन के सैन्यीकरण का मुख्य अड्डा बन चुका है। जिस देश को कभी 'दुनिया की उजली, स्वच्छ और सफ़ेद छत' माना जाता था, आज वह आणविक अस्त्रों का रेडियो-कचरा फेंकने का कूड़ा-दान बन गया है।

इसके कारण धीरे-धीरे उन सब नदियों का जल भयानक रूप से दूषित हो गया है, जिनका उद्गम-स्थल तिब्बत है। ये नदियाँ ऑक्सस, सिन्धु, ब्रह्मपुत्र, इरावदी आदि दक्षिणी एशिया के अनेक देशों में बहती हैं, जिनमें भारत और बांग्लादेश जैसे घनी आबादी वाले देश भी हैं। सबसे चिन्तनीय बात यह है कि न केवल चीन, बल्कि अमेरिका और यूरोप के अनेक देशों में भी चीन ने विदेशी मुद्रा देकर यह छूट हासिल कर ली है कि वे भी तिब्बत में अपना आणविक रेडियो-कचरा फेंक सकें। तिब्बत के जंगलों को काटकर उसकी लकड़ी को जिस पैमाने पर चीन में भेजा जाता है, यदि यह प्रक्रिया कुछ वर्षों तक जारी रही, तो तिब्बत का समूचा वन्य स्थल एक मरुस्थल में परिणत हो जाएगा। जब हमारे प्रतिनिधिमंडल चीन की यात्रा से लौटकर उसकी औद्योगिक प्रगति और भौतिक सम्पन्नता की बात करते हैं, तो शायद भूल जाते हैं कि वह किस मूल्य पर और किसके लहू-प्राणों पर अर्जित की हुई प्रगति और सम्पन्नता है।

यदि यह सिर्फ़ तिब्बत के पर्यावरण के दूषण का ही प्रश्न होता तो हम उसे इतना तूल न देते। उसे आधुनिक युग की आम बीमारी मानकर छुट्टी कर लेते। किन्तु तिब्बत (और भारत) जैसे परम्परा-सम्पन्न देशों में पर्यावरण

का गहरा रिश्ता उसकी सांस्कृतिक विशिष्टता के साथ जुड़ा होता है। ये जंगल, पहाड़, नदी-नाले केवल भौगोलिक 'वस्तुएँ' नहीं हैं। ये वे प्रतीक और रूपक हैं, जिनके सहारे एक धर्म-प्रधान संस्कृति अपने साहित्य के अपादान, अपनी आस्थाओं के आलोक-द्वीप, अपनी मिथक कथाओं की प्राणवत्ता हासिल करती है। जब हम किसी जंगल को नष्ट करते हैं, किसी नदी को दूषित करते हैं, उनके बीच साँस लेनेवाली अनेक कथाएँ, प्रथाएँ, अनुष्ठान, स्मृतियाँ और स्वप्न अपने-आप मुरझाने लगते हैं। यह बात तिब्बत जैसे देश पर और भी अधिक सच्चाई से लागू होती है, जिसके निवासियों ने हज़ारों वर्षों से अत्यन्त परिष्कृत स्तर पर अपने ज्ञान, विज्ञान, चिकित्सा शास्त्र और महायान बौद्ध दर्शन की रहस्य-गुत्थियों को अपनी संचित परम्पराओं में संयोजित किया है। हिमालय का समूचा पर्वतीय अंचल—लद्दाख, कश्मीर, तिब्बत, नेपाल—एक तरह से उसी समान सांस्कृतिक सम्पदा की धरोहर को सँभाले हैं, जो भारत की मनीषा से इस तरह अन्तर्गुम्फित है कि एक के बिना दूसरे की कल्पना असम्भव लगती है। मानव विज्ञान के सुप्रसिद्ध विद्वान् लेवी स्त्रास ने एक बार कहा था कि जब हम किसी विशिष्ट जीव, पौधे, वृक्ष की नस्ल नष्ट कर देते हैं, तो वह हमेशा के लिए लुप्त हो जाती है, जैसे कभी उसका अस्तित्व रहा ही न हो। आज यदि हम तिब्बत की इस अनमोल सांस्कृतिक अस्मिता को अपनी उपेक्षा और चुप्पी के कारण नष्ट होने देते हैं, तो वह हमारी नैतिक कायरता का अद्भुत प्रमाण तो होगा ही, अपनी सांस्कृतिक विरासत के साथ अक्षम्य विश्वासघात भी होगा।

साक्षात्कार

कथा-देश में

[अशोक वाजपेयी, मदन सोनी, ध्रुव शुक्ल और उदयन वाजपेयी से बातचीत]

अशोक वाजपेयी : निर्मल जी, सबसे पहले तो हम यह जानना चाहेंगे कि आपको अपनी पहली रचना की याद कितनी है और कैसे है? हो सकता है, वह आपके बचपन की किसी याद से जुड़ी हो?

निर्मल वर्मा : शुरू में स्कूल के दिनों में मैंने कुछ कहानियाँ लिखी थीं, कुछ अन्य लेखकों की कहानियों से प्रेरित होकर या उनकी नक़ल में। लेकिन व्यवस्थित रूप से जो पहली कहानी मैं लिख पाया—वह तब, जब मैं सेंट स्टीफेंस कॉलेज में था। वहाँ से हिन्दी की एक पत्रिका प्रकाशित होती थी। मेरे भाई रामकुमार को पता था कि मैं लिखता हूँ और उनके कहने पर इस पत्रिका में प्रकाशित करने के लिए मैंने पहली कहानी लिखी। दुर्भाग्य यह रहा कि इसके दो-तीन वर्षों बाद ही उस पत्रिका की सम्पादिका की मृत्यु हो गई। फिर दूसरी बार जब मैंने कहानी भेजी तो

उसके छपने के बाद उस पत्रिका का प्रकाशन ही समाप्त हो गया। मुझे लगा कि मेरा दुर्भाग्य मेरा पीछा कर रहा है। इसके बाद पहली कहानी जो किसी अच्छी पत्रिका में प्रकाशित हुई, वह 'कहानी' थी जो भैरवप्रसाद गुप्त इलाहाबाद से निकालते थे। 'कल्पना' में '54-'55 में बद्रीविशाल पित्ती ने मेरी दूसरी कहानी प्रकाशित की।

मदन सोनी : जिस आरम्भिक कहानी का ज़िक्र आप कर रहे हैं, उसके लेखन के समय आपकी क्या उम्र रही होगी?

निर्मल वर्मा : तब मैंने एम.ए. पास किया था। यह 1952 या 1953 की बात होगी।

ध्रुव शुक्ल : उस समय आप किन लेखकों को पढ़ते थे जिनकी कहानियों से प्रभावित होकर आपने लिखना शुरू किया?

निर्मल वर्मा : उन दिनों मुझे चेख़व की कहानियाँ और तुर्गनेव के उपन्यास बहुत सुन्दर लगते थे। फिर मैंने जब अज्ञेय का 'शेखर : एक जीवनी' पढ़ा तो मैं उससे बहुत प्रभावित हुआ—उसकी शैली से और जिस आत्मपरक भाव से वह लिखा गया था, उससे। मेरे लिए वह एक अनूठी पुस्तक पढ़ने का एक अनूठा अनुभव था। तो मेरे लिखने की शुरुआत इन्हीं कुछ लेखकों के प्रभाव तले चलती रही।

अशोक वाजपेयी : उस समय हिन्दी कहानी का जो परिवेश था, जिस तरह की कहानियाँ लिखी जा रही थीं, आप उनसे अवगत थे?

निर्मल वर्मा : यह '50-'51-'52 का वह समय था जब हिन्दी कहानी में काफ़ी दिलचस्प परिवर्तन हो रहे थे। एक तरफ़ यशपाल या उपेंद्रनाथ अश्क का समय थोड़ा-बहुत गुज़रने लगा था। उनकी जो तथ्यपरक और ठोस कहानियाँ थीं, वे मुझे या मेरी पीढ़ी के लोगों को ज़्यादा उत्प्रेरित

नहीं कर पाती थीं लेकिन दूसरी ओर उन्हीं वर्षों में हम देखते हैं कि मोहन राकेश की कहानियाँ धीरे-धीरे आना शुरू हो गई थीं। अमरकान्त ने अपनी आरम्भिक कहानियाँ उन्हीं वर्षों में लिखना शुरू किया था, कमलेश्वर की कुछ कहानियाँ सामने आई थीं। इन सबसे कहानी के शिल्प और उसकी कथात्मकता के माध्यम से भारतीय जीवन के बहुत से ऐसे आयामों के बारे में पता चला जो कि पिछले कहानीकारों से मुझे इतने रागात्मक रूप में और इतनी 'इंटेंसिटी' के साथ प्राप्त नहीं हुआ था।

अशोक वाजपेयी : वह समय ऐसा भी था जब हिन्दी कविता में भी एक गहरी और व्यापक उथल-पुथल मची हुई थी। 'नई कविता' आन्दोलन का, एक तरह से सूत्रपात हो चुका था और 'दूसरा सप्तक' भी तभी निकला था। एक पूरी नई संवेदना, एक बिलकुल नया तेवर कविता में आ रहा था। क्या इस बात का भी कोई असर आपकी या उस समय की कहानी में था?

निर्मल वर्मा : यह एक महत्त्वपूर्ण पक्ष है और इसका उत्तर मैं केवल वैयक्तिक स्तर पर ही दे सकता हूँ। मुझे बहुत अजीब लगता है कि मेरी पीढ़ी के कहानीकार उस समय कविता में होनेवाले परिवर्तनों के प्रति बहुत उत्सुक दिखाई नहीं देते थे जबकि मेरा सम्बन्ध उस समय के कुछ कवियों—बल्कि कथाकारों से अधिक कवियों—श्री नरेश मेहता, मनोहर श्याम जोशी (जो उन दिनों कविताएँ लिखते थे), रघुवीर सहाय, श्रीकांत वर्मा आदि से था। उनसे मिलकर विचारों का जो आदान-प्रदान होता था, उसका स्तर कहीं ज़्यादा गहरा और आत्मीय था, बजाय उन कथाकारों के साथ बातचीत के जो मेरे समय में सक्रिय थे। 'तार सप्तक', 'दूसरा सप्तक' और उसके बाद की कविताएँ मेरे लिए उतनी ही निकट की साहित्यिक अनुभवों की सम्पदा थीं जितनी कि उस समय के कहानीकारों की कहानियाँ।

अशोक वाजपेयी : इससे मुझे आपसे हुई अपनी पहली मुलाक़ात याद आ रही है। मैं 1958 में पहली बार दिल्ली गया था। उन्हीं दिनों 'कल्पना' में, शायद जनवरी-फरवरी के दोनों अंकों में, मेरी कुछ कविताएँ छपी थीं। उस समय रामकुमार जी की एक प्रदर्शनी दिल्ली की शिल्पी-चक्र दीर्घा में लगी थी। श्रीकांत जी और श्री नरेश मेहता मुझे उस प्रदर्शनी के उद्घाटन में ले गए। मनोहर श्याम जोशी और मोहन राकेश आदि उस पीढ़ी के बहुत-से लेखक वहाँ उपस्थित थे। आप भी थे। तो ख़ैर मुलाक़ात तो सब लेखकों से हुई लेकिन आपसे हुई मुलाक़ात इसलिए याद रह गई क्योंकि आपने मुझसे कहा कि 'अगर आप एक-दो दिन पहले आते तो बड़ा अच्छा होता क्योंकि हम लोग क़रीब एक घंटे तक आपकी कविताओं पर बात कर रहे थे।' मैं सागर जैसे क़स्बे से गया था और मेरी कविताओं पर कोई घंटे भर बात करे, यह मेरे लिए वैसे भी पसीना लानेवाली बात थी और दूसरी तरफ़ यह कि आप उन बहुत थोड़े-से कहानीकारों में से थे, शायद उस समय के एकमात्र, जो कविता के बारे में पढ़ते भी थे, सोचते भी थे और कविता से प्रतिकृत भी होते थे।

निर्मल वर्मा : शायद इसका कारण यह था कि शुरू से ही यूरोपियन कवियों की कविताओं से मेरा गहरा लगाव था और उसके समानान्तर बांग्ला या हिन्दी कविता में जो कुछ लिखा जाता था या अनुवाद में आता था, वह हमेशा मेरे लिए उतना ही गहरी दिलचस्पी का विषय होता था जितना कि कोई गद्य-साहित्य या कथा-साहित्य। मैंने कभी भी अपने रसास्वादन की प्रक्रिया में इन दोनों विधाओं को बहुत अधिक अलग करके नहीं देखा।

मदन सोनी : फॉकनर ने शायद कहीं लिखा है कि हर लेखक शुरू में कविताएँ लिखने की कोशिश करता है, जब उसमें असफल होता है तो कहानियाँ लिखता है, उसमें असफल होने पर शायद उपन्यास...

इसके अलावा कवियों से आपके सम्पर्क और कविता और कविता के बारे में विचार आदि में आपकी दिलचस्पी के चलते भी यह जिज्ञासा है कि क्या आपने बचपन में कभी कविता लिखने की कोशिश की थी?

निर्मल वर्मा : हाँ। लेकिन यह कुछ उसी तरह की चीज़ है कि आप अपने बचपन में, अपने एकान्त में निजी तौर पर बहुत-सी ऐसी चीज़ें करते हैं जिनके बारे में आप दूसरों को कभी नहीं बताना चाहते; हालाँकि उन चीज़ों से आपका बहुत गहरा सम्बन्ध होता है। कविता लिखने से मेरा इसी स्तर का सम्बन्ध रहा है। अजीब बात यह है कि मैं अंग्रेज़ी में कविताएँ लिखा करता था (पूरी दो कॉपियाँ मैंने भरी थीं) और जो बेहद निकट के दोस्त हुआ करते थे उन्हें मैं पढ़कर सुनाया करता था। लेकिन मुझे सचमुच ही पूरा विश्वास हुआ करता था कि यह मेरा ही स्वांतः सुखाय लेखन है।

लेकिन फॉकनर की जो बात आपने कही है, उसमें मुझे एक गहरा सत्य प्रतीत होता है। शुरू में जब हम लिखना शुरू करते हैं तो यह बहुत ही स्वाभाविक है कि हमारी संवेदनाएँ और अनुभव इतने अन्तर्गुम्फित और जटिल होते हैं कि हमें सहज ही यह लगता है कि वे केवल काव्य विधा की सघनता में ही अभिव्यक्ति पा सकते हैं। जिसे हम नेरेटिव अनुभव की शृंखला कहते हैं, वह इतना व्यापक होता है कि हम सोच भी नहीं पाते कि जो हमारे बहुत ही सघन और निजी अनुभव हैं, उनके लिए किसी कहानी या उपन्यास का परिवेश ही बहुत ज़रूरी है। वे एक ऐसा आत्मीय मुहावरा माँगते हैं जिसके अनुरूप केवल कविता ही जान पड़ती है। लेकिन लिखते हुए धीरे-धीरे हमें पता चलता है कि उसकी और भी माँगें हैं। हमें यह भी पता चलता है कि कविता की अपनी माँगें हैं, उसकी अपनी एक विशिष्ट मर्यादा है। हम उन्हें पूरा नहीं कर पाते। शायद हममें इतनी प्रतिभा भी नहीं होती कि हम उसे एक साहित्यिक रचना के स्तर पर, मात्र अपने सुख के लिए नहीं बल्कि एक रचनात्मक उपलब्धि के तौर पर, स्वीकार कर पाएँ।

उस समय तक हमारा आलोचनात्मक विवेक भी इतना प्रखर नहीं हुआ होता है कि हमें मालूम हो सके कि यह कविता नहीं है या अच्छी कविता नहीं है। शुरुआत शायद इन विवशताओं से होती है। बाद में जो चीज़ हम कविता में नहीं कर पाते वह गद्य में थोड़ी-बहुत सम्भव होती दिखाई देती है।

ध्रुव शुक्ल : जिस तरह आप कवियों के सम्पर्क में रहे और उनसे प्रभावित हुए, उसी तरह चित्रकारों से भी आपके सम्बन्ध रहे हैं (रामकुमार जी तो आपके बड़े भाई ही हैं)। इसी के साथ आपकी कहानियों में भी एक तरह की चित्रमयता है। क्या आप अपनी कहानियों और चित्रकला के बीच कोई अन्त:सम्बन्ध अनुभव करते हैं?

निर्मल वर्मा : इसे कहना बहुत मुश्किल है। मैं कोई ऐसा दावा तो नहीं कर सकता कि चित्रकला के बारे में मेरी कोई उल्लेखनीय आलोचनात्मक समझ रही है लेकिन चित्रों को देखने का शौक़ और एक लम्बी प्रक्रिया में चित्र के सम्पर्क में आने से अच्छे और बुरे के भेद की जो समझ हममें पैदा होती है, वह हमेशा मेरे साथ रही है। यह शायद इसलिए कि जब रामकुमार पेरिस में थे तो वे मुझे बराबर बड़े कलाकारों की किताबें, उनके कैटलॉग्स भेजते रहते थे। मैं उन्हें पढ़ता और देखता था। भले ही पारिवारिक संयोग से लेकिन इसी के चलते मेरा एक आत्मीय सम्बन्ध चित्रकला से बना। यह एक दिलचस्प प्रक्रिया होती है कि आप चित्रों में जो कुछ देखते हैं, थोड़ी-सी आदत और अभ्यास के बाद, प्रकृति का साम्य उसके साथ देखने लगते हैं। यह शायद कला का सबसे बड़ा वरदान है जो एक 'बोनस' के रूप में वह हमें देती है कि हम दुनिया को ज़्यादा चौकन्नी और संवेदनशील दृष्टि से देखने लगते हैं। पहाड़ फिर वैसे ही नहीं लगते, जैसे वे हैं बल्कि वे अपने साथ वह छाया भी ले आते हैं जो हमने कहीं किसी 'लैंडस्केप' में देखी थी। मैं एक उदाहरण दूँ।

लगभग पाँच-छह वर्ष पहले मैंने इटैलियन सुर्रियलिस्ट पेंटर चिरिको की एक पेंटिंग एक किताब में देखी थी। चिरिको मेरे बहुत प्रिय चित्रकार भी हैं। उस पेंटिंग में एक लड़की पहिया घुमाती हुई दो सुनसान गलियों के बीच में चली जा रही है, गलियों के दोनों तरफ़ मकान हैं। इस पेंटिंग को मैं भूल गया था लेकिन अपना नया उपन्यास ('रात का रिपोर्टर') लिखते हुए वह चित्र मेरे दिमाग़ में जिस तरह से उभर आया, वह मुझे एक तरह का चमत्कारिक रहस्योद्घाटन लगा। अन्तः अनुशासनीयता की बात मुझे बहुत बनावटी लगती है लेकिन चित्रकला, संगीत और साहित्य की संवेदनाएँ अगर अनायास रूप से हमारे संवेदन तंत्रों को परिष्कृत करती हैं तो यह अपने में अद्भुत चीज़ होती है।

अशोक वाजपेयी : आपने कहा कि कुछ यूरोपियन कवियों में आपकी गहरी दिलचस्पी थी जिनके समतुल्य कविता हिन्दी या बांग्ला में लिखी जा रही थी। वे कौन-से कवि हैं?

निर्मल वर्मा : उन वर्षों में मुझे रिल्के की कविताओं ने बहुत प्रभावित किया और केवल कविताएँ ही नहीं बल्कि उनके गद्य ने भी। उन्होंने जो चिट्ठियाँ लिखी हैं, वे मैं समझता हूँ कला के बारे में सबसे सुन्दर और गहरी जानकारी देनेवाली हैं। इलियट भी उन दिनों मेरे बहुत निकट रहे। एक समय था जब इलियट के 'फोर क्वार्ट्रेट्स' मुझे उतनी ही शान्ति देते थे (और शायद आज भी देते हैं), जितनी शान्ति मुझे सुबह 'भगवद्गीता' पढ़ते हुए मिलती है। इन कविताओं से मुझे बहुत गहरा स्थिर आलोक मिलता था। बाद में जब मैं रूसी कवियों के सम्पर्क में आया तो मुझे सबसे अधिक बोरिस पास्तरनाक, अन्ना आख़्मातोवा और बाद के वर्षों में मेरीना त्स्वेतायेवा की कविताएँ बहुत ज़्यादा पसन्द आईं। फ्रांस के सुर्रियलिस्ट कवि, विशेष रूप से पॉल एलुआ की कविताएँ मुझे आकर्षित करती रहीं। लोर्का पर बहुत पहले मैंने एक लेख भी लिखा था।

मुझे उनकी कविताएँ और नाटक, दोनों ही अपनी संवेदना के बहुत क़रीब जान पड़ते हैं, शायद इसलिए कि उनका स्पेनिश परिवेश, उनका मायावी मुहावरा हिन्दुस्तान से बहुत मिलता-जुलता था। ये कुछ कवि हैं जो मुझे अभी याद आ रहे हैं।

अशोक वाजपेयी : मुझे याद आता है कि आपने आइसलैंड के किसी कवि की कविताओं के अनुवाद भी किये थे।

निर्मल वर्मा : सिर्फ़ एक-दो कविताएँ—स्टाइनर की—जो आधुनिक आइसलैंडी कविता के असाधारण कवि थे।

उदयन वाजपेयी : आम तौर पर घरों में या स्कूल में तो ऐसा वातावरण रहता नहीं है कि विदेशी या यूरोपीय कवियों को पढ़ा जा सके। आपके परिवेश में ऐसी कौन-सी सम्भावनाएँ थीं जिनने आपको पढ़ने का वातावरण दिया? दूसरे शब्दों में, आपके पढ़ने की शुरुआत कैसे हुई?

निर्मल वर्मा : जब कभी मैं इसके बारे में ध्यान से सोचता हूँ तो मुझे लगता है कि हमारे दादा ने सबसे पहले किताबों के प्रति मेरी आसक्ति को जगाया होगा। वे मुझे 'कल्याण' पत्रिका पढ़ने को कहते थे, जो हर महीने आती थी। एक तरह से वे मुझे रिश्वत देते थे कि अगर तुम एक पेज पढ़ोगे तो मैं तुम्हें एक चवन्नी दूँगा। चवन्नी के लालच में मैं एक पेज पढ़ जाता। लेकिन पढ़ते-पढ़ते कभी-कभी मैं उसमें इतना लिप्त हो जाता कि मुझे याद ही नहीं रहता था कि मेरे चार आने का काम समाप्त हो गया है और मैं एक के बाद दूसरा और तीसरा पेज भी पढ़ता जाता। उन दिनों 'कल्याण' में कहानियाँ भी आती थीं। दादा स्वयं बहुत कम पढ़े-लिखे थे (कॉलेज की डिग्री के हिसाब से) लेकिन किताबों के प्रति उनका अगाध स्नेह था। इसके बाद जिन्होंने मुझे बहुत प्रेरित किया और जो अब जीवित नहीं हैं वे मेरी बड़ी बहन थीं। उन्होंने पहली बार मुझे बहुत-सी चीज़ों के बारे में बताया—

पुस्तकों के बारे में, लेखकों के बारे में। वे आठवीं कक्षा में थीं और मैं तीसरी कक्षा में। वह बहुत मेधावी छात्रा थीं—हर साल पुरस्कार में उन्हें जो पुस्तकें मिलती थीं, उन पर सबसे पहले मैं क़ब्ज़ा जमा लेता था। वे पत्रिकाएँ भी मँगवाती थीं—'वीणा', 'सरस्वती', 'माधुरी'। उन सारी पत्रिकाओं की हमारे घर के लोग बहुत उत्सुकता से प्रतीक्षा किया करते थे।

ध्रुव शुक्ल : बचपन के आपके पढ़ने के संस्कारों की बात से एक जिज्ञासा मन में आती है कि हिन्दी में लेखकों ने बच्चों के लिए अलग से कहानियाँ लिखी हैं, लेकिन आपने शायद बच्चों के लिए कभी कहानियाँ नहीं लिखीं...?

निर्मल वर्मा : (हँसते हुए) बच्चों के लिए तो नहीं, लेकिन बच्चों के बारे में ज़रूर लिखी हैं।

मदन सोनी : हाँ, आपकी कहानियों में बच्चे बहुत हैं, जैसे काया है, छोटू है, मुन्नू है आदि। और सिर्फ़ बच्चे ही नहीं बल्कि बूढ़े भी उन कहानियों में अक्सर हैं। इस सबसे और कुछ अन्य कारणों से भी ऐसा लगता है कि आपकी कहानियों में वय की संवेदना एक विशिष्ट संवेदना के रूप में है जिसे अगर हम केन्द्रीय न भी कहें तो कम-से-कम बहुत मुखर तो कह ही सकते हैं। यूँ तो हिन्दी में वय को लेकर अनेक कहानियाँ लिखी गई हैं लेकिन आपकी कहानियों-उपन्यासों में उम्र का 'ऑब्सेशन' निर्णायक महत्त्व का लगता है। इसके बारे में आप क्या कहना चाहेंगे?

निर्मल वर्मा : मुझे लगता है कि उम्र एक पात्र के व्यवहार का सबसे प्रत्यक्ष, सबसे ठोस लेकिन अदृश्य लक्षण है। हम जब एक पात्र को चुनते हैं तो उसकी उम्र की अवहेलना कैसे कर सकते हैं? चुनने के पीछे हमारा क्या तर्क है? जब हम उसे चुनते हैं तो उसके व्यक्तित्व को गढ़ने में उसकी उम्र सबसे ज़्यादा निर्धारक महत्त्व की होती है।

बच्चों ने मुझे अपने प्रति आकर्षित किया है। मुझे हमेशा यह लगा है कि हमारी, अर्थात् जिन्हें हम वयस्क कहते हैं, उनकी एक सर्वसत्तावादी प्रवृत्ति बचपन पर एक अवधारणा के रूप में और बच्चों पर विशेष रूप में छाई रहती है। इस पर बहुत कम लोगों ने ध्यान दिया। हम बचपन को बड़े होने की एक सीढ़ी मात्र मानते हैं। मैं ऐसा नहीं समझता, बच्चे ऐसा नहीं समझते। बच्चे यह नहीं सोचते कि मैं जो समय बिता रहा हूँ, वह इसलिए कि मैं बड़ा हो जाऊँ। बचपन का समय बड़े होने का मात्र माध्यम नहीं है, बड़ा होना बच्चे की लालसा अवश्य है, किन्तु बचपन का समय अपने में 'एब्सोल्यूट' है। छह बरस का बच्चा जो जीवन जी रहा है, उसमें उसके अनुभव सम्पूर्ण हैं, अन्तिम हैं। वे अपनी सच्चाई में उसी तरह परिपक्व हैं जितने तथाकथित वयस्क व्यक्ति के होते हैं। इसलिए पहले तो हमें इस ग़लतफ़हमी से छुटकारा पाना होगा कि बचपन किसी ख़ास जगह जाने के लिए एक सीढ़ी मात्र है। यह वही समाजशास्त्रीय दृष्टि है जिसके चलते हम सोचते हैं कि एक परम्परागत समाज, विकसित समाज तक आने के लिए एक सीढ़ी है। मानो उसका अपना कोई सच न हो, मानो यह नियति हो कि अमुक ऊँचाई तक पहुँचने के लिए मनुष्य ने यह विकास यात्रा की। इसे मैं समाजविज्ञान के स्तर पर भी और मनोविज्ञान के स्तर पर भी एक भ्रांतिपूर्ण अवधारणा मानता हूँ।

बचपन में काल का बोध वैसा नहीं होता जैसा कि वह वयस्क व्यक्ति को होता है। बचपन में आनेवाला कल बच्चे को किसी तरह की कोई सांत्वना नहीं देता। टॉमस मान की एक कहानी है जहाँ एक बच्ची रोती है क्योंकि वह बड़े आदमियों के साथ नाच नहीं सकती, उसके माता-पिता उसे समझाते हैं लेकिन उसके आँसू नहीं रुकते क्योंकि उस बच्ची को लगता है कि मैं इस व्यक्ति के साथ कभी भी नाच नहीं सकूँगी। समय उसके दुःख को सोख नहीं सकता। उसका दुःख अपने में सम्पूर्ण है। बचपन की हर अनुभूति किसी आनेवाले क्षण की सांत्वना को प्राप्त नहीं करती।

इसीलिए बच्चा जब रोता है तो पूरे दुःख से रोता है, कोई भी उसे दिलासा नहीं दे सकता।

अगर यह बात है तो मेरे लिए, एक लेखक के लिए, इसे समझना कितनी बड़ी ज़रूरत है, विशेष कर इसलिए कि मैं एक ऐसे देश में हूँ जहाँ मैंने कालबोध की इस अवधारणा को न केवल सहा है बल्कि जो अब भी मुझमें मौजूद है, जिसे वयस्कता का बोध अभी तक नष्ट नहीं कर पाया बशर्ते कि मुझमें इतनी क्षमता और धैर्य हो कि मैं उसे अपनी कहानियों में पुनर्जाग्रत करने की चेष्टा करूँ। हम अपनी कहानियों में, उनके श्रेष्ठतम क्षणों में, उसे पुनर्जीवित करने में सफल हो पाते हैं जिसे हम अतीत कहते हैं लेकिन जो अभी मरा नहीं है बल्कि हमारे भीतर जीवित है। मैंने यहाँ सिर्फ़ बचपन की बात कही है, बुढ़ापे पर भी वह भिन्न रूप में लागू हो सकती है। मुझे वयस्कता की सर्वसत्तावादी अभिव्यक्ति, चाहे वह बुढ़ापे पर हो या बचपन पर, क्रूर और आततायी जान पड़ती है।

ध्रुव शुक्ल : कोई बच्चा जब रोता है तो एक लेखक की दृष्टि उसके रोने को दर्ज कर लेती है, यानी आप यह कह रहे हैं कि एक तरह का यथार्थ लेखक की दृष्टि में कुछ समय के लिए डूब जाता है क्योंकि हो सकता है कि वह बच्चा कहानी का पात्र बहुत समय के बाद बने। यह सवाल मैं इसलिए पूछ रहा हूँ क्योंकि आपकी कहानी में स्मृति का तत्त्व प्रबल है। क्या मैं यह कह सकता हूँ कि दरअसल जो मूल कथा है, वह तो हर बार डूब जाती है लेकिन जो कथा लिखी जाती है, वह उस डूबी हुई कथा की स्मृति ही है?

निर्मल वर्मा : तुमने बहुत सुन्दर बात कही है। इसी को अगर मैं दूसरे शब्दों में कहूँ तो ऐसे कहा जा सकता है कि जब हम लिखना शुरू करते हैं तो उसकी थीम पहले से ही चल रही होती है। हम किसी चीज़ को 'डिस्कवर' करके नहीं लिखते। जब कभी लेखकों को आविष्कारक या

'इन्वेंटर' कहा जाता है तो वह मुझे बहुत ग़लत जान पड़ता है। कोई चीज़ 'डिस्कवर' नहीं होती। हम कोई नई चीज़ नहीं लाते हैं। चीज़ें हो चुकी हैं। लिखी जा चुकी हैं, भले वे शब्दों में न पढ़ी जा सकें। वे बराबर हैं। लेखक केवल इतना ही करता है कि जो कुछ एक अराजकता में बहता है, जैसा कि मैंने अपने एक लेख में भी लिखा था—अगर वे अराजक अनुभव उसकी स्मृति के दरवाज़े से गुज़र जाते हैं तो वे एक तरह का पैटर्न, एक तरह की व्यवस्था पा जाते हैं। जब एक तरह की व्यवस्था उसे मिल जाती है तो पहली बार उसे पता चलता है कि यह जो चीज़ पहले से ही मूल है, उसकी एक छाया वह अपनी कहानियों में ले आया है। यहाँ मुझे रामकृष्ण परमहंस की एक बात याद आती है—एक बार जब किसी ने उनसे पूछा कि क्या आपने ईश्वर को देखा है तो उन्होंने कहा कि मैंने ईश्वर को तो नहीं देखा लेकिन एक स्वप्न देखा था। उस स्वप्न में मुझे एक झील दिखाई दी। झील काई से ढकी हुई थी। फिर मैंने देखा कि हवा का एक झोंका आया और काई धीरे-धीरे एक ओर सरकती गई और मुझे बिलकुल नीला पानी दिखाई दिया। तब मैंने सोचा कि नीला पानी यथार्थ है। और जब हवा का झोंका दोबारा आया तो काई फिर झील पर आ गई और तब मैंने सोचा कि यह माया है। लेकिन, उन्होंने इसके बाद कहा कि न यह माया उस यथार्थ के बिना रह सकती है और न यह यथार्थ उस माया के बिना रह सकता है।

पश्चिम ने हमेशा यह कोशिश की है कि सतह को हटाकर उसके अन्दर के सत्य को पा लिया जाए। यह सबसे ज़्यादा विनाशकारी है क्योंकि सतह के बिना सब गहराइयाँ सूख जाती हैं। यही बात पश्चिम के विज्ञान और दर्शन में है जहाँ जिज्ञासा का रूप यह है कि सतह कुछ नहीं है और इसीलिए सतह के छिलके को उतारकर हम अन्दरूनी कोई सत्य पा लेंगे। जब आप गहराई से सतह का सम्बन्ध तोड़ देते हैं तो वह गहराई भी अपने सत्य को छिपा लेती है। मैं समझता हूँ कि एक कथाकार जो कि

भ्रम और यथार्थ के बीच काम करता है, यह उसके लिए सबसे मूल्यवान् अन्तर्दृष्टि है। मैं सिर्फ़ इस अर्थ में इसे एक धार्मिक अन्तर्दृष्टि के रूप में स्वीकार करता हूँ। मैं मानता हूँ कि एक संन्यासी की तरह एक लेखक भी बराबर उस भ्रम और यथार्थ के बीच की लीला को, माया और यथार्थ के 'इंटरप्ले' को बुनता है, सोचता है, लिखता है।

मदन सोनी : आपने धर्म की बात कही तो इस सिलसिले में मेरी एक जिज्ञासा है कि आपके अपने बचपन के वातावरण की जिसमें आपके परिवार का, आपके समाज का वातावरण शामिल है, ऐसी कौन स्मृतियाँ हैं जिनसे आपकी धार्मिक दीक्षाओं का सम्बन्ध है? इस प्रश्न में हमारी दिलचस्पी दो वजहों से है; पहली यह कि आपकी कहानियों में एक तरह का आध्यात्मिक मुबहम हमें महसूस होता है। आपकी कहानियों की जो 'प्लास्टिक सरफेस' है उस स्तर पर दो पात्रों के बीच, या पात्रों और स्थितियों के बीच में ऐसे तनाव दिखाई देते हैं, कि अक्सर हमें यह लगता रहता है कि उस सतह के नीचे कोई दूसरे ही तनाव सक्रिय हैं। इस अन्तर्निहित तनाव को न तो आप कभी उसके तीखेपन में उभारते हैं, न उसे बहुत मूर्त करते हैं। मुझे लगता है कि यही इन कहानियों की आध्यात्मिकता है। क्या इसका सम्बन्ध आपकी धार्मिक संवेदना से है? इस प्रश्न में दिलचस्पी की दूसरी वजह यह है कि पिछले कुछ वर्षों में आपने अपने आख्यानेतर गद्य में 'हिन्दू' और 'हिन्दुत्व' जैसी धारणाओं और उनसे जुड़े हुए प्रश्नों का बार-बार सामना करने की कोशिश की है, जिससे लगता है कि आप कोई गहरी आध्यात्मिक उद्विग्नता महसूस कर रहे हैं...?

निर्मल वर्मा : आपके प्रश्न पर हम दो हिस्सों में बात कर सकते हैं : पहले उसके बारे में, जिसका सम्बन्ध बचपन की मेरी धार्मिक शिक्षाओं से है। धर्म से मेरा सम्बन्ध वैसा ही रहा, जैसा किसी भी हिन्दू परिवार में लोगों का होता है। उसके प्रभाव बहुत परोक्ष रूप से हम पर पड़ते हैं लेकिन

हम कभी सजग रूप से उनके बारे में नहीं सोचते। मेरे साथ भी कुछ ऐसा ही हुआ। हमारे परिवार के साथ एक दिक़्क़त यह रही कि वह एक तरह से उन्मूलित परिवार रहा। चूँकि हमारे पिता अंग्रेजों के ज़माने में सरकारी अफ़सर थे तो उन्हें शिमला और दिल्ली में रहना पड़ता था। हम अपने परिवार की पूरी धार्मिक पीठिका से अलग हो गए थे—पिता के परिवार से भी और माँ के परिवार से भी। उन्मूलन का यह भाव मेरे परिवार में बराबर बना रहता था, जैसा कि थोड़ा-बहुत वह 'लाल टीन की छत' में आया है। लेकिन इसकी क्षतिपूर्ति हमेशा एक अलग ढंग से होती रहती थी क्योंकि शिमला जैसे शहर में उस समय कई साधु-संन्यासी आते रहते थे और वे अक्सर हमारे घर आकर भी रहते थे। हम बच्चों के लिए वह एक गहरा और बड़ा चमत्कार होता था—विशेष कर तब, जब वे नाचते हुए गाते थे और दूसरे अनुष्ठान किया करते थे। वे दृश्य आज भी मेरी आँखों के सामने जीवित हैं। इसके अलावा मैंने अपनी जिन बहन का ज़िक्र किया था, देवी काली के प्रति उनकी गहरी आस्था मुझ जैसे बच्चे के लिए हमेशा गहरे कौतूहल का विषय हुआ करती थी। काली मन्दिर शिमला में बहुत ऊँचाई पर था लेकिन हम हर शाम वहाँ जाते थे। उस मन्दिर का वातावरण शान्त था। सर्दियों की शामों में बिलकुल उजाड़। हम उसकी चौड़ी परिक्रमा में चोर-चोर या छुपा-छुपाई खेला करते थे और हमारी बहन वहाँ बैठी रहती थीं। यह हमारी हर शाम का नियम बन गया था। फिर माँ और पिता के साथ तीर्थयात्राओं पर, ऋषिकेश, बनारस जाना भी साथ-साथ चलता रहा। इन सबने मेरे भीतर की कई चीज़ों को जगाया। मैंने जाना कि किस तरह साधना में एक व्यक्ति अपने को बिलकुल भूल जाता है। इसे हम 'सेंस ऑफ़ टोटल ऑब्लिवियन' कह सकते हैं। अपने को भूलने की यह शक्ति, इतनी अधिक एकाग्र निष्ठा, एक अदृश्य शक्ति के साथ एकीकृत हो जाना, यह मेरे लिए थोड़ा भयंकर और थोड़ा डरानेवाला भी था लेकिन हमेशा ही गहरी उत्सुकता जगानेवाला अनुभव रहा।

यह एक तरह की अनुभव-राशि है जो हमेशा हमारे साथ रहती है। आपका दूसरा प्रश्न बहुत ही प्रिसाइज़ है। मेरी कथा में जिस अदृश्य क़िस्म के तनाव की बात आपने कही है, वह मुझे बिलकुल सही और सटीक जान पड़ती है। अगर इसे मैं दो शब्दों में कहूँ तो मुझे यह लगता है कि मनुष्य होना अपने में ही एक तनाव की स्थिति में जीना है। यह तनाव किसी ख़ास सामाजिक परिस्थिति या केवल व्यक्तियों के बीच में किसी अलगाव या ग़लतफ़हमी के कारण नहीं होता। मनुष्य का मनुष्य के रूप में जीना ही एक सतत तनाव में जीने की प्रक्रिया है। मैंने अपने निबन्धों में थोड़ा-बहुत लिखा भी है कि इस तरह का तनाव एक पशु अपने पशुवत् जीवन में महसूस नहीं करता क्योंकि वह अपने जीवन में बिलकुल नियमवत् आत्मनिष्ठ है। न ही शायद देवता या एंजिल इस तनाव को महसूस करते हैं क्योंकि उनकी भी एक सम्पूर्णता उनमें है। जिस क्षण प्रकृति से अलग होकर मनुष्य को मनुष्य होने का आत्मबोध हुआ तब से, यह सोचना कि वह एक सन्तुष्ट सुखी व्यक्ति है, मैं समझता हूँ कि झूठ है। अलगाव और अकेलेपन का यह भाव दुनिया के पशु-पक्षी, वनस्पति, दूसरे शब्दों में प्रकृति का कोई भी भाग, महसूस नहीं कर सकता जिस तरह से मनुष्य करता है।

लेकिन यह तो हुई अन्तर्निहित सतह की बात। कथा की ऊपरी सतह पर, उसके परिवेश में तनावों का जो 'नेटवर्क' या पात्रों के जटिल सम्बन्धों की जो समस्याएँ कभी-कभी कहानी में उठती हैं, उनके बारे में बताने की कोशिश करता हूँ। मैं सोचता हूँ कि अगर मनुष्य का पहला पतन (फ़ॉल) यह हुआ कि वह प्रकृति से अलग हुआ तो उसका दूसरा पतन तब हुआ जब वह 'मनुष्य' से 'व्यक्ति' में बदला। यह अलगाव की दूसरी सीढ़ी थी—मनुष्य जाति से ही अपने को विलगित रूप में पाना—एक अकेले जीव के आत्मचेतन के रूप में। जिन्हें हम परम्परागत समाज कहते हैं, वहाँ पर व्यक्ति का यह तनाव उस अनुपात में नहीं होता जितना कि औद्योगिक समाजों में। वहाँ व्यक्ति सचमुच उन सन्दर्भों से और उन

परिवारिक सम्बन्धों से अलग हो गया है जो एक समय में उसे एक तरह का संरक्षण देते थे। परिवार में जीनेवाला आधुनिक हिन्दू व्यक्ति उस अर्थ में 'व्यक्ति' नहीं है जितना कि माँ-बाप से अलग अकेला वह व्यक्ति जो अपने बलबूते पर, अपनी क्षमताओं से जीनेवाला है। एक पश्चिमी व्यक्ति। क्योंकि मेरी कहानियों के पात्र अक्सर शहरी जीवन से आते हैं इसलिए यह अपने में एक दिलचस्प विषय हो सकता है कि इस 'व्यक्तित्व' का बोझ या इसकी यातना को वे अपने सम्बन्धों में किस तरह से वहन कर पाते हैं और मैं उन्हें किस तरह से अभिव्यक्त कर पाया हूँ।

इसमें मैं सिर्फ़ एक बात और जोड़ना चाहूँगा जो भारतीय परिवेश का एक अद्भुत और विलक्षण पहलू है कि कहानियों में मेरी यह हमेशा इच्छा रही है कि व्यक्ति बराबर अपने इस अहं की प्रताड़ना से मुक्ति पाकर अपने को उस 'शेष' से जोड़ सके जहाँ दूसरा व्यक्ति शामिल है। इसकी चेष्टा हमेशा रहनी चाहिए, इसकी कामना हमेशा रहनी चाहिए। यह कामना क्योंकि फलीभूत नहीं होती, उसकी वेदना भी बराबर बनी रहती है, चलती रहती है। इस लिहाज़ से मुझे धर्मों में केवल दो ही धर्म, अपने में सम्पूर्ण रूप से सत्य और प्रामाणिक जान पड़ते हैं—एक है औपनिषदिक सनातन धर्म जहाँ यह माना गया है कि सृष्टि की पृथकता, चीज़ों की पृथकता एक ऐसे सत्य में समाहित हो सकती है जो अखंडित है। और दूसरा इसके बिलकुल उलटे छोर पर बौद्ध धर्म है जहाँ आत्म को भी भ्रम मान लिया गया है, यानी हम अपनी वेदना से छुटकारा तब पा सकते हैं जब अपने आत्म को भी भ्रम मान लें और उसके परे चले जाएँ। दूसरी ओर वह औपनिषदिक धर्म है जहाँ हम दुनिया को ही आत्म का अंश मान लें और अपने अहं का अतिक्रमण कर सकें। अपने अहं का अतिक्रमण करने से हमें शायद उसी सम्पूर्णता का बोध होगा जितना अपने अहं का निषेध करके उसे शून्य में समाहित करने में होगा।

बाक़ी सारी दृष्टियाँ मुझे इन दो चरम सत्यों के बीच की दृष्टियाँ जान पड़ती हैं। आत्म के जिस संकट को सॉल बैलो जैसे लेखकों ने 'क्राइसिस ऑफ़ सेल्फ़' माना है—उसका जितना ऐतिहासिक विकास पश्चिम में हुआ है, एक पारम्परिक समाज में उसका संकट नहीं महसूस होता। ज़रा कल्पना कीजिए कि आत्म के बोध से कलपता हुआ दोस्तोएव्स्की का 'आउटसाइडर' धीरे-धीरे किस तरह से कामू के 'आउटसाइडर' में आकर परिणति पाता है। 'अंडरग्राउंड' जो 'सेल्फ़' में दबा रहता था—अब वह 'आउटसाइडर' बन गया है। 'आउटसाइडर' वह व्यक्ति है जिसने आत्म के उन सब बोझों से छुटकारा पा लिया है जिनसे दोस्तोएव्स्की डरते रहते थे। लेकिन वह उस आत्म को भी प्राप्त नहीं कर पाया जिसकी बात मैं कर रहा हूँ, उसने अपने-आपको एक औसत व्यक्ति के 'फ्रेम' में परिणत कर लिया। यह उस आत्म से छुटकारा पाने का तीसरा रास्ता था जिसे मार्क्स एक 'मास सोसायटी' का 'इंडिविज़ुअल' कहते थे, एक ऐसी 'मास सोसाइटी' जहाँ व्यक्ति अपने को भीड़ में मिलाकर अपने आत्म के बोझ से छुटकारा पा लेता है। यह 'कॉम्प्रोमाइज़्ड सेल्फ़' है जहाँ हम टेलीविज़न देखते हुए या भीड़ में अपने को भुला देने की कोशिश करते हैं।

मदन सोनी : क्या हम यह कह सकते हैं कि जिस पतन (फ़ॉल) की बात आप मार्क्स के हवाले से कर रहे हैं, वह एक तरह का तीसरा पतन है जिसमें व्यक्ति ख़ुद व्यक्ति से च्युत होता है? क्या आपको इसकी तार्किक परिणति के तौर पर किसी ऐसे अगले 'पतन' की गुंजाइश दीखती है जिसकी कि हम कल्पना कर सकें? या आपको किसी तरह के उत्थान की या पुनर्गठन (रिकंस्ट्रक्शन) की गुंजाइश दिखाई देती है? और अगर हाँ, तो यह पुनर्गठन आपकी दृष्टि में, एक कथाकार के रूप में आपके स्वप्न में, कथा के स्तर पर किस तरह का रूप लेता है? मैं आपको स्मरण दिलाऊँ कि आपने एक 'पारम्परिक सेल्फ़' से लेकर इस 'कॉम्प्रोमाइज़्ड सेल्फ़'

तक का विश्लेषण करते हुए उसके समानान्तर उपन्यास के रूप परिवर्तन पर विस्तार से लिखा है।[1] मेरा प्रश्न आपकी उसी चिन्तन शृंखला की अगली कड़ी की अपेक्षा करता है।

निर्मल वर्मा : भविष्य का उपन्यास कैसा हो, आपका प्रश्न यह है? मैं समझता हूँ कि भविष्य इसी प्रश्न में निहित है। आनेवाले वर्षों में हम जिस उपन्यास की तलाश कर सकते हैं या जिस उपन्यास की प्रतीक्षा कर सकते हैं, उसमें न तो रेणु और प्रेमचन्द जैसा वह सहज क़िस्म का किसान हमें मिल सकेगा क्योंकि वह सभ्यता ही नष्ट हो गई है, और न ही हमें अज्ञेय के 'शेखर' जैसा उतना आत्मसजग बुद्धिजीवी ही दिखाई देगा क्योंकि उस बुद्धि के बोझ और वेदना से भी हम छुटकारा पाने की कोशिश कर रहे हैं। आज जब समाज की, तथाकथित धर्म की, या क्रान्ति की बात की जाती है तो मेरे विचार में ये सब उपाय हैं कि किस तरह से हम अपने आत्म के अन्तर्विरोधों से मुक्ति पाकर अपने को किसी विराट् जनसमुदाय या आदर्श के प्रति अर्पित कर दें, ताकि हम अपने भीतर के आत्म के इस आवास से, इसके अन्तर्विरोधों से, इसकी ज़िम्मेदारियों से मुक्ति पा लें। एक परम्परागत समाज के सामने क्या विकल्प हैं ताकि हम इन दोनों अभिशापों से मुक्ति पा सकें? मैं समझता हूँ कि आज यह हमारे समाजशास्त्रियों, दार्शनिकों, और सबसे ज़्यादा उन लोगों के सामने स्पष्ट है जो समाज में 'फ़ंक्शनल पॉलिटीशियंस' के रूप में काम करते हैं। यह प्रश्न हमें सीधा-सीधा राजनीतिक परिवर्तनों की तरफ़ ले आता है क्योंकि हमारे समाज में क्या होगा, किस तरह के व्यक्ति की अवधारणा होगी, यह बहुत कुछ इस पर निर्भर करता है कि आज हम किस तरह के विकल्पों को चुन पाते हैं।

अशोक वाजपेयी : इसमें एक प्रश्न यह उठता है कि ज़्यादातर जिन समाजों में उपभोक्तावाद ने नये संकट पैदा किये, जैसे कि पश्चिम के

समाजों में, वे सब उन्नत समाज थे और उपभोक्तावाद उनकी उन्नति का ही एक चरण था। हमारे साथ मुश्किल यह है कि हम एक समुन्नत समाज नहीं हैं। वैसा बनने की होड़ में लगे हुए हैं लेकिन बहरहाल हम बहुत हद तक एक परम्पराजीवी समाज ही हैं और समुन्नति की ओर बेतहाशा भाग रहे समाज भी। हमारे यहाँ यह उपभोक्तावाद एक तरह की अनैतिहासिक परिणति है जो अभी भी हमारे यत्न की परिणति यद्यपि नहीं है, लेकिन हम पर लद गई है। इससे जो एक और संकट आ रहा है, क्या वह संकट पश्चिम में आए व्यक्ति के संकट से बिलकुल...?

निर्मल वर्मा : यह मानना मुझे ठीक नहीं लगता कि यह एक ऐसा अभिशाप हमारे ऊपर आया है जिसकी हमने कोई मानसिक तैयारी नहीं की थी। क्योंकि चालीस वर्ष पहले, स्वतंत्रता के बाद, अगर हमने पश्चिम की नक़ल में एक बड़े पैमाने पर औद्योगिकीकरण करने का संकल्प उठाया और उसी में अपनी मुक्ति और प्रगति का रास्ता ढूँढ़ा तो उपभोक्तावाद उसी के अनिवार्य परिणाम के रूप में हमारी संस्कृति पर आना ही था। यह कहना कि हमें टेलीविज़न नहीं चाहिए लेकिन हम औद्योगिक प्रगति के रास्ते पर चल रहे हैं, अपने को धोखा देना होगा। इसलिए जिस चक्र में हम फँसे हैं, जब तक हम उससे मुक्ति नहीं पाते, तब तक हमें उन सब अभिशापों का सामना करना होगा—चाहे वह व्यवसायीकरण हो, चाहे मीडिया संस्कृति हो, जिससे हम कभी-कभी इतना परेशान लगते हैं। मुझे नहीं लगता कि हम इस रास्ते को अपनाकर उसके सारे परिणामों से छुटकारा पा सकते हैं।

अशोक वाजपेयी : नहीं, मेरा आशय यह नहीं था। फ़िलहाल अगर हम यह मान लें कि हमने जो रास्ता अपनाया, उस रास्ते का यह अनिवार्य प्रतिफल है तो यह ठीक है। यानी हमारे सामने ये सारी चीज़ें एक साथ हैं। भारतीय समाज की दूसरे समाजों से जो स्थिति थोड़ी भिन्न है,

वह बुनियादी तौर पर यह है कि बाक़ी समाजों में शायद इतिहास की ऐसी श्रेणियाँ हैं कि 'यह हो चुका', अब 'यह हो रहा है' और 'इसके आगे यह होगा'। हमारी स्थिति शायद यह है कि जो हो चुका, वह भी होता रहता है। वह कहीं-न-कहीं हमारी स्मृति में जीवित है, वह एक सक्रिय उपस्थिति है। वह सिर्फ़ एक दस्तावेज़ नहीं है जिसे हमने कहीं रखा हुआ है, एक संग्रहालय नहीं है, जहाँ जाकर हम उसे कभी-कभार देख लेंगे बल्कि वह हमारी सारी जीवन पद्धति में हमारी विचार सरणियों में अन्तर्भूत है। इस वजह से हमारी, यानी भारतीय समाज की जो विशेष स्थिति है, क्या उसमें इस समस्या से कोई विशेष संकट है?

निर्मल वर्मा : प्रश्न यह है कि क्या यह विशेष स्थिति आनेवाले वर्षों में क़ायम रह सकेगी, अगर हम अपनी स्मृति के समर्थ स्रोतों को उतनी ही नृशंसता के साथ नष्ट करते रहे, जैसा कि आज हम कर रहे हैं? जातीय स्मृति का सम्बन्ध हमेशा प्राकृतिक परिवेश, संस्कारों और उन सब चीज़ों से होता है जिन्हें हम सतह की, मर्त्य और भौगोलिक मानते हैं। अगर हम उन संरक्षण स्थलों को नष्ट करते हैं जहाँ पर हमारा अतीत या स्मृति जीवित होती है तो मुझे आनेवाले वर्षों में कोई आशा नहीं दीखती कि हमारे समाज की वह 'विशिष्टता' क़ायम रह सकेगी, जिसकी ओर आपने संकेत किया है। हमारी दुनिया का इतिहास उन संस्कृतियों से अटा पड़ा है जो मृत हैं, जो ज़मीन के नीचे धँस गई हैं, जिनको हम याद भी नहीं कर पाते कि वे कभी थीं। अगर हम आदिवासियों के जंगलों को नष्ट करते हैं और उनकी कलाकृतियों को अपने संग्रहालयों में लगा लेते हैं तो यह आज उनकी स्मृति के लिए ठीक है लेकिन आनेवाले समय में उनकी जीवन-पद्धति में ऐसा कभी सम्भव हो पाएगा कि वे इस तरह की कलाकृतियों का सृजन कर सकें—मुझे यह आशा नहीं है। मैं सिंगरौली गया था[2]। वहाँ मैंने देखा कि किस तरह से गाँव के गाँव उजड़ गए हैं।

जो लोग बम्बई या कलकत्ता की चालों में काम करते हैं, एक या दो पीढ़ियों के बाद उनके बच्चों को याद भी नहीं रहता कि उनके पुरखों का कौन-सा गाँव था, उनकी प्रकृति का क्या परिवेश था, उनकी स्मृति के स्थल क्या थे—जिनकी चर्चा आप कर रहे हैं।

अशोक वाजपेयी : अगर हम मान लें कि स्थिति इतनी विकट, इतनी संकटापन्न है जितनी अभी आपने कहा (और ज़ाहिर है कि वह है भी) तो ऐसी स्थिति में फिर भी स्मृति को बनाए रखने का काम साहित्य किसी हद तक तो कर सकता है, जिस हद तक वह उसके वश में है...!

निर्मल वर्मा : एक नॉस्टेल्जिया के रूप में या एक ठोस परिवेश या शक्ति के रूप में?

अशोक वाजपेयी : नॉस्टेल्जिया तो एक अपेक्षाकृत भावुक-सी प्रतिक्रिया है इसलिए अगर हम उसे छोड़ दें, तो जिस दूसरे अर्थ में आपने कहा, अर्थात् किसी अधिक गहरे, अधिक स्थायी अर्थ में? एक ऐसा समाज जो अपने स्मृति-चिह्नों को नष्ट करता जान पड़ता है, उस समाज में उसका साहित्य उसके स्मृति-चिह्नों को क्या किसी हद तक बचाकर रख पाएगा?

मदन सोनी : जैसा कि साक्ष्य के तौर पर हम पूर्व-आधुनिक साहित्य के बारे में कह सकते हैं कि उसने हमें हमारी प्राचीन स्मृतियों से जोड़ा; साहित्य ने भी और अनेक दूसरे कला-माध्यमों ने भी। बहुत सारी ऐसी सम्पदा है जिससे आधुनिक युग में हम वंचित हैं, हालाँकि उसकी स्मृतियाँ उन कला-स्थापत्यों में बची हुई हैं।

अशोक वाजपेयी : शायद इसलिए क्योंकि ऐसे साहित्य के लिए समवर्ती एक भौगोलिक वास्तविक परिवेश था जिसमें वे सारी चीज़ें थीं, इसलिए साहित्य बच गया है, वे चीज़ें भले ही अब न रही हों।

निर्मल वर्मा : लेकिन मैं यह पूछता हूँ कि क्या एक साहित्यकार की यह चिन्ता होनी चाहिए, या एक लेखक के नाते मेरी यह भूमिका जायज हो सकती है कि हम सोचें कि जो हो रहा है, वह तो होगा ही, और प्रतीक्षा करें कि आनेवाले साहित्य में कोई लेखक उसकी स्मृति पुनरुज्जीवित करेगा?

अशोक वाजपेयी : देखिए, हम अपने परिवेश का जिस तरह से संहार कर रहे हैं, उसके प्रति सजगता हमारे आज के कितने साहित्य में है? हम यह छोड़ दें कि बाद में क्या होगा, तो मैं यह कह रहा हूँ कि उसके प्रति एक सजगता—एक बौद्धिक सजगता भी और सृजनात्मक स्तर पर इससे बरताव की कोशिश हमारे कितने साहित्य में है! बल्कि जो थोड़े-बहुत लोग ऐसा करने की कोशिश करते हैं, उनके प्रति एक अनुदार वातावरण है। आज हवा यह है कि फूल, पत्ती, बच्चों पर कविता लिखना एक तरह का पाप है जिसके लिए आपको सजा दी जानी चाहिए। यह एक फूहड़-सा उदाहरण है लेकिन इससे इसके पीछे की मानसिकता तो प्रकट होती ही है। जिस संहार के प्रति आप इतनी सजगता व्यक्त कर रहे हैं, उसके प्रति हमारे समूचे साहित्य और समाज में कितनी सजगता आज है!

निर्मल वर्मा : लेकिन तुम इससे क्या निष्कर्ष निकालते हो? अगर सजगता का एक बिन्दु किसी भी व्यक्ति या व्यक्तियों के समूह में है तो मेरे लिए वह अपने में पर्याप्त है। उसे हम संख्या के रूप में विभाजित करके न देखें बल्कि इस रूप में देखें कि क्या एक साहित्यकार अपने समूचे सृजन में उस चिन्ता को एक लेखक के तौर पर, एक भारतीय नागरिक के तौर पर, बीसवीं शताब्दी में रहनेवाले एक व्यक्ति के तौर पर किस स्तर पर अभिव्यक्त कर पाता है और किन दूसरे माध्यमों को अपना पाता है। मुझे लगता है कि भारतीय लेखक को कविता या कहानी

लिखने के अलावा, इन चिन्ताओं को व्यक्त करने के लिए अन्य तरीक़ों का सहारा लेना चाहिए, लेना होगा। एक लेखक कभी यह नहीं सोचता कि साहित्य का क्या भविष्य है। अगर वह ऐसा सोचता है तो वह एक समाजशास्त्री अवश्य हो सकता है लेकिन उसे साहित्यकार मैं नहीं मान सकता। हर लेखक अपने वर्तमान के संकट और मनुष्य की स्थिति को अपनी चिन्ताओं से जोड़कर एक पूरा संसार रचता है।

मदन सोनी : अगर इसको निरा 'गिमिक' न माना जाए तो यह पूछा जा सकता है, एक लेखक की चिन्ता 'साहित्य के भविष्य' के बारे में न भी हो लेकिन क्या उसकी चिन्ता 'भविष्य के साहित्य' को लेकर नहीं हो सकती? क्योंकि जिस वक़्त वह भविष्य के साहित्य के बारे में सोच रहा होगा, वह अपने सन्दर्भ-बिन्दु के तौर पर उस समय वर्तमान में होगा, जैसा कि आपका एक बुनियादी आग्रह है कि उसको अपने वर्तमान के प्रति अधिक प्रतिबद्ध होना चाहिए। क्या आपको मेरा यह प्रश्न विचारणीय लगता है?

निर्मल वर्मा : जब हम भविष्य की चिन्ता करते हैं तो उसके अपने में ही बहुत गहरे अर्थ निकलते हैं। मुझे नहीं लगता कि भविष्य एक अमूर्त काल-कोटि के रूप में कभी किसी उस व्यक्ति के लिए कोई अर्थ रखता है जिसके वर्तमान में अतीत और भविष्य, दोनों ही समाहित हैं। यह पश्चिमी काल-बोध का ही एक लक्षण है कि हमने समय को भविष्य और अतीत जैसी कोटियों के रूप में देखने की कोशिश की। व्यक्ति अपने जीवन के भविष्य के बारे में सोचते हैं कि कल क्या होगा या मेरे परिवार का क्या होगा। लेकिन एक प्रजाति के भविष्य के बारे में सोचना या उसकी संस्कृति के भविष्य के बारे में विचार करना बड़ा अजीब और असंगत जान पड़ता है क्योंकि वे सब सरोकार, वे सब चिन्ताएँ आज के जीवित मनुष्य के वर्तमान में मौजूद हैं।

मदन सोनी : मैं अपने सवाल को थोड़ा-सा स्पष्ट करूँ। स्पष्ट मैं उसे इसलिए करना चाहता हूँ कि शायद आप उसमें कोई गुंजाइश निकालना पसन्द करें। हमारी चिन्ता भविष्य के साहित्य की चिन्ता होगी तो वह भविष्य की चिन्ता उतनी नहीं जितनी स्वयं के साहित्य की चिन्ता होगी। चूँकि 'भविष्य' दोनों में जुड़ा हुआ है इसलिए क्या साहित्य का भविष्य और भविष्य का साहित्य एक ही चीज़ हो सकती है या इनमें कोई फ़र्क़ आपको लगता है?

निर्मल वर्मा : आप इसको थोड़ा-सा और स्पष्ट करें क्योंकि मैं आपके प्रश्न को ठीक से पकड़ नहीं पाया।

मदन सोनी : जिस तरह मैं जिस वक़्त वर्तमान में जीता हूँ, उस वक़्त चूँकि मेरी काल-चेतना में मुझे अपना काल समग्र रूप में दिखता है इसीलिए मुझे अपने भविष्य के संकेत उसमें दिखाई देते हैं, उसी तरह जब मैं एक किताब पढ़ता हूँ तो, जैसा कि मुहावरा है, 'पूत के लच्छन पालने में ही दिख जाते हैं'। अगर आज की कविता या आज का साहित्य पढ़ते हुए मुझे उसमें ऐसे लक्षण दिखते हैं जो कि आनेवाले समय में अपनी सम्भावनाओं के कोई संकेत हमारे मन में छोड़ते हैं तो उन संकेतों के आधार पर किसी तरह का सिद्धान्तीकरण करना या भविष्य-चिन्तन करना, एक लेखक की चिन्ता के तौर पर आपको क्या विचारणीय लगता है? 'भविष्य के साहित्य' से मेरा आशय यह है।

निर्मल वर्मा : अभी जो एक किताब तुमने मुझे दी थी जो उत्तर-आधुनिकता (पोस्ट मॉडर्निज़्म) के बारे में है[3], उसमें उत्तर-आधुनिकता कितनी दिशाएँ ले सकती है, इसके बारे में तो ज़रूर है लेकिन कौन-सी दिशा अन्तिम रूप से, ऐतिहासिक रूप से 'लेजिटिमेट' बन पाएगी, इसके बारे में उनका कोई उत्तर नहीं है। इस अर्थ में तो यह एक 'लेजिटिमेट' चिन्ता अवश्य

ही है क्योंकि वे संकेत भी वर्तमान में ही उपलब्ध हैं। यह एक मनुष्य के चिन्तन की स्वाभाविक लय है कि वह उन संकेतों से उसकी अनिवार्य या संभाव्य दिशाओं के बारे में सोचता है। लेकिन इतिहास की, समय की और मनुष्य के संकल्प की 'मिस्ट्री' ऐसी है कि कौन-सा मोड़ इन संकेतों के बावजूद लिया जा सकेगा, या कौन-सा अप्रत्याशित मोड़ हमारे भविष्य को निर्धारित करेगा, इसके बारे में कोई निश्चित दिशा हमें मालूम नहीं हो सकती। यह अपने में एक खेल हो सकता है, अनुमान हो सकता है। इससे अधिक कुछ भी नहीं। क्या काफ़्का को मालूम था कि भविष्य का साहित्य बहुत हद तक काफ़्काई साहित्य होगा? भविष्य में होनेवाली घटनाएँ काफ़्का अपने लेखन में जी रहे थे जबकि दूसरों के लिए वह भविष्य घटा भी नहीं था। एक महान् लेखक भविष्य में होनेवाली घटनाओं को अपने 'वर्तमान' में उसी तरह सूँघ लेता है, जैसे कुछ जानवर आनेवाली आँधी को सूँघ लेते हैं...जबकि दूसरों के लिए आकाश बिलकुल साफ़ होता है।

उदयन वाजपेयी : आप काफ़ी दिनों चेकोस्लोवाकिया में रहे हैं, उन दिनों में जब वहाँ लेखन में कई तरह के प्रयोग हो रहे थे और अनेक नई कृतियाँ भी सामने आ रही थीं। उन दिनों के लेखकों और कृतियों से अपने सम्पर्क के बारे में कुछ बताइए।

निर्मल वर्मा : 1959 में पहली बार मेरा प्राग जाना हुआ था। उन दिनों के बारे में मैंने लिखा है इसलिए मैं उसके विस्तार में न जाकर केवल इतना ही कहना चाहूँगा कि यह वह समय था जब चेकोस्लोवाकिया में सेंसरशिप, पुस्तकों पर पाबन्दियाँ और हर तरह का दमन अपनी चरम सीमा पर था। जिसे हम 'स्टालिनिस्टिक टेरर' का समय कहते हैं, वह उस समय बहुत ही भयंकर रूप से मौजूद था। मैं वहाँ पर ओरिएंटल इंस्टिट्यूट की ओर से आमंत्रित किया गया था ताकि मैं चेक भाषा सीखूँ और समकालीन चेक लेखकों की रचनाओं को पढ़ूँ, उनका चयन करूँ

और हिन्दी में उनका अनुवाद करूँ। स्वाभाविक रूप से मेरा उन दिनों बहुत-से चेक लेखकों से मिलना हुआ था। एक भारतीय होने के नाते मेरा यह भी सौभाग्य रहा कि मुझ पर सरकार या सेंसरशिप अथॉरिटीज की उतनी कड़ी दृष्टि नहीं थी, जितनी कि यूरोपीय या अमेरिकी लोगों पर थी, क्योंकि हिन्दुस्तान का सम्बन्ध पूर्वी देशों से मैत्रीपूर्ण रहा था। इसलिए मेरे प्रति उनका बर्ताव काफ़ी अच्छा था।

'61-'62 के दौरान ही जब मैंने चेक भाषा का अध्ययन समाप्त किया और प्राग की चार्ल्स यूनिवर्सिटी में चेक साहित्य के लेक्चर्स में शामिल हुआ तब मैंने पहली बार पाया कि जिसे हम एक अधिनायकवादी व्यवस्था के भीतर सेंसरशिप का अस्तित्व कहते हैं, वह कितना कमज़ोर और ढीला है। ऊपरी तौर पर तो ज़ाहिर है और स्वाभाविक भी है कि अनेक लेखकों की किताबें नहीं छपती थीं, उनकी रचनाएँ सरकारी पत्रिकाओं में नहीं छपती थीं लेकिन ज्यों-ज्यों मेरे आत्मीय और निजी रिश्ते अनेक लेखकों से बनते गए, मैंने पाया कि इन बुरे वर्षों में भी वे बराबर रचनाशील रहे हैं। इसका सबूत मुझे तब मिला जब उनके कमरों में बैठकर, उनकी कहानियाँ या कविताएँ मैंने सुनीं या जब उन्होंने मुझे उन लेखकों के बारे में बताया जिन्होंने बहुत अच्छे उपन्यास लिखे थे लेकिन जो छपे नहीं थे बल्कि मित्रों के बीच, लेखकों के बीच 'सर्कुलेट' होते रहते थे।

'64 या '65 तक आते-आते, यद्यपि व्यवस्था वही थी लेकिन वह कड़ा और कठोर अनुशासन ढीला पड़ने लगा था। हालाँकि सेंसरशिप तब भी थी लेकिन प्रकाशन के क्षेत्र में एक तरह की जागरूकता पैदा हो गई थी—लेखक संघ में भी और संस्कृति मंत्रालय में भी। उन दिनों इन क़ानूनों के भीतर ही, अनेक ऐसे उपन्यासकारों की रचनाएँ, कवियों की कविताएँ आईं जिन्हें मैं पहले पढ़ चुका था लेकिन जो पहले प्रकाशित नहीं हुई थीं—मिलान कुंदेरा, श्करोव्स्की, इवान क्लीमा, वात्स्लाव हॉवेल। इनके उपन्यास और नाटक और कहानियाँ उन्हीं दिनों सिलसिलेवार ढंग

से बराबर प्रकाशित होने लगे थे। मिलान कुंदेरा का 'जोक', श्करोव्स्की का 'कावड्र्स' और वात्स्लाव हॉवेल का बहुत ही सुन्दर नाटक 'द गार्डन पार्टी'। यह नाटक उन दिनों वहाँ खेला गया और उसने वहाँ के सांस्कृतिक वातावरण में एक तरह की गहरी उथल-पुथल पैदा कर दी थी। मैं अपने आपको वहाँ एक लेखक के रूप में नहीं ले गया था, न इस रूप में मैं वहाँ किसी को अपना परिचय ही देता था। वे सब मेरे मित्र थे और इतना ही समझते थे कि चेक साहित्य में मेरी दिलचस्पी है और मैं उसमें से कुछ चुनने और हिन्दी में उसका अनुवाद करने के लिए आया हूँ। यह अच्छा भी था क्योंकि इसके चलते हमारी दोस्तियाँ और हमारे रिश्ते एक दूसरे स्तर पर बन गए थे।

जब हम किसी देश के साहित्य के बारे में सोचते हैं तो हमें यह लगता है कि उसे किसी 'यूनिफ़ॉर्म' कसौटी पर परखा जा सकता है लेकिन वस्तुतः ऐसा होता नहीं है, चाहे वह देश कितना ही छोटा क्यों न हो। सत्ता के प्रति विरोध की अभिव्यक्तियाँ भी बहुत अलग-अलग तरह की होती हैं। पश्चिम में सोवियत, पोलिश या चेक साहित्य के बारे में यह बहुत सरलीकृत अवधारणा है कि वह एक तरह का 'डिसिडेंट', 'एंटी-ऑफ़िशियल', 'एंटी-एस्टिब्लिशमेंट लिट्रेचर' है। व्यापक रूप से यह सही है लेकिन हर किताब का अपना एक विशिष्ट संसार होता है जिसमें विरोध या असन्तोष का एक अंश आता है और वह अंश भी उस लेखक के वैयक्तिक स्तर पर ही अभिव्यक्त होता है। मैं आपको इसका एक उदाहरण दूँ: वात्स्लाव हॉवेल का नाटक 'द गार्डन पार्टी' एक ऐसा नाटक है जिसे हम 'एब्सर्ड' नाटक की परम्परा में—बैकेट या आईनेस्को की परम्परा में—कह सकते हैं। लेकिन यह एक बहुत ही सामान्यीकृत और भ्रामक कोटि है क्योंकि हॉवेल के नाटक किसी 'मेटाफ़िज़िकल' या अस्तित्ववादी अर्थ में 'एब्स्ट्रैक्ट' नहीं हैं, जैसे कि बैकेट के नाटक होते हैं। वे एक ठोस चेक राजनीति का सन्दर्भ लिये हुए हैं जहाँ नौकरशाही का

भ्रष्टाचार अपनी चरम सीमा पर है, जहाँ सत्य की अभिव्यक्ति के लिए गुंजाइश नहीं है, जहाँ झूठ का 'कल्ट' अपनी युक्तियों के द्वारा मनुष्य के जीवन पर कलुषित प्रभाव डालता है। जब मैं वह नाटक देखने गया तो उसके प्रतीकों, संकेतों को मैं उतना नहीं समझ पाता था जितना कि चेक दर्शक समझ लेते थे, क्योंकि वे परोक्ष रूप से उनकी सामाजिक अनुगूँजों को समझ लेते थे। वात्स्लाव हॉवेल ने एक ख़ास समाज की परिस्थितियों की विसंगतियों के बीच में होनेवाली 'एब्सडिटी' को अभिव्यक्त किया है जो यूरोप के किसी दूसरे नाटक में मौजूद नहीं है।

यह एक सबसे ज़्यादा दुखदायी चीज़ है कि जब हम किसी देश में 'सेंसरशिप' लागू करते हैं, या पाबन्दी लगाते हैं तो उस देश को यह मौक़ा नहीं मिल पाता कि उसके लेखक अपने साहित्य की परम्परा को बाक़ी देशों के साहित्य की परम्परा से जोड़ सकें। यह मिलान कुंदेरा का भी 'पॉइंट' था। पन्द्रह वर्ष तक उनकी परम्परा बिलकुल कटी रही। लेकिन जब यह एक तरह का ढिलाव आया तो फिर परम्परा के कटे हुए सूत्र दोबारा से मिलने लगे। मैंने वात्स्लाव हॉवेल का नाम लिया लेकिन बिलकुल दूसरी दिशा में मिलान कुंदेरा हैं जहाँ 'पॉलिटिक्स' और 'इरॉटिसिज़्म' का एक बड़ा विचित्र-सा सम्बन्ध है जिसे हम यूरोप के किसी और लेखक में नहीं देखते; या इवान क्लीमा जिन्होंने मनुष्य के जीवन की उदासी और अवसाद को व्यक्त किया है—उस उदासी और अवसाद को, जो तब उसके जीवन में आता है जब उसे अपनी नियति को चुनने का अवसर नहीं मिल पाता। क्लीमा के यहाँ यह अवसाद सार्वजनिक संकेतों में नहीं है, जैसा कि मिलान कुंदेरा या वात्स्लाव हॉवेल की कृतियों में होता है बल्कि बहुत ही आत्मीय रिश्तों में अभिव्यक्त होकर आता है। यह इसका एक सबूत है कि किस तरह अलग-अलग लेखकों में इस एक सामान्य राक्षसी परिस्थिति के ख़िलाफ़ उन्हें रचनात्मक स्तर पर अभिव्यक्ति मिलती है। मेरे लिए यह एक बहुत ही दिलचस्प अनुभव रहा।

मदन सोनी : मैंने इनमें से मिलान कुंदेरा को ही पढ़ा है और उनके बारे में आपने जो संकेत किया, वह मुझे भी उल्लेखनीय लगता है कि वे राजनीतिक परिस्थिति को, अपने लगभग हर उपन्यास में, एक तरह की 'इरॉटिक परिस्थिति' से हमेशा जोड़कर देखते हैं, उसे 'जक्स्टापोज़' करते हैं या परस्पर प्रतीकित करते हैं। इस तरह की सन्निधि ('जक्स्टापोज़िशन') की क्या कोई समाज-राजनीतिक या भिन्न कोई रूढ़ि चेक संस्कृति में है या फिर यह मिलान कुंदेरा की ही अपनी ही एक युक्ति है कि उन्होंने यौन को उसी अर्थ में एक राजनीतिक प्रश्न बनाने की कोशिश की जिस अर्थ में 1984 के लेखक जॉर्ज ऑरवेल ने की थी जहाँ उस जकड़ी हुई व्यवस्था में उपन्यास के दो पात्र—एक लड़का और एक लड़की—शहर से दूर एक सुनसान में प्रेम करते हैं और उनमें से एक का उच्छ्वास होता है कि 'उसने महसूस किया कि उसने एक राजनीतिक कर्म किया है'?

निर्मल वर्मा : एक तो यह बात सोचने की है कि सेक्स मनुष्य का सबसे अधिक निजी कर्म होते हुए भी केवल एकाकी कर्म नहीं है। वह हमेशा हमें दूसरे के साथ जोड़ता है। राज्य एक दूसरे के साथ जुड़ते हुए सम्बन्धों पर सबसे ज़्यादा अंकुश लगाता है। राज्य की विडम्बना यह है कि जहाँ वह एक ओर दावा करता है कि मनुष्य के वैयक्तिक जीवन के स्तर पर वह किसी तरह का हस्तक्षेप नहीं करेगा, वहीं वह दो लोगों के बीच बननेवाले सम्बन्धों में हस्तक्षेप के माध्यम से मनुष्य की इस सबसे वैयक्तिक गतिविधि में हस्तक्षेप करता है। मिलान कुंदेरा ने इसी बात को एक 'ट्विस्ट' दिया है कि जिस कर्म को सरकार ने हस्तक्षेप का विषय नहीं बनाया है, उसी कर्म को एक व्यक्ति, जैसा कि 'जोक' में होता है, राजनीतिक बदला लेने का, या अपने ऊपर हुए अन्याय का प्रतिशोध लेने का साधन बना सकता है। आपको याद होगा कि 'जोक' में जिस व्यक्ति पर पार्टी ने आरोप लगाकर उसे पार्टी से निकाल दिया था,

वही व्यक्ति पार्टी के उस व्यक्ति की पत्नी के साथ सोता है और सोचता है कि उस आदमी ने मेरे साथ जो अन्याय किया था, उस अन्याय का बदला मैं आदमी की पत्नी के साथ सोकर ले रहा हूँ। 'इरॉटिक' तत्त्वों की जो सामाजिक परिणतियाँ होती हैं, मैं उसका सिर्फ़ एक उदाहरण दे रहा हूँ लेकिन चेक समाज में इसके अनेक उदाहरण देखे जा सकते हैं कि किन-किन स्तरों पर, किन-किन मनोभावों को लेकर स्वतंत्रता और सेंसरशिप के बीच के झिलमिले को एक रचनाकार सेक्स के परिप्रेक्ष्य में रखता है। कुंदेरा पहले ऐसे लेखक हैं जिन्होंने सेक्स को एक 'पॉलिटिकल इडियम' के रूप में, एक 'पॉलिटिकल मेटाफ़र' के रूप में इस्तेमाल किया।

उदयन वाजपेयी : आपके अपने लेखन पर थोड़ा-सा लौटें। चेकोस्लोवाकिया में आपने अनेक पुस्तकों के अनुवाद किये और आप लम्बे समय तक वहाँ के साहित्य और लेखकों के सम्पर्क में रहे। आप अपने रचनाकर्म पर इस लेखकीय पर्यावरण का, या कहें कि 'प्राग स्प्रिंग' का, कोई प्रभाव महसूस करते हैं? मेरे दिमाग़ में इसका एक समान बिन्दु यह है कि चाहे आप इवान क्लीमा की कहानियाँ लें या मिलान कुंदेरा के अधिकतर उपन्यास या श्करोव्स्की के उपन्यास, उनमें लेखक एक पात्र की तरह अधिकतर कृतियों में पहचाना जा सकता है। क्लीमा की एक कहानी में तो जब एक स्त्री पात्र नैरेटर से पूछती है कि आपका नाम क्या है तो नैरेटर जवाब देता है कि इवान क्लीमा। मुझे ऐसा लगा कि इस चेक साहित्य में लेखक अपने को एक 'फिक्टीशियस' पात्र के रूप में प्रवेश कराता है जो कि संयोग से आपकी उस दौर की और उसके बाद की कहानियों में, बल्कि काफ़ी ताज़ा और हमारी पसन्दीदा कहानी 'एक दिन का मेहमान' में भी यह चीज़ दिखाई देती है। मुझे लगता है कि इसके पहले तक हिन्दी साहित्य में, चाहे आप रेणु की कहानियाँ लें,

चाहे प्रेमचन्द जी की कहानियाँ लें, वहाँ लेखक को इतना ज़्यादा 'फ़िक्शनलाइज़्ड' कर दिया गया है कि वह पहचान से परे चला जाता है, जबकि आपकी कहानियों में उनके कई 'नैरेटर्स' को लेखक की तरह पहचाना जा सकता है।

निर्मल वर्मा : मुझे आपकी यह बात थोड़ा आश्चर्य में डालती है क्योंकि मैंने सजग रूप से कभी भी अपनी कहानियों में अपने को न तो एक लेखक के रूप में और न ही एक पात्र के रूप में इस्तेमाल करने का प्रयत्न किया है। लेकिन मैं यह अवश्य सोचता रहा हूँ कि जिस तरह मनुष्य अपने जीवन में भी एक 'फ़िक्शन' जीता है—वह हमेशा अपना यथार्थ नहीं जीता—वैसे ही एक 'फ़िक्शन' भी अपने यथार्थ को पकड़ने की कोशिश करता है। यह आपको थोड़ा 'पैराडॉक्सिकल' लगे या जैसा लगे लेकिन जिस तरह हम यथार्थ जीवन में कभी-कभी काल्पनिक क्षणों को बड़ी सघनता से जीते हैं, वैसे ही 'फ़िक्शन' में, जहाँ पर हम अपने उस यथार्थ को चरितार्थ करते हैं, हम उस यथार्थ को जीते हैं जिसे हम अपने जीवन में नहीं जी पाते। यह, जीवन और लेखन के बीच में यथार्थ का स्थानान्तरित होना—जीने की प्रक्रिया में यह अपने में बड़ा दिलचस्प वार्तालाप, अपने और अपने 'फ़िक्शनल आई' के बीच होता रहता है और इसी नाते मेरे कुछ अंश मेरी कहानियों में ज़रूर आए हो सकते हैं लेकिन जैसा कि मैंने कहा, यह मेरा उद्देश्य कभी नहीं रहा।

मदन सोनी : उदयन के इस प्रश्न से शायद मेरे उस प्रश्न को एक परिप्रेक्ष्य मिल सके जिसे मैं अपनी पिछली बैठक से पूछना चाहता रहा हूँ। आप पश्चिम के सघन सम्पर्क में रहे हैं और पश्चिम में आत्मकथात्मक लेखन की जो एक लम्बी परम्परा रही है, उसके आप अत्यन्त एकाग्र पाठक रहे हैं। इससे मेरे मन में दो सवाल आते हैं: पहला यह कि आपको इसका क्या कारण लगता है कि हिन्दी में आत्मकथात्मक लेखन का

उल्लेखनीय अभाव है और दूसरा प्रश्न यह कि स्वयं आपने आत्मकथा लिखने का कोई विचार कभी बनाया है या उपक्रम किया है या आपकी योजनाओं में इस तरह का कोई लेखन शामिल है?

निर्मल वर्मा : जब आप आत्मकथात्मक लेखन की बात करते हैं तो उसमें दो तरह की चीज़ें आती हैं : एक तो 'ऑटोबायग्राफ़िकल फ़िक्शन' भी हो सकता है और दूसरी सीधी-सीधी आत्मकथाएँ हो सकती हैं। आपका संकेत किस तरह के लेखन से है?

मदन सोनी : मुख्यत: मेरा मतलब आत्मकथाओं से ही है।

निर्मल वर्मा : जितना मैंने पढ़ा है और उसमें कुछ आत्मकथाएँ भी शामिल हैं, उसे देखते हुए जहाँ तक मेरा ज्ञान और मेरी पढ़ाई जाती है, मुझे नहीं लगता कि किसी भी लेखक या कवि ने बीसवीं शताब्दी में या उन्नीसवीं शताब्दी में अपनी कोई आत्मकथा लिखी हो। स्टीफ़न ज्वायग की आत्मकथा 'द वर्ल्ड ऑफ़ येस्टरडे' शायद एकमात्र अपवाद हो। किन्तु वह भी अपने लेखक के बारे में उतनी नहीं, जितनी दो युद्धों के बीच यूरोपीय समाज के बारे में है। क्या आप मुझे कोई ऐसा उदाहरण दे सकते हैं कि किसी लेखक या किसी कवि ने आत्मकथा लिखी हो—एक ऐसे लेखक ने जो राजनीतिक नेता या किसी तरह का समाज-सुधारक न रहा हो, जिसका सीधा-सीधा सामाजिक या राजनीतिक स्थितियों से सम्बन्ध होता है, बल्कि जो केवल अपनी रचनाओं में अपने जीवन के अनुभवों को या अपने जीवन और समाज के बीच के सम्बन्धों को उद्घाटित करता रहा हो और उसने अलग से कोई आत्मकथा लिखी हो? बशर्ते कि हम उसके पत्रों या उसकी डायरियों को आत्मकथा न मानें क्योंकि काफ़्का के ऐसे पत्र हैं, रिल्के के भी पत्र हैं, या आंद्रे जीद के जर्नल्स—जिनको हम एक तरह की 'समानान्तर आत्मकथा' कह सकते हैं।

उन्होंने सीधे-सीधे कोई आत्मकथा नहीं लिखी फिर भी हम उनके जीवन में होनेवाले समूचे घटनाक्रम को जान सकते हैं। मरने से पहले ऑडेन ने मित्रों से कहा था कि न केवल आत्मकथा लिखने का सवाल नहीं उठता है बल्कि मैं यह भी चाहूँगा कि कोई मेरी जीवनी भी कभी न लिखे, क्योंकि वह भी मेरे जीवन की विकृति होगी। उन्होंने अपने किसी भी मित्र को यह अनुमति नहीं दी थी कि जो चिट्ठियाँ उन्होंने लिखी हैं, उनका इस्तेमाल उनकी जीवनी लिखने में किया जाए।

मैं आपको एक दूसरा उदाहरण देता हूँ जो शायद इस प्रश्न पर एक अतिरिक्त रोशनी डाल सके। जब टी.एस. इलियट से किसी ने कहा कि 'वेस्टलैंड' कविता हमारे पश्चिमी समाज के अवसान या उसके पतन की सबसे सूक्ष्म संवेदनात्मक अभिव्यक्ति है तो इलियट हँसने लगे। उन्होंने कहा कि जब मैं 'वेस्टलैंड' लिख रहा था तो मेरे दिमाग़ में न इस तरह का कोई सरोकार था, न मैं पश्चिमी सभ्यता के बारे में सोच रहा था। मैं अपने जीवन के एक बहुत ही वैयक्तिक संकट के दौर से गुज़र रहा था। जब मैंने इलियट की जीवनी पढ़ी तो उसमें यह वह समय था जब उनकी पहली पत्नी के साथ के उनके सम्बन्धों के भीतर बहुत वेदना के क्षण आए थे। वे अपना घर छोड़कर स्विट्जरलैंड गए और वहाँ पर उन्होंने इस कविता की रचना की। वह कविता जो आज साहित्य के इतिहास में एक संस्कृति का रूपक मानी जाती है वह कितनी आत्मवेदना से, कितनी वैयक्तिक वेदना से उत्पन्न हुई—यह इसका एक दिलचस्प उदाहरण है। एक लिहाज़ से हम यह तो कह सकते हैं कि आत्मकथात्मक लेखन पश्चिम में बहुत ही परिष्कृत रूप में हुआ है जिसका अभाव हम भारतीय साहित्य में देखते हैं। लेकिन जहाँ तक जीवनियों का सवाल है, हम गांधीजी की जीवनी का हवाला दे सकते हैं, नेहरू जी ने भी अपनी जीवनी लिखी है। आत्मकथा, अगर मैं ग़लती पर नहीं हूँ तो, सत्रहवीं-अठारहवीं शताब्दी में रेनासाँ काल के मूर्तिकार सैलिनी ने लिखी है, रूसो की आत्मकथा तो सबसे ज़्यादा

प्रसिद्ध ही है, लेकिन ये सब उस मायने में लेखक नहीं हैं जिसकी चर्चा आप कर रहे हैं। इनमें से कोई दार्शनिक था, कोई समाजशास्त्री था, कोई कला समीक्षक था।

जहाँ तक मेरा प्रश्न है, मुझे यह लगता है कि अब तक मैं जो लिखता आ रहा हूँ, उसमें मेरा आत्म-जीवन ही सबसे अधिक रूपान्तरित होकर आता रहा है। यह मेरे लिए बहुत ही उबा देनेवाली बात होगी कि अब मैं अपनी जीवनी लिखूँ—अपने उस जीवन के बारे में लिखूँ, जिसकी काल्पनिक और जीवन्त सम्भावनाओं को उनके चरम तक ले जाने की कोशिश अपने कथा-साहित्य में की है, भले ही उसमें मैं कितना ही असफल क्यों न रहा होऊँ। मेरी कथा-सम्पदा का स्रोत मेरे अब तक गुज़र चुके जीवन का अनुभव ही तो है। अगर मैं एक समाजकर्मी होता, तो शायद इसकी ज़रूरत महसूस करता। क्योंकि तब मुझे लगता कि समाज में काम करते हुए जो कुछ भी मैंने अपने अनुभवों से सीखा है, जो भी ग़लतियाँ मैंने की हैं, अपने देश के बारे में मेरी जो आशाएँ या भ्रम थे, उनका जो हश्र हुआ है—इस सबका आत्मविश्लेषण मैं करूँ। यह मैंने बहुत हद तक अपने निबन्धों में किया है, क्योंकि वे मेरे राजनीतिक और सामाजिक अनुभवों की यात्रा का ब्योरा रहे हैं।

मदन सोनी : दूसरे शब्दों में यह कि कहानियाँ और उपन्यास और निबन्ध लिखकर आपने अपने जीवन को 'फ़िक्शन के यथार्थ' में जिस तरह रूपान्तरित किया है, अब आप जीवनी लिखकर उस यथार्थ को फिर से 'फ़िक्शन' बनाने का काम नहीं करना चाहते?

निर्मल वर्मा : हाँ, इसे ऐसे भी कहा जा सकता है और यह मुझे उचित भी लगता है। चेख़ॅव कहा करते थे कि जो कहानी आप लिख रहे हैं, वह बतानी नहीं चाहिए क्योंकि फिर वह कहानी ऐसा महसूस करती है कि उसके साथ विश्वासघात कर दिया गया है। वैसे ही अगर मैं अपनी

जीवनी लिखूँगा तो यह उन अनुभवों के साथ विश्वासघात होगा जिन्हें किसी समय मैंने 'फ़िक्शन' में रूपान्तरित करने की कोशिश की थी या जिन्हें रूपान्तरित करने की मैं अब भी आशा करता हूँ।

मदन सोनी : क्या इसके साथ एक चीज़ और नहीं है कि जब आप कहानी या उपन्यास लिख रहे होते हैं तब आप उस समय से अपने को बहुत निकट और जुड़ा हुआ पाते हैं जिस समय में आप उसे लिख रहे होते हैं? इसका यह अर्थ नहीं कि आपके दिमाग़ में अतीत नहीं रहता बल्कि जैसी कि अभी एक दिन हम बात कर रहे थे कि लिखते समय अतीत तो हमारी चेतना का एक अखंडित अंश ही होता है लेकिन आत्मकथा लिखना एक तरह से अपने को अपने समय से बाहर खड़ा करके अपने को एक 'क्रॉनॉलॉजिकल' समय में स्थित करके देखने की कोशिश है, इसीलिए एक लेखक के मन में इस चीज़ के प्रति एक सहज संकोच हो, यह शायद ठीक ही है।

निर्मल वर्मा : हाँ, लेकिन जिसे हम इतिहास कहते हैं, वह 'फ़िक्शन' में बीता हुआ जीवन है। जिस समय में कोई घटना घटती है, वह समय मेरे व्यक्तिगत जीवन का इतिहास है। उस इतिहास को पिघलाकर 'फ़िक्शनल' समय में ढालना, यह आकांक्षा हमेशा एक चुनौती-सी मन को कचोटती रहती है। जो चीज़ हो चुकी है, वही चीज़ आप दोबारा कुरेदना और पुनर्जीवित करना चाहते हैं क्योंकि उसमें आप मर चुके होते हैं और आपको अपनी उस मृत्यु की सम्पूर्णता पर सन्तोष कभी नहीं होता। आप अपनी कथा में उस मृत्यु को बार-बार जीना चाहते हैं। जितना भी लेखन या सृजन है, वह अपने जीवन में हुई मृत्युओं की शृंखलाओं को कविताओं या कहानियों के जीवित क्षणों में रूपायित करने की कोशिश है।

ध्रुव शुक्ल : एक समाज-सुधारक या जिनका उल्लेख आपने किया, महात्मा गांधी जब अपनी आत्मकथा लिखते हैं, ख़ास कर सत्य के साथ

अपने प्रयोगों के बारे में लिखते हैं तो वे एक राजनीतिक यथार्थ से एक तरह से प्रतिकृत होकर उससे अपनी आत्मकथा को जोड़ते हैं। अगर हम लेखक का एक शुद्ध यथार्थ मान लें तो उसे हम एक भाषागत यथार्थ कह सकते हैं। वह एक भाषागत यथार्थ में ही जीता है और अपने जीवन में वह जितनी भाषा का प्रयोग कर चुका होता है, कृतियों के साथ मिलकर उतनी भाषा उसके आत्म का हिस्सा भी बन जाती है। तो क्या उस भाषायी यथार्थ की किसी आत्मकथा का कोई प्रारूप नहीं हो सकता?

निर्मल वर्मा : शायद इसका प्रमाण हमें उन कवियों और लेखकों में मिलता है जिन्होंने सीधे-सीधे अपनी जीवनी न लिखकर अपने लेखन की चुनौतियों या उसके भीतर से उत्पन्न समस्याओं के बारे में लिखा है। ऐसी समस्याओं को व्यक्तिगत समस्याएँ न बनाकर एक सार्वजनिक साहित्यिक रचनात्मक स्तर पर उनका विश्लेषण करने की ज़रूरत होती है। मैं आपकी बा़त को फिर इलियट के साथ जोड़ता हूँ जिनकी आलोचना उसी भाषा-स्मृति को दोबारा से उद्‌घाटित करना है जिसे उन्होंने अपनी कविताओं में पहले से ही उपलब्ध किया है। उनकी आलोचना अगर कविताओं पर एक तरह से 'रिफ़्लेक्शन' है तो एक अर्थ में वह एक विशेष तरह की कविता का 'जस्टीफिकेशन' भी है। इस लिहाज़ से एक कवि अपनी कविताओं को लेकर एक सम्पूर्ण युग में होनेवाली काव्यात्मक क्रान्ति का सफल रूप से प्रतिनिधि भी बन सकता है लेकिन यह ज़रूरी नहीं है कि ऐसा हर कवि हो। येट्स ऐसे कवि नहीं थे, रिल्के भी ऐसे कवि नहीं थे।

आपके प्रश्न का एक दूसरा पहलू भी है और वह यह कि कुछ अनुभव भाषा में अपना जीवन जीते हैं, वरना तो उन अनुभवों का आपके लिए कोई अर्थ ही नहीं रहता। लेकिन भाषा में जीवित रहनेवाले अनुभव और रचनात्मक भाषा में अनूदित होनेवाले अनुभव, इनमें क्या अन्तर है?

भाषा में जीवित रहनेवाले अनुभव तो उस हर व्यक्ति के जीवन का भी इतिहास होते हैं जो कवि या लेखक नहीं है। एक लेखक ही ऐसा जीव है जो उस भाषा को, जिसे हम स्मृति में सँजोते हैं, एक ऐसी भाषा में अनूदित करने की कोशिश करता है जो स्मृति भी है और सम्प्रेषण का साधन भी।

ध्रुव शुक्ल : कुल मिलाकर अगर आत्मकथा से सम्बन्धित इस बातचीत को हम थोड़ा सूत्रबद्ध करें तो इससे एक प्रश्न यह बन जाता है कि एक लेखक जो कुछ भी लिखता है, वह सब कुछ उसकी आत्मकथा का ही अंग है। मुझे लगता है कि जिस तरह से हम आत्म को पाने के लिए कई रास्ते चुनते हैं, उसी तरह एक लेखक अपने लेखन में कई विधाओं और माध्यमों को चुनता है।

निर्मल वर्मा : यह बहुत दिलचस्प प्रश्न है क्योंकि केवल यही बात एक लेखक को एक संन्यासी या समाज-सुधारक से अलग करती है। आत्मोपलब्धि की चेष्टा या संघर्ष वह हर संवेदनशील व्यक्ति करता है जो सत्य पाने के लिए व्याकुल है, लेकिन जो सत्य एक साहित्यकार या एक लेखक अपने लिखने की प्रक्रिया में प्राप्त करता है, वह सत्य उससे कहाँ अलग है जो एक संन्यासी को ईश्वर के साथ संसर्ग में प्राप्त होता है? यह प्रश्न कई बार मैंने पूछा भी है और इसके बारे में लिखा भी है। मैं यह सोचता हूँ कि एक लेखक ही ऐसा प्राणी है कि अगर उसे सत्य की प्राप्ति हो जाए तो उसका लिखना बन्द हो जाएगा, क्योंकि फिर उसे अभिव्यक्त करने की ज़रूरत नहीं रहेगी। लिखने का अर्थ यह नहीं है कि सत्य मिल गया है और अब हम उसे भाषा में अनूदित कर रहे हैं। इस तरह से तो कविता या कहानी लिखना बड़ी ऊबा देनेवाली चीज़ होगी। जो लेखक ऐसा करते हैं, उनकी रचनाएँ किसी भी दृष्टि से हमें प्रभावित नहीं करतीं। हमें वही रचनाएँ जीवन्त जान पड़ती हैं जिनमें जन्म लेने

और विकसित होने की प्रक्रिया में सत्य आकार लेता हुआ प्रतीत हो। वह कभी भी सम्पूर्ण रूप से अपना आकार नहीं ले पाता। फॉकनर ने कहा था कि जिस दिन मैंने उपन्यास में यह देख लिया कि मैंने वह पा लिया है जो मैं पाना चाहता था, उस दिन मैं अपनी पेंसिल तोड़ दूँगा और लिखना बन्द कर दूँगा। एक स्वप्न, एक अपूर्व सम्पूर्णता का बोध मुझे हांट करता रहता है और हर उपन्यास को ख़त्म करके मुझे लगता है कि मैंने उसकी थोड़ी-सी झलक पाई है, बाक़ी मेरे हाथ से निकल गया। वह जो हाथ से निकल गया है, उसे दोबारा पाने के लिए हम दोबारा से लिखते हैं। यही वह प्रेरणा है जो हमें चलाए चलती है—एक उपन्यास से दूसरे उपन्यास की ओर। इस प्रक्रिया में सत्य उस सत्य से बिलकुल अलग है जो गांधीजी ने प्राप्त किया था, रामकृष्ण परमहंस ने जिसकी उपलब्धि की थी, या जिसे एक मिशनरी या एक क्रान्तिकारी नेता प्राप्त करता है। इस अर्थ में सत्य का जन्म और उसकी मृत्यु रचना में ही हो जाती है।

उदयन वाजपेयी : आत्मकथा के बारे में थोड़ा-सा और। आपने अभी परसों कहा था कि आपको दो ही धर्म बहुत महत्त्वपूर्ण जान पड़ते हैं : एक औपनिषदिक, जहाँ आत्म सर्वव्यापी है, और या फिर बौद्ध धर्म, जहाँ आत्म एक भ्रम है या शून्य है। एक लेखक और उससे अधिक एक कहानीकार शायद आत्मकथा इसलिए भी नहीं लिख सकता, क्योंकि उसका जो 'सेल्फ़' है या अपने 'सेल्फ़' का उसका जो अनुभव है, वही 'फिक्टीशियस' है। 'सेल्फ़' उसके लिए न तो शाश्वत है, न शून्यता है बल्कि इसके बीच में है। इसलिए वह शायद कभी यह तय ही नहीं कर पाएगा कि जिस चीज़ की वह कथा लिखने बैठा है उसका ठीक-ठीक स्वरूप क्या है। अगर वह यह निश्चित कर पाए, जैसा कि आप कह रहे हैं कि वह सत्य पा ले, तब ही आत्मकथा लिख पाना सम्भव हो सकेगा।

निर्मल वर्मा : इस बात को इस तरह भी रखा जा सकता है कि जिस आत्म की शून्यता की बात बौद्ध धर्म ने की है, उस शून्यता का अनुभव कौन-सा आत्म करता है? वह कौन है जो यह महसूस करता है कि आत्म भ्रम है? जैसा कि महर्षि रमण ने पूछा था कि प्रश्न पूछनेवाला व्यक्ति कौन है? मैं कौन हूँ—यह प्रश्न कौन-सा 'मैं', कौन-सा आत्म पूछता है? हम उस 'सेल्फ़' को पाने की इच्छा रखते हैं जो हमारे उस आत्म से बिछुड़ गया है जो उसके बारे में प्रश्न पूछ रहा था। इसे हम 'सेप्रेशन ऑफ़ द ईगो फ्राम द सेल्फ़' कह सकते हैं। अहं का आत्म से विच्छेद। यह पश्चिम के व्यक्तित्व के संकट का सबसे बड़ा प्रमाण है। सॉल बैलो का एक उपन्यास है—'हरज़ोग' जिसकी सारी यात्रा ही यह है। इसमें हमें बार-बार इस अजीब नाटक का सामना करना पड़ता है कि मनुष्य जिस आत्म की बात करता है, उसके कितने विखंडित और विशृंखलित भागों के बीच में अपने को खेलता हुआ पाता है। वह आख़िर तक निश्चित नहीं कर पाता कि असल में उसका केन्द्रीभूत आत्म है भी या नहीं, और क्योंकि उसकी सत्ता नहीं मिलती है इसलिए बौद्ध धर्म की तरफ़ आना पड़ता है कि वह है ही नहीं। जो आप आज हैं, वह कल नहीं थे। जो कल थे, परसों नहीं होंगे। जो इतना परिवर्तनशील है, उसका होना ही भ्रम है।

लेकिन औपनिषदिक दर्शन, बिलकुल दूसरी तरफ़ यह कहता है कि जो बदलता जा रहा है, वह क्या है? उस नैरंतर्य की क्या सत्ता है? वही चीज़ बदल सकती है जिसका अस्तित्व है। मैं समझता हूँ कि बजाय इसके कि हम इसका अन्तिम उत्तर पाने की कोशिश करें, एक कथाकार को इसके व्यापक तंतुजाल के भीतर, उसकी भूल-भुलैया में पूरी ईमानदारी के साथ अपनी टटोल और तलाश करना चाहिए। बीसवीं शताब्दी के हर लेखक ने अपने-अपने स्तर पर ठीक इन्हीं प्रश्नों का विभिन्न स्तरों पर सामना किया है।

उदयन वाजपेयी : पुनः थोड़ा विषयान्तर। आपने चेकोस्लोवाकिया की 1964 तक की स्थिति के बारे में बताया। बाद में आप बीच के समय में लंदन चले गए थे। ठीक उन्हीं दिनों सोवियत फ़ौजें चेकोस्लोवाकिया में घुसीं। बीसवीं शताब्दी के इस भीषण अत्याचार के बारे में भी आप कुछ बताएँ?

निर्मल वर्मा : मुझे समझ में नहीं आता कि मैं ऐसा क्या कह सकता हूँ जो आप लोगों को पहले से मालूम नहीं होगा। ये मेरे जीवन के सबसे महत्त्वपूर्ण वर्ष थे। और मेरे लिए यह चीज़ इतिहास के प्रति विक्षोभ के अन्तिम सबूत के रूप में उपस्थित हुई। जैसा कि दुबचेक ने कहा था कि 'टू फ़ाइंड ए ह्यूमन फ़ेस'—पहली बार समाजवाद की दमनशील विचारधारा के भीतर मनुष्य की चेतना को पुनर्जीवित करने का प्रयास। मेरे लिए यह एक सबक़ था। इसलिए नहीं कि यह रिवेलेशन या उद्घाटन जैसी कोई चीज़ थी जिसके बारे में मुझे पहले से कोई शुबहा नहीं था। इतिहास की धोखाधड़ी के बारे में मेरे मन में अनेक शंकाएँ उठती रहती थीं। लेकिन एक ऐतिहासिक अनुभव का एक वैयक्तिक और आत्मीय अनुभव के रूप में आना, यह मेरे लिए पहली घटना थी। इसके बारे में मैं एक बात और कहना चाहूँगा। आप सब लोगों को मालूम है कि आज बीसवीं शताब्दी के अन्त में 'पोस्ट-मॉडर्निटी' आदि की बहसें हो रही हैं और इतिहास के अन्त की बात कही जा रही है, लेकिन चेकोस्लोवाकिया में, मैं समझता हूँ, यह वह क्षण था जिसे हम इतिहास का अन्त कह सकते हैं। जिसे लियोतार 'एंड ऑफ़ हिस्ट्री' कहते हैं[4], वह चेकोस्लोवाकिया पर इस आक्रमण से शुरू हुआ। उन्नीसवीं शताब्दी की आदर्शमूलक धारणाओं का हश्र बीसवीं शताब्दी के उत्तरार्द्ध में जैसे हुआ है, वह अपने में उस समूची बहस को एक पीठिका देता है जो हैबरमास और लियोतार के बीच चली है। लेकिन दोनों ही उसकी चर्चा नहीं करते।

अभी मैं वह बहस पढ़ रहा था और मैं लियोतार को उद्धृत करना चाहूँगा कि—किसको मालूम था कि समाज को बदलने के लिए मार्क्स के सिद्धान्त का हश्र स्तालिनिज़्म में, ग़ुलाग में होगा? किसने सोचा था कि हेगेल की रेश्नेलिटी का अन्त आश्वित्ज़ के कन्संट्रेशन कैम्प्स में होगा? किसने कभी इसकी कल्पना की थी कि जिसे हम बीसवीं शताब्दी की डेमोक्रेटिक सोसाइटीज़ कहते हैं, वे हिटलर जैसे एक व्यक्ति को जन्म देंगी? स्वतंत्रता, मानव-मुक्ति और 'रेश्नेलिटी', 'हिस्ट्री' के साथ जुड़ी हुई इन तीनों धारणाओं का अन्त इसी बीसवीं शताब्दी के अन्त में होता है। हैबरमास इसे किस नई 'कांसेंसस' में पुनर्जीवित कर सकेंगे, इसका वे कोई उत्तर नहीं देते। वैश्विकी का पुनर्जन्म किन सिद्धान्तों पर होगा, किन पूर्वमान्यताओं पर होगा? चेकोस्लोवाकिया में, सोवियत यूनियन में, या जर्मनी में जो कुछ हुआ, इतिहास की इस पीठिका को भूलकर क्या हम किसी तरह का कोई नया स्वप्न, नया कांसेंसस आविष्कृत कर सकते हैं? अडोर्नो ने कहा था कि 'ऑश्वित्ज़' के बाद कविता नहीं लिखी जा सकती। इस बात को कई लोगों ने दोहराया है। आज यहाँ आने से पहले मैं सोच रहा था कि अडोर्नो को कहना चाहिए था कि 'ऑश्वित्ज़' के बाद इतिहास सम्भव नहीं होगा।

मदन सोनी : आपने अभी लियोतार को उद्धृत करते हुए इतिहास के अन्त की बात कही। अगर हम 'इतिहास के अन्त' को महज़ एक अवधारणा के स्तर पर न लें बल्कि इस अवधारणा के पीछे निहित तथ्यों पर ग़ौर करें तो क्या आपको लगता है कि इतिहास का अन्त आख्यान की दुनिया में कोई बुनियादी परिवर्तन का कारण बनता है या बन रहा है?

निर्मल वर्मा : क्या इस प्रश्न को एक अमूर्तन के स्तर पर उठाना ठीक होगा? यह प्रश्न एक बिलकुल दूसरे आख्यान की, अब तक लिखे हुए आख्यान से अलग बिलकुल दूसरे आख्यान की अपेक्षा करता है।

आज तक के जितने भी आख्यान हैं, टॉमस मान के 'डॉक्टर फ़ाउस्ट' से लेकर आज तक के, वे इतिहास या मिथ (जिन्हें मैं अलग करके नहीं देखता) के आख्यान हैं, उनमें बुने हुए आख्यान। लेकिन इतिहास के बाद समय का क्या हश्र होगा और मनुष्य की स्मृति के लिए क्या कोई 'स्पेस' बची रहेगी—इस बोध में रचना करना, मैं नहीं समझता कि आज तक किसी लेखक ने इसकी परिकल्पना की हो। टॉल्स्टॉय ने मृत्यु की परिकल्पना ज़रूर की थी और अपनी मृत्यु से त्रस्त होकर कहानियाँ लिखी थीं जिनमें उन्होंने मृत्यु के बाद की शून्यता के त्रास को व्यक्त किया लेकिन टॉल्स्टॉय जानते थे कि 'मेरी मृत्यु के बाद भी मेरे उपन्यासों को पढ़ा जाएगा', यानी उनके बाद भी जीवन और इतिहास जारी रहेगा।

मदन सोनी : जिस लियोतार का ज़िक्र आप कर रहे थे, जिसने 'एंड ऑव हिस्ट्री' की बात की है, उसने उत्तर-औद्योगिक समाज में ज्ञान की स्थिति समझने-समझाने का यत्न किया है और इतिहास को एक महाख्यान (ग्रैंड नैरेटिव) के रूप में समझते हुए इस नई स्थिति में आख्यानों की सम्भावित परिणतियों का परीक्षण करने की कोशिश की है। हम चाहते हैं कि आप अपने इस ताज़ा अध्ययन के बारे में कुछ कहें और बताएँ कि लियोतार की स्थापनाओं से आप किस तरह का सम्बन्ध महसूस करते हैं?

निर्मल वर्मा : मैं समझता हूँ कि लियोतार नीत्शे की अवधारणाओं की अन्तिम परिणति हैं। वे मुझे हैबरमास से अधिक ईमानदार लगते हैं। 'पोस्ट-मॉडर्निटी' की अराजकता में जो व्यवस्था है, वे उसका विश्लेषण करते हैं। वे उस अराजकता का समर्थन नहीं करते और न वे हैबरमास की तरह व्यक्ति के भ्रम को दोबारा से पालना चाहते हैं। वे उस उत्तर-आधुनिकता की अराजकता के बीच 'इंडस्ट्री', साहित्य, नैतिक मान्यताओं जैसी तमाम चीज़ों की वैधता के समाप्त हो जाने की प्रक्रिया पर विचार करते हैं। नीत्शे ने सुकरात के बारे में कहा था कि वे पहले

व्यक्ति थे जिन्होंने 'हिस्ट्री' के 'इल्यूज़न' की शुरुआत की। लियोतार सुकरात से शुरू हुए इस 'इल्यूज़न' की परिणति इस 'पोस्ट-मॉडर्निज़्म' में मानते हैं। लियोतार नीत्शे की इस भविष्यवाणी का बहुत ही सुन्दर विश्लेषण करते हैं। इस लिहाज़ से लियोतार मुझे अपने निकट लगते हैं कि उन्होंने किसी भी तरह की ऐतिहासिक आत्म-छलनाओं को, चाहे वे अडोर्नो हों, चाहे वह फ्रैंकफुर्त स्कूल हो और चाहे उस स्कूल के नये समर्थक हैबरमास हों—लियोतार इन झूठी आकांक्षाओं को किसी भी प्रकार से कोई प्रश्रय नहीं देते।

लेकिन 'पोस्ट-मॉडर्निटी' ही को स्वीकार या अस्वीकार करने की लियोतार की जो एम्बीग्यूटी है, वह मुझे तमाम फ्रेंच लेखकों की आत्मसन्तोष और कॉम्प्लिसेंस की भावना से मिलती-जुलती लगती है जिससे मैं हमेशा चिढ़ता रहा हूँ। सार्त्र से लेकर लियोतार तक स्थिति का गम्भीर विश्लेषण तो करते हैं लेकिन वे उस स्थिति को समूची मानव-जाति के संकट से जोड़ने का प्रयत्न कभी नहीं करते, या जो मानव-जाति की सामूहिक जड़ें हैं, वहाँ जाने का प्रयास कभी नहीं करते। शायद इसलिए क्योंकि उन्होंने अपने-आपको यूरोपीय सभ्यता तक ही सीमित कर रखा है। उनकी निगाहें कभी यूरोप के बाहर नहीं जातीं (अगर हम लेवी स्त्रास को छोड़ दें जो इसका अपवाद हैं), यह बात मुझे हैबरमास और लियोतार, दोनों को पढ़ते हुए विक्षुब्ध करती है।

उदयन वाजपेयी : हाल में मार्क्वेज़ से साक्षात्कार की एक किताब आई है[5], आपने पढ़ी होगी। उसमें उन्होंने अपनी रचना-प्रक्रिया के बारे में लिखा है। उनसे जब पूछा गया कि कोई भी कहानी आपके दिमाग़ में किस रूप में आती है तो उन्होंने कहा कि एक 'इमेज' के रूप में। उन्होंने 'लीफ़ स्टार्म' नाम के अपने उपन्यास का उदाहरण दिया कि वह कैसे उनके दिमाग़ में आया। उन्होंने कहा कि उन्होंने एक औरत को देखा जो

एक धूल भरी गली में छाता लगाए चली जा रही है। आपके दिमाग़ में कोई कहानी या उपन्यास किस रूप में सबसे पहले आता है, प्रकट होता है? यह बात ज़रूर है कि प्रकट होने के बाद वह आपकी स्मृति और भाषा के साथ मिलकर उस कहानी या उस उपन्यास को क्या रूप देता है, यह तो शायद आपको भी पता न हो, लेकिन सबसे पहले आपको यह कब लगता है कि अब आपको यह कहानी या उपन्यास लिखना चाहिए?

निर्मल वर्मा : असल में मेरे लिए यह निश्चय करना हमेशा ही बहुत मुश्किल रहा है कि कब एक अनुभव एक ऐसे बिन्दु पर पहुँच गया है जहाँ उसे किसी कहानी या उपन्यास में बुना जा सके या उसे एक ऐसे रूप में परिभाषित किया जा सके। लेकिन यह अवश्य है कि जब तक मेरे भीतर की अबूझी समस्याओं में कुछ व्यक्तियों या स्थितियों का प्रवेश अपनी ठोस मांसलता के साथ नहीं होता तब तक वे समस्याएँ केवल एक बौद्धिक स्तर पर रहती हैं। उद्वेलित मुझे ज़रूर करती हैं, जैसे कभी-कभी, उदाहरण के तौर पर, पति-पत्नी के रिश्ते में जिस तरह से गाँठ आती है या एक तरह का मौन आता है। यह अपने में मुझे बड़ा अजीब-सा लगता है कि वर्षों बाद भी कुछ दरवाज़े हमेशा बन्द रहते हैं लेकिन यह सिर्फ़ किसी स्त्री-पुरुष या दो व्यक्तियों के बीच की दूरी और आत्मीयता के बीच के बन्धनों, या अन्तर्द्वंद्वों तक ही सीमित रहती है। कभी ऐसा ज़रूर होता है कि मैं किसी रेस्ट हाउस, किसी ट्रेन में होता हूँ तो मेरा वास्ता सचमुच ऐसे दम्पतियों से पड़ जाता है जिनके साथ मिलकर मुझे महसूस होता है कि जो मेरी बौद्धिक और अमूर्त परेशानी थी, उसकी एक मूर्ति इन दोनों के रिश्तों, संकेतों, बातचीत के द्वारा उद्घाटित हो रही है। तब पहली बार वह दरवाज़ा खटकता है। पहली बार अनुभव दबाव के उस मान पर पहुँचता है जब मुझे लगता है कि मैं इस तैयारी में हूँ कि अब इसकी कोई कथा बुनी जा सकती है।

दूसरी चीज़ जो अपने में बहुत ही रहस्यमय है, जिसकी तह में मैं अभी तक नहीं जा पाया, वह यह है कि कुछ 'विज़ुअल्स' मुझे दिखाई देते हैं, उनसे एक विचार-शृंखला या बिम्बों की एक शृंखला बनने लगती है। यह कैसे शुरू होती है और क्या इससे कहानी बन पाएगी या नहीं, उस समय उसके बारे में मैं निर्णय नहीं ले पाता। शायद कोई यह विश्वास नहीं करेगा, लेकिन क्योंकि आपने यह प्रश्न किया इसलिए मैं पहली बार यह बता रहा हूँ कि 'परिन्दे' कहानी जो एक हॉस्टल की लड़कियों के बारे में है और जो अपने में थोड़ा प्रेम, मृत्यु, अकेलापन, पहाड़—इन सब सूत्रों को समेटती हुई चलती है, उसकी शुरुआत कैसे हुई। एक शाम मैं रानीखेत में सैर करते हुए एक सड़क से गुज़र रहा था। बहुत ही निर्जन सड़क थी। मैंने देखा कि नीचे वहाँ एक लम्बा-सा मकान है जहाँ एक रेडियो बज रहा है और कुछ लड़कियाँ हँस रही हैं। सुनकर एक क्षण के लिए मैं ठिठक गया और कुछ देर तक वहीं खड़ा रहा। उस क्षण में मुझे कुछ मालूम नहीं था कि इस अँधेरे में, पहाड़ी निर्जन स्थान में रेडियो और लड़कियों का हँसना और फिर मेरा कुछ देर के बाद आगे बढ़ जाना कोई मायने रखेगा। मैं हर शाम उसी सड़क से निकलता था और उन लड़कियों की हँसी और इस बीच मैं जो कुछ सोचता रहा था, उसके बीच एक कड़ी बनती गई और कुछ दिनों बाद क्योंकि मैं डाक बँगले में बिलकुल अकेला ठहरा हुआ था, 'परिन्दे' कहानी की शुरुआत केवल इस एक दृश्य से हुई।

वैसे ही 'कव्वे और काला पानी' के पीछे जो बाबा थे, उनके साथ कहानी का कोई रिश्ता नहीं था। एक बाबा थे और मेरे एक मित्र ने उनके दर्शन का प्रस्ताव मुझसे किया। मैं बिलकुल ख़ाली था, चला गया। वे एक मास्टर जी थे जो मुझे बहुत ऊँचे एक मन्दिर के परे एक कुटिया में ले गए। वे बंगाली बाबा थे और वर्षों से वहाँ रह रहे थे। उनके व्यक्तित्व को देखकर मैं बहुत चकित हुआ क्योंकि वे बहुत ही शालीन व्यक्ति थे और लगता नहीं था कि वे परम्परागत अर्थ में वैसे साधु थे,

जैसे साधु-संन्यासियों को हम देखते हैं। वे उस ढाँचे के बिलकुल बाहर थे। फिर बाबा मुझे नीचे ले गए। वहाँ उनका एक छोटा-सा कमरा था जहाँ पर उनकी कुछ किताबें रखी हुई थीं। वे कविताएँ लिखते थे, उन्होंने मुझे कविताएँ दिखाईं। उनके पास 1941-42 की कुछ पांडुलिपियाँ थीं जो वे कलकत्ते से अपने साथ लाए थे, वे दिखाईं। फिर उन्होंने मुझे खाना खिलाया। मैं उनसे दो-तीन बार मिलने गया। मेरे मन में उस समय कोई विचार नहीं था कि वे मुझे कहानी लिखने के लिए किसी तरह का सूत्र देंगे। पाँच-छह वर्षों बाद जब मैंने साधुओं-संन्यासियों के अकेलेपन के बारे में सोचना शुरू किया तो यह चरित्र एक कुंजी की तरह मुझे दिखाई दिया। मुझे लगता है कि अगर मैं उनसे न मिलता तो शायद इस कहानी को लिखने की प्रेरणा मेरे मन में कभी न आती।

मदन सोनी : 'लंदन की एक रात' और 'परिन्दे' की कुछ कहानियों के बारे में यह महसूस किया गया है और कहा भी गया है कि इन कहानियों में तत्कालीन सामाजिक दबावों, बेरोज़गारी की स्थिति आदि का दबाव है। 'लंदन की एक रात' में शायद आपके लंदन प्रवास के दिनों की निजी स्मृतियाँ हों भी। क्या आप इन व्याख्याओं से सहमत हैं? अपने समय के सामाजिक या परिवेशगत दबावों से आप अपनी कथा का कैसा सम्बन्ध महसूस करते हैं?

निर्मल वर्मा : नहीं, ऐसा मेरे साथ कभी नहीं होता। 'लंदन की एक रात' के बारे में आलोचकों की यह बात मुझे हमेशा आश्चर्य में डालती है कि मैंने उसमें वर्ण-भेद को, गोरे लोगों के काले लोगों पर अत्याचार को या बेरोज़गारी की समस्या को विषय बनाया है। उस कहानी को लिखते हुए मेरे ऐसे कोई आग्रह नहीं थे। एक समस्या से कभी भी कोई कहानी न तो जन्म लेती है और न अपना आकार ग्रहण करती है और न ही वह मेरा बुनियादी प्रेरणा का स्रोत है। यह अवश्य है कि जब कोई अनुभव बहुत

व्यक्तिगत स्तर पर मुझे त्रस्त करता है तो उस अनुभव को मैं हमेशा ठीक समझता रहा हूँ। शायद इस माने में मैं अपने-आपको बहुत आधुनिक लेखक नहीं मानता कि मैं ज़रूरी समझता हूँ कि अपनी वैयक्तिक और अमूर्त से अमूर्त व्यथा को जब तक मैं एक ठोस परिवेश में चरितार्थ करने की कोशिश नहीं करूँगा तब तक मुझे सन्तोष नहीं होगा। मेरे लिए यह बहुत मुश्किल है कि मैं किसी कहानी के नाटक को या उसके अन्तर्द्वंद्वों को अमूर्त स्थान में निर्देशित करूँ। मेरे लिए यह स्थान बहुत ज़रूरी है फिर चाहे वह स्थान लंदन हो, या प्राग हो, या दिल्ली हो, या नैनीताल हो। उस स्थान का एक बिम्ब, एक स्मृति हमेशा मौजूद रहनी चाहिए। वह मुझे बहुत सम्बल देती है कि उन चरित्रों की लीला के बारे में स्पष्ट हो सकूँ। जब तक यह नहीं होता, मैं ख़ाली पन्ने पर अपने को बहुत असुरक्षित महसूस करता हूँ। तब तक मुझे लगता है, मेरे चरित्र भी असुरक्षित हैं। ज़रूरी नहीं, मैं कहानी या उपन्यास में उस 'स्पेस' का नाम दूँ जो स्कूली एटलस में है, किन्तु अपने मानस के मानचित्र पर मैं उसे बिलकुल साफ़ देखना चाहता हूँ। इसलिए एक विशिष्ट या कह लें, भौगोलिक स्पेस का सीधा सम्बन्ध पात्रों, उनकी स्थितियों और उनके अन्त:सम्बन्धों के साथ जुड़ा रहना चाहिए।

जब मैंने 'वे दिन' लिखना शुरू किया था तो उसका स्थान बिलकुल अलग था। मैं रोम में एक महिला से मिला था। यह मेरी पहली बार अकेलेपन और बहुत ही बेकारी के दिनों की स्थिति थी। मेरे पास पैसे भी नहीं थे और मैं बहुत ही लुटे-पिटे होटल में ठहरा हुआ था। शाम को मैं कॉफ़ी पीने गया तो वहाँ मुझे इंग्लैंड की ही एक महिला मिलीं। मेरी उनसे बातचीत होने लगी क्योंकि इटली में अंग्रेज़ी बोलनेवाले कम ही मिलते हैं। उन्होंने बताया कि वे एक 'टूरिस्ट ऑफ़िस' में काम करती हैं और यहाँ पर एक 'टूरिस्ट गाइड' के तौर पर आई हुई हैं। बाद में उन्होंने मुझसे पूछा कि क्या आज शाम को मैं ख़ाली हूँ, तो मैंने कहा कि हाँ, मैं ख़ाली हूँ।

लेकिन मैं गया नहीं, क्योंकि मेरे पास इतने पैसे नहीं थे कि मैं उनको 'एंटरटेन' कर सकता। मेरी बहुत इच्छा थी कि मैं शाम को उनसे मिलूँ लेकिन मुझे लगा कि यह बहुत ही अजीब होगा कि मैंने कॉफ़ी भी उन्हीं के पैसों की पी थी और शाम का खाना भी उन्हीं के पैसों का खाऊँ और उनकी जगह अपने को 'एंटरटेन' करूँ। उस महिला का एक 'टूरिस्ट गाइड' के तौर पर रोम के रेस्तराँ में मुझसे मिलना, मुझे तब तक याद रहा, जब तक मैं प्राग नहीं आ गया। और जब मैंने हिन्दुस्तान आकर 'वे दिन' लिखना शुरू किया तो अजीब बात यह थी कि रोम में मिली उस महिला का एक गठित रूप प्राग शहर के परिप्रेक्ष्य में मेरे भीतर जन्म लेता है। शायद आपको यह दिलचस्प चीज़ लगेगी कि प्राग और एक व्यक्ति का पारस्परिक सम्बन्ध पूरे मूर्त और ठोस रूप में जब तक मेरे भीतर नहीं बना तब तक 'वे दिन' के समूचे कथानक ने अपना आकार ग्रहण नहीं किया, हालाँकि उपन्यास का रिश्ता न तो रोम से है और न ही इस महिला से।

ध्रुव शुक्ल : अभी मैं 'लाल टीन की छत' को दोबारा से पढ़ रहा था। एक तो इसलिए कि उसका एक पहाड़ी परिवेश है और दूसरे, काया के बारे में बार-बार पढ़ते हुए, उसके बारे में बार-बार जानने की कोशिश करते हुए, ख़ास कर काया और लामा के बीच के झिलमिलों के सन्दर्भ में जहाँ बीच में वह चाँद की रोशनी का पीला धब्बा है, मुझे गौरा पार्वती के रूपक की याद आई। जैसे लामा और काया दरअसल एक दूसरे की प्रतिच्छवियाँ जैसी हैं। दोनों के बीच में वह जो धब्बा है, वह काल है। तो उपन्यास लिखते हुए, काया को रचते हुए क्या इस तरह से पार्वती की कोई मूर्ति या उस कथा की कोई स्मृति आपके मन में रही है?

निर्मल वर्मा : काया ही एक ऐसा चरित्र है जो किसी एक ख़ास लड़की को लेकर नहीं रचा गया बल्कि मैं अगर यह कहूँ कि काया मेरे बचपन के सब स्मृति अंशों का एक पुंजीभूत चरित्र है तो यह ज़्यादा सही होगा।

काया मेरे लिए एक रूपकात्मक अभिव्यक्ति रही है—बचपन के उन वर्षों के बदहवास और विक्षिप्त क़िस्म के अकेलेपन की, जो हम हर बरस शिमला में बिताते थे। लिखने की प्रक्रिया में, 'लाल टीन की छत' ही एक ऐसा उपन्यास है जिसको मैंने उम्र के एक ख़ास समय-खंड पर फोकस करने की कोशिश की है...दो-तीन साल का बहता समय, बचपन के अन्तिम कगार से किशोरावस्था के रूखे पाट पर बहता हुआ समय, जहाँ पहाड़ों के अलावा कुछ भी स्थिर नहीं है...। ज़ाहिर है कि उसमें कुछ चरित्र हैं जो उपन्यास के इन पात्रों को बहुत ठोस पीठिका भी देते हैं, क्योंकि जैसा कि मैंने आपसे कहा, यह मेरी कमज़ोरी है—जब तक कोई ठोस और साकार उपमान नहीं होते, तब तक मुझे लगता है कि मैं अपनी कथा की एक निश्चित भूमि पर नहीं हूँ। इसलिए वह जो अकेली मेम, या माँ, या पिता या चाचा के चरित्र हैं, ये सब भोगे हुए चरित्रों से सूत्र लेकर आए हैं। लेकिन जो उसके मुख्य चरित्र हैं, जिनकी बात आपने की है—लामा और काया के किसी देखे हुए चरित्र की स्मृति मात्र न होकर ऐसे पात्र हैं, जिनका कोई चरित्र नहीं। 'चरित-हीन' पात्र जो बचपन की स्मृति से उत्पन्न नहीं हुए, उस स्वप्न से उत्पन्न हुए जो हमारा बचपन है। वह शायद ऐसा पहला उपन्यास है जिसमें मैं सीधे-सीधे एक रेखा नहीं खींच सकता कि इनका सम्बन्ध इस एक ख़ास स्मृति से है।

मदन सोनी : चरित्रों की इस चर्चा के सिलसिले में मैं चाहूँगा कि आप उन कुछ चरित्रों के बारे में भी कुछ संकेत करें जो आपकी कहानियों में कुछ-कुछ रहस्यमय-से चरित्र हैं। यूँ हम यह भी कह सकते हैं कि उस अर्थ में तो आपके ज़्यादातर चरित्र रहस्यमय हैं जिस अर्थ में कि हर मनुष्य अपने में एक रहस्य होता है, लेकिन जिन चरित्रों की चर्चा मैं करने जा रहा हूँ, उनमें मुझे कुछ अतिरिक्त रहस्यमयता प्रतीत होती है। जब ये चरित्र कहानी में प्रकट होते हैं, यानी जब वे दूसरे चरित्रों के सम्पर्क

में आते हैं तो वे अपने जीवन की सहज रहस्यमयता से इसलिए कुछ अधिक रहस्यमय रूप में प्रकट होते दीखते हैं कि उन पात्रों के सम्पर्क या साहचर्य में वे हैं। ख़ुद वे चरित्र इन चरित्रों में एक तरह की दुरूहता या दुरारूढ़ता, अगम्यता, अनुभव करते हैं। यानी पाठक के समक्ष तो हर चरित्र रहस्यमय है, लेकिन जिन चरित्रों की मैं बात कर रहा हूँ, वे स्वयं दूसरे चरित्रों के लिए रहस्यमय हैं। अमालिया, 'लाल टीन की छत' में पहाड़ी औरत और 'एक चिथड़ा सुख' में नीली फ्रॉक वाली वह लड़की जो डैरी के बँगले में...।

निर्मल वर्मा : मैंने वाकई इस प्रश्न पर कभी सजग रूप से सोचा नहीं था लेकिन चूँकि आपने कहा है तो अभी-अभी मेरे मन में यह विचार आ रहा है कि मुझे कभी-कभी मुख्य चरित्रों से थोड़ा 'हटकर', जिन्हें हाशिये के चरित्र कहा करते हैं, वे बहुत आकर्षक लगते हैं। इसलिए नहीं कि ये चरित्र अपने को पूरी तरह से उद्घाटित नहीं कर पाते या खुल नहीं पाते बल्कि इसलिए कि वे 'जीवन की सीमा रेखा पर खड़ी हुई आकृतियों' से लगते हैं जो हमारे जीवन में आती हैं, हम उनसे साक्षात् करते हैं लेकिन हममें ही इतना साहस नहीं होता कि उनसे पूरी तरह से परिचय प्राप्त करने का साहस जुटा पाएँ। मैंने जानवरों के प्रति भी ऐसा सम्बन्ध देखा है और मनुष्यों के प्रति भी। 'लाल टीन की छत' में जो कुतिया है, जिसकी मृत्यु होती है उसकी याद आपको होगी। हम कभी-कभी सोचते हैं कि हर मनुष्य चूँकि 'बायोलॉजिकली' या 'एनॉटमीकली' एक जैसा होता है इसलिए उसमें प्रजातीय या 'स्पिसीज़' के तौर पर, एकता होती है। मैं ऐसा नहीं मानता। कुछ मुख्यधारा के चरित्र होते हैं—पढ़े-लिखे, सांस्कृतिक, आधुनिक माहौल में ढले हुए। ये हमें पहचाने हुए से मनुष्य लगते हैं। और कुछ हाशिए के चरित्र होते हैं—तथाकथित हाशिए के। मनुष्य वे भी हैं लेकिन जिन परिभाषाओं ने बचपन से लेकर आज तक हमारे भीतर मनुष्य

को परिभाषित किया है, उन परिभाषाओं के घेरे में ये चरित्र बाहर के लगते हैं। आपने देखा होगा कि कभी-कभी आदिवासियों को देखकर भी एक तरह का गहरा अबूझ आकर्षण और रहस्यमयता का अनुभव हमें होता है।

'लाल टीन की छत' की पहाड़िन स्त्री को उसके चाचा उसके गाँव से ले आए थे। वर्षों पहले शहर के लोग पहाड़ों पर जाते थे और हज़ार-दो हज़ार रुपये देकर औरतों को ख़रीदकर ले आते थे। वे औरतें उनकी मिस्ट्रेस की तरह रहती थीं। ऐसा मैंने अपने परिवार में भी कई लोगों के साथ देखा है। उन औरतों का जीवन उस परिवार के साथ संलग्न भी रहता था और उसके बाहर भी। उस परिवार में रहनेवाले बच्चों के लिए इस तरह की औरतें या इस तरह के व्यक्ति हमेशा एक अजीब कौतूहल और वेदना जगाते हैं। वेदना इसलिए जगाते हैं क्योंकि वे पूरी तरह उनके क़रीब आ नहीं पाते। ऐसे चरित्र ही अपने को पूरी तरह इन तथाकथित शिक्षित नागरिकों के सामने उद्‌घाटित नहीं कर पाते। तुम जिस अतिरिक्त रहस्यमयता की बात कर रहे हो, शायद उसका जवाब मेरी इस बात में कुछ मिलता हो कि हमारे समाज के हाशिए पर रहनेवाले ये मनुष्य मनुष्य की उस समाजशास्त्रीय अवधारणा के घेरे में नहीं आते जिसकी प्रतिमा हमने गढ़ रखी है।

अमालिया एक विदेशी लड़की है जिसके साथ एक हिन्दुस्तानी पहली बार सम्पर्क में आता है। पहली बार उसे एक लड़की के रूप में स्त्री का रहस्य अमालिया के माध्यम से समझ में आता है, और स्त्री से कहीं ज़्यादा विशिष्ट 'सेक्स' का रहस्य। 'सेक्स', लड़की का होना, एक विदेशी होना, इन तीनों स्तरों पर अमालिया की रहस्यमयता इस शायद कुँवारे लड़के को गहरे स्तर पर उद्वेलित करती है। जब मैं 'उद्वेलित' कहता हूँ तो हमारे जाने-पहचाने अनुभव-तंत्र के आधार पर नहीं। हमारे अनुभव भी उद्वेलित होते हैं लेकिन यह उद्वेलन कुछ अँधेरे क़िस्म का है जिसका सम्बन्ध हमारी 'सिविलाइज़्ड', जानी-पहचानी अनुभूतियों के

नीचे की अनुभूतियों, अनुभवों से है। अंडरग्राउंड एक्सपीरिएंसेज़। कोई बेसमेंट का दरवाज़ा खोल देता है और ये अंडरग्राउंड एक्सपीरिएंसेज़, जिन्हें हम दबाए रखते हैं, अचानक इन पात्रों की उपस्थिति के कारण हमारे भीतर जाग्रत होने लगते हैं। मैंने अपनी बहुत-सी रचनाओं में ऐसा नहीं किया, लेकिन जब कभी मैं दूसरे लोगों के उपन्यासों में ऐसे चरित्रों को देखता हूँ तो एक साथ आकर्षित होता हूँ और आतंकित भी। यह चरित्र हमें उस स्थिति में ले जाता है जहाँ पशु और आदमी के बीच विभाजन-रेखा बहुत धूमिल थी और जो समूची सभ्यता के दबाव के बावजूद आज भी हमारे भीतर के 'बेसमेंट' में साँस लेती है।

मदन सोनी : आप ठीक कह रहे हैं। आप जब स्पष्ट कर रहे थे तब मेरे मन में यह बात आ रही थी कि पात्रों की एक तरह की वह संरचना है जिसे हम साभ्यतिक संरचना कह सकते हैं। और उसी संरचना के बरअक्स और कभी-कभी विरोध में वे चरित्र हैं जिन्हें हम इस साभ्यतिक मानक के आधार पर असभ्य कहते हैं। शायद आप इस बात से सहमत होंगे कि सामान्य जीवन में जब हम लोगों से मिलते हैं तब उनकी रहस्यमयता से हम अपेक्षाकृत उतना परिचित नहीं होते, जितना तब होते हैं जब वही चरित्र हमारे सामने कहानी में प्रकट होते हैं। बहुत सम्भव है कि जो प्राणी आपके दिमाग़ में रहे हों, उन्हें ही जब अपनी कहानी में आपने पाया हो तो वे स्वयं आपको बहुत अजनबी और रहस्यमय लगे हों। क्या कहानी में चरित्रों का इस तरह रहस्यीकृत अवतरण भी, इसी तर्क से, ऐसा नहीं है कि कहानी एक विशेष स्तर पर, एक अधिरचनात्मक स्तर पर, एक अपेक्षाकृत अधिक साभ्यतिक संरचना है, जिसमें ज़िन्दगी से आनेवाले सारे चरित्र ख़ुद-ब-ख़ुद रहस्यमय हो जाते हैं?

निर्मल वर्मा : यह बात बहुत सुन्दर है क्योंकि यह वैसा ही है जैसे कि कुछ पात्रों को, जिन्हें हम दिन की रोशनी में देखते हैं, अगर स्वप्न में देखें

तो वे अचानक 'इमोशनली चार्ज्ड एटमास्फियर' के साथ हमें अभिभूत करते हैं। एक चरित्र वह पात्र नहीं है जिसे हमने देखा था या जिसे हम जानते हैं, बल्कि वह है जो स्वप्न की अवस्था की एकाग्र परिस्थिति में हमारी मनोभावनात्मक दुनिया से जुड़ता है। हमारी दैनिक दुनिया में ऐसा नहीं होता क्योंकि दैनिक दुनिया में कभी भी हम उसे अपने चेतन स्तर के नीचे, चेतन दुनिया के 'आइसबर्ग' के नीचे की व्यापक दुनिया में प्रवेश करने का अवसर नहीं देते। स्वप्न में चेतन और अवचेतन के दरवाज़े अचानक भड़भड़ाकर खुल जाते हैं इसलिए जब वह अपनी सम्पूर्ण अनुभूति के साथ प्रवेश करता है तो उसका 'इमोशनल चार्ज' हमारे दैनिक विज़न से अलग पड़ता है। इसी अर्थ में कथा भी एक तरह का स्वप्न है। हर कलाकृति इस अर्थ में स्वप्न है कि वह अपने बिम्बों को यथार्थ से लेती हुई भी अपने आपसी सम्बन्ध ऐसी शर्तों पर रचती है जिसका बाहरी दुनिया की शर्तों से कोई लेना-देना नहीं...स्वप्नों के बिम्ब पहचाने-से लगते हैं, किन्तु यथार्थ बिलकुल अपरिचित जान पड़ता है।

यह क्या छलना है कि कलाकृति में एक परिचित चीज़ एक अजीब ढंग से असाधारणता और अजनबीयत ग्रहण कर लेती है! जिसे हम 'सुर्रियलिस्ट' कला कहते हैं, उसमें यह चीज़ विशेष ढंग से उभरकर आती है। हम कीड़ों को भी जानते हैं और हाथ को भी जानते हैं लेकिन मैंने लुई बुनुएल की एक ऐसी फ़िल्म देखी जहाँ हाथ था और हाथों पर कीड़ों का झुंड, और इन दो परिचित चीज़ों का सम्बन्ध एक अलौकिक, एक ग़ैर-मानवीय अनुभव का आलोक पैदा कर रहा था। मैं समझता हूँ कि जो कलाकृति यह नहीं करती, वह कहीं अपने उद्देश्य में असफल रहती है। सवाल यह नहीं है कि वह यथार्थवादी है कि ग़ैर-यथार्थवादी—मार्केस का उल्लेख शुरू में उदयन ने किया था—वे परिचित अनुभवों के संयोग का ऐसा रूप बनाते हैं कि वे अनुभव अपरिचित लगने लगते हैं। जब मैं अपरिचित कहता हूँ तो वह कम सच्चा या कम प्रामाणिक नहीं है लेकिन

वह हमारी औसत सच्चाई और औचित्य से कहीं ज़्यादा गहरा औचित्य, प्रामाणिकता और अपरिहार्यता लेकर आता है।

ध्रुव शुक्ल : किसी का ऐसा कथन भी है कि एक बड़ा लेखक समाज से उसके पात्रों को छीन लेता है। आपकी अपरिचयवाली यह बात शायद उससे...।

उदयन वाजपेयी : अवस्थाओं की जो भारतीय धारणा है—स्वप्न, जागृति, सुषुप्ति और तूर्य, उसमें जो तूर्यावस्था की व्याख्या है, वह यह है कि जब मनुष्य जाग्रत अवस्था में स्वप्न या सुषुप्ति का अनुभव करने लगता है और स्वप्न में जब जागृति का अनुभव करने लगता है तो उसे तूर्यावस्था कहते हैं। वह कोई चौथी अवस्था नहीं है बल्कि जब आप इन शेष तीनों कमरों में सहज रूप से जाने-आने लगें, वही तूर्य है। अगर मैं यह कहूँ कि भाषा लेखक के हाथ में वह चाबी है जो एक अवस्था से दूसरी अवस्था में जाने के दरवाज़े खोलती है, तो इस पर आप क्या कहेंगे?

निर्मल वर्मा : मैं इससे अपने को पूरी तौर पर सहमत पाता हूँ। एक कलाकृति की प्रक्रिया को समझने का यह हमारा बहुत ही सुन्दर अनुभव हो सकता है। काफ़्का के उपन्यासों को पढ़ते हुए यही लगता है कि हम स्वप्न में एक बहुत ही कठोर, कठिन, अनिवार्य जीवन-अवस्था का अनुभव कर रहे हैं और यह ऐसी जीवन-अवस्था है जहाँ कलाकृति उस दुःस्वप्न को लाती है जो इतिहास की अनिवार्यता बन जाता है। कितनी दिलचस्प और महत्त्वपूर्ण बात है कि जिस लेखक के उपन्यासों को हम केवल 'पैरेबल्स' या 'फेबल्स' मानते आए थे, उन पात्रों की नियति लाखों लोगों को भुगतनी पड़ी। ...अगर इतिहास का कलाकृति से कोई सम्बन्ध दिखाना है तो यह एक सूत्र है जहाँ पर कि हम इस सम्बन्ध में कुछ सार्थक टटोल सकते हैं।

मदन सोनी : आप अपनी कहानियों और उपन्यासों में जब चरित्रों को नाम देते हैं तो उसकी क्या प्रक्रिया होती है? यह समस्या शायद हर कहानीकार के सामने होती होगी कि जिस चरित्र को वह अपने रचना-लोक में जन्म दे रहा है, उसे वह क्या नाम दे? आप अपने चरित्रों का नामकरण संस्कार किस तरह करते हैं?

निर्मल वर्मा : मेरे लिए यह बहुत ही कष्टदायी चीज़ है। जब मैं लेखकों के 'इंटरव्यू' पढ़ता हूँ तो उसमें कोई लेखक इसका यह जवाब देता है कि वह टेलीफ़ोन डायरेक्ट्री में से नाम चुन लेता है। मेरे लिए यह एक 'इर्रेशनल' प्रक्रिया है। अँधेरे में किसी चीज़ को खोजने या पाने जैसी प्रक्रिया। मैं इसका कोई उत्तर इस रूप में नहीं दे सकता कि मैं कोई नाम सोचता हूँ और तब लिखता हूँ। या उस चरित्र के मुताबिक़ उसका नाम चुनता हूँ। मेरे लिए यह हमेशा जुएबाज़ी जैसा लगता है। कभी मुझे इस तरह नाम मिल जाता है, जब मैं उसके बारे में सोच भी न रहा होऊँ, जब मैं उपन्यास के बारे में भी न सोच रहा होऊँ। शाम को टहलने गया और अचानक...और तब मुझे लगता है कि जिसका नाम मैं अभी तक नहीं सोच पा रहा था, यह नाम शायद उसके लिए उपयुक्त होगा।

ध्रुव शुक्ल : जैसा कि आपने काया के बारे में कहा कि वह आपके बचपन की स्मृतियों के एक पुंज की तरह है, एक घनीभूत रूप है तो ऐसी काया का नाम उस उपन्यास में बहुत ही सुविचारित नाम लगता है। काया जिसके चारों तरफ़ वह स्मृति की आभा...।

उदयन वाजपेयी : वह आपने भले ही न सोचा हो।

निर्मल वर्मा : बाद में मुझे लगा कि यह ठीक है, लेकिन जब मेरे दिमाग़ में वह नाम आया था तो उसके पीछे कोई तर्क-पद्धति, किसी तरह का कोई विचार या उस लड़की के साथ इस नाम का कोई संयोग बिठाने की कोई कोशिश नहीं थी।

उदयन वाजपेयी : हालाँकि आप अगर इजाज़त दें तो काया के नाम का एक तर्क अभी मेरे दिमाग़ में आ रहा है; आपने कहा कि काया ही एकमात्र ऐसी चरित्र है जिसकी कोई काया आपके दिमाग़ में नहीं थी। मैं कहूँगा कि शायद इसलिए उस अभाव को ही आपने यह नाम दिया। एक और बात मैं इसमें कहना चाहता हूँ। आपकी कहानियों में माँ और पिता के चरित्र जब भी आते हैं—चाहे वह 'अँधेरे में' कहानी हो या और भी अन्य कहानियाँ, तो वहाँ माँ हमेशा 'माँ' कहलाती है और पिता हमेशा 'बाबू'। मेरे अपने हिसाब से, जो चरित्र आपकी कहानियों में सबसे कम 'फ़िक्शनलाइज़्ड' हुए हैं, वे माँ और पिता होते हैं। इसका क्या कारण है? क्या माँ और पिता से आपका सम्बन्ध, बल्कि उस सम्बन्ध का विशिष्ट स्वरूप, इसका कोई आधार है?

निर्मल वर्मा : मुझे लगता है कि यह सम्बन्ध क्योंकि बचपन में आकार ग्रहण करता है इसलिए यह न तो 'फ़िक्शन' के क्षेत्र में आता है और न यथार्थ के क्षेत्र में। इसलिए मैं वह नहीं कह सकता जो कि तुमने कहा। मैं इससे थोड़ा असहमत हूँ कि वे फ़िक्शनलाइज़्ड नहीं हैं। वे उसी अर्थ में फ़िक्शनलाइज़्ड हैं कि उनमें मुझे ऐसी कई चीज़ें दिखाई पड़ती हैं जो बचपन के घटाटोप में, बचपन की कुहेलिका में दबी या छिपी रह गई थीं। वह एक ऐसा यथार्थ है जिसे मैंने केवल प्रौढ़ावस्था की तर्क-पद्धति के आधार पर नहीं रचा। मेरी कथा में उनके चरित्र अजीब तौर पर एक खोई हुई दुनिया की क्षतिपूर्ति-सी करते जान पड़ते हैं। अगर ऐसी बात की जाए कि लिखते समय अपने भीतर के ख़ालीपन को भरते हुए या भरने की प्रक्रिया में मुझे कौन-से चरित्र सबसे ज़्यादा सांत्वना देते हैं, तो मैं कहूँगा कि 'माँ और बाबू के चरित्र'। यह कुछ वैसा ही है, जैसा कि एक डायरी में मैंने कभी लिखा था कि जब हम सोते हुए स्वप्न में गटागट पानी पी रहे होते हैं और अचानक नींद खुल जाती है,

तब हमें पता चलता है कि हम कितने प्यासे थे। यह प्यास और पानी का सम्बन्ध कहीं माँ और पिता जैसा है।

ध्रुव शुक्ल : आपके समूचे कथात्मक लेखन में नारी पात्रों की भूमिका प्रमुख है। पुरुष पात्र प्रायः गौण हो जाते हैं। मुझे फ्लॉबेयर की एक बात याद आती है कि लेखक अपने को कहाँ छिपाता है। आपकी कहानी और उपन्यासों के बारे में सोचते हुए मुझे लगता है कि आप अपने नारी पात्रों के पीछे छिप जाते हैं। दूसरे शब्दों में कहें तो आपकी कहानियों में अगर लेखक का चेहरा कहीं से झाँकता है तो वह आपके नारी पात्रों के पीछे से झाँकता है। यह कैसे होता है?

निर्मल वर्मा : मैं सोचता हूँ और विश्वास भी करता हूँ कि जिसे हम दर्शन में तत्त्वज्ञान कहते हैं, वैसे ही कला में अनुभव का तत्त्व मुझे बहुत कुछ नारी के माध्यम से दिखाई देता है। इसमें कहीं भी समाजवैज्ञानिक तर्क नहीं है। अन्तोन्योनी की फ़िल्मों में भी नारी का चरित्र तात्त्विक महत्त्व का है। उनकी फ़िल्मों में इटैलियन मध्यवर्गीय समाज का गहरा और संश्लिष्ट विश्लेषण नारी के माध्यम से होता है। अन्तोन्योनी से किसी ने यही प्रश्न पूछा तो उन्होंने जवाब दिया कि 'द लोनलीनेस एंड दि कॉन्ट्राडिक्शंस ऑव अवर सोसाइटी कैन बेस्ट बी सम्ड अप इन द कैरेक्टर ऑफ़ द वूमेन'। इसे पढ़ते हुए मुझे लगा कि उन्होंने मेरे क़रीब की ही कोई बात कही है। मैं जिस चीज़ को पुरुष में थोड़ा-बहुत समझौते के घेरे में पाता हूँ, वहाँ नारी के चरित्र में वह चीज़ अपनी सीमाओं से अलग, पूरी नग्नता और सम्पूर्णता में मुझे दिखाई देती है।

मदन सोनी : पहाड़ी जातियाँ आस्था से प्रायः शाक्त होती हैं। अगर मतवादी दृष्टि से न भी हों तो 'प्रकृति' के सघन सान्निध्य और उसके साथ लयबद्ध होने के नाते तो होती ही हैं। आप भी पहाड़ी हैं और क्या

यह महज़ संयोग है कि आप अपनी धार्मिक दीक्षाओं की शुरुआत को कालीदेवी के मन्दिर की अपनी बचपन की स्मृतियों से जोड़ते हैं। आपकी अनेक कहानियों में देवी के मन्दिर आते हैं, प्रकृति तो है ही। इसलिए सम्भव है कि यह प्रकृति तत्त्व ही नारी के चरित्र में रूपान्तरित होता हो! हालाँकि यह एक तरह से आपकी कहानी का 'डीप स्ट्रक्चर' ही है कि उसमें यह प्रकृति तत्त्व...।

किन्तु यहाँ मैं आपसे एक दूसरी बात कहना चाहता हूँ : आपकी कहानी में जब दो पात्रों के बीच में संवाद चल रहा होता है तो उसे आप बीच-बीच में तोड़ते हैं—जैसा कि एक 'स्लो मूवी' के साथ होता है : कोई एक वाक्य बोलता है और फिर देर तक एक 'नैरेटिव सन्नाटा'; एक सवाल पूछा जाता है और बहुत देर तक दूसरी ओर से उसका जवाब नहीं आता। बीच में नैरेटर या तो उनमें से किसी की मन:स्थिति का बयान कर रहा होता है या अक्सर आसपास के वातावरण या पर्यावरण का। इस पर आप कुछ कहना चाहेंगे?

निर्मल वर्मा : एक लेखक के रूप में मेरी एक अभिलाषा रही है कि जब दो व्यक्ति बात करें तो उसमें न तो 'बोध' आए (बोध, अर्थात् सब कुछ जान लेना) और न बातचीत का एक 'इंस्टिक्टिव' स्तर जिसमें शुद्ध भावनात्मक स्तर पर वार्तालाप होता है। दूसरे शब्दों में, मैं उस प्रक्रिया को देखना चाहता हूँ जो बहुत ही सहज ढंग से (मनोवैज्ञानिक ढंग से नहीं) दो व्यक्तियों के आपसी सम्बन्ध या एक व्यक्ति के स्वयं अपने से सम्बन्ध के स्तर पर बोध और 'इंस्टिक्ट' के बीच घटती है जो न तो बिलकुल तात्कालिक प्रतिक्रिया के रूप में प्रकट होती है और न ही लगे-बँधे उत्तर के रूप में। न तो यह जान पड़े कि दोनों बहस कर रहे हैं, किसी समस्या पर विचार कर रहे हैं—चाहे वह प्रेम हो, अपनी स्थिति हो या पारिवारिक स्थिति हो—और न यह जान पड़े कि वे एक-दूसरे के इतने निकट हैं कि

उन्हें ज़्यादा कहने की ज़रूरत नहीं है। 'सेंसेशन' और ज्ञान के बीच के रास्ते के अनुभवों के थोड़े बने और थोड़े अधबने आकारों को मैं इस तरह विशृंखलित रूप में रखना चाहता हूँ। एक ऐसे शिल्प में जहाँ पर सम्प्रेषित होते हुए भी उनका बना-बनाया रूप सामने न आ सके। यह 'स्ट्रीम ऑव कॉन्शसनेस' भी नहीं है और 'डिस्कर्सिव' या 'रेशनल एप्रोच' भी नहीं है। यह ऐसी प्रक्रिया है जो असल में हमारे भीतर हमेशा चलती रहती है लेकिन हम इसको कविता या कहानी में ही लाने की कोशिश करते हैं। यह उन दो पाटों के बीच की स्थिति है जिनमें से एक में हम रहते हैं, दूसरे से हमारा सम्बन्ध क़ायम होता है। लेकिन इसे किस ढंग से और किस तकनीक के ज़रिये एक कथा में पिरोया जाए, मेरे लिए यह हर कहानी में वैसे ही समस्या बनकर आती है, जैसे कि मैं पहली बार कहानी लिख रहा होऊँ। इसका कोई अन्तिम समाधान मुझे नहीं मिला। लेकिन कभी-कभी ऐसा लगता है कि इसे उपलब्ध किया जा सकता है।

उदयन वाजपेयी : जैसा कि परसों मदन ने कहा था कि आपकी कहानी में 'एक और सतह का अहसास' बना रहता है, तो मुझे सहज ही यह लगता है कि मैं यह कहूँ कि आपके संवाद जैसे दिशासूचक चिह्न हैं—उस ओर, जहाँ संवाद है। अर्थात् वे संवाद, संवाद न होकर उस ओर इशारा करते हैं जहाँ संवाद हैं, जैसे कि आपकी कहानी उस ओर इशारा करती है, जहाँ कहानी है। वह सिर्फ़ आपको वहाँ अकेला, बग़ैर कहानीकार के, बग़ैर शब्दों के, बग़ैर संवाद के, छोड़ आना चाहती जहाँ कहानी है या जहाँ संवाद है।

मदन सोनी : और इस अर्थ में आपकी कथा या कहें कि आपकी कथाओं की सफलता इस बात में है कि वे हमेशा एक अन्तर्निहित कथा का विन्यास करने की कोशिश में, या उसको उजागर करने की कोशिश में लिखी जाती हैं और ऐसा करते हुए वे अदृश्य हो जाती हैं,

जैसा कि उस दिशासूचक चिह्न के साथ भी होता है कि वह हमें दिशा बताकर ख़ुद अदृश्य हो जाता है। इस अर्थ में आपकी कहानियाँ अदृश्य होती हुई कहानियाँ हैं—पाठक को उस दिशा में छोड़ती हुई जहाँ कहानी की सम्भावना है।

['पूर्वग्रह' (सं. अशोक वाजपेयी) : मार्च-अप्रैल, 1990, अंक 97 से साभार]

सन्दर्भ

1. 'उपन्यास की मृत्यु और उसका पुनर्जन्म' (ढलान से उतरते हुए)
2. द्रष्टव्य : 'सिंगरौली—जहाँ कोई वापसी सम्भव नहीं' (वही)
3. 'दि पोस्ट-मॉडर्न कंडीशन'—ज्याँ फ्रांसुआ लियोतार
4. वही
5. 'फ्रेगरेंस ऑव गुवावा'—गाब्रिएल गार्सीया मार्केस से प्लीनिओ मेंदोज़ा की बातचीत

मैं अपने लेखन को किसी का पर्याय नहीं बनाना चाहता

[कुलदीप सिंह से बातचीत]

प्रश्न : आपकी कहानियों के बारे में प्रायः कहा जाता है कि वे सामान्य आदमी के यथार्थ को व्यक्त नहीं करतीं। कृष्णा सोबती ने भी 'हम हशमत' में आप पर लिखते हुए यह कहा है। आप इस बारे में क्या महसूस करते हैं?

उत्तर : इस प्रश्न के दो पहलू हैं : एक तो 'सामान्य आदमी'; दूसरा, उसका 'यथार्थ'। मुझे नहीं मालूम, क्या साहित्य में 'सामान्य आदमी' जैसी अमूर्त अवधारणा कोई अर्थ रखती है। साहित्य में हम व्यक्तियों से साक्षात् करते हैं, सामान्य अवधारणाओं से नहीं। हर व्यक्ति अपनी समग्रता में हमारे सामने आता है, जो उसके जीवन के विशिष्ट यथार्थ से फूटकर बाहर अवतरित होती है। हम यथार्थ को किसी एक ख़ास अर्थ या

अवधारणा में सीमित नहीं रख सकते। एक लेखक को यथार्थ की विभिन्न परतों के सम्पर्क में आना पड़ता है, जो उसकी कहानी की थीम के साथ जुड़ी होती हैं। वह कौन-से यथार्थ को उद्‌घाटित करता है, यह उस थीम पर निर्भर करता है, जो वह अपनी कहानी या उपन्यास के लिए चुनता है। मेरी समझ में यथार्थ को किसी सामान्य अमूर्त सिद्धान्त में रिड्यूस करना उचित नहीं।

प्रश्न : किन्तु आप जो अपनी कहानियों के पात्र चुनते हैं, वे किसी भी अर्थ में सामान्य कोटि में नहीं आते; वे बहुत ही परिष्कृत भाव-बोध लिये होते हैं।

उत्तर : मैं नहीं सोचता, यह 'भाव-बोध' का प्रश्न है। मुझे नहीं लगता कि किसी तथाकथित सामान्य व्यक्ति का भाव-बोध एक मध्यवर्गीय बुद्धिजीवी से कम परिष्कृत होता है। बेशक, वह उससे भिन्न अवश्य हो सकता है। उसके देखने-समझने का ढंग, ज़िन्दगी की समस्याओं को झेलने का तरीक़ा भले ही अलग हो सकता है। अपने परिवेश में एक 'सामान्य आदमी' का सोचने-देखने का भाव-तंत्र उतना ही संश्लिष्ट, जटिल और परिष्कृत होता है, जितना किसी दूसरे वर्ग के व्यक्ति का। व्यक्तियों को 'सामान्य' और 'असामान्य' कठघरों में विभाजित करने से हम यथार्थ की चमत्कारिक सम्भावनाओं को विपन्न करते हैं, जो अनन्त हैं।

प्रश्न : आप अपनी कहानियों के पात्र और थीम कैसे चुनते हैं?

उत्तर : कोई लगा-बँधा नियम उसमें नहीं है। कुछ अनुभव मेरी स्मृतियों को उघाड़ते हैं, जो अपनी एक निजी सृष्टि रूपायित करते हैं। मैं कहानी में इस सृष्टि की प्रामाणिकता और सम्पूर्णता को टटोलने और पाने का प्रयास करता हूँ—कभी मैं सफल होता हूँ, कभी नहीं। किन्तु मेरे 'चयन' के पीछे कोई पहले से सोचा हुआ निर्णय नहीं होता। सिर्फ़ यह जिज्ञासा रहती है

कि क्या कुछ अनुभव सत्य की सम्भावनाओं को उजागर कर सकते हैं? क्या उनके भीतर से किसी तरह के 'अर्थ' उद्घाटित हो सकते हैं?

प्रश्न : आप अपने पात्रों से कहाँ तक तादात्म्य स्थापित करने की कोशिश या कामना करते हैं?

उत्तर : एक तरह से मैं अपने को हर पात्र में अवस्थित करता हूँ, किन्तु दूसरी ओर मैं उनसे एक तरह की दूरी—निस्संगता भी बनाने की कोशिश करता हूँ। गोएटे ने एक बार कहा था कि कोई भी मानवीय अनुभूति उनके लिए अजनबी नहीं है—एक हत्यारे का अनुभव भी नहीं। और इसे मानवीय अनुभूतियों तक ही क्यों सीमित रखा जाए? एक लेखक को ग़ैर-मानवीय प्रकृति के विराट् अनुभव—सागर में भी डूबने का साहस करना चाहिए... तभी वह मानवीय प्रकृति को भी ठीक से अंकित कर सकेगा।

प्रश्न : आपकी कहानियों का तंतुजाल सशक्त भावनाओं में बुना हुआ दिखाई देता है। उन्हें पढ़ते हुए कुछ ऐसा लगता है, जैसे आप लिखते समय भी उनसे कहीं गहरे में बँधे हुए हैं, उन स्थितियों में उलझे हुए हैं जिन्हें आप दर्शाना चाहते हैं, क्या यह सही है?

उत्तर : नहीं, सीधे, प्रत्यक्ष रूप से नहीं। मैं प्राय: उन चीज़ों के बारे में नहीं लिखता, नहीं लिख पाता, जिनसे मैं घिरा हूँ, आवेष्टित हूँ क्योंकि तब मेरा लेखन उस चीज़ का पर्याय बन जाएगा, जिसे मैं जीना चाहता हूँ। मैं अपना लेखन किसी भी चीज़ का पर्याय नहीं बनाता। अपने विषय के प्रति भावनात्मक लगाव रहना तो स्वाभाविक है—उसके बिना मैं कुछ भी नहीं लिख सकता। किन्तु एक तरह की दूरी, ठंडापन, तटस्थता भी होनी चाहिए। लिखते हुए हमें एक 'न्यूट्रल ग्राउंड', तटस्थ भूमि पर रहना चाहिए। रोलाँ बाख़्त ने कहा था : 'जो बोलता है, वह नहीं है जो लिखता है, और वह जो लिखता है, वह नहीं है जो वह है।'

प्रश्न : आपकी इधर की कहानियों में 'कथावस्तु' पर ज़ोर उतना नहीं है, जितना शायद आरम्भिक दौर में था। इससे अनुभव की तीव्रता में कमी नहीं आती, किन्तु क्या आप ऐसा नहीं सोचते कि यदि किसी कहानी का सधा-सँवरा, सुघड़ प्लॉट हो, तो उसके अधिक सशक्त और विश्वसनीय बन जाने की सम्भावना बन जाती है?

उत्तर : मेरे लिए कहानी में रिश्तों का पैटर्न केन्द्रीय महत्त्व का है। यदि उससे प्लॉट बनने लगता है, तो मैं उसे छोड़ता या बिगाड़ता नहीं। किन्तु यदि वह पैटर्न किसी प्लॉट की बैसाखी के बिना भी उद्घाटित होने लगता है, तो मुझे बुरा नहीं लगता। उसका होना न होना मेरे लिए महत्त्वपूर्ण नहीं है। किन्तु कहानी में एक भावनात्मक ढाँचा अवश्य होना चाहिए, चाहे उसकी रूपरेखा कितनी ही धुँधली क्यों न हो, जो उसकी गति और लय को निर्धारित कर सके। कहानी का अदृश्य भेद उसकी दृश्य गति को संचालित करता है।

प्रश्न : मैल्कम काउले ने कहीं लिखा है : "कुछ लेखक स्वयं नहीं लिखते...कोई उनसे लिखवाता है और वह उसके आदेश पर लिखते जाते हैं।"—आप क्या सोचते हैं? फॉकनर कहते हैं : "मैं आवाज़ों को सुनता हूँ और जब मैं उसे लिख लेता हूँ जो वे कहती हैं, तो वह मुझे सही जान पड़ता है"—आपके साथ क्या होता है?

उत्तर : फॉकनर ने बहुत सुन्दर बात कही है। मैं 'आवाज़ों' की बात न भी करूँ, तो भी लिखते समय मेरी चेतना के स्क्रीन पर एक समानान्तर फ़िल्म चलती रहती है, जो अपनी जीवन्त स्पन्दनशीलता के साथ शब्दों में अवतरित होना चाहती है। जब तक कहीं चेतन या अवचेतन में ऐसी 'फड़फड़ाहट' न हो, तब तक लिखना, एक दिन के बाद दूसरे दिन बराबर लिखते चले जाना असम्भव होगा।

प्रश्न : क्या लिखना आपके लिए सुखद अनुभव है या यातनादायी? कुछ लेखक सृजन की 'प्रसव-पीड़ा' की बात करते हैं...।

उत्तर : ज़्यादा प्रीतिकर अनुभव तो नहीं है—कम-से-कम मेरे लिए। टॉमस मान ने एक बार व्यंग्य में कहा था : "लिखना ही एक ऐसी चीज़ है, जो एक लेखक को सबसे ज़्यादा मुश्किल जान पड़ती है।" कभी-कभी बुरे क्षणों में उससे सांत्वना भी मिलती है...कुछ भी कहो, है काफ़ी जी-तोड़ कामपीड़ा और सुख से परे। कभी-कभी यह सोचकर मैं आतंकित-सा हो जाता हूँ कि शायद ऐसा भी समय आ सकता है, जब मैं कुछ भी नहीं लिख पाऊँगा।

प्रश्न : कहा जाता है कि किसी महत्त्वपूर्ण लेखक की कृतियों में कुछ ऐसे विषय होते हैं, जो एक 'टेक' की तरह बार-बार लौटकर आते हैं। आपकी कहानियों में, जैसा मैंने कहा, एक तरह के भावनात्मक पैटर्न की तीव्रता रहती है, जिसमें पीड़ा, अकेलापन, दुःख, क्षति, निराशा की भावनाएँ ही प्रमुख रहती हैं। क्या इससे एक असन्तुलित-सी तसवीर सामने नहीं आती?

उत्तर : सच पूछा जाए, तो लिखते समय मेरे मन में ऐसा कोई संकल्प नहीं होता कि मैं कोई उदास कहानी या अकेलेपन या अलगाव की कहानी लिखने जा रहा हूँ। मेरे लिए कोई एक भावना इतनी केन्द्रीय महत्त्व की नहीं है कि दूसरी भावनाओं को हाशिए पर ठेल दे। पीड़ा की अनुभूति के पीछे भी चाहे वह कितनी तीव्र क्यों न हो, कहीं सुख पाने की लालसा छिपी रहती है। मुझे लगता है, जब तक पीड़ा या अकेलेपन का त्रास मनुष्य की नैतिक विडम्बनाओं के भीतर से उत्पन्न नहीं होकर आता, तब तक कहानी में उनकी कलात्मक अर्थवत्ता अधिक नहीं होती।

प्रश्न : आपकी कहानी 'कव्वे और काला पानी' में 'सच्ची-झूठी कहानियों' के बारे एक वाक्य आता है। मुझे वह बहुत मर्मस्पर्शी लगा।

क्या आप उसके बारे में कुछ विस्तार से कहना चाहेंगे? उसे पढ़कर मुझे वर्जीनिया वुल्फ़ का एक वाक्य स्मरण हो आया, जो उन्होंने अपने कथा-साहित्य के बारे में कहा था : 'मेरे मुँह से बहुत-से झूठ निकलेंगे, लेकिन कहीं उनमें सच छिपा होगा।' माना, कहानी कल्पना की चीज़ है, एक माया-भ्रम, यथार्थ को तोड़-मरोड़ कर रखने का उपक्रम और उस हद तक वह झूठ है। किन्तु उसका कुल प्रभाव उस यथार्थ से कहीं ज़्यादा सशक्त होता है। ऐसा क्यों होता है? एक कहानी यथार्थ की प्रामाणिक प्रतिकृति कैसे बन जाती है?

उत्तर : आपने जिस कहानी का ज़िक्र किया, उसमें उसके नायक की भावनाएँ प्रतिध्वनित होती हैं। उसे लगता है कि उसके भाई ने संसार को त्यागकर जो सत्य पाया है, वह उससे कहीं ज़्यादा मूल्यवान है, जो वह अपनी कला में खोजता रहा है। यह कला से निराशा नहीं है, सिर्फ़ अपने लेखन की असफलता को पहचानने का क्षण है...एक लेखक को अवश्य ही यह भ्रम कचोट सकता है, कि वह अपने लिखने में अपने जीने का सत्य, अपने अस्तित्व का सम्पूर्ण सत्य, नहीं व्यक्त कर पाया है। टॉल्स्टॉय से महान् लेखक कौन हो सकता है, किन्तु उन्हें भी रह-रहकर अपने लेखन को लेकर सैकड़ों सन्देह सालते रहते थे। 'युद्ध और शान्ति' और 'अन्ना कैरेनिना' जैसे अमर उपन्यासों के लेखक को भी अपनी कला की प्रामाणिकता, उसके सत्य के बारे में शंकाएँ उद्वेलित करती थीं। शायद पहुँचे हुए संत-संन्यासियों को भी कभी-कभी अपनी साधना के बारे में ऐसे ही सन्देह होते होंगे...रामकृष्ण परमहंस को भी शायद। ऐसा क्यों होता है? शायद इसलिए कि कला या ईश्वर का रास्ता अपनाकर लगता है कि कहीं उनके कारण दूसरे अनुभव तो हाथ से नहीं छूट गए जो किसी अलग सत्य की ओर जाते थे और जिससे हम हमेशा के लिए वंचित रह गए? हम कह सकते हैं कि यह सन्देह हर साधना के भीतर मौजूद रहता है, और उसका अतिक्रमण, निरावरण नहीं, साधना के द्वारा ही सम्भव हो पाता है।

प्रश्न : तो आपके लिए कहानी लिखना इसी सत्य को पाने का माध्यम है?

उत्तर : नहीं, वह सत्य को पाने का माध्यम नहीं, वह स्वयं अपने में सत्य है।

प्रश्न : अगर मैं ग़लत नहीं हूँ, तो भारत में शायद ही कोई लेखक अपने 'लिखने' पर जीता है, जिसने लिखना ही कैरियर के रूप में चुना हो। आपने यह कैसे किया? क्या इस चुनाव के पीछे कोई जानबूझकर लिया हुआ निर्णय है?

उत्तर : मैं इसे संयोग और परिस्थितियों का मिश्रण ही कहूँगा कि वैयक्तिक जीवन में मुझे अधिकांश समय नौकरी करने की ज़रूरत नहीं पड़ी। लिखने से ज़्यादा कमाई नहीं होती, लेकिन मेरी पारिवारिक ज़िम्मेवारियाँ भी ज़्यादा नहीं हैं। अनेक दूसरे लेखकों की तरह मुझे घर का किराया भी...।

प्रश्न : आपका अपना ही मकान है?

उत्तर : मेरा नहीं, मेरे पिता ने उसे ख़रीदा था, शायद अपने बेरोज़गार बच्चों के लिए (हँसते हुए)।

प्रश्न : कौन-से भारतीय और विदेशी लेखकों ने आपको प्रभावित किया?

उत्तर : बचपन में मुझे प्रेमचन्द, जैनेन्द्र, रवीन्द्रनाथ ठाकुर, शरत बाबू की कहानियाँ लुभाती थीं। पहले-पहल मैंने इन्हीं लेखकों को पढ़ा था। थोड़ा वयस्क होने पर रूसी लेखकों ने मुझे एकदम अभिभूत कर दिया—चेख़ॅव, तुर्गनेव, टॉल्स्टॉय, गोर्की। दोस्तोएव्स्की को काफ़ी बाद में पढ़ा। लिखने का व्यसन उनकी पुस्तकों से ही लगा। शायद भारतीय लेखकों से कहीं अधिक उनका प्रभाव मुझ पर पड़ा। बाद के वर्षों में केन्द्रीय यूरोप के लेखकों ने, विशेष कर टॉमस मान, हर्मन हैस्स, मार्सल प्रूस्त और काफ़्का

ने मेरे पाठकीय अनुभव की नई दिशाएँ खोलीं। अंग्रेज़ी लेखकों में सिवा वर्जीनिया वुल्फ़ के ज़्यादा आकर्षित नहीं किया। लेकिन वर्जीनिया वुल्फ़ को पढ़ना एक अद्वितीय अनुभव रहा...फ्रांसीसी अस्तित्ववादी लेखकों में कामू मुझे सर्वश्रेष्ठ जान पड़े।

प्रश्न : पाँचवें और छठे दशक में 'नई कहानी' का आन्दोलन शुरू हुआ था जिसके बारे में गॉर्डन रोडरमल ने कहा था कि लेखकों की एक ऐसी 'नई पीढ़ी' सामने आई जो समान रूप से राजनीतिक, सामाजिक और वैयक्तिक सम्बन्धों के मोहभंग से आक्रान्त थी। इसी दौरान 'सचेतन' और 'अकहानी' आन्दोलन भी शुरू हुए। आपकी वर्तमान हिन्दी कथा-साहित्य के बारे में क्या राय है?

उत्तर : मुझे लगता है कि आज जो लेखक लिख रहे हैं, उनमें से अधिकांश राजनीतिक विचारधाराओं के प्रति अपेक्षाकृत अधिक सजग हैं। वे मुझे पाँचवें दशक की प्रगतिशील लेखकों की पीढ़ी की याद दिलाते हैं। यह विवाद का विषय हो सकता है कि इन राजनीतिक विचारधाराओं ने उनके लेखन को कहाँ तक क्षति पहुँचाई है। किन्तु इस तथ्य से कोई इनकार नहीं कर सकता कि इन वर्षों के दौरान ग़रीबी, बेरोज़गारी और उन लोगों की बेचारगी और व्यथा जो गाँव से उन्मूलित होकर शहरों में आए हैं, इन सब घटनाओं ने लेखकों की चेतना को प्रभावित किया है। आज जिस तरह ग़रीब और समृद्ध लोगों की जीवन-शैली के बीच अन्तराल बढ़ा है, जिसके कारण सामाजिक जीवन के हर क्षेत्र में पाखंड और अनैतिकता जिस नंगे ढंग से दिखाई देती है, ऐसा पहले कभी नहीं था। लोग अब इन तथ्यों के प्रति इतना अधिक सचेत हो गए हैं कि व्यक्तियों के निजी अनुभव जो पहले के लेखकों की कहानियों में इतना गहरा महत्त्व रखते थे, अब सामाजिक और राजनीतिक दबावों के तले दब-से गए हैं।

प्रश्न : लेकिन अगर आपको आज के लेखन के बारे में कोई नाम या लेबल देना हो, तो वह क्या होगा?

उत्तर : मैं कहूँगा कि वह पहले से अधिक 'समाजोन्मुख' है। जिन मध्यवर्गीय परिवारों में हिन्दी, बंगाली और गुजराती लेखक आते हैं, उनके सृजनात्मक मानस से इन सामाजिक परिस्थितियों के द्वारा गहरे तनाव और उथल-पुथल उत्पन्न हुए हैं।

प्रश्न : बहुत वर्ष पहले आपका कम्यूनिस्ट पार्टी से सम्बन्ध था। आप उसके द्वारा संचालित कल्चरल फोरम से भी सम्बद्ध थे। आपकी आज की राजनीति क्या है? क्या आप किसी राजनीतिक दल से सम्बद्ध हैं?

उत्तर : नहीं, मैं किसी राजनीतिक दल का सदस्य नहीं हूँ। सन् 1956 में जब हंगरी सोवियत हस्तक्षेप हुआ, तब से मेरा किसी राजनीतिक दल से कोई नाता नहीं रहा। मुझे लगा कि एक लेखक को अपनी राजनीतिक चेतना के द्वारा एक सतर्क नागरिक की हैसियत से समाज के हर प्रश्न को समझना और तौलना-परखना चाहिए। और यह वह तभी कर सकता है जब वह किसी राजनीतिक दल विशेष के आईने से समाज को न देखकर उसे थोड़ा निष्पक्ष और तटस्थ ढंग से आँकने का प्रयत्न करे। अगर वह ऐसा करता है तो वह एक लेखक के तौर पर यथार्थ की जिन विभिन्न परतों से युक्त सत्य को देखता है, उसे राजनीति के एकतरफ़ा यथार्थ से गड्ड-मड्ड नहीं करेगा। इस तरह वह एक अच्छे नागरिक का दायित्व भी निभा पाएगा और एक लेखक की भूमिका भी सम्पन्न कर सकेगा और इन दोनों के परस्पर सम्बन्धों को उलझाएगा नहीं।

प्रश्न : चलिए, कहानी पर वापस आएँ। कभी-कभी मुझे आश्चर्य होता है कि कुछ संवेदनशील पाठक होते हैं जो हमेशा कहानियों में लेखक को एक व्यक्ति की तरह पाना चाहते हैं। आपकी दृष्टि में यह कहाँ तक उचित है?

उत्तर : इसे 'पाठ' की एक सीमा ही कहा जा सकता।

प्रश्न : शायद आप ठीक कहते हैं। एक पाठक को अपने पढ़ने की प्रक्रिया में स्वयं निष्कर्ष निकालने चाहिए। स्वयं अपने लिए उसका अर्थ खोलना चाहिए।

उत्तर : मैं यह नहीं कहूँगा कि पढ़ने का एक ख़ास ढंग दूसरे ढंग से बेहतर या बदतर होता है। वह तो स्वाभाविक ही है कि किसी लेखक की पुस्तक पढ़ते हुए उसकी (लेखक की) एक छवि धीरे-धीरे हमारे मस्तिष्क में बनती जाती है। अगर यह छवि हमारे साहित्यिक मूल्यांकन में बाधा न डाले तो यह अपने में एक सुन्दर खोज हो सकती है...जब मैं चेख़ॅव की कहानियाँ पढ़ता हूँ, तो उनके व्यक्तित्व का एक बिम्ब मेरी आँखों के सामने आ जाता है। मैं उनकी कहानियों से कुछ ऐसी चीज़ों की अपेक्षा करने लगता हूँ, जिन पर कहीं-न-कहीं उनके व्यक्तिगत जीवन की छाप रहती है—वह जीवन जो उन्होंने जिया था। कभी-कभी तो एक को दूसरे से अलग करना मुश्किल हो जाता है। चेख़ॅव के साथ मेरा सम्बन्ध उनकी कहानियों से बनता है और उनकी कहानियों से उनके लेखन का बिम्ब बनता है। उनकी कहानियों को पढ़कर जो आनन्द मिलता है, उसमें कहीं इन दोनों की छवियाँ घुली-मिली रहती हैं। लेखक की भी और व्यक्ति की भी। मैं सोचता हूँ कि कोई भी चीज़, जो हमें एक लेखक की कृति के साथ आत्मीय सम्बन्ध जोड़ने में मददगार होती है, वह उसकी कृतियों के पढ़ने के आनन्द और अन्तर्दृष्टि को अधिक पुष्ट करने में भी मददगार होगी।

['संडे ऑब्ज़र्वर' : 15 अप्रैल, 1984 से साभार]

निर्वासित की वापसी

[रत्नधर झा से बातचीत]

प्रश्न : आपकी पीढ़ी के लेखकों ने एक बार यह माना था कि साहित्य अकादेमी पुरस्कार स्वीकार करना अपने को बेचना है। एक पुरस्कृत लेखक होने के नाते आप क्या सोचते हैं?

उत्तर : एक लेखक के निजी सृजनरत जीवन और राज्य की सार्वजनिक संस्थाओं के बीच हमेशा एक अन्तराल रहता है। किसी सम्मान या पुरस्कार से यह अन्तराल, यह दूरी कम नहीं होती...बराबर बनी रहती है। भारत में स्थिति कुछ इसलिए भी विकट हो जाती है क्योंकि इन संस्थाओं पर निरन्तर साहित्यिक गुटों और राजनीतिक दलों का दबाव छाया रहता है। कुछ वर्ष पहले तक साहित्य अकादेमी की अकर्मण्यता और समकालीन लेखन के प्रति उदासीनता सबकी आँखों में खटकती थी। मुझे ख़ुशी है कि अब बड़ी हद तक उसने उससे मुक्ति पा ली है।

वह अपनी ज़िम्मेवारियों के प्रति अपेक्षाकृत अधिक सजग जान पड़ती है।

जहाँ तक लेखक का प्रश्न है, मुझे लगता है कि कोई भी सम्मान उसके लिए गहरी दुविधा और संकोच का कारण बन जाता है। बाहर की दुनिया के प्रति सशंकित और उस 'दुनिया' के प्रति अनिश्चित, जो उसकी कहानियों, उपन्यासों में जन्म लेती है, एक लेखक कभी भी आश्वस्त नहीं हो पाता कि किसी संस्था द्वारा जो उसे सम्मान मिला है, वह कहीं किसी ग़लतफ़हमी पर तो आधारित नहीं है? कभी-कभी मुझे ये सारे सम्मान और पुरस्कार असामयिक जान पड़ते हैं...या तो वे समय से पहले आकर नवोदित लेखक की नाज़ुक गुणवत्ता को कुंठित कर देते हैं—या बहुत देर से आते हैं—जब लेखक अपने पागल पापमय रास्तों पर चलने का इतना आदी हो चुका होता है कि पुरस्कार मिलने न मिलने से उसका कुछ बनता-बिगड़ता नहीं। ग्रैहम ग्रीन के शब्दों में : "सफलता एक लेखक के लिए हमेशा एक स्थगित होती हुई असफलता है।"

प्रश्न : आप चेख़ॅव-शैली की परम्परा में अपनी कहानियों को रखना पसन्द करेंगे?

उत्तर : चेख़ॅव मेरे बहुत निकट के प्रिय लेखक हैं—शायद इसलिए कि वह जीवन की अराजकता के बीच भी उसकी अर्थवत्ता ढूँढ़ लेते हैं और इस प्रक्रिया में ही कहानी की रूपमयता, उसका फ़ॉर्म भी गढ़ते जाते हैं। कहानी के नैतिक सरोकार—कहीं अलग से नहीं—बल्कि उसके रूपाकार की रेखाओं के बीच ही आलोकित होते हैं। वह पहले लेखक थे—जॉयस और वर्जीनिया वुल्फ़ से भी पहले—जिन्होंने ऊपर से कोई पैटर्न थोपे बिना जीवन के प्रवाह को कहानी में अपनी फ़ॉर्म तलाशने की छूट दी थी। धुँधला आकाश, एक-दूसरे में सिमटे घर, बारिश में सीटी बजाता हुआ एक आदमी—आख़िर इनके बीच क्या समानता है?

अद्‌भुत बात यह है कि चेख़ॅव अपनी कथ्यात्मक लय में इन्हीं असम्बद्ध चीज़ों के बीच जीवन की गूढ़ रहस्यमयता उजागर कर देते हैं। मुझे ऐसा लगता है कि आज के हिन्दुस्तान और उन्नीसवीं शती के रूस में एक अजीब-सी समानता थी—स्वतंत्रता का खुला विस्तार, आशा, दुःख, पीड़ा, उम्मीद से भरा हुआ, जिसे क्रान्ति के बाद रूस ने खो दिया, किन्तु जो सौभाग्यवश भारतीय लेखकों को आज भी उपलब्ध है। शायद यही कारण है कि मैं चेख़ॅव और अन्य रूसी लेखकों के प्रति इतना आकर्षित होता हूँ।

प्रश्न : क्या कोई ऐसी 'थीम' है जो एक टेक की तरह आपकी कहानियों में 'परिन्दे' से लेकर 'कव्वे और काला पानी' तक सतत क़ायम रहती है?

उत्तर : इस प्रश्न का उत्तर देना उतना ही कठिन होगा, जितना यह बताना कि विगत जीवन में मेरे भीतर कैसे, कौन-से परिवर्तन हुए हैं। पहले कैसा था, अब कैसा हूँ। जब मैं पीछे मुड़कर देखता हूँ—यथासम्भव तटस्थ होकर—तो लगता है कि मेरी आरम्भिक कहानियों की दुनिया शायद बहुत कुछ अस्पष्ट-सी थी। वह इतनी नाज़ुक थी कि उसमें जीवन के कठोर, कटु सत्य नहीं समा पाते थे। मैं उन घावों पर चाक़ू लगाने से डरता था, जो भीतर ही भीतर सड़ते रहते हैं। मैं ख़ून-मवाद निकालते हुए झिझकता था। व्यक्तियों के बीच फैला अन्तराल मुझे इतना आक्रान्त करता था कि मैं उस सीधे से सत्य को नहीं देख पाता था कि यह अन्तराल और कुछ नहीं—उसकी बीहड़ प्रतिच्छाया है, जो मनुष्य और ईश्वर के बीच फैला है—आप उस 'ईश्वर' का कोई भी अर्थ लगा लें। किन्तु इससे यह निर्णय निकालना शायद ठीक न होगा कि मेरी आरम्भिक कहानियाँ मेरे आज के लेखन से बिलकुल अलग हैं। सच तो यह है कि जो मैं आज लिख रहा हूँ, वह मेरे युवा-जीवन की चिन्ताओं का ही विवर्धन है।

किन्तु जैसा आप जानते हैं कि जब हम किसी फ़ोटो या प्रिंट को एक सीमा के बाद विवर्धित (enlarge) करते हैं, तो उसमें अजीब तरह के धब्बे और धारियाँ दिखाई देने लगती हैं, जिन्हें हम नंगी आँख से आरम्भिक, छोटे प्रिंट में नहीं देख पाते...लेकिन उनका अस्तित्व वहाँ मौजूद रहता है।

प्रश्न : आप पर जो 'विदेशीपन' का आरोप लगाया जाता रहा है, उस सम्बन्ध में कुछ कहना चाहेंगे?

उत्तर : क्या यह आरोप कुछ अनुचित नहीं है, विशेष कर इसलिए कि वह प्राय: हिन्दी के उन आलोचकों द्वारा लगाया जाता है, जिनकी दुर्भाग्यवश पश्चिमी साहित्य में रुचि या ज्ञान नहीं के बराबर है, जिसके आधार पर वह किसी तरह का तुलनात्मक विवचेन कर सकें? जहाँ से प्रभाव आता है, वहाँ की कुछ तो जानकारी होनी चाहिए। क्या आज हम शुद्ध 'जातीय' साहित्य की बात कर सकते हैं, जबकि लेखक अपने को समूचे विश्व-साहित्य के प्रभावों से घिरा हुआ पाता है? मैं समझता हूँ, हमें 'प्रभावों की चिन्ता' से ज़्यादा संत्रस्त नहीं होना चाहिए...एक सीमा के बाद वे लेखक और आलोचक दोनों के लिए ही एक अर्थहीन बहस की दलदल बन जाते हैं। सुर्रियलिज़्म का जन्म फ्रांस में हुआ था, क्या इससे लातिन-अमेरिकी कवियों और उपन्यासकारों की 'सुर्रियलिस्ट' रचनाएँ कम महत्त्वपूर्ण, कम मूल्यवान हो जाती हैं?

प्रश्न : आपके कथा-साहित्य में एक तरह की संक्रमण-क्रिया मौजूद रहती है, लेकिन अपने आलोचनात्मक निबन्धों में आप प्रगति, विकास, इतिहास और विचारधाराओं के कट्टर विरोधी जान पड़ते हैं। भारत-प्रेमी आलोचक और यूरोप-प्रेमी कहानीकार—क्या इनके बीच विरोधाभास नहीं है?

उत्तर : सिर्फ़ आभास, विरोध नहीं! हम समय को बीतता देख सकें, इसके लिए हमें एक 'स्थिर बिन्दु' पर टिके रहना होगा, जो हमारे अस्तित्व का स्थिर केन्द्र भी है। मेरे लिए यह स्मृति है, जिसके बिना जीवन मरुस्थल है और कला मृत है। रामकृष्ण परमहंस कहा करते थे : "नदियाँ बहती हैं, क्योंकि हिमालय अटल रहते हैं।" यह सत्य कला पर भी लागू होता है। मेरा विरोध प्रगतिशील विचारधाराओं से इसलिए नहीं है कि वे इतिहास से आक्रान्त हैं, बल्कि इसलिए है कि वे इतिहास से इतना प्रेम नहीं करतीं कि वह उसे समय के पाटों के बीच निर्बाध होकर बहने दें। अपने को उस पर आरोपित न करें। इतिहास अत्याचारी नहीं है—ये 'आइडियोलॉजिस्ट' हैं, जो इतिहास के साथ अत्याचार करते हैं, ताकि उसे अपने स्वार्थों के अनुकूल तोड़-मरोड़ सकें और समूची दुनिया को एक विराट् कारागृह में बदल सकें, जहाँ समूची मानवता और उसका काल-बोध बन्दी होकर रह सके। हमारे समय में सिर्फ़ कला है जो उसे मुक्त करवा सकती है... कम-से-कम मैं ऐसा ही सोचता हूँ।

प्रश्न : क्या आप ऐसा नहीं सोचते कि साहित्य की कोमल विधा धीरे-धीरे टेलीविज़न और पीत पत्रकारिता के कर्णभेदी कोलाहल के नीचे दब जाएगी?

उत्तर : नहीं, क्यों? आप कहानी-उपन्यास लिखने की कला को इतना नाज़ुक और कोमल क्यों समझते हैं? यदि साहित्य की महान् कृतियों ने सत्य के भयावह और आत्मभेदी पिशाचों को न सृजित किया होता, तो उनसे मुँह छिपाने के लिए लोग टी.वी. और रोमांचकारी पत्रिकाओं की शरण में क्यों जाते? सौभाग्यवश आप सत्य से पूरी तरह नहीं बच सकते। इसलिए उन सब सम्मोहक व्यसनों के बावजूद जो आधुनिक सभ्यता हमें देती है, मनुष्य बार-बार होमर, व्यास, शेक्सपियर और दोस्तोएव्स्की की ओर लौटता है। साहित्य हमारी आत्मा की एक विराट 'ब्लू फ़िल्म' है;

एक बार उसे देखने के बाद हम अपने समय के समस्त अश्लील प्रलोभनों से छुटकारा पा लेंगे। ट्रेन के पहियों के नीचे अपने को फेंक देने से पहले अन्ना कैरेनिना का हृदयभेदी एकालाप कुछ ही पंक्तियों में जीवन के जिस विराट रहस्य को उद्घाटित करता है, क्या दुनिया के सारे जासूसी उपन्यास और अपराध-भरी सनसनीखेज़ कहानियाँ करने की क्षमता रखती हैं? हमारे युग के समस्त सम्मोहनों के बीच मनुष्य का सत्य पाने का व्यसन सबसे पुरातन है और जब तक वह बाक़ी है, साहित्य जीवित रहेगा।

['संडे मेल' : 20 मार्च, 1986 से साभार]

लेखक की सुविधा और स्वतंत्रता का सम्बन्ध

[विनोद भारद्वाज से बातचीत]

प्रश्न : अपने लिखने की शुरुआत के दिनों में क्या आपको महसूस होता था कि लेखक बनना आपकी नियति है? उन दिनों किन चीज़ों ने आपको आकर्षित किया था कि आप एक लेखक बनें?

उत्तर : नहीं, मुझमें कभी इस बारे में कोई स्पष्ट धारणा नहीं थी कि मेरी नियति लेखन की है। मैं पढ़ने का बहुत शौक़ीन था और उन दिनों रामकुमार भी कहानियाँ लिखते थे। उनकी कहानियाँ मैं पढ़ता भी था लेकिन कभी यह ख़याल नहीं आया था कि मैं कुछ कल्पनाशक्ति के क्षेत्र में लिख सकूँगा। इतिहास में बहुत शौक़ था और एक बार जब मैं बहुत छोटा था, तो इच्छा हुई थी कि मैं दुनिया का इतिहास—जिसमें कि विभिन्न देशों के लोगों के रीति-रिवाज, उनके चाल-चलन,

उनकी अलग-अलग संस्थाओं के बारे में ही लिखूँ। वह इतिहास के बारे में बिलकुल एक तरह का बचकाना सम्मोह (ऑब्सेशन) था लेकिन मैंने कभी कहानी या उपन्यास लिखने की नहीं सोची थी।

प्रश्न : लेकिन क्या आप किसी एक ख़ास समय को याद कर सकते हैं, जब आपने लिखने या उसे अपना प्रोफ़ेशन बनाने का निर्णय लिया?

उत्तर : मैंने कभी कोई इस तरह का प्रोफ़ेशनल निर्णय नहीं लिया कि मैं लेखक बनूँ। किसी ठंडे क्षण में सोच-समझकर मैंने लेखक बनने का कोई फ़ैसला लिया हो, मुझे याद नहीं आता। समय-समय पर ज़रूर दूसरे कामों में बहुत उलझा होने के कारण या उनसे मुक्ति पाने के लिए मैं लिखता था। लेकिन वह चीज़ मेरी तात्कालिक परेशानियों या दबावों से बिलकुल अलग कठघरे में ढली थी। एक ज़माने में जब मैं पढ़ता था या कम्यूनिस्ट पार्टी में था, तो बहुत दबाव रहता था, लोगों से मिलने का, उससे बिलकुल अलग—एक बिलकुल व्यक्तिगत स्तर पर अपने भावनात्मक संसार में घुसने की सुविधा कहानी ज़रूर मुझे देती थी। और यह शायद सबसे शुरू का एक सम्मोहन था।

प्रश्न : आपका यह जो राजनीतिक कार्यक्षेत्र था—जिन लोगों के सम्पर्क में आप आते थे, उन लोगों का आपकी कहानियों के चरित्रों से कोई सीधा सम्बन्ध भी कभी रहा है?

उत्तर : कभी नहीं रहा क्योंकि राजनीतिक दुनिया मेरे लिए बहुत कुछ अमूर्त-सी दुनिया रही थी। उसमें लोग आते थे, बातचीत होती थी लेकिन वह केवल एक क्षणिक (फ्लीटिंग) दुनिया थी जब कि कहानी में मैं एक ऐसे भाव-जगत् में आने की कोशिश करता था जहाँ संवेग बाहर की दुनिया के दबावों से अलग अपने बिलकुल कोरे वैयक्तिक जीवन के स्तर पर 'क्रिस्टलाइज़' होते हैं। और कहानी एक तरह से मेरे लिए

बचपन से 'क्रिस्टलाइज़' हुई भावनाओं पर विचार रिफ़्लेक्ट करने की एक प्रक्रिया थी।

प्रश्न : उन दिनों आप मार्क्सवाद से कैसे प्रभावित हुए—क्या विचारधारा के स्तर पर? एक लेखक के रूप में मार्क्सवाद को आपने किस आधार पर स्वीकार किया?

उत्तर : मैंने मार्क्सवाद को एक लेखक के तरीक़े से कभी स्वीकार नहीं किया क्योंकि उन दिनों मैं अपने को लेखक मानता ही नहीं था। यह प्रश्न उठता ही नहीं है और न ही मैं समझता हूँ कि जब मैं कम्यूनिस्ट पार्टी में आया था, तो मेरा मार्क्स का अध्ययन बहुत गहरा था। उससे पहले मैं समाजवादी दल में काफ़ी अरसे से रहा था और एक तरह से उस ज़माने में, जब 1942 में कम्यूनिस्ट पार्टी ने दूसरा रवैया अपनाया तो मेरा आक्रोश और बहुत विरोध भी कम्यूनिस्ट पार्टी से था। लेकिन स्वतंत्रता के बाद मुझे महसूस हुआ—क्योंकि चीन में जो क्रान्ति हुई थी, उसकी कुछ किताबें पढ़ी थीं और समाजवादी दल एक तरह से कांग्रेस के साथ ही उन दिनों शामिल हो गया था—भारतीय स्थिति में विरोध का एक सक्षम और सार्थक जो आन्दोलन मुझे दिखाई दिया, वह कम्यूनिस्ट आन्दोलन था। यह चीज़ काफ़ी व्यंग्यात्मक है—पता नहीं और लोग कैसे कम्यूनिस्ट पार्टी में शामिल होते हैं : मार्क्स को पढ़ने के बाद शामिल होते हैं या मार्क्स को बाद में पढ़ते हैं। और फिर उससे अलग होते हैं क्योंकि जितना मैं मार्क्स के नज़दीक आता गया, उतना ही अधिक कम्यूनिस्ट पार्टी से मेरा मोहभंग होता गया।

प्रश्न : शायद उन दिनों लेखक कम्यूनिस्ट पार्टी में न्याय की लड़ाई के लिए और समाज को बदलने की इच्छा से अधिक शामिल हो रहे थे?

उत्तर : बहुत सही बात है यह, क्योंकि जवानी के दिनों में इस चीज़ का—एक आदर्श का, एक ख़ास क़िस्म के आदर्श जो कि बिलकुल

अपनी तार्किक परिणति में पहुँचाना चाहता है—कहीं भी समझौता नहीं करना चाहता—और कम्यूनिस्ट पार्टी इस तरह का भ्रम उन दिनों देती थी कि सब वामपंथी दल समझौते करते हैं, केवल कम्यूनिस्ट पार्टी क्रान्ति को उसकी चरम परिणति में पहुँचाने की सामर्थ्य रखती है।

प्रश्न : विद्यार्थी जीवन में किन लेखकों ने आप पर असर डाला था? देशी और विदेशी, दोनों ही प्रकार के लेखकों की बात कर रहा हूँ।

उत्तर : हिन्दी में जैनेन्द्र और अज्ञेय का मुझ पर गहरा असर रहा था। जैनेन्द्र के शुरू के उपन्यासों का और अज्ञेय के 'शेखर' का—'शेखर' मैंने स्कूल के दिनों में पढ़ा था...।

प्रश्न : 'शेखर' उन दिनों आपको क्या हिन्दी में एक नया मोड़ लगा था?

उत्तर : हाँ, मुझे यह ज़रूर लगा था कि इस तरह का हिन्दी में उपन्यास नहीं था जिसमें कि भाषा की इतनी गहरी काव्यात्मकता और इतनी प्रखरता—एक मँजी हुई प्रांजलता हो। लेकिन वह ऐसा समय था जबकि मुझे रोम्याँ रोलाँ भी बहुत पसन्द आते थे। उनका 'जाँ क्रिस्तोफ' पढ़ा था। ये बहुत कुछ किशोरावस्था के प्रभाव थे जिनसे आज मैं मुक्त हो चुका हूँ किन्तु जिन लेखकों का बहुत ही गहरा और स्थायी प्रभाव पड़ा था, वे थे : चेख़ॅव, टॉल्स्टॉय—विशेष कर टॉल्स्टॉय और दोस्तोएव्स्की। यह शायद कुछ अजीब है कि अंग्रेज़ी और अमेरिकी लेखक उन दिनों मुझे अधिक प्रभावित नहीं करते थे सिवाय उन लेखकों के जो कि एक तरह से रूसी लेखकों से ही प्रभावित थे, जैसे—कैथरीन मैंसफ़ील्ड या एक बहुत दूसरे स्तर पर वर्जीनिया वुल्फ़। एम.ए. प्रीवियस की पढ़ाई के दिनों में मुझ पर वर्जीनिया वुल्फ़ का बहुत गहरा असर था।

प्रश्न : उन दिनों प्रूस्त जैसे लेखकों ने भी क्या आपको प्रभावित किया?

उत्तर : नहीं, प्रूस्त को मैंने बहुत बाद में पढ़ा—और उन्हें पढ़कर मैं बिलकुल अभिभूत हो गया।

प्रश्न : विचारधारा के स्तर पर अस्तित्ववाद ने आप पर किस तरह का असर डाला था?

उत्तर : मार्क्सवाद ने दुनिया के बारे में एक तरह का फ्रेमवर्क मुझे दिया था कि उसमें कोई क्रम (ऑर्डर) है, उसका कोई अर्थ है और उसके भीतर मेरे रहने के भी कोई मायने हैं। वह मुझे मेरे और दुनिया के बीच में एक अर्थपूर्ण सुसंगत फ्रेमवर्क प्रदान करता था। किन्तु अस्तित्ववादी चिन्तन में पहली बार मुझे महसूस हुआ कि इतिहास को हम जैसे एक क्रमबद्ध विकास के रूप में स्वीकार करते हैं, वह हक़ीक़त नहीं है। दुनिया उतने क्रमबद्ध रूप में विकसित नहीं होती बल्कि उसके बिलकुल उलटे हम एक अराजकता और अर्थहीनता की सृष्टि में रहते हैं। यह सचमुच ही काफ़ी भयानक अनुभव हो सकता है कि इतिहास का कोई मतलब नहीं है और वह काफ़ी मनमाना हो सकता है कि जीवन में घटनाएँ होती हैं—मेरा मतलब है कि इतिहास के भीतर जो घटनाएँ होती हैं, उनके पीछे कोई बहुत ही (अति पवित्र) सर्वमान्य नियम हो, ऐसा कोई ज़रूरी नहीं है। जब इस तरह की जागरूकता एक बार हो जाए तो फिर यह काफ़ी ज़रूरी हो जाता है कि हम सृष्टि के अर्थ को ईश्वर या इतिहास में न देखकर अपने नैतिक अर्थ में पाएँ और मनुष्य ख़ुद इस नैतिकता का निर्माण करे क्योंकि इसके भी कोई फ़ॉर्मूले नहीं हैं जो कि आपको बने-बनाए मिल सकते हों। इसलिए क्या सही है, क्या ग़लत है, क्या है और क्या होना चाहिए—इसकी ज़िम्मेदारी ख़ुद मनुष्य को अपने ऊपर उठानी होगी। वह न तो उसे ईश्वर से मिल सकती है और न ही इतिहास में उसकी खोज हो सकती है। इसका एक विकल्प तो यह हो सकता है कि आदमी 'सिनिकल' हो जाए—जब सारी दुनिया अर्थहीन और

ईश्वर-शून्य हो तब कुछ भी सम्भव है। जैसा दोस्तोएव्स्की ने अपने उपन्यास 'पसेस्ड' में एक चरित्र के माध्यम से कहा : "जब कोई ईश्वर नहीं है, तो कुछ भी सम्भव है।" इसके उलटे अस्तित्ववादी दर्शन से जो मैंने सबसे बहुमूल्य चीज़ अपने लिए पाई कि ईश्वर और इतिहास से मुक्त होकर, यह आदमी पर निर्भर है कि वह अर्थ और नैतिकता को जन्म दे जिससे कि बाहरी दुनिया से एक अर्थपूर्ण सम्बन्ध बन सके। इस बात के बीज शायद मुझमें बहुत पहले भी रहे हों क्योंकि यह चीज़ इतनी आसानी से—सरल ढंग से मैंने नहीं पाई। लेकिन क्योंकि मेरी भूमिका मार्क्सवाद से शुरू हुई थी इसलिए बाद में अस्तित्ववाद के प्रति इतना गहरे स्तर पर आकर्षित होना अपने विकास में मुझे एक अनिवार्य क़दम जान पड़ा।

प्रश्न : संगीत में शायद आपकी दिलचस्पी बहुत शुरू से रही है?

उत्तर : अजीब बात यह है कि मेरी दिलचस्पी पश्चिमी शास्त्रीय संगीत में पहले शुरू हुई थी। इसके कारण भी कई थे क्योंकि उसका थोड़ा-बहुत शौक़ था और फिर जब मैं प्राग गया, तो न तो वहाँ मुझे भाषा आती थी और न वहाँ मेरे दोस्त थे...और वे काफ़ी ऐसे दिन थे जब मैं अकेलापन महसूस करता था और क्योंकि थियेटर और सिनेमा में भाषा की समझ ज़रूरी है इसलिए जब कभी मैं पोस्टर में मोत्सार्ट, बाख़, बीथोवेन का नाम देखता था, तो शाम को कंसर्ट में जा बैठता था। मेरा ख़याल है, मेरी सबसे ज़्यादा शिक्षा-दीक्षा पश्चिमी शास्त्रीय संगीत में हुई है तो प्राग की उन शामों में हुई है जब मैं कोई-सी शाम शायद ही बिना किसी कंसर्ट जाए बिताता था। वापस लौटने के बाद मुझे भारतीय शास्त्रीय संगीत में रुचि हुई लेकिन वह बहुत ही अपने को खोजने की दिशा में थी—उसने कोई ख़ास शक्ल ग्रहण की हो, ऐसा मैं नहीं समझता।

प्रश्न : दरअसल जैसा कई आलोचक भी संकेत दे चुके हैं, आपकी कहानियों का संगीत से गहरा सम्बन्ध है और सिर्फ़ आपकी कहानियाँ ही क्यों, आपके गद्य को पढ़ते हुए भी आपके संगीत के गहरे प्रेम की 'जानकारी' मिलती है। इसीलिए मैंने यह सवाल किया था।

उत्तर : इसका शायद एक कारण यह भी लगता है कि संगीत हमारे भीतर की चुप्पी को बिना किसी समझौता किये सबसे ज़्यादा अभिव्यक्त करता है, बल्कि चुप्पी का रूप अगर सबसे ज़्यादा किसी चीज़ के निकट आता है, तो वह चीज़ संगीत है। यह चीज़ कहानियों में मुझे सबसे ज़्यादा आकर्षित करती रही है बल्कि एक तरह से चकित करती रही है कि क्या शब्द इस ख़ामोशी के संसार को तोड़ने के बजाय उसे अभिव्यक्त कर सकता है? यह केवल मेरा अनुमान है, क्योंकि यह कभी मैंने जानबूझ कर या 'कॉन्शस' होकर समझने की कोशिश नहीं की कि कहाँ संगीत मेरे लिखने में प्रवेश करता है। लेकिन कहानी में या मनुष्य के रिश्तों में मौन का जो रूप है, वह मुझे बराबर संगीत की तरफ़ खींचता था।

प्रश्न : शायद इस चुप्पी का कोई सम्बन्ध आप पहाड़ों में बिताए अपने बचपन से भी जोड़ सकते हैं?

उत्तर : मैं सोचता हूँ कि यह सम्बन्ध काफ़ी गहरा रहा होगा क्योंकि हमारी जो शहरी संस्कृति है उसमें पहाड़ों का महत्त्व केवल इसलिए नहीं है कि वहाँ रूमानी या प्राकृतिक सौन्दर्य है। बहुत कम लोग यह महसूस करते हैं कि आज भी हमारे पहाड़ों पर एक ऐसी ख़ामोशी है जो हमारे शहरों में नहीं है और जिस व्यक्ति ने अपने जीवन के कई वर्ष पहाड़ों पर गुज़ारे हों, वह इस ख़ामोशी को केवल शब्द का अभाव नहीं मानता बल्कि उसे जीने के एक 'पॉज़िटिव' विस्तार के रूप में भी स्वीकार करता है। हम समझते हैं कि ख़ामोशी सिर्फ़ किसी चीज़ की अनुपस्थिति है लेकिन

पहाड़ों पर अगर आप वर्षों रहे हों तो यह जीने की सम्पूर्ण शैली का एक विस्तार बन जाती है।

प्रश्न : 'परिन्दे' के छपने तक 'नई कहानी' का काफ़ी स्पष्ट रूप सामने आ चुका था। क्या आप भी कहानी के प्रचलित रूप पर कोई प्रहार करने की सजग कोशिश कर रहे थे?

उत्तर : बिलकुल नहीं, क्योंकि मैंने हमेशा अपने को 'नई कहानी' के आन्दोलन और उसके जो नेता हैं, उनसे अलग पाया है। सिर्फ़ इसलिए नहीं कि आन्दोलन में कभी मुझे दिलचस्पी नहीं रही, बल्कि इसलिए भी कि मैंने कभी जानबूझकर यह कोशिश नहीं की कि मैं अपनी परम्परा से कोई चीज़ अलग कर रहा हूँ या उसे तोड़ने की कोशिश कर रहा हूँ। कोशिश सिर्फ़ यही थी कि मैं अपने अनुभवों को कितने प्रामाणिक स्तर पर व्यक्त कर पा रहा हूँ। इस प्रक्रिया में यह ज़रूर हो सकता है कि मैंने बहुत ही अवचेतन स्तर पर ऐसी कहानियाँ लिखी हों जो 'नई कहानी' के आन्दोलन में आती हों। लेकिन व्यक्तिगत रूप में लेखकीय रचना के स्तर पर शिल्प में कभी किसी जेहाद (क्रूसेडर) की हैसियत से परिवर्तन करने की न तो मेरे मन में इच्छा रही है और न ही मैंने ऐसी कोई कोशिश की।

प्रश्न : लेकिन 'नई कहानी' के उस दौर में जो कहानियाँ चर्चा का विषय थीं—जो उस आन्दोलन को एक तरह से परिभाषित कर रही थीं, उन्हें आपने पढ़ा तो होगा ही—क्या आप उन कहानियों के साथ संवाद की स्थिति में थे?

उत्तर : ज़रूर। मुझे यह कहानी पुरानी कहानीकारों की दुनिया की तुलना में कहीं ज़्यादा प्रामाणिक, सही और कहीं ज़्यादा ईमानदार जान पड़ती थी। और मुझे लगता था कि कहानी की बनावट में चाहे कोई मूलभूत अन्तर न भी आया हो लेकिन एहसास में और अनुभूति के क्षेत्र में उस

ज़माने के जो लेखक लिख रहे थे, उनमें एक बुनियादी परिवर्तन आया था और उस परिवर्तन को अगर परिभाषित करना हो तो मैं कहूँगा कि पिछले कहानीकारों के मन में यह इच्छा रहती थी कि वे ऐसे अनुभव लें जिससे अच्छी कहानी बन सके, जबकि इधर के जो मेरे समकालीन कहानीकार थे, उनका आग्रह था कि वे उन अनुभवों को लें जो उनकी दृष्टि में प्रामाणिक हैं, उनके नज़दीक हैं, फिर चाहे कहानी अच्छी बने या न बने। यही कारण है कि उस कहानी में भले ही शिल्प की दृष्टि से कोई ज़्यादा अन्तर नहीं था, पर मैं समझता हूँ, वह एक वयस्क कहानी थी, एक प्रौढ़ कहानी थी। वह एक ऐसे स्तर पर लिखी गई थी जहाँ हमें मनुष्य की दुनिया उस दुनिया की छुअन महसूस होती थी।

प्रश्न : कलाकार के निजी संसार और सामाजिक दबाव के सम्बन्ध की जब बात होती है तो आपकी कहानियों के सन्दर्भ में मुझे इतालवी फ़िल्मकार अन्तोन्योनी की याद आती है जिनकी फ़िल्मों के बारे में कहा जाता है कि उनमें एक तरह का आन्तरिक यथार्थवाद है। 1955-60 के वातावरण को याद करते हुए हम सोचें तो उन दिनों यथार्थवाद की बहस को—सिर्फ़ एक आन्दोलन के रूप में ही नहीं, यथार्थ का सामना करने की समस्या को—आप कैसे देखते रहे हैं?

उत्तर : मैं समझता हूँ कि मेरे यथार्थवाद का एक पक्ष यह तो ज़रूर था कि मैंने अपनी कहानियों में जिस वर्ग को लिया था, वह कोई हवाई वर्ग नहीं था। वह भारतीय मध्यवर्ग के बुद्धिजीवियों की दुनिया थी। मैं उसे कम यथार्थ नहीं मानता और यह नहीं स्वीकार करता कि एक किसान की दुनिया ज़्यादा यथार्थवादी है और एक मध्यवर्ग के बुद्धिजीवी की दुनिया नक़ली है। हमारे भीतर यह जो एक अजीब-सा आग्रह रहा है कि एक वर्ग की दुनिया प्रामाणिक है और दूसरे वर्ग की दुनिया कृत्रिम है, इस आग्रह को मैं हमेशा आश्चर्य से देखता रहा हूँ। इस लिहाज़ से मेरी कहानियाँ उस अर्थ में तो

बिलकुल ग़ैर-यथार्थवादी नहीं हैं, जैसा कि हम फ्रांस के उस आन्दोलन के बारे में कह सकते हैं जहाँ व्यक्ति केवल अपने अहं के स्तर पर दुनिया को परखता और जाँचता है। मेरे लिए यह कभी सम्भव नहीं रहा है। मेरा और मेरे वर्ग का धागा चाहे कितना ही कमज़ोर क्यों न रहा हो, वह धागा हमेशा रहा है लेकिन उस धागे की जितनी गाँठें हैं, वह किसी 'टिपिकल' मध्यवर्ग के लोगों की विशेषताओं के द्वारा उद्घाटित न होकर बहुत कुछ मेरे अपने ढंग—जैसे मैं उन्हें देखता हूँ या जैसे उनके द्वारा मैं उनकी ज़िन्दगी में अपने अस्तित्व को पाता हूँ, वैसे अभिव्यक्त करने की कोशिश की है—शायद इसे ही हम 'आन्तरिक यथार्थवाद' कहते हैं—जहाँ यथार्थ भीतर और बाहर की नक़ली सीमाओं को तोड़ता है। मेरा यथार्थ के प्रति मोह उतना ही गहरा है, जितनी मेरी वितृष्णा 'यथार्थवादी' रचनाओं से है। हमें यथार्थ और यथार्थवाद के बीच भेद करना होगा। यथार्थवादी लेखक अक्सर यथार्थ को बौना और संकीर्ण बनाकर छोड़ देते हैं।

प्रश्न : कहानी लिखने के अपने शुरू के दिनों की तुलना में इधर पिछले कुछ वर्षों में जो कहानियाँ आप लिख रहे हैं, उनमें क्या आप बुनियादी 'शिफ़्ट' महसूस कर रहे हैं? या आप सोचते हैं कि जिन चीज़ों की खोज आपने शुरू की थी, आज भी आप कहीं न कहीं उसी से 'निर्धारित' हो रहे हैं?

उत्तर : मुझे यह महसूस होता है कि मेरी पिछली कहानियों में एक तरह का विभाजन-सा रहता था। मैं सोचता था कि वैयक्तिक स्तर की अनुभूतियों को मैं कहानी में व्यक्त कर सकता हूँ और मेरे जो वैचारिक आग्रह रहे हैं समाज के प्रति, इतिहास के प्रति, देश के प्रति, पश्चिमी सभ्यता और भारतीय परम्परा के प्रति—उन्हें मैं केवल निबन्धों द्वारा ही बराबर सामने ला सकता हूँ। इन दोनों चीज़ों के बीच में मुझे कोई सम्बन्ध नहीं जान पड़ता था। वह सम्बन्ध आता भी था, तो छाया की तरह आता था

और मेरी कहानियों की जो भावभूमि थी, वह भी एक छाया की तरह मेरे निबन्धों पर आती थी। मैं सोचता हूँ कि इस तरह का विभाजन एक उम्र के बाद एक लेखक के लिए ज़्यादा सुखकर और ज़्यादा उपयोगी नहीं होता।

यह एक कारण है कि अपने ही लेखन के बारे में जो मुझे एक गहन असन्तोष-सा होता है, वह यह है कि कई चीज़ों को मैं अपने भीतर एक तरह से वर्जित मान लेता हूँ। एक तरह का नक़ली सेंसर उन पर आरोपित कर देता हूँ। मैं सोचता था कि वे चीज़ें अगर मैं अपनी रचना में लाऊँगा तो बनावटीपन या उथलापन पैदा हो सकता है क्योंकि ये चीज़ें केवल मेरे सोचने के स्तर पर हैं, अनुभूति के स्तर पर नहीं, जबकि अब मैं सोचता हूँ कि लिखने का सबसे बड़ा 'रिस्क' यही है कि आदमी अपनी सम्पूर्णता में किस तरह से जाता है। और जब तक कि हम असफल होकर लिखने का 'रिस्क' नहीं उठाएँगे, तब तक सफलता का भी कोई विशेष महत्त्व नहीं है।

प्रश्न : कहानी और उपन्यास के सम्बन्ध को आप कैसे देखते हैं? उपन्यास आपकी नज़र में कोई बहुत बड़ा कैनवस है? या यूँ पूछा जाए कि कहानी की जगह पर आप उपन्यास क्यों लिखते हैं?

उत्तर : मेरे ख़याल में इसका जवाब मैं काफ़ी व्यक्तिगत स्तर पर ही दे सकता हूँ। कहानी हमेशा मुझमें एकदम फ़्लैश के रूप में आ जाती है। उसमें कहीं भी मुझे यह महसूस नहीं होता कि कुछ खुले प्रश्न हैं जिन्हें मैं अपने भीतर सुलझा नहीं पाया हूँ या उनको लेकर किसी नतीजे तक नहीं आ पाया हूँ। लेकिन कई बार मेरे मन में कुछ चीज़ें एक धुँधली इमेज या प्रश्न के रूप में आती हैं तो मैं चाहता हूँ कि उन्हें लिखने के दौरान परिभाषित कर पाऊँ या स्पष्ट कर पाऊँ। इसलिए मेरे लिए उपन्यास लिखना एक तरह का 'ब्रांडर क्लैरिफ़िकेशन' है—उन चीज़ों को, जिनके बारे में ख़ुद मैं अपने भीतर बहुत धुँधला हूँ। मेरे लिए उपन्यास कभी यह

नहीं रहा कि उसका ज़्यादा बड़ा कैनवस हो, या उसमें ज़्यादा चरित्र हों, या उसके मुद्दे अपने में अधिक जानदार (वाइटल) हों। बल्कि एक उपन्यास के ज़रिये मैं अपनी शंकाओं के रेगिस्तान को आलोकित करना चाहता हूँ। मैं अगर लिखता और लिखता चला जाऊँ तो शायद इन शंकाओं को पार कर सकता हूँ और कभी-कभी इस तरह से लिखने का नतीजा एक उपन्यास होता है जबकि कहानी में आप एक जगह पर पहुँच जाते हैं और कहते हैं कि लो, यहाँ पर ख़त्म हो गई। कहानी कुछ पाने का भ्रम देती है, उपन्यास ढूँढ़ने की लम्बी यात्रा है।

प्रश्न : उपन्यास के बारे में एक प्रसिद्ध यूरोपीय विचारक का सिद्धान्त है कि वह बुनियादी रूप में एक धीमी गति से आगे बढ़ने वाली विधा है। और जो लोग उसमें 'एक्शन' की माँग करते हैं वे उपन्यास लिखने के तर्क को ग़लत दृष्टि से देखते हैं। आपके उपन्यास 'लाल टीन की छत' को पढ़ते वक़्त उसका ढिल्लड़पन (स्लगिशनेस) कई बार अपनी तरफ़ ध्यान खींचता है। आप इस पर कुछ कहना चाहेंगे?

उत्तर : यह बहुत रोचक शब्द है—स्लगिशनेस—इस लिहाज़ से तो यह बहुत महत्त्वपूर्ण है कि जो शिल्प कौशल कहानी में होता है वह उपन्यास में बहुत कम होता है। मैं यह नहीं कहता कि उसका उपन्यास में अभाव होता है लेकिन वह उसी रूप में नहीं आता जैसा कि कहानी में हम उसे देखते हैं। उपन्यास में एक चीज़ जो एक ख़ास और साफ़ तरीक़े से उसे कहानी से अलग करती है, वह चीज़ मेरे ख़याल में सवाल पूछने की उत्कंठा और जिज्ञासा है। मैं समझता हूँ मनुष्य की प्रकृति तथा उसकी स्वतंत्रता उपन्यास-विधा के दो बुनियादी प्रश्न हैं। उपन्यास में इन प्रश्नों पर 'ब्रूड' किया जा सकता है। मैं यह नहीं कहता कि इनका कोई बना-बनाया उत्तर मिल सकता है लेकिन इस बारे में कितने ही सवाल किये जा सकते हैं। सॉल बैलो का उपन्यास 'हरजोग' आपने पढ़ा होगा।

हरजोग दुनिया में सिर्फ़ सवाल पूछते हैं और वह भी बीसवीं शताब्दी के अमेरिका के सन्दर्भ में, अपने प्रेम के बारे में, अपनी पत्नियों, प्रेमिकाओं और अस्तित्व के बारे में सवाल जो कि कहानी में सम्भव हो ही नहीं पाता। इसलिए उपन्यास जहाँ एक तरफ़ 'स्लगिश' विधा है, वहाँ वह दूसरी तरफ़ एक बड़ी खुली विधा भी है। और यह विधा इतनी बड़ी स्वतंत्रता देती है कि जब तक लेखक ख़ुद अपनी सीमाएँ निर्धारित न करे, इस विधा की सीमा का कोई अर्थ नहीं है। इसलिए 'डॉन क्वातें' के बारे में बोर्ख़ेस हमेशा यह कहते हैं कि मुझे वह एक तरह की कहानी ही जान पड़ती है जो बराबर उपन्यास की तरह चलती रहती है।

प्रश्न : बोर्ख़ेस की कहानियों का फ़ॉर्म—वे कहानियाँ आकार में बहुत छोटी होती हैं—क्या उसने कभी आपको प्रभावित किया? क्या आप उन पर कुछ कहेंगे।

उत्तर : यद्यपि बोर्ख़ेस की कहानियों का मुझ पर कोई असर नहीं है लेकिन मैं उन्हें पढ़ना बहुत पसन्द करता हूँ और मैं समझता हूँ इतनी छोटी कहानियों, चार-पाँच पृष्ठ लम्बी कहानियों से किसी लेखक ने शायद ही समय, काल, इतिहास के बारे में इतने बुनियादी प्रश्न उठाए हों। मेरे ख़याल में कहानी के क्षेत्र में बोर्ख़ेस पहले दार्शनिक हैं। दार्शनिक एक बिलकुल दूसरे अर्थ में जिन्होंने कहानीकार की कल्पनाशक्ति से हमारी धारणाओं को बिलकुल उलटकर उन पर एक प्रश्नचिह्न लगाकर हमें दिखाया। इस दृष्टि से वह मुझे ती बहुत ही चकित करते हैं, उत्तेजित करते हैं, अद्वितीय जान पड़ते हैं। उनकी कहानियाँ काफ़्का के 'पैरेबल्स' के निकट जाती हैं।

प्रश्न : मैं फ़िल्म विधा के बारे में आपसे कुछ बात करना चाहूँगा। आपकी कहानी 'माया दर्पण' पर फ़िल्म भी बन चुकी है। आप अपनी कहानियों के बारे में सोचते हुए फ़िल्म के सन्दर्भ में भी क्या कुछ सोचते हैं? आप यह चाहेंगे कि कोई फ़िल्मकार या आप ख़ुद कभी उन पर फ़िल्म बनाएँ?

उत्तर : मेरे लिए तो यह कहना काफ़ी मुश्किल होगा। निर्देशक मेरी कहानियों के बारे में क्या सोचता है, यह उस पर निर्भर है लेकिन यह ज़रूर है कि साहित्य के बाद अगर मेरा कोई दूसरा पैशन है तो वह सिनेमा है। मुझे यथार्थ को चाक्षुष (विज़ुअल) सदर्भ में देखना—जिस यथार्थ में गति हो और एक अनन्त स्पेस जो कि थियेटर में नहीं समा सकता, यह चीज़ मेरे लिखने में बहुत ही गहरी प्रेरणा मुझे देती रही है। चीजों को लेकर पहले मैंने कभी ऐसा महसूस नहीं किया था। पश्चिम में बहुत फ़िल्में देखने का मौक़ा मिला। जिसे हम दुनिया कहते हैं, वह कोई अमूर्त चीज़ नहीं है। वह बहुत ठोस चीजों में बँटी हुई है। उसमें कमरा, सड़क, ख़ाली सड़क, ख़ाली गली, गली में चलती हुई कोई औरत, खेलते हुए बच्चे, लड़ते हुए बच्चे...मनुष्य की भावनाएँ, कुंठाएँ, प्रेम और हिंसा की इमेजेज़ हैं जिनमें कहीं कोई शब्द नहीं है लेकिन जो एक लैंडस्केप या सिटीस्केप के सन्दर्भ में एक बिजली की तरह कौंधते हुए दिमाग़ पर असर करती हैं। इतने गहरे और इतने ज़बरदस्त विज़ुअल प्रभाव—जिनके भीतर समूचे सभ्यता के अन्तर्विरोध छिपे रहते हैं, यह पहली बार मुझे फ़िल्में देखकर महसूस हुआ। लेकिन इसका असर शायद मुझ पर इसलिए भी बहुत हुआ क्योंकि कहानियों में मेरी हमेशा यह कोशिश रही है—हालाँकि मुझे मालूम नहीं है कि मैं कहाँ तक सफल रहा हूँ—कि कहानियों में पेंटिंग के स्पेस और सिनेमा की गति को कैसे शब्दों द्वारा उद्घाटित किया जा सकता है। कभी-कभी रॉब्ब ग्रिये या नातालिया सारुत के उपन्यास ऐसा करते हैं। मुझे नहीं मालूम कि अगर सिनेमा का प्रभाव मुझ पर इतना गहरा न होता, तो मैं कभी इस चीज़ को इतनी तीव्रता के साथ महसूस कर पाता।

प्रश्न : पर क्या आप स्वयं कभी कोई फ़िल्म बनाना चाहेंगे? जैसे अमेरिकी लेखक मेलर ने फ़िल्में बनाईं? सुपर-8 के बाद तो हैंडहेल्ड कैमरा लेकर फ़िल्में बनाना और भी आसान हो गया है। क्या इस तरह का कोई उत्साह आपमें है?

उत्तर : मैं फ़िल्मों के तकनीकी पक्ष के प्रति बिलकुल अनभिज्ञ हूँ, मेरे लिए यह एक तरह का स्वप्न और महत्त्वाकांक्षा ही है कि मैं कोई फ़िल्म बना सकूँ—हालाँकि मैं सोचता हूँ कि इस काम में मैं बहुत असफल होऊँगा...।

प्रश्न : शुरू में शायद आपने अध्यापन का कार्य किया था, लेकिन बाद में आप काफ़ी स्वतंत्र क़िस्म की ज़िन्दगी जीते रहे हैं। अक्सर मैंने आपको दिल्ली के पुस्तकालयों-सांस्कृतिक केन्द्रों से फ़िल्में देखकर निकलते, बस के इन्तज़ार में खड़े देखा है जो बात आपके समकालीनों में मुझे दीखती नहीं। क्या आप एक बोहेमियन—अगर हम इस शब्द का एक ख़ास तरह से इस्तेमाल करें—ज़िन्दगी पसन्द करते रहे हैं? किसी संस्थान से आप नहीं जुड़े या पत्रकारिता की तरह का कोई पेशा नहीं अपनाया। इसका कोई ख़ास कारण है क्या? सिर्फ़ लेखन पर आश्रित रहने को आप कैसे देखते हैं?

उत्तर : मेरे साथ दिक़्क़त यह है कि मैं लेखन भी पूरी तेज़ी के साथ नहीं करता जो कि मुझे करना चाहिए। इसलिए मुझे अपने पर काफ़ी अफ़सोस भी होता है। हालाँकि मैं अपने लेखन पर ही रहता हूँ लेकिन अपने लेखन में मैंने काफ़ी 'प्यूरिटन'-सा एप्रोच अपना रखा है जो मुझे ख़ास ठीक नहीं जान पड़ता। साहित्य का एक अपना जगत् है—हिन्दुस्तान में—या दिल्ली में—उसमें भी मेरी ज़्यादा दिलचस्पी नहीं है। और वह काफ़ी कुंठा पैदा करनेवाली दुनिया भी है। लेकिन बोहेमियन ज़िन्दगी का सवाल—यह बहुत हद तक ठीक है क्योंकि लिखने के अलावा यूँ कहा जाए कि मेरी ज़िन्दगी एक 'शाश्वत छात्र' की ज़िन्दगी रही है, इसलिए मुझे अपने दैनिक रहन-सहन में किसी तरह का परिवर्तन अपने स्वभाव के ख़िलाफ़ जान पड़ता है। इसलिए दस से पाँच की ज़िन्दगी का प्रश्न तो अलग रहा, सम्पादन जैसी चीजें भी मुझे अपने तईं अलग-सी जान पड़ती हैं।

शायद यही कारण है कि जब कभी मेरा लेखन एक प्रोफ़ेशन जैसा रूप धारण करने लगता है, वहीं मुझे बहुत वितृष्णा होने लगती है। मैं अपने लिखने को बहुत कुछ उसी तरह से अस्थायी रखना चाहता हूँ जैसा कि मैंने अपने लिखने के शुरू के दिनों में उसे रखा था। वह स्थिति मुझे बहुत घुटन भरी जान पड़ती है जब किसी सत्ता के भीतर या बाहर हटा न जा सके, उसके ख़िलाफ़ विद्रोह न किया जा सके। मैं सोचता हूँ, आज की स्थिति में हमें कम-से-कम सुविधाओं पर जीने की कोशिश करनी चाहिए, ताकि हम अपने लिए ज़्यादा से ज़्यादा स्वतंत्रता की स्पेस बना सकें। देखिए—इमरजेंसी के दौरान उन लेखकों और बुद्धिजीवियों का क्या हाल हुआ, जो पहले 'स्वतंत्रमेधा' और क्रिटिकल चिन्तन का ढिंढोरा पीटते थे, किन्तु उनकी सुविधाओं पर ज़रा-सी आँच आई कि उन्होंने तुरन्त हथियार डाल दिये।

प्रश्न : इन दिनों तो वैसे आप दिल्ली में ही रह रहे हैं, पर आपने अपना काफ़ी समय यूरोप में बिताया है और अभी पिछले दिनों अमेरिका से लौटे हैं! क्या आपको लगता है कि दुनिया में कहीं कोई एक ऐसा शहर है जहाँ आप रहना चाहेंगे? मेरा मतलब शायद किसी आदर्श स्थिति से नहीं है—एक ऐसे शहर के बारे में जानने से है, जहाँ सुबह आप अपने ढंग से निकल जाना चाहेंगे, पुस्तकालयों में व्यस्त रहना चाहेंगे, शाम को किसी थियेटर या कंसर्ट में बैठ जाना चाहेंगे, आदि-आदि।

उत्तर : हाँ, लंदन शहर मुझे ऐसा लगता है। मैं, हालाँकि प्राग में कई वर्ष रहा हूँ लेकिन लंदन में जितनी आज़ादी और प्राइवेसी (जिस पर कोई हस्तक्षेप नहीं करता) मिली, वह नहीं मिलती। मैं लंदन में कई वर्ष रहा हूँ और वे मेरे जीवन के सुखद वर्ष रहे हैं। मैं समझता हूँ कि मैं उस शहर में आधा भूखा भी रह सकता हूँ। वहाँ पर वह भूख भी अपने में रचनात्मक हो सकती है। शहरी जीवन का अकेलापन और उसका भरपूरपन अगर

कहीं मैंने एक साथ पाया है, तो वह लंदन है। वहाँ मैं बहुत अरसे तक अकेला ही रहा हूँ। एक ऐसे समय में जब मैं शायद दिन में पाँच या छः शब्द बोलता था। कभी-कभी मुझे हैरानी होती थी कि मैं सुबह से शाम तक एक आधे दर्जन शब्दों को बोलकर भी रह सकता हूँ लेकिन मुझे वहाँ कभी वैसा अलगाव महसूस नहीं हुआ, जैसा दिल्ली में महसूस होता है।

प्रश्न : पिछले दिनों आप आयोवा (अमेरिका) में थे। अमेरिकी समाज के स्वरूप पर इधर काफ़ी सोचा गया है और उस पर लिखा गया है। वहाँ पर रहते हुए आपको कोई ख़ास बात महसूस हुई? एक तरह का ख़ास अमेरिकी अनुभव...।

उत्तर : असल में अमेरिका में न्यूयॉर्क तो मैं सिर्फ़ घूमने गया था। कुछ दिन सान्फ्रांसिस्को में रहा। ज़्यादातर तो मैं आयोवा में ही ठहरा था जहाँ का विश्वविद्यालय काफ़ी 'प्राविंशियल' क़िस्म का है। वहाँ के जीवन को लेकर किसी तरह से सारे अमेरिका पर कुछ कहना शायद ठीक नहीं होगा लेकिन आयोवा में रहते हुए भी मुझ पर कुछ ऐसे प्रभाव पड़े जो कि शायद यूरोप में कभी सम्भव नहीं हो पाते। कभी-कभी मुझे बड़ा भयानक-सा एहसास होता था कि यह इतनी बड़ी महाशक्ति अमेरिका, जिस पर बहुत कुछ दुनिया की शान्ति और मनुष्य की नियति निर्भर करती है, वहाँ के लोग स्वयं अपनी इस ज़िम्मेवारी के प्रति काफ़ी उदासीन हैं...मुझे हमेशा यह लगता रहा कि एक अमेरिकी को ख़ुद अपने भीतर एक अमेरिकी होने का एहसास नहीं है। उसे अपनी स्वतंत्रता ही अभिशाप और बोझ जान पड़ती है—इसलिए वह उससे जल्दी से जल्दी छुटकारा पाना चाहता है, किसी ओरियंटल धार्मिक दर्शन में—अमेरिका में जो भारतीय साधु या महात्मा धन कमाते हैं, यह एक उदाहरण है स्वयं अमेरिका की सभ्यता के भीतर किसी तरह का यह असन्तोष कोई सार्थकता ग्रहण कर सकता है, इसमें उसका विश्वास नहीं है।

20वीं शताब्दी के सन्दर्भ में यहाँ यातना शिविर, लेबर कैम्प, दो विश्वयुद्ध, वियतनाम की स्मृतियाँ हों—वहाँ पर अमेरिकी लोग इस समूचे कार्यकलाप में अपने को बहुत कम शामिल कर पाने का उत्साह प्रदर्शित कर पाएँ, यह चीज़ मुझे वहाँ पर काफ़ी अचंभे में डालती थी।

प्रश्न : इस बातचीत के रिकॉर्ड करने से पहले आपने चर्चा की थी कि अमेरिका से वापस लौटने पर आपने यात्रा-संस्मरण इसलिए नहीं लिखे कि अब आपको उस तरह के यात्रा-संस्मरण लिखने की ज़रूरत नहीं महसूस होती, जैसे पहले यूरोप से लौटने पर महसूस होती थी। इस फ़र्क़ पर आप कुछ कहेंगे?

उत्तर : पहले जब मैं यूरोप गया था, तो मैं पहली बार हिन्दुस्तान के बाहर यूरोप के सम्पर्क में आया था और इसी उत्साह में मैंने अपने यात्रा-संस्मरण भी लिखे थे। मैं आइसलैंड गया था, तो वह बिलकुल नई तरह का अनुभव था। एक नया लैंडस्केप, नई तरह के लोग—मेरी इच्छा होती थी मैंने जैसा देखा-अनुभव किया है, उसे संस्मरण की विधा में लिखूँ। एक कारण यह भी था कि मैं कहानी लिखता हुआ भी बहुत तंग आ गया था और क्योंकि कविता मैं लिखता नहीं हूँ इसलिए मैं दूसरी ही विधा को अपनाना चाहता था। और मुझे हमेशा यात्रा-संस्मरण की विधा अपने बहुत अनुकूल जान पड़ती रही है। लेकिन अगर मैं कुछ विषयों को छोड़ दूँ तो ज़्यादातर ये संस्मरण या निबन्ध बहुत प्रभाववादी (इंप्रेशनिस्ट) स्तर पर लिखे गए हैं और जहाँ ऐसा नहीं है, वहाँ मैंने कुछ निष्कर्ष निकालने की कोशिश की है, जैसे पश्चिमी बर्लिन या पश्चिमी सभ्यता के बारे में, वहाँ पर भी मेरा विचारधारात्मक दुराग्रह काफ़ी भूमिका अदा करता रहा है जिसे कि अब मैं स्वीकार नहीं कर पाता हूँ। इसलिए पिछले कुछ वर्षों में केवल अपने प्रभावों के आधार पर मैं किसी नये देश के बारे में लिखना ठीक नहीं समझता, हालाँकि मैं समझता हूँ कि किसी यात्रा

निबन्ध को दिलचस्प और पठनीय बनाने के लिए प्रभाव बहुत ज़रूरी होते हैं। बल्कि भारतीय लेखन या हिन्दी के यात्रा-संस्मरणों में अगर कोई कमी है तो वह यही है कि यहाँ के लेखक ठोस, जीवन्त अनुभवों की अवहेलना करके केवल मोटे-मोटे सामान्यीकरणों में ही लिखना पसन्द करते हैं जबकि हम अगर किसी विदेशी लेखक की चीज़ पढ़ें, जो कि भारत के बारे में लिखता है, तो हमें ख़ुद आश्चर्य होता है कि वह छोटी-से-छोटी चीजों को देखता है, जिन्हें हम अक्सर नज़रअन्दाज़ कर देते हैं।

प्रश्न : हिन्दी में आत्मकथा या फिर जीवनवृत्तों का जो अभाव है—आत्मस्वीकृतियाँ तो ख़ैर हैं ही नहीं...अपने बचपन की घटनाओं का अप्रत्यक्ष इस्तेमाल तो शायद हर लेखक करता होगा पर सीधे-सीधे उसका 'मुक़ाबला' करने के लिए आपकी इच्छा कभी आत्मकथा लिखने की हुई है?

उत्तर : यह ख़याल मेरे दिमाग़ में कभी आया नहीं है। जब आपने कहा तो मेरे दिमाग़ में बात आई कि ऐसा हो सकता है। इसके लिए एक तरफ़ बहुत निर्मम होना होगा और दूसरी तरफ़ वस्तुपरक होना होगा। अब तक जो जीवनवृत्त या आत्मकथाएँ लिखी गई हैं, उस समूची परम्परा से हटकर जब तक मैं अपने बारे में नहीं सोचूँगा, तब तक लिखने का कोई मतलब नहीं है। आत्मकथा के बारे में तो कुछ कहा नहीं जा सकता—क्योंकि कुछ लोग अपने बारे में तथ्य नहीं बताना चाहते। लेकिन हिन्दी में जो जीवनियाँ लिखी गई हैं, वे पहले ही कम हैं और उनमें अक्सर एक लेखक या व्यक्ति की मूर्ति पूजा की जाती है—जैसे उसमें कमज़ोरियाँ नहीं रहीं, अन्तर्द्वंद्व नहीं रहा। एक व्यक्ति की उसके जीवन के समूचे उतार-चढ़ाव, उसके छिछोरेपन, उसकी महानता—इस सबके बीच जो ज़िन्दगी रहती है, जब तक हम उसको नहीं उकेर पाएँगे, तब तक जीवन की विधा हम कभी

विकसित नहीं कर सकते। शायद यह हमारी पुरानी कमी रही है—शायद एक तरह की भारतीय कमज़ोरी है कि हम अपनी कमज़ोरियों को लेकर निर्मम नहीं हो सकते। दूर क्यों जाइए—इमरजेंसी के बाद कितने लेखक या पत्रकार थे, जिन्होंने अपने पाठकों के सामने खुले ढंग से अपनी आत्मालोचना की हो? हमारे यहाँ वैचारिक ग़ुलामी की जड़ें बहुत गहरी हैं। गांधीजी अपवाद थे। उन्होंने अपनी आत्मकथा में जो बातें लिखी हैं, वे अपने में अकेली हैं। शायद ही किसी व्यक्ति ने इतना निर्मम ढंग से अपनी सेक्स ज़िन्दगी की कमज़ोरियों, उसके 'ट्रैप्स' के बारे में लिखा। जब तक यह दृष्टिकोण नहीं विकसित होता, तब तक आत्मकथा या जीवनी का कोई मतलब नहीं है।

प्रश्न : आप क्या जर्नल्स लिखते रहे हैं?

उत्तर : हाँ, मैं कभी-कभी डायरी लिखता रहा हूँ। बहुत अनियमित रूप से।

प्रश्न : आपने आलोचनात्मक साहित्य बहुत कम लिखा है—इसकी कोई ख़ास वजह है या सम्पादकों ने आपको इस तरह के काम नहीं सौंपे...?

उत्तर : सम्पादकों की राय पर तो मैंने कभी नहीं लिखा। जहाँ तक मैं सोच पाता हूँ, साहित्य के बारे में मेरे जो सामान्य आग्रह और मान्यताएँ रही हैं, उन्हें मैंने अमुक लेखक या पुस्तक का विषय न बनाकर अपने निबन्धों में व्यक्त करने की कोशिश की है। उन निबन्धों में मैंने जिन लेखकों के लेखन को प्रासंगिक समझा है, उनका उल्लेख मैंने बार-बार किया है, फिर चाहे विदेशी लेखक हों या भारतीय लेखक। मुझे लगता है कि जो बात मैं एक लेखक या पुस्तक को केन्द्रबिन्दु बनाकर कहना चाहता रहा हूँ उसे मैंने एक व्यापक संस्कृति और अपने समय के सन्दर्भ में देखने की कोशिश की है। इसका एक कारण यह भी रहा है, जो लेखक हिन्दी

में मुझे बहुत पसन्द हैं, मैं उन्हीं पर लिखना चाहता हूँ। सिर्फ़ इसलिए लिखना कि किसी लेखक की निंदा करनी हो, उसकी किताब पसन्द नहीं आई हो—यह एक प्रोफ़ेशनल आलोचक तो कर सकता है और क्योंकि मैं एक प्रोफ़ेशनल आलोचक नहीं हूँ इसलिए मुझे इसकी कभी प्रेरणा नहीं हुई कि मैं उन किताबों के बारे में या उन लेखकों के बारे में लिखूँ जिन्होंने मेरे भीतर कोई नया विचार या नई प्रतिक्रिया नहीं दी।

प्रश्न : हिन्दी में आलोचना की जैसी भी स्थिति है—वह बेहतर तो नहीं है—उसमें जो लोग आपकी रचनाओं पर लिखते हैं, उसमें आपकी दिलचस्पी किस प्रकार की रहती है?

उत्तर : दिलचस्पी मुझे पहले तो रहती थी लेकिन मेरा अनुभव कुछ इतना निराशाजनक रहा है कि अब मेरी पुस्तकों की प्रशंसा होती है तो न तो ज़्यादा ख़ुशी होती है और जब बुराई होती है, तो कोई बहुत अफ़सोस भी नहीं होता। मैंने यह देखा है कि हिन्दी आलोचना में यह कोशिश कम रहती है कि पुस्तक का संसार क्या है और फिर उसकी शर्तों पर उसकी आलोचना की जाए या तारीफ़ की जाए। जब कोई आलोचक यह नहीं करता तो वह किताब में से कुछ ऐसी चीजें चुन लेता है जो कि उसकी आलोचना या प्रशंसा का आधार बन जाती हैं। अपने में यह बहुत अधूरी प्रशंसा या आलोचना होती है। इससे आलोचक एक किताब का समग्र मूल्यांकन करने में बिलकुल असमर्थ होता है। आपने इसे बहुत ही धीमे स्वर में कहा है कि आलोचना की स्थिति बेहतर नहीं है, मैं समझता हूँ कि हिन्दी आलोचना की स्थिति बहुत ही दयनीय है और सिर्फ़ इसलिए नहीं कि पत्र-पत्रिकाओं में पुस्तक समीक्षा को बहुत कम जगह दी जाती है या आलोचना को अपने में बहुत उपेक्षित माना जाता है बल्कि इसलिए भी कि आलोचना के लिए जिस मनीषा की ज़रूरत होती है, भारतीय मनीषा में उसका गहरा अभाव है। और यह बात हमें अपनी संस्कृति में

भी दिखाई देती है जहाँ हम नायपॉल की किताब को लेकर इतने नाराज़ हो जाते हैं किन्तु उसकी ठीक से आलोचना नहीं कर पाते। नीरद चौधरी का विरोध करनेवाले कितने लोग मिल जाएँगे पर नीरद चौधरी ने भारतीय संस्कृति के बारे में जो लिखा है, उसके ख़िलाफ़ जो प्रतिक्रिया देखने में आती है, वह केवल एक पूर्वग्रह, एक आक्रोश, एक नक़ली क़िस्म की देशभक्ति-प्रधान भावुकता में चुककर रह जाती है। जहाँ इतने बड़े विषयों का कोई आलोचनात्मक विश्लेषण असम्भव है, वहाँ एक किताब, आप उसके प्रति कितने ही कटु क्यों न हों, वह आपसे बहुत ही सूक्ष्म संवेदना की माँग करती है। अपनी रचना के बारे में पढ़कर कभी-कभी दुर्लभ सन्तोष तब मिलता है जब किसी ने पहली बार कहानी या उपन्यास के बुनियादी तर्क को समझने की कोशिश की हो और यह अपने में एक दुर्लभ चीज़ है।

['सारिका' : 2 जून, 1978 से साभार]

लेखक को किसी विचारधारा का ग़ुलाम नहीं होना चाहिए

[मिथिलेश सुलभ से बातचीत]

प्रश्न : निर्मल जी! आपके ऊपर 'बाबावाद का शिकार' होने का आरोप लगाया गया है। ऐसा क्यों?

उत्तर : दरअसल, जो अभियोग लगाया गया मुझ पर, वह आलोचना की विपन्नता है। जिस कहानी 'कव्वे और काला पानी' को लेकर यह अभियोग है, वह ऐसे व्यक्ति का चरित्र है, जो जीवन से हताश होकर घर छोड़ता है और पहाड़ी इलाक़े में जाकर रहने लगता है। मैं उसे बाबा नहीं मानता, पर उसे अपनी पुरानी ज़िन्दगी से गहरा असन्तोष है। वह नये सिरे से जीना चाहता है। इस चरित्र पर (नामवर सिंह ने) यह अभियोग लगाया कि वह बाबा बन जाता है, जबकि कहानी का मर्म यह नहीं है।

प्रश्न : आपको हिन्दुत्ववादी भी करार दिया जाता है। क्या यह सही है?

उत्तर : यह जो आरोप है, इसके सन्दर्भ में मैं यही कहूँगा कि जो लोग मध्यकालीन युग में धर्म और अध्यात्म के साए में जीते थे, आज बीसवीं सदी के अन्त में भी उसी की ज़रूरत है। कला में धर्म को अभिव्यक्ति मिलनी चाहिए। यह मात्र मनोरंजन की चीज़ नहीं है। दूसरी बात, मनुष्य की आकांक्षा आर्थिक भर ही सीमित नहीं होती, वरन् वह इसके अतिरिक्त आध्यात्मिक, सांस्कृतिक, भौतिक—सभी का मिला-जुला रूप है। मात्र आर्थिक मनुष्य की कल्पना करना, उसे विपन्न बनाना है। सामाजिक मनुष्य आर्थिक मनुष्य से कहीं ज़्यादा अतीत और वर्तमान में रहता है। इनकी चर्चा यदि लेखक नहीं कर पाए तो वह अधूरा है।

प्रश्न : यह बात आजकल ज़ोर-शोर से कही जा रही है कि साहित्यिकों-पत्रकारों में मौलिक चिन्तन का अभाव है। ये पारम्परिक और आधुनिक मूल्यों के बीच झूलते-से लगते हैं। क्या इससे आप सहमत हैं?

उत्तर : मैं समझता हूँ, यह हमारे देश की स्थिति की विडम्बना है। केवल साहित्यकारों-पत्रकारों की ही यह स्थिति नहीं बल्कि सबों की है। दुर्भाग्यवश हम दो सौ वर्षों की अंग्रेज़ी ग़ुलामी के कारण सारे सांस्कृतिक स्रोतों से वंचित हो गए जो एक समय में हमारी जातीय अस्मिता को निर्धारित करते थे। संस्कृत भाषा, भारतीय शिक्षण-पद्धति परम्परागत शास्त्रों का अध्ययन आदि ऐसी चीजें हैं, जिनसे एक आदमी का जातीय व्यक्तित्व बनता है। जब हम इनसे टूट जाते हैं तो एक झूठी आधुनिकता जो यूरोप में आयातित की गई है, के प्रति आकर्षित होते हैं। हमने आधुनिक जीवन और परम्परागत दृष्टि के बीच समन्वय बिठाने का प्रयास भी नहीं किया। यही कारण है कि न तो हम सही अर्थ में आधुनिक हैं और न असली अर्थ में परम्परागत।

लेखक को किसी विचारधारा का ग़ुलाम नहीं होना चाहिए

प्रश्न : निर्मल जी! साहित्य में ज़िन्दगी को पहले आना चाहिए, लेकिन विचारधारा साहित्य पर हावी होती जा रही है। क्यों है ऐसा?

उत्तर : ऐसा जब कभी होता है तो कहानी या कविता अपनी शक्ति और ऊर्जा खो देती है। रचना हमें जीवन के उतार-चढ़ावों, लहरों, आँधियों, हर तरह के चोटों और ठेसों से साक्षात्कार कराती है। रचनाकार इन्हें तभी अभिव्यक्त कर सकता है जब उसने अपने से बाहर निकलकर दूसरों की ज़िन्दगी में पैठने का प्रयास किया हो। ज़िन्दगी जैसी है, वैसी जस-की-तस, चाहे वह कितनी ही कुरूप, निर्मम, भद्दी क्यों न हो, उसके सारे पहलुओं को छूने का साहस दिखाया हो। इन्हीं से रचना की शक्ति का विकास होता है।

विचारधारा अपने-आप में कोई बुरी चीज़ नहीं, लेकिन एक लेखक को किसी ख़ास विचारधारा का ग़ुलाम नहीं होना चाहिए। विचारधारा तो ऊपर की चीज़ है। ज़िन्दगी में जितनी दृष्टियाँ हैं, दर्शन हैं, उन्हीं को लेकर विचारधारा बनती है। उनके अलग-अलग अनुभवों को लेकर ही लेखक को इन दृष्टियों के भीतर जाने की कोशिश करनी चाहिए, जो मूल है। दुर्भाग्यवश हिन्दी साहित्य में ऐसा कम किया गया है।

प्रश्न : साहित्य में प्रगतिशील आन्दोलन को दिवंगत बताया जा चुका है। इसके पीछे आप किन तत्त्वों या परिस्थितियों को ज़िम्मेवार मानते हैं?

उत्तर : प्रगतिशील आन्दोलन का सूत्रपात इस आकांक्षा से हुआ था कि मनुष्य उन सब शक्तियों से छुटकारा पा सके जो उसे छोटा बनाती हैं, उसकी मानवीय गरिमा को छीनती हैं। उसे वैसे नहीं जीने दिया जाता, जैसे वह जीना चाहता है। यह एक बहुत सुन्दर भूमिका थी प्रगतिशील आन्दोलन की। इसका लक्ष्य आर्थिक, सामाजिक और राजनीतिक विषमता से लोगों को मुक्ति दिलाना था। प्रेमचन्द जब अपनी कहानियों

में भारतीय किसान के दु:ख व द्रारिद्र्य का चित्रण करते हैं तो उसमें एक आशा छिपी रहती है कि एक दिन इसका अन्त होगा। यही प्रगतिशील आन्दोलन का सृजनात्मक और उजला पक्ष था, जो मनुष्य को अँधेरे से बाहर आने की आशा देता था। दुर्भाग्यवश, प्रगतिशील आन्दोलन ने अपने इस लक्ष्य, आदर्श और आकांक्षा को भुलाते हुए समूचे आन्दोलन को कम्यूनिस्ट पार्टी—जो एक राजनीतिक पार्टी थी, जिसके अपने स्वार्थ थे, के साथ बाँध दिया। कम्यूनिस्ट पार्टी के स्वार्थ भारतीय परिप्रेक्ष्य से न जुड़कर सोवियत संघ से जुड़े थे। उसी के अनुरूप वह अपनी रणनीति निर्धारित करती थी। कम्यूनिस्ट पार्टी के लिए प्रगतिशील आन्दोलन एक माध्यम भर था—भारतीय बुद्धिजीवियों में अपने प्रभाव को विस्तृत करने का। इसका घातक परिणाम यह हुआ कि हमारे देश का प्रगतिशील आन्दोलन अपने आदर्शों से स्खलित होकर केवल एक पार्टी विशेष के राजनीतिक लक्ष्यों को पूरा करने में लग गया। मैं समझता हूँ, यही उसके पतन का मुख्य कारण है।

प्रश्न : साहित्यिक पुरस्कारों की बढ़ती संख्या पर कुछ कहेंगे?

उत्तर : पुरस्कारों का हिसाब यह है कि प्रतिष्ठित लेखक जिसे पहले से ही ख्याति मिली है, उसे ही दिये जाते हैं, जिसे उसकी ज़रूरत नहीं। जिन युवा प्रतिभाशाली लेखकों को इनसे मदद मिल सकती है उनके लिए ऐसे पुरस्कारों की संख्या नगण्य है। लेखक पुरस्कारों के लिए कभी लिखना शुरू नहीं करता लेकिन जब इस तरह की आबोहवा बन जाती है तो लेखक की आँख पुरस्कार पर ही लगी रहती है। इससे एक तरह की अस्वस्थ प्रतियोगिता उत्पन्न होती है। ऐसी स्थिति में पुरस्कार वरदान की बजाय बीमारी का रूप धर लेता है। कितना ही अच्छा होता यदि यह पैसा युवा लेखकों की रचनाओं को प्रकाशित कराने और साहित्यिक पत्रिकाओं को स्थापित-प्रकाशित कराने में लगाया जाता!

प्रश्न : हिन्दी पत्रकारिता आज संकट के दौर से गुज़र रही है। हिन्दी की पत्र-पत्रिकाएँ एक-एक कर बन्द होती जा रही हैं। इसके लिए कौन से लोगों अथवा परिस्थितियों को आप ज़िम्मेवार मानते हैं?

उत्तर : देखिए, राष्ट्रीय आन्दोलन के समय में जो समाचार-पत्र या पत्रिकाएँ प्रकाशित होती थीं, उनके सामने आज़ादी का आदर्श, मुक्ति की कामना, मनुष्य की रुचि का परिष्कार करना तथा उसे उसकी परम्परा से अवगत कराने की आकांक्षा थी। मुझे लगता है, ये आदर्श आज लुप्त हो गए हैं। अख़बार कितना लाभ कमाता है, उसे कितने विज्ञापन मिलते हैं, उसकी प्रसार संख्या कितनी है—जब यही उद्देश्य हो पत्र निकालने का तो फिर 'टाइम्स ऑफ़ इंडिया' जैसे बड़े-बड़े प्रतिष्ठान जिनके पास पैसा है, वे भी उन पत्र-पत्रिकाओं को बन्द कर देते हैं, जिनसे उन्हें अपेक्षित लाभ नहीं होता। व्यवसायीकरण और आर्थिक लाभ ही इनके बन्द होने के पीछे सबसे बड़ा कारण है। कितनी बड़ी विडम्बना है कि टाटा बिड़ला जैसे उद्योगपति अपने पैसों से मन्दिर तो बनाते हैं पर शायद ही किसी के मन में विचार आता हो कि अपने लाभ का थोड़ा अंश बौद्धिक कार्यों में भी लगाएँ। सरकार भी भारत महोत्सव के नाम पर करोड़ों ख़र्च कर सकती है, पर बौद्धिक गतिविधियों पर उसका शतांश भी नहीं ख़र्च करती।

प्रश्न : क्या आपको लगता है कि इन्हीं कारणों से हमारे सांस्कृतिक स्रोत भी सूखते हैं जिससे साहित्य-सृजन भी प्रभावित हो रहा है?

उत्तर : कोई भी लेखक तभी अच्छा लिख सकता है जब उसके पास सोचने-समझने का भंडार हो। सोचने-समझने की यह शक्ति उसे किताबों से ही मिलती है जो प्रमुख सांस्कृतिक स्रोत हैं। जब ज्ञानार्जन के सारे स्रोत बन्द हो जाते हैं तो नारेबाज़ी पर क़लम चलने लगती है, जिससे साहित्य के स्थान पर छद्म साहित्य का जन्म होता है।

प्रश्न : और, अब एक अन्तिम सवाल। एक चर्चा है आजकल कि धर्म को राजनीति अलग किया जाना चाहिए। क्या यह सम्भव है?

उत्तर : यह इस पर निर्भर है कि धर्म से हमारा अभिप्राय क्या है? अगर हम धर्म को 'रिलिजन' व 'मज़हब' से एकीकृत करेंगे, तब उन निष्कर्षों पर पहुँचेंगे जहाँ ' रिलिजन' शब्द मनुष्य के विश्वासों, मान्यताओं से सम्बन्ध रखता है और 'मज़हब' क़ुरान में कही गई बातों को भी स्वीकृति देता है। लेकिन 'धर्म' शब्द से जो ध्वनि निकलती है, वह इन दो शब्दों से कहीं व्यापक है। धर्म में केवल ईश्वर या तो अदृश्य है, उसके प्रति हमारे विश्वासों का ही प्रश्न शामिल नहीं होता। इसका अभिप्राय है अपने कर्तव्यों, ज़िम्मेवारियों और सबसे बड़ी नैतिक ज़िम्मेवारी से गहरा सम्बन्ध रखते हुए उनका निर्वहन। 'महाभारत' में युधिष्ठिर को 'धर्मराज' इसलिए नहीं कहा गया कि वे हिन्दू थे या उनके विश्वास दूसरे भाइयों के मुक़ाबले ज़्यादा दृढ़ थे। उन्हें इसलिए कहा गया कि उनमें वे नैतिक संस्कार विशिष्टता से विद्यमान थे, जिनसे नैतिक संकट के क्षणों में ग़लत-सही का निर्णय करते थे। इसी में हमारी भी नैतिकता निहित है। भारतीय जीवन-पद्धति में जो 'एप्रोच टू रिलिजन' है, वह मेहँदी की तरह रचा-बसा हुआ है। राजनीति भी तो इसी धर्म का एक हिस्सा है। गांधीजी से जब धर्म को राजनीति से अलग करने के बारे में पूछा गया तो उन्होंने कहा था कि जो ऐसा कहते हैं, वे न तो धर्म का मर्म समझते हैं और न ही राजनीति की नैतिकता स्वीकार करते हैं। फिर हम कैसे कह सकते हैं कि धर्म को राजनीति से अलग किया जा सकता है?

प्रश्न : पर निर्मल जी, जैसा कि लोगों का कहना है कि धर्म को सत्ता-प्राप्ति का औज़ार बनाया जा रहा है तथा इससे जनता में उत्तेजना फैलाने का काम किया जा रहा है। तो क्या ऐसी दशा में भी आप धर्म को राजनीति से अलग किया जाना नहीं स्वीकारते?

उत्तर : धर्म को राजनीति का शस्त्र बनाना, इतना ही अनुचित है, जितना उसे राजनीति या जीवन के किसी भी कार्यकलाप से अलग रखना। भारतीय संस्कृति में जीवन और धर्म में इस तरह का कोई विभाजन नहीं था। यदि धर्म को राजनीति में सत्ता-प्राप्ति का साधन बनाया जाता है तो साध्य भी, गांधीजी के शब्दों में, दूषित हो जाएगा। क्योंकि उनकी दृष्टि में साधन और साध्य, दोनों की पवित्रता आवश्यक है।

['राँची एक्सप्रेस' : 9 दिसम्बर, 1993 से साभार]

कला का सौन्दर्य सत्य को कई जगह देखने का उपक्रम करने में है

[राजेश वर्मा से बातचीत]

प्रश्न : 'भारत और यूरोप' में आपने कहा है कि एक भारतीय लेखक की सृजनशीलता इसमें निहित है कि वह भारतीय स्वप्न के यथार्थ को भारतीय यथार्थ की छद्मता से अलग कर सके। भारतीय यथार्थ की छद्मता क्या है? हमारे समय, हमारे ख़ास भारतीय समय को आप कैसे देखते हैं?

उत्तर : सबसे पहले तो समय की अवधारणा वर्तमान में ही प्रमुख रूप से निहित रहती है और वर्तमान के साथ भविष्य और अतीत का क्या रिश्ता होता है, इसका उत्तर हर संस्कृति भिन्न रूप से देती है। भारतीय अवधारणा समय के बारे में कुछ ऐसी रही है कि कालबोध को—ऐतिहासिक समय जिसमें अतीत और भविष्य दो स्वायत्त इकाइयों में बँटा होता है, उसे—भारतीय दृष्टि में एक नक़ली विभाजन माना गया है।

अतीत हमेशा हमारे वर्तमान में प्रवाहित होता है—चाहे वह विस्मृत हो या चेतन रूप में मौजूद हो—और जो अतीत सम्पूर्णतया लुप्त हो गया है, उसका बोध होना या न होना वैसे भी कोई अर्थ नहीं रखता, इसलिए परम्परा को इतना महत्त्व दिया गया है, क्योंकि परम्परा कोई मरी हुई चीज़ या मृत चीज़ या अतीत की चीज़ न होकर एक ऐसा बोध है जो समय के सब खंडों का अतिक्रमण करता हुआ—पार करता हुआ, हमारे वर्तमान में जीवित रहता है।

प्रश्न : मेरा प्रश्न टाइम की संकल्पना के बारे में नहीं बल्कि यह था कि हमारा जो वर्तमान है, हमारा जो वर्तमान यथार्थ है, उसको आप कैसे देखते हैं?

उत्तर : उसका कोई एक उत्तर तो है नहीं। यथार्थ हमारा, जब मैंने समय का यथार्थ या भारत का (ऐतिहासिक?) यथार्थ कहा था तो एक ओर तो हमें ऐतिहासिक दबावों के नीचे जीने के लिए बाध्य होना पड़ता है, इसमें कई चीज़ों को हम इसलिए न्यायोचित ठहराते हैं क्योंकि वह राष्ट्र के लिए, देश के लिए या तात्कालिक आवश्यकताओं के लिए अनिवार्य माना जाता है। लेकिन ज़रूरी नहीं कि वह हमें एक बेहतर मनुष्य भी बना सके। मेरा कहने का मतलब यह था कि वर्तमान के दबाव के नीचे हम जिन कामों को करते हैं या करना ज़रूरी समझते हैं, उसके कारण कभी-कभी वे चीज़ें या वे कर्म, जो हमें करने चाहिए, वे नहीं कर पाते। या वे वहीं 'मार्जिनलाइज़्ड' या हाशिये पर चले जाते हैं।

प्रश्न : 'कला के जोखिम' में जयप्रकाश पर आपने लिखा है। जयप्रकाश जी ने एक आन्दोलन को लीड (नेतृत्व प्रदान) किया था। भारतीय जीवन की निराशाएँ थीं, उसी से वह आन्दोलन पैदा हुआ था। आगे के, 1977 से अब तक के लगभग 20 साल में राजनीतिक, सामाजिक और आर्थिक

दुश्चक्र तेज़ ही हुआ है, निराशाएँ सघन ही हुई हैं, इसके बावजूद भारतीय समाज में कोई वैसा बड़ा आन्दोलन नहीं हुआ है तो इसके कौन-से कारण हो सकते हैं? आख़िर ऐसा क्यों है कि एक समाज उत्तरोत्तर बदतर स्थिति में जा रहा है और एक आन्दोलन विफल हो चुका है लेकिन वैसे किसी बड़े आन्दोलन की कहीं से कोई सम्भावना नज़र नहीं आती?

उत्तर : जब जयप्रकाश जी ने आन्दोलन किया था उस समय सत्ता के बारे में उन्होंने कुछ ठोस आलोचनाएँ की थीं। उन्होंने कहा था कि हम जिस राष्ट्रीय आन्दोलन के आदर्श को लेकर...जिस समाज की हमने परिकल्पना की थी, वह नेहरू जी के बाद या नेहरू जी के समय में ही धीरे-धीरे या तो विकृत होती गई या भ्रष्ट होती गई। उन्होंने इस बात की ओर संकेत किया था कि ऊपरी तौर पर हमारा लोकतांत्रिक ढाँचा वे मर्यादाएँ तो पूरी करता है जो पार्थिव रूप से हमें दिखाई देती हैं या... उनका मूल्य है लेकिन हमारी सत्ता के आचरण में उनका कोई मूल्य नहीं है, न ही उनके प्रति कोई आदर रह गया है। जयप्रकाश जी ने इस बात की ओर भी हमारा ध्यान आकृष्ट किया था कि हमारी मौजूदा सत्ता के भीतर सामाजिक, राजनीतिक—हर क्षेत्र में एक तरह का कलुषित भ्रष्टाचार फैलता जा रहा है जिनके चलते उन लोकतांत्रिक मान्यताओं के आधार पर जो राष्ट्रीय आन्दोलन का स्वप्न था, गांधीजी का स्वप्न था, एक नये भारत का स्वप्न था, वह बिलकुल धूमिल पड़ गया। इसलिए उन्होंने अपने आन्दोलन को किसी एक ख़ास मुद्दे पर सीमित नहीं किया था यानी केवल सामाजिक रूप से क्रान्ति करने में या राजनीतिक रूप में सुधार करने में...वह हमारे समूचे आचरण, सत्ता के समूचे आचरण के भीतर एक आमूल परिवर्तन करना चाहते थे, इसीलिए उन्होंने उसे 'सम्पूर्ण क्रान्ति' का नाम दिया था। उस समय यह बात केवल हवाई नहीं थी क्योंकि अगर जयप्रकाश जी केवल सिद्धान्तकार के तौर पर यह बात कहते,

जैसे कि कम्यूनिस्ट समय-समय पर कहते रहे हैं या अनेक बुद्धिजीवी वामपंथी कहते रहे हैं तो उनकी कोई बात कुछ लोग सुनते, कुछ न सुनते। वह केवल एक ड्राइंग रूप में बहस बनकर रह जाती। जयप्रकाश जी ने चेतना के उस बिन्दु पर सम्पूर्ण क्रान्ति की आवाज़ दी थी, जिसे सब लोग, अपने-अपने राजनीतिक, सामाजिक मतभेद रखते हुए भी, कम-से-कम इस बिन्दु पर एकमत थे। यही कारण था कि स्वतंत्रता के बाद, शायद गांधीजी के आन्दोलन के बाद पहली बार, भारत में, इतनी सम्पूर्ण जागृति का उन्मेष हुआ था और जयप्रकाश जी इसी जागृति के ही प्रतीक माने जाते थे। इस लिहाज़ से उसने एक सामूहिक भारतीय स्वरूप धारण किया था। बाद में, क्योंकि यह चेतना विशृंखलित हो गई और जिन दोषों के प्रति जयप्रकाश जी एक तरह का नैतिक, बहुत ही गहरा नैतिक आक्रोश और वेदना और विक्षोभ प्रकट करते थे, उन सब प्रवृत्तियों को लोकतंत्र का ही अंग या लोकतंत्र की ही एक मौजूदा वर्तमान, यथास्थिति को स्वीकार करने की प्रवृत्ति हमारे भीतर हुई। यह एक बहुत बड़ा परिवर्तन था। पहले जैसे भ्रष्टाचार को एक असाधारण दोष माना जाता था। बाद में यह माना जाने लगा कि लोकतंत्र में भ्रष्टाचार तो होता ही है। अगर हम उन चीज़ों को, जो लोकतंत्र की मर्यादाएँ भंग करती हैं, उन्हें ही लोकतंत्र का अंश मानने लगे तो फिर किसी तरह के आन्दोलन, किसी तरह के विद्रोह या विरोध का प्रश्न नहीं होता...।

परिवर्तन की आकांक्षा अगर सत्ता के लिए हो, पावर के लिए हो, तो इस तरह का नैतिक आन्दोलन जो जयप्रकाश जी ने किया था या गांधीजी ने किया था, वह नामुमकिन है। जब ऐसी बात होती है तो सामूहिक चेतना की बात जो मैंने कही थी, वह विशृंखलित हो जाती है। उसमें किसी तरह से, हर पार्टी अपने स्वार्थों से ऊपर उठकर एक राष्ट्रीय परिप्रेक्ष्य में चीज़ों को देखना बन्द कर देती है। और जब यह होता है तो ज़ाहिर है कि विरोध या संघर्ष, चेतना के स्तर पर न होकर 'पावर' के परिप्रेक्ष्य में होने लगता है।

प्रश्न : ऐसे में, क्या साहित्य से कोई आशा है? क्या वह इस विशृंखलन का बरअक्स चेतना के संगठन का कोई उपक्रम कर सकता है?

उत्तर : साहित्य चेतना को संगठित नहीं करता। संगठित करने की शक्तियाँ केवल वही होती हैं जो अपने में संगठित होती हैं, राजनीति में या समाज में। साहित्य केवल हमें उन मूल्यों के प्रति सचेत करता है, जिन मूल्यों से मनुष्य और सत्ता के ढाँचे के बीच में एक सन्तुलन बराबर बैठा रहता है...उदाहरण के तौर पर अभिव्यक्ति की स्वतंत्रता, यह एक मूल्य है। हमारे संविधान में इसे स्वीकार किया गया है। प्रेस में, साहित्य में इस अभिव्यक्ति की स्वतंत्रता को महत्त्व दिया गया। लेकिन हम देखते हैं, मौजूदा हालात में, यथार्थ में, जिस यथार्थ की बात आपने कही थी कि शब्द बोलने की स्वतंत्रता संविधान द्वारा ज़रूर प्राप्त है, किन्तु कौन-सा शब्द हमारे जीवन की सच्चाई को प्रतिध्वनित करता है, या उसका प्रतिनिधित्व करता है, उस शब्द को बोलने का विवेक अगर न हो तो वह स्वतंत्रता भी कोई मायने नहीं रखती। ...इस दृष्टि से एक साहित्यकार उस अन्तराल की ओर हमारा ध्यान आकृष्ट करता है जो मौखिक रूप से या औपचारिक रूप से उपलब्ध है लेकिन जो हमारे जीवन के यथार्थ में क्रियान्वित नहीं होता। मेरे ख़याल में एक लेखक का कर्तव्य यह होता है कि वह नागरिक को बराबर उस खाई के प्रति, जो उसकी चेतना के बीच में खुदती जाती, बड़ी होती जाती है, सचेत करवाता रहे।

प्रश्न : राजनीति का, विचारधाराओं का, जिन रचनाकारों के लिए, कलाकारों के लिए कोई महत्त्व नहीं है, उनके लिए साहित्य का भी कोई महत्त्व है, इस पर आपने एक जगह सन्देह व्यक्त किया है। लेकिन आगे उसी लेख में आप कन्संट्रेशन कैम्प, नीग्रो सेग्रिगेशन (अलग रखने) हिन्दुस्तान की ख़ास ग़रीबी का ज़िक्र करते हुए कहते हैं कि यह 'टोटल टेरर' की स्थिति है।

लेकिन आप यह भी कहते हैं कि ये स्थितियाँ हैं, समस्याएँ नहीं। सन्दर्भ हैं, विषय नहीं। विषय क्या है?

उत्तर : मैंने उसी लेख में कहा था, जिसकी आप चर्चा कर रहे हैं कि एक लेखक के लिए विषय कुछ भी हो सकता है। ज़रूरी नहीं कि एक विषय राजनीतिक रूप से महत्त्वपूर्ण हो, इसीलिए उससे सम्बद्ध कहानी या कविता भी महत्त्वपूर्ण होगी। कोई विषय सामयिक रूप से भले गहरा महत्त्व रखता हो, लेकिन इससे यह निष्कर्ष नहीं निकलता कि जब तक आप उस विषय को अपनी कहानी या कविता का केन्द्र नहीं बनाएँगे तब तक वह कहानी या कविता महत्त्वपूर्ण नहीं होगी।

प्रश्न : नहीं, लेकिन क्या वह विषय, जो समय का केन्द्रीय प्रश्न हो, वह कहीं से समकालीन साहित्य में रिफ़्लेक्ट होगा क्या...?

उत्तर : वह रिफ़्लेक्ट होगा उस कृति से, जो कि वह कहानी या कविता चुनती है अपने लिए। और वह विषय कुछ भी हो सकता है। मैंने यह कहा था कि विषय कुछ भी हो सकता है, लेकिन चुनने के बाद लेखक की चेतना में वह सब मौजूद होना चाहिए जो उसके इर्द-गिर्द हो रहा है।

प्रश्न : लेकिन आम तौर पर आपकी कहानियों में पात्रों का, स्वयं कहानी की 'समय और दिक्' में अवस्थिति का पता नहीं चलता। उसके सामाजिक, राजनीतिक और आर्थिक सन्दर्भ स्पष्ट नहीं होते। ऐसे में अन्ततः लगता यह है कि हर आदमी कुछ भी करने और सोचने को स्वतंत्र है—तमाम समाजार्थिक विषमताओं के बावजूद...!

उत्तर : हर कहानी या हर सृजनशील कर्म अपनी ज़मीन या अपना परिवेश ख़ुद स्थापित करता है। जब आप किसी कविता को पढ़ते हैं तो कविता के भीतर जो शब्दों—उन भावों को उन्मेषित और सम्प्रेषित करने का जो समूचा माध्यम है, वही उस कविता का परिवेश है।

प्रश्न : रचना में उन्मेषित और उससे सम्प्रेषित भाव का ऐतिहासिक सत्य से क्या और कैसा सम्बन्ध होता है?

उत्तर : बहुत गहरा सम्बन्ध होता है, लेकिन यह ज़रूरी नहीं कि वह हमेशा प्रत्यक्ष रूप से सामने आए। कोई कविता सीधे-सीधे राजनीतिक विषय से या किसी ऐतिहासिक घटना से सम्बन्धित न होकर भी जिस परिवेश की रचना करती है, कहीं न कहीं उस कविता को पढ़ते हुए उस ऐतिहासिक और राजनीतिक और सामाजिक सन्दर्भ की अनुगूँज हमें मिलती है। किस रूप में मिलती है और किस रूप में हम उसे ग्रहण कर पाते हैं, यह हर कविता की विशिष्टता पर निर्भर करता है। इसका कोई फ़ॉर्मूला तो है नहीं। निराला की कविता, चाहे वह कितनी ही व्यक्तिगत पीड़ा को व्यक्त करते हुए लिखी गई हो, उसमें निराला का ही परिवेश नहीं, जिस समय में वह लिखी गई है, वह समूचे सन्दर्भों के साथ प्रकट होता है।

प्रश्न : शायद आपका आशय यह है कि वह जो व्यक्तिगत पीड़ा भी है, वह एक वृहत्तर समाज की पीड़ा से संवाद की स्थिति में है...?

उत्तर : ...और हर कवि अपने-अपने ढंग से यह डायलॉग या वार्तालाप करता है। हम इसके बारे में यह नहीं कह सकते कि इसकी कोई लगी- बँधी लीक है। इसीलिए इस बारे में हमें काफ़ी सचेत होना चाहिए। वह जो प्रगतिशील या जो हमारे यहाँ एक तरह की विचारधारा रही है कि हर कविता या कहानी का सीधा सम्बन्ध राजनीतिक, सामाजिक या ऐतिहासिक विषयों से हो, मैं समझता हूँ, इससे हम कविता के मर्म को समझने में असमर्थ रहते हैं। इस तरह का सीधा सम्बन्ध किसी भी अच्छी कविता और उसके ऐतिहासिक सन्दर्भ में होता नहीं।

प्रश्न : 'परिन्दे' आपकी बहुत पुरानी कहानी है, पहले संग्रह की। उसमें और बाद की कहानियों में जो फ़र्क़ मुझे लगता है कि 'परिन्दे' में

लतिका की स्मृति, अपने मृत प्रेमी नेगी के प्रेम की स्मृति, उसे बहुत ही संवेदनशील बनाती है जो होस्टल में उसके व्यवहार, ख़ास तौर पर जूली के साथ, रेजीमेंट के उसके प्रेमी का ख़त जूली को लौटा देने के फ़ैसले में बहुत स्पष्ट है। स्मृति की आपकी कहानियों में बहुत ही केन्द्रीय भूमिका है, लेकिन 'परिन्दे' के बरअक्स बाद की कहानियों में स्मृतियों की सम्बन्ध- धारणा धीरे-धीरे, लगता है, छूटती जा रही है। मुझे लगता है, बाद की कहानियों में, कहानी के पूरे पाठ में, उसके ट्रीटमेंट में स्मृति की यह भूमिका नहीं दिखती।

उत्तर : बाद की कहानियों में क्या दिखता है?

प्रश्न : उनमें जो स्मृति है, पात्रों को अपने अकेलेपन में, अपने एकान्त में चले जाने की सुविधा देती है, और संवाद की स्थिति नहीं बन पाती!

उत्तर : संवाद की स्थिति समाप्त नहीं होती, बाद की कहानियों में संवाद का स्वरूप बदलता है और इसी दृष्टि से आपको 'परिन्दे' कहानी का स्वरूप, जो कि चालीस वर्ष पहले लिखी गई थी और दस-पन्द्रह वर्ष पूर्व जो नई कहानियाँ लिखी गईं, उनके अन्तर को देखना चाहिए। हर कहानी अपना एक अलग स्वरूप लेकर और विषय लेकर आती है और उसके मुताबिक़ अपना फ़ॉर्म रखती है। इस फ़ॉर्म में संवाद, पात्र, परिवेश—उनका सम्बन्ध वही नहीं रहता जो कि पिछली कहानियों में रहता है। बिना किसी संवाद के कोई भी कहानी, कहानी नहीं बनती—चाहे वह संवाद व्यक्ति का स्वयं अपने से ही क्यों न हो। संवाद का स्वरूप ज़रूर बदल सकता है, लेकिन संवाद का अभाव—यह असम्भव है।

प्रश्न : आपकी कहानियों में जो चीज़ बहुत आकर्षित करती है, वह ब्योरे हैं। हिन्दी कहानियों में यह विरल है। भीष्म जी की कहानियों में हैं, उदय प्रकाश में हैं...लेकिन भीष्म जी के यहाँ जो पूरा कथानक है,

उसे व्यक्त करने में ब्योरों का इस्तेमाल है। जबकि आपके यहाँ, सैद्धान्तिक तौर पर भी आपने कहा है कि 'नगण्य चीज़ों पर विस्मय करने की सामर्थ्य में ही आत्मा अपने स्वगत वचन बोलती है।' कहीं यही कारण तो नहीं कि आपकी कहानियों में कई बार ब्योरे किसी घटना, मनोभाव या अनुभव से व्यक्त करने के कलात्मक उपक्रम का हिस्सा नहीं दिखते, वे एक ख़ास दिशा में निर्देशित नहीं दिखते...।

उत्तर : कहानी की दिशा में किस तरह से कोई ब्योरा अपना योगदान देता है, उस ब्योरे का सम्बन्ध या उसका महत्त्व इस पर भी निर्भर करता है। मेरे ख़याल में ब्योरे का यही अर्थ रहता है कहानी में। अगर एक ब्योरे का कहानी की आन्तरिकता से कोई सम्बन्ध नहीं है तो मैं समझता हूँ कि वह निरर्थक है।

प्रश्न : हमारे समय में, हमारे समाज में जो विभिन्न शक्तियाँ मनुष्य की भावनाओं को छद्म बना रही हैं, उन शक्तियों के ख़िलाफ़ संघर्ष का कोई रास्ता कथा से, साहित्य से, कला से होकर गुज़रता है या नहीं और इसी के साथ यह भी कि इस युग में ऐसी शक्तियों की पहचान और उनसे संघर्ष की चुनौती ही क्या कथानक की खोज और साधना का भी सवाल नहीं है?

उत्तर : हर युग में, जिसे आपने कथानक कहा, उसमें एक व्यक्ति की तलाश छिपी रहती है ताकि वह अपने सत्य को प्राप्त कर सके। लेकिन सत्य को अकेले में प्राप्त करना असम्भव है। कथा में, कला का सौन्दर्य ही इसीलिए है कि वह सत्य को एक जगह अवस्थित न करके अनेक जगहों में देखने का उपक्रम करती है। ऐसे समय होते हैं, जहाँ पर उन अलग-अलग स्थानों में एक तरह का सामंजस्य मौजूद रहता है...जैसा कि मध्यकालीन समाज में...फिर कुछ ऐसे ऐतिहासिक क्षण भी आते हैं जैसा कि आधुनिक समय है, जहाँ इस तरह के बिन्दुओं के बीच का

सामंजस्य या 'हार्मोनी' लुप्त होने लगती है। वैयक्तिकता का प्रभुत्व उसमें सबसे अधिक महत्त्व रखता है। ऐसे में कलाकार की चुनौती ही बदल जाती है। वह इन विशृंखलित बिन्दुओं के बीच में उन शक्तियों का विरोध करता है जो झूठा सामंजस्य स्थापित करने की कोशिश करती हैं, वह चाहे आइडियोलॉजी के द्वारा हो या किसी दर्शन को आरोपित करके। कलाकार, इन सब ऊपरी दर्शनों, सिद्धान्तों, विचारधाराओं के झूठे सम्बन्धों या सामंजस्य करने के प्रयत्नों के कुहासे को भेदकर दिखाने की कोशिश करता है कि इस तरह का कोई सम्बन्ध यथार्थ में मौजूद है ही नहीं। इस लिहाज़ से वह एक निषेधात्मक भूमिका अदा करता है, झूठी 'हार्मोनी' या झूठा सामंजस्य प्रस्तुत करने की बजाय जो सामंजस्य प्रस्तुत किये जाते हैं, उनके झूठेपन को या उनके प्रपंच को भेदता है। अगर कलाकार यह कर पाता है तो मैं समझता हूँ, अपनी कला में वह सार्थक नतीजों को जन्म दे सकता है।

प्रश्न : हिन्दी में आम तौर पर विमर्श और ख़ास तौर पर कहानी की आलोचना की स्थिति दयनीय है, इसके बावजूद आप लगभग लगातार आलोचना को उत्तेजित करते रहे हैं। इधर आपकी कहानियों में मौसम के नामोल्लेख, शब्दों के नामोल्लेख, एक ही उपमा का बार-बार इस्तेमाल आदि के सन्दर्भ में एक तरह की कथा-रूढ़ि की शिकायत की गई है। 'इतनी बड़ी आकांक्षा' में फ़ौजी को महसूस होता है कि वह हवा में तनी रस्सी पर चल रहा है और नीचे खड़ी महिला उसे तमाशबीन की तरह देख रही है कि वह बीच में ही गिर जाएगा या पूरी रस्सी पार कर जाएगा। 'सूखा' में भी मुझे याद आता है कि डॉ. देव के सन्दर्भ में जब वह अपना पेपर ठीक से नहीं पढ़ रहे होते हैं तो इसी तरह एक सर्कस के खिलाड़ी की याद की जाती है कि 'क्या वह रस्सी से कूदकर रस्सी तक जा पाएगा?' ऐसे ही आपके यहाँ बेंगाटोल का खेल कई बार कई तरह से...।

उत्तर : यह रूढ़ि की बात नहीं है, यह पुनरावृत्ति की बात है। अगर कोई बिम्ब या कोई उपमा की पुनरावृत्ति होती है तो ज़ाहिर है कि वह कमज़ोरी का द्योतक है। हर लेखक को इस तरह की पुनरावृत्तियों से बचना चाहिए। लेकिन ख़तरा तब उत्पन्न होता है, जबकि वह बिम्बों की या कहावतों की या 'सिमलीज' की पुनरावृत्ति न होकर, अगर कथानक में या एक कहानी में जिस सत्य को पा लिया गया है या जिसकी झलक पा ली गई है और वह कहानी सफल हो गई है, उसी सफलता को भुनाने के लिए उसकी पुनरावृत्ति दूसरी कहानी में करना...ताकि पाठकों के उन्हीं संवेदनों को पुनः छुआ जाए जो कि उसकी पिछली सफल कहानी में किया गया था, मैं इसे बहुत ख़तरनाक मानता हूँ।

प्रश्न : भुनाने के लिए तो नहीं, लेकिन...।

उत्तर : भुनाना ज़रा सख़्त शब्द हो जाता है लेकिन यह एक तरह से उस जोखिम से अपने को बचाना है जो हर कहानी प्रस्तुत करती है एक लेखक के सामने और जो एक बिलकुल नया क्षेत्र होता है अनुभव का, उसे उस क्षेत्र में प्रवेश करने का साहस करना चाहिए। उसकी ऊर्जा बराबर विकासमान रहे, इसके लिए उत्तरोत्तर नये जोखिमों को उठाना एक कलाकार का नैतिक उत्तरदायित्व है, सृजनात्मक उत्तरदायित्व तो होना ही चाहिए।

प्रश्न : आपने अभी अनुभव के नये-नये क्षेत्रों के संधान की बात की। इस सन्दर्भ में एक बात कि आपकी कहानियों के अनुभव के क्षेत्र भी बहुत सीमित लगते हैं। मुझे याद है कि आपने लिखा है कि 'यह ज़रूरी नहीं कि एक लेखक हर वर्ग के, समाज के हर तबके के लोगों के अनुभव से बावस्ता हो!' लेकिन आपकी कहानियों का ताल्लुक़ जिस ख़ास वर्ग से है उसके भी बहुत सीमित अनुभव हैं आपकी कहानियों में। कहा गया है कि इस अर्थ में भी आपकी कहानियों में दुहराव बहुत है...।

उत्तर : कहाँ एक लेखक की कहानियों में दुहराव आता है, उसका अनुभव रूढ़ि बनता है और कहाँ वह अनुभव के एक नये आयाम को छूता है—जब तक इसका समुचित विश्लेषण न किया जाए तब तक यह बहुत एकांगी क़िस्म का आरोप है।

प्रश्न : निर्मल जी, एक आख़िरी सवाल। शायद पूर्वग्रह की किसी बातचीत में आपने रघुवीर सहाय पर कहा था कि वह सत्ता पर अपना कोई ख़याल, अपना कोई भाव प्रकट नहीं करते, उस पर कोई टिप्पणी नहीं करते, अपनी रचनाओं में...।

उत्तर : नहीं, सत्ता पर तो उन्होंने बहुत टिप्पणी की है। सारी कविताएँ उन्होंने सत्ता का क्रिटिसिज़्म करते हुए, आलोचना करते हुए, व्यंग्य करते हुए लिखी हैं...।

प्रश्न : मुझे वह सन्दर्भ ठीक-ठीक याद नहीं है लेकिन शायद उसी में आपने यह भी कहा है कि उनके यहाँ जो प्रवाह है, वह उन्हें अमूर्त भी कर देता है...।

उत्तर : नहीं-नहीं, मेरे ख़याल में मैंने ऐसा नहीं कहा है..!

['आजकल' : जुलाई, 1996 से साभार]

मोहभंग अपने से होता है

[कन्हैयालाल नंदन से बातचीत]

प्रश्न : हिन्दी साहित्य में गुटबाज़ी के शोर-शराबे ख़ूब सुनने में आते रहते हैं, जिससे रचनात्मक लेखन के सही मूल्यांकन में बाधा आती है। इन स्थितियों के बारे में आप क्या सोचते हैं और लेखकीय संसार से ऐसी गुटबाज़ी को समाप्त करने के लिए क्या किया जाना चाहिए?

उत्तर : दुनिया और समाज में बहुत-सी शक्तियाँ सक्रिय होती हैं—यह आश्चर्य की बात होगी, यदि उनकी छाया साहित्यिक क्षेत्र पर न पड़े। यदि हमारे समाज में समानधर्मा लोग एक सम्प्रदाय, एक दल, एक समूह के सदस्य हो सकते हैं तो उन्हें साहित्यिक जगत् में वर्जित या निंदनीय क्यों माना जाए? कुछ देशों में तो कलाकारों के इन संघों या गुटों ने क्रान्तिकारी काम किया था। उदाहरणत: फ्रांस में सुर्रियलिस्ट कलाकारों का समूह, जिनके नेता ब्रेतों ने पूरा एक सुर्रियलिस्ट मैनिफ़ेस्टो प्रसारित किया था,

जो सम्भवत: कला के क्षेत्र में उतना ही मूर्तिभंजक था, जितना राजनीतिक दर्शन के क्षेत्र में कार्ल मार्क्स का कम्यूनिस्ट मैनिफ़ेस्टो।

ज़रूरी नहीं कि एक समूह या गुट के सदस्य लेखक अपने विश्वासों में सहमति रखते हुए एक ही तरह की रचना करें। ऑक्टावियो पाज़ और एलुआ, दोनों ही सुर्रियलिस्ट कवि थे, किन्तु एक-दूसरे से कितना भिन्न। स्वयं हमारे साहित्य में क्या शमशेर की कविता की तुलना त्रिलोचन की कविता से की जा सकती है? यद्यपि दोनों अपनी तरह से प्रगतिशील विचारधारा में विश्वास रखते हैं। हमें गुटबाज़ी को गुटों से और गुटों को उनके सदस्यों के रचनाकर्म से अलग करके देखने की शिक्षा प्राप्त करनी चाहिए। तब हम बहुत हद तक उस आत्मरोधक संकीर्णता से छुटकारा पा सकेंगे, जिसकी ओर आपने संकेत किया है।

प्रश्न : किसी लेखक का अपना जीवन, उसके विषय चयन और पात्रों की बनावट में महत्त्वपूर्ण भूमिका अदा करता है। इसे आप कहाँ तक सही मानते हैं और आपके लेखन में इस बात की कितनी भूमिका रहती है?

उत्तर : कलाकार का व्यक्तिगत जीवन और उसकी कलाकृति की विषयवस्तु, उनके बीच उतना ही विराट अन्तर (या समानता) है, जितना कैमरे की आँख और चित्रांकित ऑब्जेक्ट के बीच। आप कैमरे की अन्दरूनी मशीन की जाँच-पड़ताल करने पर यह तो कह सकते हैं कि इससे किस तरह की तसवीर आएगी, किन्तु तसवीर की विषयवस्तु का कैमरे की यंत्रदक्षता से कोई सम्बन्ध नहीं। कैमरे के बिलकुल विपरीत एक लेखक अपने अन्दरूनी संसार में जिस भयानक रूप से अराजक और विश्रृंखलित होता है, उतना शायद कोई दूसरा सांसारिक व्यक्ति नहीं। इसीलिए अपनी रचना की रूपगत अवस्था में वह उस अराजकता से मुक्ति पा लेना चाहता है। शायद इसी अर्थ में काफ़्का ने कहा था : "कवि के सबसे मधुर गीत उसके नरक की निम्नतम गहराइयों से उत्पन्न होते हैं।"

प्रश्न : उम्र के साठवें अनुभवशील सोपान पर पहुँचकर आप मानव सम्बन्धों में आए अन्तर को किस रूप में देखते हैं?

उत्तर : नहीं, मुझे नहीं लगता है कि मानव इतिहास के पिछले साठ हज़ार वर्षों में मनुष्यों के बीच कोई मूलगामी अन्तर आया है। सम्बन्धों को संचालित करनेवाली भावनाएँ—प्रेम, घृणा, मृत्युबोध, ईर्ष्या, सेक्स—एक जैसी रही हैं। सार्त्र कहते थे : "मानव प्रकृति जैसी कोई चीज़ नहीं, सिर्फ़ इतिहास मनुष्य को बनाता है।"

अपने साठ वर्षों के जीवन में मैंने यह कथन बिलकुल ग़लत और भ्रामक सिद्ध होते देखा है—सत्य इससे बिलकुल उलटा है : मानव प्रकृति शाश्वत है, इतिहास बार-बार उसे तोड़कर अपने चौखटे में जड़ना चाहता है और वह हमेशा मौक़ा पाकर उससे मुक्ति पाकर अपने मौलिक रूप में लौट आती है।

प्रश्न : किसी लेखक की रचनाशीलता में नारी की भूमिका को कथाकार जैनेन्द्र कुमार ने बहुत अहमियत दी। नारी के इस प्रेयसी रूप के बारे में आप क्या सोचते हैं?

उत्तर : क्या नारी का एकमात्र रूप प्रेयसी है और कुछ नहीं? यदि विश्व उपन्यास में अन्ना कैरेनिना को हम सम्पूर्ण नारी चरित्र मानते हैं तो इसीलिए कि वह माँ, बहन, पत्नी और प्रेमिका की संश्लिष्ट भूमिकाओं को एक साथ अपने में वहन करने की अद्भुत क्षमता रखती थी। यदि हमारे हिन्दी उपन्यासों में नारी चरित्र इतने इकहरे और भावुक हैं तो इसका कारण यह है कि हमारे कथाकार नारी समस्या से कुछ ज़्यादा ही संत्रस्त जान पड़ते हैं। जब कोई दुकानदार अंडे बेचने की बजाय आप से अंडों की समस्या के बारे में बहस करने लगे तो समझ लीजिए कि उसके अंडों में कहीं ज़रूर कोई ख़राबी होगी!

मोहभंग अपने से होता है

प्रश्न : आजकल ऐसा अक्सर कहा जाता है कि लेखक समुदाय समाज में होनेवाली विभिन्न घटनाओं से अपने को असंपृक्त रखना चाहता है। ऐसा कैसे सम्भव है, जबकि लेखकीय सरोकार समाज से गहरे जुड़े हुए होते हैं? क्या लेखक के इसी असंपृक्त रहने की प्रवृत्ति ने समाज को उससे दूर कर दिया है? और कहीं इसी का परिणाम तो नहीं कि समाज में लिखे हुए शब्द और किताबों से दूरी बढ़ती जा रही है? पुस्तकों के कम पढ़े जाने का आपकी दृष्टि में क्या कारण है और उसे कैसे दूर किया जाना चाहिए? पाठक और साहित्य-प्रेमी तैयार न कर पाने के ज़िम्मेदार कौन-कौन हैं? उसमें साहित्यकार को आप कितना ज़िम्मेदार मानते हैं?

उत्तर : हिन्दी लेखक की त्रासदी यह नहीं कि वह समाज के सरोकारों से अपने को असंपृक्त रखना चाहता है, जैसा आप मानते हैं। मुझे तो सत्य इसके बिलकुल विपरीत जान पड़ता है।

अधिकांश लेखक लेखन के अलावा अन्य सरोकारों से इतना अधिक आक्रान्त जान पड़ते हैं कि वह केवल अपनी कविता-कहानी-उपन्यास के द्वारा समाज में एक विशिष्ट भूमिका अदा कर सकते हैं, इससे उसका विश्वास लगभग ख़त्म हो गया है। यदि हिन्दी पाठक आज के लेखक से इतना हताश है तो शायद इसलिए कि जिस भूख और तृष्णा को लेकर वह एक साहित्यिक कृति के पास जाता है, वहाँ उसे रोटी की बजाय पत्थर मिलते हैं। विडम्बना यह है कि पत्थर उसे ऐसी कृतियों से मिलते हैं, जो मनुष्य को रोटी दिलाने में सबसे ऊँचे स्वर में दावा करती हैं। यदि स्वयं लेखक का साहित्य की अस्मिता में विश्वास नहीं तो पाठक उसकी कृति की प्रामाणिकता में कैसे विश्वास कर सकेगा?

प्रश्न : आप और आपकी वय के अनेक लोग शुरुआत के दिनों में क्रान्ति के लिए कम्यूनिस्ट पार्टी के साथ काम करते रहे, आपका स्वयं का झुकाव इस दिशा में बहुत गहरा रहा है। बाद में आपके भ्रमभंग होने के क्या कारण थे?

बहुत-से लोग ऐसे भ्रमभंग का शिकार हुए, लेकिन आज की मौजूदा पार्टी लाइन को नकारते रहने के बावजूद वे स्वयं को सच्चा मार्क्सवादी कहने का लोभ संवरण नहीं कर पाते, ऐसा क्यों?

उत्तर : असली मोहभंग अपने से होता है, किसी पार्टी या विचारधारा से नहीं। अन्य भारतीय नागरिकों की तरह मैं भी एक अरसे तक मानसिक ग़ुलामी के कीचड़ में रहा हूँ। पश्चिमी आधुनिकता के प्रति आकर्षण हो या मार्क्सवाद जैसे क्रान्तिकारी दर्शन के पीछे सम्मोहन, यह अपने समाज के प्रति घोर अज्ञान से उत्पन्न होते हैं। इसी भयानक अज्ञान और घोर ग़ुलामी के कारण हम परम्परा की धरोहर को इतनी आसानी से भुलाकर नक़ली देवताओं के आगे माथा झुकाने लगते हैं। ...पाँच वर्ष पहले रूस से लौटने पर मैंने सोवियत-यात्रा के बारे में एक संस्मरण लिखा था, तब मुझ पर यह आरोप लगा था कि मैंने जो कुछ लिखा था, वह कोरी कल्पना की उपज था...मैं उत्सुक हूँ, यह जानने के लिए कि ये आलोचक आज गोर्बाचोफ की कल्पनाशीलता के बारे में क्या सोचेंगे, जो कुछ वह आज रूस की भयानक स्थिति के बारे में कह रहे हैं। वह तो शायद उन्हें 'परी कथा' से भी अधिक काल्पनिक जान पड़ेगा। दरअसल, हमारे वामपंथी आलोचकों, लेखकों को न कभी सोवियत जनता की यातनाओं के प्रति कोई सहानुभूति थी, न अपने समाज की विषमताओं के बारे में कोई समझ है। उन पर ग्राम्ची का यह कथन बहुत सटीक ढंग से लागू होता है, जो कभी उन्होंने अपने देश के बुद्धिजीवियों के बारे में कहा था : "एक मज़दूर महसूस करता है किन्तु समझता नहीं; बुद्धिजीवी न महसूस करता है, न समझता है, वह सिर्फ़ 'जानता' है।"

प्रश्न : आज के जनवादी लेखन से आपकी विमुखता का क्या कारण है?

उत्तर : मैं किसी प्रकार के लेखन से विमुख या विरुद्ध अपने को नहीं पाता—न ही किसी रचना को रचना के अतिरिक्त देख पाता हूँ।

रेणु के उपन्यास और कहानियाँ मुझे समकालीन हिन्दी साहित्य में अद्वितीय जान पड़ते हैं—उनमें वे सब गुण हैं : 'लोक संगीत' और बोलियों की अद्‌भुत छटा, ग्रामीण लैंडस्केप के अविस्मरणीय चित्र, भारतीय मनीषा का विचित्र और बहुरंगी इंद्रजाल—जो अपनी प्राणवत्ता, लोक-प्रेम से अर्जित करता है, प्रगतिशील या जनवादी आग्रहों से नहीं।

क्या यह महज़ संयोग था कि हिन्दी के दो महान् शीर्षस्थ लेखक—रेणु और मुक्तिबोध—दोनों ही अपने जीवनकाल में 'शहरी मार्क्सवादियों' की निंदा और तिरस्कार का शिकार बने रहे?

प्रश्न : आपके लेखन के बारे में प्रख्यात मार्क्सवादी आलोचक नामवर सिंह ने हाल के दिनों में अचानक अपनी राय बदल दी। इस सन्दर्भ में कभी आपने विश्लेषण किया है कि उन्होंने ऐसा क्यों किया? रचनाशीलता में आप समालोचना और समीक्षा के महत्त्व को किस रूप में आँकते हैं और आज की समीक्षा और समीक्षकों की दृष्टि क्या है?

उत्तर : यह प्रश्न तो आपको डॉ. नामवर सिंह से पूछना चाहिए, मुझसे नहीं। जहाँ तक मेरा प्रश्न है, मुझे लगता है कि एक अच्छे लेखक को अपनी कृति के मूल्यांकन के लिए किसी आलोचक का मुँह नहीं जोहना पड़ता, वह स्वयं अपना सबसे कठोर और निर्मम आलोचक होता है या उसे होना चाहिए।

हर रचनाकार अपनी रचना-प्रक्रिया में कुछ छोड़ता है, कुछ चुनता है, अनुभवों के विशाल प्रदेश में उन केन्द्रीय बिम्बों और बिन्दुओं को रेखांकित करता है, जो हमारे जीने, देखने, मरने के निर्णायक क्षणों को आलोकित करते हैं और अन्ततः वह कसौटी निर्मित करता है, जहाँ उसकी रचना स्वयं अपने मूल्यों के आधार पर अपने को आँक सके...। एक लेखक अपनी आत्मालोचना के जिस बीहड़ जंगल से गुज़रकर अपनी रचना का सत्य खोजता है, शायद एक पेशेवर आलोचक उसकी कल्पना भी नहीं कर सकता।

प्रश्न : कई लोग आपके बारे में यह भी कहते पाए जाते हैं कि निर्मल वर्मा एक नितान्त आत्मकेन्द्रित रचनाकार हैं। हो सकता है कि इस आशय के कुछ वाक्य आप तक भी पहुँचे हों। आपका इस बारे में क्या ख़याल है?

उत्तर : मुझे इस बात का दुःख नहीं कि लोग मुझे आत्मकेन्द्रित कहते हैं, दुःख इस बात का है कि मैं पर्याप्त रूप से आत्मकेन्द्रित नहीं हूँ...जिस दिन मैं अपने भीतर इतना साहस और स्वार्थहीनता जुटा पाऊँगा कि सिर्फ़ अपने आत्म को केन्द्र में रखकर रचना कर सकूँ, तभी मैं सच्चे अर्थों में आत्मकेन्द्रित होने का गौरव हासिल कर पाऊँगा।

प्रश्न : राजनीति एक गंदा खेल है, लेकिन इस गंदे खेल को बदलने के लिए जब तक देश का बुद्धिजीवी वर्ग नहीं जुड़ेगा, तब तक उसके बदलाव की उम्मीद करना भी व्यर्थ होगा। राजनीति की कौन-सी सीमा-रेखा है, जहाँ तक लेखक को जाना आप अनिवार्य मानते हैं? राजनीतिक विचारधारा से जुड़कर चलना आपकी दृष्टि में अनिवार्य है भी या नहीं?

उत्तर : यदि राजनीति गंदा खेल हो सकती है तो क्या साहित्य गंदी राजनीति नहीं हो सकता? सोवियत संघ और चेकोस्लोवाकिया जैसे देशों में एक लम्बे अरसे साहित्यिक संस्थाएँ बीभत्स राजनीतिक खेल में संलग्न रही हैं, जबकि सोल्ज़ेनित्सिन, पास्तरनाक, वात्सलाव हावेल (चेक लेखक, जो अब जेल में हैं) जैसे साहित्यकार साहित्य की गंदी राजनीति में एक शुद्ध राजनीतिक हस्तक्षेप करने का जोखिम उठाते रहे हैं। हमें राजनीति और साहित्य के बीच इस तरह से सरलीकृत और भ्रामक विभाजन से बचना चाहिए।

प्रश्न : लेखकीय स्वतंत्रता और लेखकीय उत्तरदायित्व का समानुपात आप किस रूप में जोड़ते हैं? सलमान रुश्दी की किताब और उसके

साथ उठे बवालों ने एक लेखक को अनेक सवालों के घेरे में खड़ा कर दिया है। मान लीजिए कि आप सलमान रुश्दी की स्थिति में होते तो क्या करते?

उत्तर : यदि लेखक स्वाधीन नहीं है तो उसके उत्तरदायित्व की सार्थकता कहाँ है? इस अर्थ में एक पराधीन लेखक सबसे अधिक सुखी व्यक्ति होता है, क्योंकि हमने उसे जवाबदेही के जोखिम से ही मुक्त कर दिया। येट्स की एक प्रसिद्ध पंक्ति है : 'स्वप्नों में हमारी ज़िम्मेदारियाँ शुरू होती हैं।' उन स्वप्नों में सबसे अधिक, जिनसे कविता और कहानी का जन्म होता है। इसीलिए एक लेखक का दुःस्वप्न, वे धर्म, सम्प्रदाय और राजनीतिक निजाम हैं, जो उसके स्वप्नों में हस्तक्षेप करके उसे अपनी स्वतंत्रता और ज़िम्मेवारी, दोनों से वंचित कर देते हैं।

सलमान रुश्दी आज एक ऐसे ही दुःस्वप्न से गुज़र रहे हैं। विडम्बना यह है कि यह वही लेखक हैं, जो एक लम्बे अरसे से उन लोकतांत्रिक व्यवस्थाओं का विरोध करते आए थे, जो आज उन्हें सुरक्षा प्रदान कर रही हैं। एक भारतीय नागरिक होने के नाते मुझे इस बात पर गहरी शर्म महसूस होती है कि भारत सरकार न केवल भारत में जन्मे लेखक की पुस्तक पर पाबन्दी लगाती है, बल्कि मृत्यु दंड की बर्बर धमकी का विरोध करने से भी डरती है। और यह हो रहा है ऐसे वर्ष और देश में, जहाँ जवाहरलाल नेहरू की जन्म शताब्दी मनाई जा रही है।

प्रश्न : हमारे लेखकों के पास क़लम के अलावा अन्य अनेक सामाजिक, राजनीतिक और आर्थिक मसलों की ओर ध्यान देने की फ़ुरसत क्यों नहीं होती है? इसे आप इच्छा की कमी मानते हैं या लेखकीय अनिवार्यता?

उत्तर : यह एक लेखक की रुचि और रुझान पर निर्भर करता है कि वह किन स्रोतों से अपनी कल्पनाशीलता को सींचता है। ऐसे लेखक हैं,

जिन्हें जासूसी उपन्यास उतनी ही गहराई से उद्वेलित करते हैं, जितने कुछ दूसरे लेखकों को दर्शन या धर्म के आध्यात्मिक ग्रंथ। कुछ लेखक अकादमिक अर्थ में अनपढ़ हो सकते हैं, लेकिन दुनिया की किताब के सबसे चौकन्ने और संवेदनशील अध्येता। हमसे एक नदी, एक वृक्ष, एक पहाड़ क्या कहता है, यदि उसे सुनने की फ़ुरसत हमारे पास नहीं है तो राजनीतिक, आर्थिक मसलों के बारे में हम चाहे कितनी जानकारी क्यों न बटोर लें, उससे अच्छी कविता या जीवन्त उपन्यास का जन्म नहीं होता। मनोविज्ञान की पुस्तकें पढ़कर मानसिक बीमारियों का चिकित्सक बना जा सकता है, दोस्तोएव्स्की के उपन्यास नहीं लिखे जा सकते।

प्रश्न : हर व्यक्ति की अपनी कुछ निजी रुचि की किताबें और निजी रुचि के लेखक होते हैं। आपके सन्दर्भ में किन-किन का नाम लिया जा सकता है?

उत्तर : मुझे जंगल और जानवरों की कहानियाँ पढ़ना विशेष रूप से अच्छा लगता है। अख़बारों में बाल पृष्ठ को मैं सबसे पहले पढ़ता हूँ। आज भी परीकथाओं का पहला वाक्य 'बहुत दिन पहले की बात है' पढ़ते ही मुझे जिस प्रकार की उत्तेजित जिज्ञासा होती है, वह किसी भी बड़े उपन्यास के पहले वाक्य को पढ़कर नहीं होती। इनके अलावा भारत में 18वीं 19वीं शती में जो अंग्रेज़ सिपाही, अफ़सर या दूरदराज क़स्बों में मजिस्ट्रेट या मिशनरी रहते थे, उनके या उनकी पत्नियों के संस्मरण पढ़ना अच्छा लगता है। प्रसिद्ध लेखकों की डायरी या पत्रों से कहीं अधिक किसी अज्ञात पोस्ट मास्टर या ज़िले के अध्यापक की आत्मजीवनी (यदि वह किसी लाइब्रेरी या सेकेंड हैंड किताबों की दुकान में मिल जाए) पढ़ने का गहरा सम्मोहन है। इसीलिए अरसा पहले मैंने श्री नीरद चौधरी की 'ऑटोबायोग्राफ़ी ऑफ़ एन अननोन इंडियन' इतने शौक़ से पढ़ी थी, जबकि वह सचमुच एक अज्ञात लेखक थे।

प्रश्न : आपने लेखन को ही क्यों चुना? लेखन को न चुना होता तो आप क्या बनना चाहते थे?

उत्तर : बचपन में मैं नौसेना के किसी समुद्री जहाज़ का कप्तान बनने का स्वप्न देखता था। कुछ बड़ा होने पर मुझे अपनी सीमाएँ पता चलीं और मैं किसी सुदूर गाँव में स्कूली टीचर बनने की रोमांटिक आकांक्षा पालने लगा। जो शायद चेख़ॅव और रवीन्द्रनाथ ठाकुर की कहानियाँ पढ़कर उत्पन्न हुई थी। प्राग में पुरानी किताबों की दुकानों में नौकरी करने का कई बार विचार आता था, और लंदन में भयानक बेरोज़गारी के दिनों में मैंने लाइब्रेरियन या लाइब्रेरी असिस्टेंट बनने के अनेक निष्फल प्रयास किये थे। लेखक बनने का गौरवपूर्ण स्वप्न मैंने कभी नहीं देखा, हालाँकि कहानियाँ पिछले कई वर्षों से लिखता आ रहा हूँ...।

इस सन्दर्भ में मुझे इलियट का एक संस्मरण याद आता है। जब युवा कवि स्पेंडर पहली बार इलियट से मिलने गए तो उन्होंने सिर्फ़ कुछ कविताएँ ही प्रकाशित की थीं।

बातों ही बातों में इलियट ने पूछा, "आनेवाले वर्षों में आप कौन-सा प्रोफ़ेशन चुनना चाहेंगे?"

स्पेंडर ने बहुत गर्व से कहा, "मैं कवि बनना चाहता हूँ।"

बाद में इलियट ने अपने किसी दूसरे मित्र से हँसते हुए कहा, "मैं स्पेंडर से मिला था, वह कवि बनना चाहता है। उसने यह नहीं कहा कि वह कविताएँ लिखना चाहता है।"

प्रश्न : अपने जीवन की कोई ऐसी घटना, जो संवेदना के स्तर पर आपको अविस्मरणीय लगती है?

उत्तर : कुछ व्यक्ति, कुछ किताबें, रेल की यात्राएँ, प्राग का पतझड़, गुज़रे हुए मित्र, देखे हुए चित्र, कुछ अन्तोन्योनी, वर्गमान और तारकोवस्की

की फ़िल्में, पुराने सुने हुए रिकॉर्ड, मल्लिकार्जुन मंसूर को कभी किसी भी समय गाते हुए देखना, प्रूस्त का उपन्यास, चेख़ॅव की कुछ कहानियाँ, गर्मी की लम्बी दोपहरें, दिल्ली शहर, अपना कमरा और वे सब घटनाएँ और अनुभव, जो अविस्मरणीय होने के बावजूद या शायद उसके कारण किसी भी इंटरव्यू में नहीं कहे जा सकते, उनका कोई अन्त है?

['नवभारत टाइम्स' : 2 अप्रैल, 1989 से साभार]

समाज का आत्मबोध

[रामेश्वर मिश्र 'पंकज' से बातचीत]

प्रश्न : ऐसा कुछ देखने में आता है कि हमारी बौद्धिक धाराएँ समाज के प्रति जवाबदेह नहीं हैं, वे थम गई हैं और एक हास्यास्पद निराधार विचित्र नैतिक दंभ उनमें भर गया है, जिस नैतिकता का कोई वास्तविक आधार कहीं नहीं, एक निराधार दर्पस्फीति है। इसमें सृजनशीलता अवरुद्ध हो रही है और बौद्धिक परिवेश संवादरहित हो चला है। फ़तवे और फ़ैसले हैं, युद्ध घोषणाएँ हैं। अपनी ग्लानि का ध्यान ही नहीं है। हमारे मार्क्सवादी मित्र हैं, वे दूसरों को गालियाँ देने को ही बौद्धिक पुरुषार्थ मानते हैं। यद्यपि उनके जीवन से दूसरों के, उनके वर्ग-शत्रुओं के जीवन में कोई फ़र्क़ कहीं दिखता नहीं। परन्तु शायद संवाद से बचने के लिए, भयवश याकि भीतरी कमज़ोरी के चलते वे अकारण आक्रामक 'मूड' में रहते हैं। हालाँकि उनसे ज़्यादा राज्याश्रित, राज्यपोषित, राज्यरक्षित कोई और धारा नहीं है। तब भी उनकी बौद्धिक कुंठा विस्मयप्रद है। इतनी सुविधाएँ पाकर, बटोर कर भी वे इतने गतिहीन हैं। ऐसा क्यों?

उत्तर : ये कुंठाएँ किसी एक धारा या दल या समूह तक सीमित नहीं हैं। यह सही है कि मार्क्सवादी स्वयं को श्रेष्ठतर उच्चतर मानते हैं। इसका कारण मेरी समझ में यह है कि वे सोचते हैं कि क्योंकि हम ग़रीबी-अमीरी की विषमता के विरुद्ध हैं और क्योंकि हम एक समतामूलक, न्यायपूर्ण, सन्तुलित समाज-व्यवस्था लाने की पक्षधर 'आइडियोलॉजी' में आस्था रखते हैं, इसलिए हम श्रेष्ठ हैं। हमारे सिद्धान्त श्रेष्ठ हैं। इनकी श्रेष्ठता और सत्यता पर शंका करनेवाले लोग बेईमान न भी हों, तो बौद्धिक सामर्थ्य और शक्ति से रहित हैं, उनमें चिन्तन की शून्यता है और वर्ग-स्वार्थ की प्रबलता है। यह उनकी मान्यता है। इसकी जाँच वे ज़रूरी नहीं समझते। लेकिन जो अन्य धाराएँ हैं, उनमें भी न्यूनाधिक यही प्रवृत्ति है। हर राजनीतिक मतवादी धारा और उनके बौद्धिक मानकर चलते हैं कि उनका सिद्धान्त तो श्रेष्ठ है ही। यह श्रेष्ठता परीक्षण का, चिन्तन का, परख का, विमर्श का विषय नहीं है। हमें सोचना है कि यह जो प्रवृत्ति है, उसके प्रति आलोचनात्मक दृष्टि समाज में जगे। क्योंकि जो भी सिद्धान्त का ढाँचा है, जब तक उसे परीक्षण, तर्क और चिन्तन के आधार पर कसा नहीं जाता है, उसके खोट को दर्शाया नहीं जाता, उसकी कमी दिखानेवाली कोई प्रवृत्ति या शक्ति सामने नहीं आती, तब तक दोष केवल वैसे दल या चिन्तकों का नहीं जो अपने मत को सही समझते हैं, उसे दूसरों पर आरोपित करते हैं, बल्कि कमी और दोष उनका भी मानना होगा जिनमें इस तरह के आलोचनात्मक चिन्तन का अभाव होता है कि वे किसी सिद्धान्त का, आइडियोलॉजी का, परीक्षण कर यह बता सकें कि आपके आदर्श या सिद्धान्त का वास्तविकता से कितना फ़ासला है, कितना अन्तर है।

जिस बौद्धिक बहस के अभाव की चिन्ता आप कर रहे हैं, वह अभाव हमारे समाज से तभी दूर हो सकता है, और सार्थक संवाद की मर्यादा और परम्परा तभी आगे बढ़ सकती है, जब 'थॉट' को, आलोचनात्मक चिन्तन को जीवन के कार्यकलाप के केन्द्र में रखकर राजनीति तथा अन्य

क्षेत्रों में समाज की चिन्ताओं को जाँचा-परखा जाए। आलोचनात्मक चिन्तन में मुख्य शक्ति या गुण है—'आब्जेक्टिविटी', वस्तुपरकता और तटस्थता, निष्पक्षता का। भले उसमें अन्य अपर्याप्तताएँ या कमियाँ हों। उसी वस्तुपरकता के आधार पर हम न केवल व्यक्तिगत जीवन में सद्-असद् विवेक करते हैं, क्या नैतिक है, क्या अनैतिक है, क्या अच्छा है, क्या बुरा है; क्या करने योग्य है, क्या नहीं करने योग्य है; इसका चिन्तन, परीक्षण व निर्णय करते हैं, बल्कि सिद्धान्तों और विचारों के क्षेत्र में भी हम बराबर परीक्षण करते रहते हैं कि जिस आदर्श को स्थापित करना चाहते हैं, उसका कितना मेल और कितना विरोध हमारे आसपास के जीवन से, जीवन की वास्तविकता से है। तभी सार्थक संवाद सम्भव होता है।

ऐसे सार्थक संवाद से रहित, आलोचनात्मक चिन्तन से रहित समाज में प्रभुत्वशाली विचारधारा स्वत: चलती रहती है। मार्क्सवादी आइडियोलॉजी के भारत में प्रभावी बने रहने का यही आधार है। सार्थक संवाद के अभाव में वह प्रभुत्वशाली विचारधारा समाज में धीरे-धीरे अपने आप चलती रहती है और हम उसका सामना करने का साहस और शक्ति अपने में जुटा नहीं पाते।

भारत में मार्क्सवादी विचारधारा के प्रभुत्व बने रहने का एक दिलचस्प पहलू और भी है। वह यह है कि सोवियत यूनियन के विघटन के बाद जहाँ अन्य देशों-समाजों में मार्क्सवादी प्रभुत्व का ह्रास हुआ है और उसके पनपने की गुंजाइश नहीं रही है, वहीं पर भारत में स्वतंत्रता के बाद समाजवाद के प्रति एक राष्ट्रीय झुकाव इसलिए भी रहा क्योंकि उसकी अगुवाई करनेवाले ऐसे नेता थे जिनके लिए भारत की जनता में गहरी श्रद्धा रही है।

गांधीजी के बाद हमारे देश में जो नेता हुए हैं—जवाहरलाल नेहरू, जयप्रकाश नारायण, राममनोहर लोहिया—ये ऐसे लोग थे, जो कट्टर

मार्क्सवादियों से अलग होने के बावजूद, एक ख़ास ढंग से समाजवादी व्यवस्था का समर्थन करते थे। इसलिए यह आकस्मिक नहीं है कि आज जहाँ हम और विचारधाराओं को, बिना उनका परीक्षण किये, प्रतिगामी, या पिछड़ी हुई या साम्प्रदायिक कहकर ख़ारिज कर देते हैं, वहीं एक ख़ास तरह की विचारधारा को स्वत: जो प्रतिष्ठा मिली हुई है, हम उस पर उँगली नहीं उठा सकते। हम समझते हैं कि जो लोग यह विचारधारा रखते हैं, वे अनायास ही अच्छे, साम्प्रदायिकता से रहित, सेक्यूलर और ऐसे लोग हैं, जो पूरे देश का ख़याल रखते हैं और देश का भला चाहते हैं। इसमें कितना सच है, कितना खोट है, इसका हम कभी परीक्षण करना आवश्यक नहीं मानते। क्योंकि यह प्रणाली ही नेहरू-युग से, स्वाधीनता के कुछ वर्षों बाद से ही स्वत: प्रतिष्ठित चली आ रही है और उसे राजकीय सम्मान तथा राजकीय 'वेटेज' मिला हुआ है। इसलिए मार्क्सवादी इस पूँजी को भी, राष्ट्रीय जीवन से प्राप्त इस पूँजी को भी, अपने सिद्धान्तों के असत्य, खोट और असफलता को छिपाने के लिए इस्तेमाल करते हैं और अपनी सत्ता को, अपनी शक्ति को बरकरार रखते हैं। मैं व्यक्तिगत रूप से सोचता हूँ कि यह भी एक कारण है कि मार्क्सवादी प्रभुत्व हमारे यहाँ बिना किसी संवाद के क़ायम है।

प्रश्न : लेकिन भारत की इतनी समृद्ध दर्शन-परम्परा रही है, श्रेष्ठ इतिहास रहा है, इसके बावजूद मनुष्य के बारे में, मानव-स्वभाव के बारे में, जीवन के नियमों, गतियों और धर्म के बारे में, समाज के बारे में जो भारतीय बोध, ज्ञान-परम्परा और अनुभव-कोष रहा है, उसका कोई भी उपयोग भारत के समर्थ सृजनशील व्यक्तियों ने, प्रमुख प्रतिभाओं ने, चिन्तन में समर्थ लोगों ने नहीं किया और वे यूरोपीय बोध-रूपों, भाव-रूपों और ज्ञान-परम्पराओं से ही एकात्म होकर सोचते-रचते रहे, छिटपुट-अपवादों की बात अलग है, लेकिन भारतीय चिन्तन-परम्परा की कोई प्रशान्त धारा स्वाधीन भारत में नहीं बन पाई,

इसका क्या कारण आपको दिखता है? क्या गहरी ग्लानि आ गई कि हम तो यूरोप से हार गए, इसलिए उन्हें लगा कि शायद हमारी चिन्तन-परम्परा में ही कोई कमी थी? या समाज ने उस चिन्तन-परम्परा को उपेक्षणीय मान लिया। क्या कारण रहा?

उत्तर : मैं समझता हूँ कि हम जिस भारतीय समाज में रहते हैं, उसकी प्रकृति क्या है, स्वभाव क्या है, निजी अस्मिता क्या है और उसका प्रभाव हमारी जीवन-प्रणाली पर कैसे क्या पड़ता है, यह प्रश्न उन लोगों में नहीं उठता जो 200 वर्षों की औपनिवेशिक सत्ता के कारण हमेशा अपने से अलग हो, किसी अन्य की आराधना करते रहते हैं।

वह अन्य चाहे यूरोप हो, यूरोपीय दर्शन हो, ज्ञान-परम्परा हो या राजनीतिक व्यवस्था हो, शासन-प्रणाली हो, समाज का विश्लेषण करने का औज़ार हो, हम उसी को अपना लेते हैं। समाजशास्त्र, नृतत्त्वशास्त्र, दर्शन—सभी में हमने वे ही सिद्धान्त और वे ही विधियाँ अपना ली हैं, जो यूरोप के समाजों ने अपने लिए रची, जानी और खोजी थीं। अपने को देखने-समझने के स्रोत हमने बन्द कर लिये हैं। दो हज़ार वर्ष से अधिक पुरानी सभ्यता ने हमें स्वयं को जानने-समझने के जो औज़ार दिये हैं, अनजाने या अबूझे रूप में हम उनका पालन तो करते हैं, लेकिन उनकी सचेत स्मृति और विवेक हममें नहीं हैं। आज भी करोड़ों भारतवासियों में संस्कार रूप में वह बोध विद्यमान है, धार्मिक कर्मकांडों, अनुष्ठानों के रूप में वह व्यक्त होता रहता है, समाज के आपसी सम्बन्धों में, व्यवहारों में, गाँव के भीतर, परिवार के भीतर, बिना अधिक समझे-जाने अचेतन रूप से, बिना शिक्षा प्राप्त किये, पोथियाँ पढ़े बिना, शास्त्रों से अवगत हुए बिना भी, उनका संस्कार रूप में पालन करते हैं। यह ज़रूर है कि आधुनिकता की चपेट में यह सहज प्रवाहित भारतीयता कुंठित हुई है। परन्तु नष्ट वह अब भी नहीं हुई है।

भारतीय समाज का गौरव इसमें है कि जिसे आपने परम्परा की धारा कहा है, वह सबल बने। लेकिन आज वह धारा मौजूद होते हुए भी अगर नष्ट होती दिखाई पड़ रही है, तो उसका कारण हमें उस दास-वृत्ति में देखना होगा जो औपनिवेशिक शासन के दौरान दो सौ वर्षों में हमारे भीतर बहुत गहराई तक जड़ें जमा बैठी है। जब तक हम बीमारी से परेशान नहीं होते, तब तक समझ में आता है। लेकिन अगर हम बीमारी को ही स्वास्थ्य का लक्षण समझने लगें तो फिर आत्मपरीक्षण का प्रश्न ही नहीं उठता। इस बीमारी की ओर संकेत गांधीजी ने किया था, तिलक महाराज ने, स्वामी विवेकानन्द ने, श्री अरविन्द ने किया था। क्योंकि उन्होंने देखा था कि समाज अपने आदर्शों से स्खलित हो रहा है और विपरीत दिशा में जा रहा है। इस स्खलित होती हुई प्रज्ञा को रोकने की उन्होंने कोशिश की तो उसके औज़ार या अस्त्र और उपाय उन्होंने भारतीय परम्परा में खोजे। मनुस्मृति तक में खोजे।

आज हम अपने को आधुनिक कहनेवाले, मनुस्मृति का तिरस्कार करते हैं और उसकी मनीषा तथा उसके चिन्तन को तिरस्कृत करते हैं। यह समाज जो दर्शन, तर्क, न्याय, व्याकरण, समाज चिन्तन, संगीत, साहित्य, आयुर्वेद—सब में इतना विकसित था, बढ़ा हुआ था। औपनिवेशिक शासन के दौरान उसमें आत्म-विस्मृति भर गई। वह विस्मृति स्वतंत्रता के बाद और भी गहरी होती गई, यह कहते हुए मुझे दुःख होता है। हम उस आत्मविस्मृति के प्रति सचेत नहीं हुए। हमने राज्य-व्यवस्था व समाज-व्यवस्था, दोनों के ढाँचे बाहर से ही लिये। यदि उस आत्म-विस्मृति की ओर हमारा ध्यान गया होता तो हमारी शिक्षा का ढाँचा वह न होता जो है। दर्शन, इतिहास, समाजशास्त्र आदि सबमें हमारी पढ़ाई-लिखाई केवल यूरोपीय ढंग की न होती। हम अपने विश्वविद्यालयों के ढाँचे में, पाठ्यक्रमों में, परीक्षा-पद्धति में आमूल परिवर्तन करते। आज भी हमारे यहाँ कांट और हेगेल जिस विस्तार से पढ़ाए जाते हैं, शंकर और नागार्जुन वैसे नहीं पढ़ाए जाते।

एक पेपर भारतीय दर्शन व दार्शनिकों का भी रख दिया गया है। पर सारा ज़ोर, सारा ध्यान, सारा महत्त्व यूरोपीय दर्शन-परम्परा पर ही है। पश्चिमी दर्शन ही महत्त्वपूर्ण और प्रधान है। न तो भारतीय प्राचीन दार्शनिकों को उस तरह पढ़ाया जाता है, न ही समकालीन भारतीय चिन्तकों को पाठ्यक्रम में समुचित स्थान दिया जाता है। जब तक हमारी शिक्षा-पद्धति ऐसी पूर्णतः अभारतीय है, यूरोपीय है, तो उसके द्वारा हमारे छात्रों के जीवन में भारत की मौलिक चिन्तन-पद्धति के संस्कार कहाँ से आ सकते हैं! इस शिक्षा-पद्धति से हम यह अपेक्षा कैसे कर सकते हैं कि इससे निकलनेवाले लाखों छात्र अपने देश, समाज का परीक्षण उस पद्धति से कभी कर पाएँगे जो भारत की अपनी मौलिक चिन्तन-पद्धति रही है, जिसमें उधार लिया हुआ कोई दर्शन नहीं है।

प्रश्न : शिक्षा-व्यवस्था तो वही चल रही है, जिसमें यूरोप को अपनी दृष्टि से जानने की कोई व्यवस्था नहीं है बल्कि यह दृष्टि है कि यूरोपीय ज्ञान ही एकमात्र प्रामाणिक ज्ञान है, वही आधुनिक है और जीवन, जगत् तथा मनुष्य के बारे में जो परम्परागत भारतीय दृष्टि है, जो बोध-परम्परा है, उसको पुरानी, बीती हुई चीज़ मान लेने के कारण हमारी शिक्षा-व्यवस्था में उसका कोई भी स्थान आज नहीं है? तो ऐसे में आप क्या रास्ता देखते हैं।

उत्तर : मैं समझता हूँ, यह प्रश्न बहुत-सी चीज़ों को आंदोलित करता है। काफ़ी पहले से वैचारिक स्वराज का नारा दिया गया। गांधीजी ने हिन्द स्वराज का दर्शन हमें दिया। तो उसी तरह वैचारिक स्वराज की बात उठी। लेकिन यह स्वराज कुछ गिने-चुने बुद्धिजीवियों तक सीमित रहा और वे अपने-आपको बिलकुल अलग-थलग पाते हैं। जो हमारी प्रभुत्वपूर्ण, 'डॉमिनेंट' बौद्धिक धारा है, उसमें तो विचारों के स्वराज की कोई बात ही नहीं है। हमारी शिक्षा-व्यवस्था में उन बौद्धिकों का कोई 'वज़न' नहीं है। वज़न तो यूरोपीय अनुकरणवालों का ही है।

आवश्यकता इस बात की है कि जैसा आन्दोलन गांधीजी ने विदेशी शासन के विरुद्ध किया था, स्वतंत्रता पाने के लिए, वैसा ही आन्दोलन वैचारिक दासता के विरुद्ध देश भर में छिड़े। उसके बिना वह क्रियान्वित नहीं हो सकता, जिसकी आप बात कर रहे हैं या जिसका संकेत कर रहे हैं। वैचारिक दासता से मुक्ति पाने के लिए जब तक राष्ट्रीय स्तर पर व्यापक आन्दोलन चिन्तन के क्षेत्र में नहीं छिड़ता, तब तक आनेवाले वर्षों में केवल विलाप करते रहेंगे और वैचारिक दासता की वर्तमान दशा में कोई भी वास्तविक परिवर्तन नहीं होगा।

प्रश्न : लेकिन जैसे हिन्दी क्षेत्र में कुछ छिटपुट प्रयास श्री यशदेव शल्य या आप या शाह जी या कुछ और प्रतिभाएँ कर रही हैं, उसी तरह अन्य क्षेत्रों में भी होगा। लेकिन कोई व्यापक, प्रशस्त धारा नहीं बन पाती। तो उसकी कोई सम्भावना आप देखते हैं क्या? यहाँ हिन्दी क्षेत्र में या अन्य किसी क्षेत्र में या राजनीति या धर्म, संस्कृति आदि के क्षेत्र में? या बौद्धिकों के बीच से कोई प्रशस्त धारा उभरने की सम्भावना आप देखते हैं क्या? कौन लोग करेंगे इसकी पहल? या सब मिलकर करेंगे?

उत्तर : देखिए, जागृति और जागृति का आन्दोलन, व्यक्तियों द्वारा ही शुरू होता है। जब विवेकानन्द ने अपनी आवाज़ उठाई थी आत्म-विस्मृति के बारे में और अतीत की परम्परा की याद दिलाई थी, तब रामकृष्ण परमहंस ने कहा था कि हम ऐसे हैं कि जो अपने ही स्वरूप को नहीं पहचान पाते। हमारी स्थिति उस शेर की तरह है, जो गीदड़ों के गिरोह के बीच बचपन से रहता है और आत्म-विस्मृति से ग्रस्त रहता है लेकिन फिर एक दिन वह जब शेर को देख लेता है और शेर की दहाड़ सुनता है, तो सहसा उसे आत्मस्मरण हो आता है कि मैं शेर हूँ। तो, एक तो शेर का दहाड़ना हम सुन सकें ताकि हममें यह स्मृति जग सके कि हम क्या हैं; हमारा मौलिक स्वरूप क्या है?

इसके लिए ज़्यादा भीड़ में रहने की ज़रूरत नहीं है। न ही किसी निषेधात्मक आलोचना की ज़रूरत है और न किसी पर दोषारोपण भर से हमारा आत्मबोध, आत्मस्मरण सम्भव है। ऐसा करना लाभप्रद होता तो अब तक बहुत पहले हम जग गए होते। इसलिए मैं तो यही समझता हूँ कि अगर हर व्यक्ति अपने क्षेत्र में इतना साहस कर सके कि वह जो देख रहा है, वह कह सके। बिना यह चिन्ता किये हुए कि उसका सत्य किस 'आइडियोलॉजी' के विरोध में पड़ रहा है, विशेष कर जो प्रभावशाली धारा बह रही है, उसके विरुद्ध जाकर भी सच कह सकना तभी सम्भव है, जब जोखिम का साहस हो। चाहे वह साम्प्रदायिकता का मामला हो, या चिन्तन-परम्परा का—हमने देखा है कि हम कुछ मामलों में व्यापक असत्य का विरोध नहीं कर पाते। अपने ही समाज को बहुसंख्यक-अल्पसंख्यक जैसे नक़ली भेदों में बाँटकर असली मुद्दे छिपाए जाते हैं। बुद्धिजीवी की मुख्य भूमिका यह है कि वे जिस सत्य का आभास पाते हैं, और दूसरे लोग जिसे कहने का साहस नहीं कर पाते, वे उपेक्षित होने के बावजूद उस सत्य को कह सकें। सत्य के उस तिरस्कृत अंश को सामने लाने का साहस कर सकें। ऐसा हर देश में हुआ है। जॉर्ज ऑरवेल ने इंग्लैंड में, साम्यवाद की समूची धारा के विरुद्ध जाकर भी, उस सच को कहने का जोखिम उठाया जो प्रचलित मार्क्सवाद की असलियत उघाड़नेवाला था। उन्होंने उसके भीतरी ढकोसले का पर्दाफ़ाश किया तो उन्हें बहुत तरह की बदनामी, बहुत तरह के प्रकोप सहने पड़े थे। हमने देखा है कि जब मार्क्सवाद के विरोध में हमारे देश में कुछ बुद्धिजीवियों ने सच कहने का साहस किया तो उन्हें हर तरह से बदनाम किया गया, दुष्प्रचार किया गया उनके विरुद्ध। उधर जब कोई मार्क्सवादी छद्म रूप से सेक्यूलरिस्ट बन जाता है तो उसका चरित्र तो नहीं बदलता। साम्प्रदायिकता को संरक्षण वे देते रहते हैं और सेक्यूलरिस्ट बने रहते हैं। तब इस स्थिति में, जब विचारकों को विश्वविद्यालयों या अध्ययन के

सामाजिक वातावरण का संरक्षण और सहयोग सच्चे संवाद और स्वस्थ बौद्धिक कर्म के लिए नहीं मिलता, तो फिर उन्हें अकेले ही अपनी बात कहने का आत्मबल जुटाना पड़ता है। लेकिन यह तो समस्या का पूरा हल नहीं है। समस्या का असली हल तो तब होगा जब हम अपनी व्यवस्था के भीतर ही उन बन्द स्रोतों को खोल देंगे, जो कि बौद्धिक सड़न और ठहराव के कारण हैं और जिनके खुलने से ये सड़ाँध और ठहराव दूर हो सकते हैं। जिन्हें हम चैनल्स कहते हैं, वे चैनल्स हमें विश्वविद्यालयों से, पुस्तकों से, मीडिया से मिलते हैं। ये सभी चैनल्स हमने अवरुद्ध कर रखे हैं। सच कहने की वहाँ मनाही है। बस 'डॉमिनेंट' धारा के सुर में सुर मिलाने की आज़ादी है और प्रचलन है। ये बन्द चैनल्स जब हम खोल देंगे, विश्वविद्यालयों में, पुस्तकों में, मीडिया में जब सत्य को प्रकट होने दिया जाएगा, तब हम अपनी मौलिक ऊर्जा को और स्मृति-सम्पन्नता को उपलब्ध कर सकेंगे।

प्रश्न : दुर्भाग्यवश हिन्दी में तो इसके लक्षण बहुत कम हैं। बस, एक क्षीण धारा है, जो ऐसा बौद्धिक साहस कर पाती है। नहीं तो हमारे समर्थ रचनाकार भी केवल सीमित दायरे में घूमते रहते हैं—पिछले बीस-पच्चीस वर्षों से। लोक की ओर तो वे देखते ही नहीं। अब जैसे हमारा समाज है, तो उसमें धार्मिक-सांस्कृतिक-पौराणिक आधार हैं, श्रद्धा है, मान्यताएँ हैं, लेकिन हमारे अधिकांश रचनाकार तो उन्हें अस्तित्वहीन-सा मानकर चलते हैं या उनके विरुद्ध युद्ध की घोषणाएँ करते हैं। ज़रूरी नहीं है कि रचनाकार को इतिहास और दर्शन की विशेष जानकारी हो या कोई विशिष्ट वैचारिक दीक्षा प्राप्त हो। एक रचनाकार तो बिना इस सबके, सहज रूप से, जीवन में, आसपास, गाँवों में जो स्वाभाविक रूप से देखता है, उसे व्यक्त करे, यही उसका स्वधर्म या स्वाभाविक रूप माना जाता है। लेकिन हमारे यहाँ, पिछले पच्चीस वर्षों से तो, कहानी में चार-पाँच नाम हैं,

जिनमें एक आप भी हैं, जो यह प्रयास करते रहे हैं कि भारतीय मन को सामने लाया जाए। कविता में भी तीन-चार नाम ही ऐसे हैं, जिनमें भारतीय ज्ञान, स्मृति, संस्कार और बोध तथा अनुभूति की झलक है। बाक़ी तो मानो यह निर्णय कर चुके हैं कि भारतीय दर्शन, धर्म, अनुष्ठान, संस्कृति—सब बीते दौर की चीज़ें हैं और अब भारतीय राष्ट्र के विकास के लिए इनका विनाश ही आवश्यक है और सारा रचना-कर्म वे भारतीय ज्ञान, दर्शन, धर्म, संस्कृति के विनाश को प्रेरित करने के लिए ही करते दिखते हैं। चाहे जनवाद के नाम पर या सेक्यूलरिज़्म के नाम पर या यूरोपीय क़िस्म के हिन्दूवाद के नये उन्माद के नाम पर। जो प्रशान्त भाव, मननशीलता लोकनिष्ठा, लोकसंग्रह; सृजनशीलता का मर्म हैं, वह तो हिन्दी में लगभग समाप्त हो चला है। बस, वैचारिक पंथानुशासनों का उन्मादी आवेश है। भारतीय लोक को बलात् रूपान्तरित करने का दर्पस्फीत उत्साह है, नशा है। एक प्रोपेगैंडिस्ट साहित्य लिखना ही अब रचना-कर्म मान्य हो चला है। यह कैसे हो रहा है? क्या केवल शिक्षा तंत्र इसके लिए ज़िम्मेदार है, याकि एक विकराल बौद्धिक हिंसा का संगठित प्रयास इसके पीछे है?

उत्तर : आप जो कह रहे हैं, वह बहुत महत्त्वपूर्ण है। हमारे आधुनिक काल के सर्वाधिक शक्तिशाली रचनाकार निराला तक को जनवादी बताया जाने लगा। उनमें मार्क्सवादी तत्त्व ही प्रधान बताए, दिखाए जाने लगे। हम आग सब उस प्रयास से परिचित ही हैं जबकि निराला ने वेदांत से, रामकृष्ण परमहंस से भारतीय लोक-मन से रवीन्द्रनाथ ठाकुर से बहुत कुछ ग्रहण किया, संचित किया; उन स्रोतों को झुठलाकर केवल एक संकीर्ण क्षेत्र तक, एक ही स्रोत तक उन्हें सीमित करके दिखाया जाता है। ऐसा नहीं कि वह स्रोत कतई हैं ही नहीं। लेकिन उसे ही प्रधान दिखाना तो असत्य है। एक कवि, एक रचनाकार तो अनेक स्रोतों से प्रभाव ग्रहण करता है और उन सबको अपनी अनूठी रचना-प्रक्रिया में ढालकर,

अपनी 'अलकैमी' में सभी रसायनों को पचाकर, एक अनूठा काव्य रचता है, जिसमें भारतीय सचाई, स्मृति, कल्पना सभी अद्वितीय रूप में उन्मेष पाते हैं। लेकिन जब एक 'रिडक्शनिस्ट एप्रोच' अपनाकर सभी कुछ को एक संकीर्ण मतवादी साँचे में ढाल दिया जाता है, तो फिर हमारी समूची परम्परा की रसधारा को वह सुखा डालने का प्रयास है।

हमारी परम्परा का एक स्वर है और इस प्रोपेगैंडिस्ट धारा का दूसरा ही स्वर है। अज्ञेय को केवल इसलिए भुला देना या उन्हें व्यक्तिवादी, रूपवादी कहना क्योंकि आलोचकों की 'आइडियोलॉजी' उनसे अलग है और शमशेर जैसे शिल्पी, कलात्मक कवि को केवल इसलिए जनवादी कहना कि वे पार्टीवालों से जुड़े थे; यह तो साहित्य-समीक्षा नहीं है, फ़तवेबाज़ी है और प्रचारवाद है।

प्रश्न : मार्क्सवादी प्रतिभाएँ भी प्रतिभाएँ ही हैं। उनकी एक धारा है, यह तो समझ आता है। उनकी भी रचनात्मक सामर्थ्य महत्त्वपूर्ण है। कई समर्थ प्रतिभाएँ हैं उनमें त्रिलोचन, मुक्तिबोध जैसे सृजनात्मक सामर्थ्यवाले कवि हैं, केदारनाथ सिंह जैसे कवि की रचनाशीलता और काव्य-सामर्थ्य, काव्य-संवेदन उल्लेखनीय है।

लेकिन एक लोकतांत्रिक समाज में यह स्थिति बहुत विचित्र है कि पिछले पच्चीस-तीस वर्षों में विश्वविद्यालयों में, सरकारी शिक्षा-तंत्र, संस्कृति-तंत्र और मीडिया में, ग़ैर-सरकारी सम्पन्न मीडिया में, विद्या केन्द्रों में, सभी जगह ऐसे ही लोगों की प्रधानता है जो ईश्वर-विरोधी, धर्म-विरोधी, परम्परा-विरोधी और भारतीय लोक-प्रवाह के विरोधी हैं। जो मार्क्सवादी वैचारिक पंथानुशासन से आविष्ट हैं। यानी लोक तो धर्ममय, श्रद्धामय, संस्कारमय, परम्परानिष्ठ और लगभग सभी पुरस्कृत कवि-लेखक इससे उलट। यह क्या कांग्रेस तथा अन्य दलों के शासन द्वारा संरक्षित एक विशेष धारा का एकाधिकार है; या समाज और उसके बौद्धिकों की दिशाएँ परस्पर विपरीत हैं? क्या भारतीय मन, बुद्धि, स्मृति, संस्कार और

संवेदन के प्रतिनिधि रचनाकार अब भारतीय समाज में पैदा ही नहीं हो रहे हैं? याकि उनका व्यवस्थित दमन; प्रतिभा-हनन हो रहा है। यह रहस्य क्या है कि यदि पिछले पच्चीस-तीस वर्षों में पुरस्कृत-प्रचारित किन्हीं भी सौ कवियों-लेखकों को हम लें, तो उनमें लगभग सत्तर मार्क्सवादी-जनवादी हैं, लगभग बीस-पच्चीस अन्य यूरोपीय धाराओं के अनुगामी हैं और विरल अपवाद ही भारतीय बोध-परम्परा तथा सृजन-परम्परा के वाहक हैं। यह क्या रहस्य है? क्या इसमें भारत सरकार की विशेष भूमिका रही है कि अकादमियों में, सरकार संरक्षित स्वायत्त संस्थानों में, सरकारी साहित्यिक-सांस्कृतिक-कलात्मक विभागों और निकायों में तथा सम्पन्न घरानों के भी बड़े संस्थानों में जो भी प्रमुख लोग हैं, साहित्य-कला-संस्कृति के प्रभारी, वे लगभग सब-के-सब नास्तिक हैं, ईश्वर को नहीं मानते, भारतीय संस्कृति और परम्परा का उपहास उड़ाते हैं या उसकी अपव्याख्या करते हैं तथा यूरंडपंथी हैं। आकाशवाणी, दूरदर्शन—सभी जगह ऐसे ही लोगों की प्रधानता कैसे है? क्या भारतीय बौद्धिक भारतीय समाज से बिलकुल निरपेक्ष हैं या उसके विरोधी हैं? रहस्य क्या है? क्या समाज से इन लेखकों-कवियों का रिश्ता समाप्त हो गया है? ये अपनी अलग दुनिया बना रहे हैं? राज्य और नवबढ़-वर्ग के आश्रय में? और यह जो परम्परावान समाज है, बृहद् समाज है, क्या उसमें लेखक, कवि, रचनाकार उत्पन्न ही नहीं हो रहे हैं? याकि उनका दमन तथा हनन किया जा रहा है? क्या कारण है? क्या विश्वविद्यालयों तथा संचार-प्रचार माध्यमों ने ऐसा परिवेश, ऐसा वातावरण रच दिया है कि संस्कृति-सम्पन्न, श्रद्धा-सम्पन्न, धर्म-चेतना-सम्पन्न, संस्कार-ज्ञान-परायण, भक्ति-परायण, तेजस्वी लोग उनमें जा नहीं पाते, टिक नहीं पाते?

उत्तर : बात विश्वास या अविश्वास भर की नहीं है। अविश्वास भी उतना ही गहरा होना चाहिए, जितना विश्वास। गहरे अविश्वास से भी महान् कविता उत्पन्न हो सकती है। सच्चे अविश्वास के पीछे भी बहुत गहरी

पीड़ा होती है, विश्वास को छोड़ने का दर्द बहुत गहरा होता है। पर हमारे अविश्वासवादियों में वैसी पीड़ा या वैसी गहराई कहीं नज़र नहीं आती और विश्वासवादियों में भी उथलापन, छिछलापन ही भरा दिखता है। हम ईश्वर या धर्म में अविश्वास करें, यह अलग बात है। लेकिन यह जो लोक है, समाज है, इसके जो संस्कार हैं, धारणाएँ हैं, बुद्धि है, दृष्टि है, उस पर भी हमारा बिलकुल अविश्वास है, यह चिन्ता का मुख्य विषय है। प्रकृति के प्रति हमारी उदासीनता, परिवेश के प्रति हमारी संवेदनहीनता बढ़ी है। प्रश्न अविश्वास का नहीं, नास्तिकता का है। यह जो नास्तिकता चारों तरफ़ फैली है, वह पिछले पचास वर्षों की नीतियों का परिणाम है। भारतीय समाज और संस्कृति की चेतना के स्वरूप के प्राते ही जब हमारा राजनीतिक तत्त्व-चिन्तन उदासीन हो जाए, जब वह इस चेतना से विमुख हो जाए तब फिर हम कहाँ खड़े होंगे? तब तो शून्यता ही फैलेगी। क्योंकि तब हम न लोक में रहते हैं, न काल में। एक तरह का संकीर्ण व्यक्तिवाद ही बच रहता है। यह एक आन्तरिक शून्यता की स्थिति है। हो सकता है कि आप कहें कि इस शून्य से भी महान् कविता उत्पन्न हो सकती है। पर यह वह शून्य नहीं है, जिसकी व्याख्या यूरोपीय अस्तित्ववादियों ने की है, जहाँ पर ईश्वर के न होने से मनुष्य अपनी स्वतंत्रता के प्रति ज़िम्मेदार हो जाता है और अपने कर्मों का भार स्वयं उस पर आ जाता है। क्योंकि उनके कर्मों का भार ढोनेवाला प्रभु-पुत्र कहीं नहीं है क्योंकि ईश्वर ही नहीं है। वह शून्य तो रचना का स्रोत बना है, बन सकता है। वह अविश्वास तो सृजन का प्रेरक बनता है। पर हमारे यहाँ जो अविश्वास, शून्यता और नास्तिकता है, वह व्यक्ति के अपने 'स्व' तक, अपने स्थूल स्वार्थ तक सीमित हो जाने की स्थिति है। इसमें वैसी कोई रचनात्मक सम्भावना नहीं दिखती मुझे।

जो चालीस-पचास या सौ नाम आपने गिनाए हैं, हो सकता है, उनकी रचनाएँ कुछ अच्छी हों। पर इससे हम भारतीय साहित्य की जो

विशिष्टता है, उसकी पहचान नहीं करते, नहीं कर सकते। यदि भारतीय साहित्य की विशिष्ट देन की चर्चा उठेगी, तो मैं इनमें से एक भी नाम नहीं लूँगा। मैं तो फिर वे ही नाम लूँगा। मैं निराला का नाम लूँगा। हिन्दी, कन्नड़, बंगला, मलयालम, मराठी, गुजराती, तमिल, तेलगू, असमिया— सभी में ऐसी रचनात्मक प्रतिभाएँ हुई हैं, जिन्होंने भारतीय समाज के मन को अभिव्यक्ति दी है; उनके ही नाम मैं लूँगा। जिन नामों की चर्चा आपने अभी की, जिन्हें पुरस्कार वग़ैरह मिले हैं, उनका कोई भी योगदान भारतीय साहित्य की विशिष्ट देन के रूप में नहीं है। जिन्होंने केवल कीट्स या बायरन या शेली आदि से ही प्रेरणा ली है, उन हिन्दी कविता का क्या योगदान हो सकता है भारतीय साहित्य में? जब तक वे उसके साथ-साथ भारतीय दर्शन, संस्कृति, स्मृति और परम्परा से भी जुड़े न हों?

प्रश्न : लेकिन पिछले बीस वर्षों में हिन्दी कविता में क्या कोई एक नाम ऐसा आप बता सकते हैं, जिसने भारतीय मन और चित्त को वैसी गहराई से अभिव्यक्त किया हो याकि समझा ही हो? कुछ नये कवियों में जैसे कमलेश जी या रमेशचन्द्र शाह जी या श्रीराम वर्मा जी; इनमें कभी-कभी या कुछ-कुछ वैसी झलक दिखती है। लेकिन निराला-प्रसाद के बाद क्या कोई एक भी नामी, प्रसिद्ध या बड़ा कवि ऐसा बता सकते हैं, जिसने भारतीय चेतना को वाणी दी हो? भारतीय मन और बुद्धि को या दर्शन को जिसने समझा हो?

उत्तर : अज्ञेय जी में कुछ सीमा तक ऐसा कुछ दिखता है। यद्यपि उनमें भी भारतीय चेतना और ज्ञान-परम्परा के प्रति विश्वास नहीं था। लेकिन लगाव था। जातीय अस्मिता के प्रति लगाव था और अपनी जड़ों को खोजने की ललक थी। जिस प्रकार की यात्राएँ अन्तिम वर्षों में उन्होंने शुरू कीं, जिनके लिए उन्हें बहुत बदनाम किया गया, उन यात्राओं और वत्सल-निधि की व्याख्यानमाला तथा अन्य कार्यक्रमों में उनका लगाव,

उनकी ललक और जिज्ञासा झलकती है। तरह-तरह के सूत्रों को जोड़ने का प्रयास रहा उनका।

प्रश्न : और उपन्यास के क्षेत्र में?

उत्तर : रेणु में हमें भारतीय लोक-जीवन का सत्त्व निचोड़कर व्यक्त हुआ मिलता है। भारतीय रागात्मकता को चाक्षुष और वास्तव रूप में देखना हो तो हमें रेणु के उपन्यास पढ़ने होंगे। भारतीय लोक-जीवन का समस्त वैविध्य, समृद्धि और दैन्य वहाँ है।

प्रश्न : लेकिन विश्वविद्यालयों में कुछ ऐसा बौद्धिक परिवेश बन गया है कि हमारे युवक-युवतियों में जो प्रकृति के प्रति, सौन्दर्य के प्रति, परिवेश के प्रति स्वाभाविक आकर्षण, उत्साह और एकात्मता उमड़ती भी होगी, वह रचनाओं में व्यक्त नहीं होती। वहाँ वैचारिक पंथानुशासनों और नारेबाज़ी का आतंक-सा छाया दिखता है। विश्वविद्यालय परिसरों में ऐसा रूप विकसित हो रहा है जिसमें सृजनशीलता कुंठित रहती है याकि अब युवक-युवतियों को वैसा अवसर, वैसा अवकाश ही नहीं मिलता। अब कोमल अनुभूतियों के लिए अवकाश ही नहीं है क्या?

उत्तर : देखिए, आज के छात्र-छात्राओं का जीवन जिन मूल्यों-मान्यताओं से बनता और गतिशील होता है, हमने जो मूल्य समाज में बना रखे और प्रतिष्ठित कर रखे हैं, उनके प्रभाव से ऐसा अवसर, ऐसा अवकाश, मिल ही नहीं पाता हमारे विद्यार्थियों को। हमारे जीवन का एक हिस्सा है जो जन्म, मृत्यु, सौन्दर्य और जीवन की अर्थवत्ता से सम्बद्ध है। यह कोई बौद्धिक ऐश्वर्य या विलासिता नहीं है। यह भी बहुत गहरी ज़रूरत है मनुष्य की। पर इसके लिए अवकाश नहीं है हमारे समाज-जीवन में। हमारी राज्य-व्यवस्था और समाज ने युवा पीढ़ी के सामने जो 'कंज्यूमरिस्ट कल्चर' प्रस्तुत कर रखा है, जहाँ सत्ता, फैक्टरी, एक्सीडेंट, उपभोग,

बाज़ार—यही सब परिदृश्य में भरे पड़े हैं, प्रभावी हैं। इन्हें ही प्रश्रय देनेवाले हैं सब। जीवन की उन अनुभूतियों को, जिनकी चर्चा आप कर रहे हैं, प्रश्रय देनेवाला जहाँ कोई भी है ही नहीं, वहाँ छात्र-छात्राओं में वे कहाँ तक विकसित और व्यक्त होंगी? मैं यह तो नहीं कहता कि वैसी अनुभूतियाँ किसी में होती ही नहीं होंगी, परन्तु साहित्य में वे व्यक्त हों, इसके लिए सृजन के उन सब स्रोतों को सक्रिय करना ज़रूरी है, जो हमारे जीवन और समाज के मूल्यों तथा मान्यताओं को मुख्य रूप से महत्त्व दे सकें। बहुत कुछ तो इस पर भी निर्भर है कि आप समाज में किस स्थिति में हैं, किस परिवेश में हैं और वहाँ प्रेरणाएँ तथा अवसर क्या हैं।

प्रश्न : अच्छा निर्मल जी, अब थोड़ा हटकर, लेकिन युवकों-युवतियों के जीवन से जुड़ा हुआ एक प्रश्न। एक सम्पन्न और चैतन्य बौद्धिक के नाते आरक्षण के मुद्दे पर आपके विचार महत्त्वपूर्ण रहे हैं। लेकिन—यह जो उत्तराखंड का मामला है, वह तो एक नया ही प्रश्न उभारता है कि पिछड़ेपन की क्या जाति के सिवाय और कोई कसौटी नहीं है? क्षेत्रीय पिछड़ापन क्या पिछड़ापन नहीं है? और जातियों की बात भी बिना ऐतिहासिक तथ्यों के की जाती है। जो जातियाँ शासक रही हैं, वे भी पिछड़ी बताई जा रही हैं : पिछले बारह सौ वर्षों से जिनके पास राज्य नहीं, साधन नहीं, शक्ति नहीं, प्रभुत्व नहीं, वे जाति-विशेष के होने के कारण अगड़े। उधर उत्तराखंड क्षेत्र का पिछड़ापन नकारा जाता है, इधर समृद्ध समूह भी जाति के आधार पर पिछड़े माने जाते हैं तो इस पर आपकी राय क्या है? वहाँ जो तीन प्रतिशत लोग हैं तथाकथित पिछड़े, उन्हें भी सत्ताईस प्रतिशत आरक्षण दिया जाए, यह आदेश हुआ है और जो पूरा क्षेत्र पिछड़ा है, उसे कोई आरक्षण नहीं दिया जा रहा। इस प्रकार आरक्षणवाद का एक ऐसा रूप विकसित हो रहा है, जो कि उपनिवेशवादी है। इस बारे में आपकी क्या राय है?

उत्तर : मैं आरक्षण की नीति के बिलकुल विरुद्ध हूँ। यह उसी नीति की परिणति है कि हम जातिवाद को आरक्षण के द्वारा लगातार विकसित और प्रदूषित कर रहे हैं। इस आरक्षण ने न केवल तथाकथित पिछड़ी जातियों के व्यक्तियों के स्वाभिमान को नष्ट किया है, बल्कि एक सम्मानित नागरिक के तौर पर वे अन्य नागरिकों के समक्ष समान रूप से खड़े हों, इस सम्भावना को भी आहत किया है। अगर जिसे बीस या तीस प्रतिशत नम्बर मिलेंगे, उसे ही वे स्थान मिल जाने हैं जाति-विशेष के कारण, जो कथित अगड़ी जातियों के अस्सी प्रतिशत नम्बरवालों को मिलेंगे तो आप उस पिछड़े वर्ग के व्यक्ति को पिछड़े ही रहने का प्रलोभन दे रहे हैं। ज़रूरत यह थी कि जो सचमुच वंचित जातियाँ और समूह रहे हैं, उनके लिए शिक्षा की विशेष संस्थाएँ, व्यवस्थाएँ व सुविधाएँ जुटाई जाएँ। बेहतर अवसर, कम ख़र्च पर सुलभ कराए जाएँ। लेकिन योग्यता के बारे में दो कसौटियाँ नहीं बनाई जाएँ। नहीं तो अयोग्यता में, बौद्धिक सिकुड़न में ही निहित स्वार्थ हो जाएगा याकि उसका ही प्रलोभन बना रहेगा। ऐसी सब सुविधाएँ दी जाएँ ताकि वे समाज में समान रूप से खड़े हो सकें। उनकी दशा सुधारे बिना, शिक्षा की सुविधाएँ दिये बिना, बिना योग्यता के केवल पद देते जाना, यह तो समाज को तोड़ना है। यह वोट बटोरने के लिए, समाज को बाँटने के लिए की जा रही वही ग़लती है, जैसी कि बहुसंख्यक अल्पसंख्यक विभाजन या विलगाव के द्वारा की गई, जो कि स्वयं एक साम्प्रदायिक दृष्टि से किया गया विभाजन या विलगाव है। मुसलमानों आदि को भयभीत रखना कि तुम हमें वोट नहीं दोगे, हमारी पार्टी के साथ नहीं होगे तो दूसरे पार्टी के शासन में तुम इस देश में सुरक्षित नहीं रह सकोगे, ऐसा भय फैलाना भी साम्प्रदायिकता है। जिस देश ने सम्प्रदाय के आधार पर राज्य का संगठन अस्वीकार कर दिया वहाँ बहुसंख्यक-अल्पसंख्यक विभाजन विडम्बना ही है।

यह तो जिन्ना साहब की मान्यताओं को ही स्वीकार करना है और यह सब किया जाता है सेक्यूलरिज़्म के नाम पर। हमने सेक्यूलरिज़्म के नाम पर साम्प्रदायिकता को प्रश्रय दिया है और अब आरक्षण के नाम पर समाज को जातियों में बाँटकर रखने का पक्का प्रबन्ध कर रहे हैं और वंचित जातियों के स्वाभिमान को दबाए रखने, उनके वास्तविक विकास और प्रगति को रोककर रखने का हम प्रबन्ध कर रहे हैं।

['शब्दशक्ति' : अगस्त-सितम्बर, 1994 से साभार]

धर्म और धर्मनिरपेक्षता

[संजीव क्षितिज से बातचीत]

प्रश्न : इधर दुनिया भर में भारी उथल-पुथल दिखाई देती है। दो साल पहले इराक के ख़िलाफ़ एक युद्ध हुआ। सोवियत संघ में पहले साम्यवाद और फिर स्वयं सोवियत संघ का विघटन हुआ। लेकिन जो संकट इसका कारण थे, वे अब भी क़ायम हैं। पूर्व यूरोप के देशों में जिन लोगों व शक्तियों ने साम्यवादी शासन से संघर्ष किया, वे भी सत्ता में आने के बाद जल्द ही अपयश का शिकार हुए। राजनीतिक और सामाजिक स्तरों पर इस संकट को आप कैसे देखते हैं?

उत्तर : प्रत्येक सामाजिक क्रान्ति के पीछे यह भ्रम छिपा रहता है कि व्यवस्था के बदल जाने से वे सब आदर्श प्रतिष्ठित हो जाएँगे न्याय के, समता के, स्वतंत्रता के—जिनसे मनुष्य अपने को वंचित पाता है। मैं इसे भ्रम मानता हूँ। साम्यवादी व्यवस्था न सिर्फ़ रूस में बल्कि चीन में भी,

पचास-साठ सालों तक क़ायम रही। आदर्शों के नाम पर क्रान्ति हुई। वहाँ क्रान्ति का एक शास्त्र ही रचा गया, जिसमें इस बात की कल्पना की गई थी कि ऐतिहासिक परिस्थितियों के परिवर्तित हो जाने से ही एक ऐसे समाज का निर्माण हो सकेगा, जिसमें वे सब अन्तर्विरोध समाप्त हो जाएँगे, जिन्हें वे पूँजीवादी व्यवस्था में देखते थे। अनेक अन्तर्विरोध ग़ायब भी हुए और एक नई आर्थिक व्यवस्था क़ायम भी हुई, हालाँकि पिछले अनेक वर्षों से मार्क्सवादियों-प्रगतिशीलों ने, साम्यवाद के समर्थकों ने इस नई व्यवस्था की दुर्दशा को दबाने का, उस पर पर्दा डालने का इतना प्रयत्न किया, लेकिन वे सब न दब सके, न उन्हें हल किया जा सका और आज उसका बीभत्स चित्र सामने आ गया। इस व्यवस्था के भी नष्ट हो जाने के बाद दूसरी व्यवस्था को लाने का प्रयत्न किया गया—उसी पुरानी व्यवस्था को, जिसके अन्तर्विरोध पूँजीवादी व्यवस्थाओं में क़ायम हैं। यह प्रयत्न इतना हास्यास्पद है कि इससे हम केवल एक निष्कर्ष निकाल सकते हैं और वह यह कि मनुष्य सामाजिक व्यवस्था को बदल देने से कभी भी अपने सुख या मुक्ति या अपनी ग़ुलामी को छोड़ने का रास्ता नहीं पा सकता। इस शताब्दी के अन्त में आप देखें, जितनी भी आइडियोलॉजी हैं, जितनी विचारधाराएँ हैं, मनुष्य की हालत बदलने के जितने शास्त्र हैं, उन सबका झूठापन उन सबकी निरर्थकता इस बात की पुष्टि करती है कि जब तक मनुष्य की प्रकृति में कोई आमूल परिवर्तन नहीं होता, तब तक बाहर की व्यवस्था को बदल देने से उसके जीवन में किसी प्रकार का चैन और निश्चिन्तता आ पाएगी, यह बहुत बड़ी ग़लतफ़हमी है। जब तक मनुष्य का स्वयं अपने से सम्बन्ध स्थापित करने में कोई गहरी समझ नहीं आती, तब तक वह एक छलना से दूसरी छलना में भटकता रहेगा।

प्रश्न : भारत में जो उथल-पुथल है, वह अन्य समाजों से किस तरह भिन्न है? यहाँ भी असमानताएँ हैं, अन्तर्विरोध हैं और उन्हें लेकर राजनीतिक उथल-पुथल भी है।

उत्तर : हमारे समाज में जिस प्रकार की समानताएँ हैं, अन्तर्विरोध हैं, वे अपनी प्रकृति में उनसे बिलकुल भिन्न हैं, जो अन्य समाजों में हैं। अपने अन्तर्विरोधों को सुलझाने का वही रास्ता या उपाय नहीं हो सकता, जो कि यूरोप अपने संकट से उबरने के लिए अपनाने की कोशिश करता है। प्रत्येक देश के समाज को अपने जीने-रहने का आर्थिक व्यवस्था के निर्माण का उपाय और हल स्वयं ही करना होगा।

लेकिन जिस बात पर मैं ज़ोर दे रहा हूँ, वह है : भारत जैसे परम्परागत समाज में जहाँ परम्परा और धर्म के रहते एक तरह के स्थायित्व का भाव, यूरोप के समाजों की आधारहीनता की तुलना में, कहीं ज़्यादा दिखाई देता है—उस सारी गड़बड़ के बावजूद, जो आज हम देखते हैं। आख़िर भारत में उस तरह का नरसंहार नहीं हुआ है, जो हम इराक, ईरान और आज यूगोस्लाविया में देखते हैं। मैं कारणों में नहीं जाना चाहूँगा। मैं केवल इस भिन्नता को रेखांकित करना चाहूँगा कि भारत में सारी राजनीतिक उथल-पुथल के बावजूद उस तरह की हिंसा नहीं दिखाई देती, जो कि हमें पिछले कुछ वर्षों में साम्यवाद के विघटन के बाद यूरोप में दिखाई दी है या कुछ एशियाई देशों में दिखाई दी है। लेकिन इससे अगर हम यह निष्कर्ष निकाल लें कि भारतीय समाज में मनुष्य का जीवन सुखमय है या उसमें किसी प्रकार की बेचैनी नहीं है, तो यह भी बहुत बड़ी छलना होगी।

प्रश्न : आज़ादी के बाद पंडित नेहरू के नेतृत्व में भारत ने जो रास्ता चुना, वह दो स्तरों पर सन्देह के घेरे में है। विकास का जो पश्चिमी मॉडल हमने अपनाया, वह न सिर्फ़ विफल रहा, बल्कि उस दौर की कुछ बुनियादी

आर्थिक नीतियों को भी तिलांजलि दी जा रही है। दूसरे, धर्मनिरपेक्षता की नीति को भी गंभीर चुनौतियों का सामना करना पड़ रहा है, तो आज़ादी के बाद जो रास्ता हमने चुना, उसमें बुनियादी खोट कहाँ थी?

उत्तर : यहाँ हमारे समाज में इतनी असमानताएँ हैं। ये असमानताएँ आर्थिक भी हैं, सामाजिक स्तर पर हैं, शिक्षा के स्तर पर हैं। इन असमानताओं को देखते हुए स्वतंत्रता के बाद हमारे शासक वर्ग ने एक यह हल सोचा था कि अगर हम पश्चिमी मॉडल को अपना लेंगे, तो हर तरह की असमानताएँ दूर हो जाएँगी। अन्तर्विरोध और शोषण की जो पद्धतियाँ हैं, उनका विनाश हो जाएगा। हुआ यह है कि हम पश्चिम का रास्ता अपनाने के चालीस वर्ष बाद न तो केवल अपने जातिगत अन्तर्विरोध दूर कर पाए हैं; बल्कि हमने अपने ऊपर कुछ अन्तर्विरोधों को भी आरोपित कर लिया है, जो कि मूलत: पश्चिमी समाज के अन्तर्विरोध हैं। इस तरह हम एक तरह की दोहरी मार सह रहे हैं।

यूरोपीय या अंग्रेज़ी उपनिवेशवाद के आने से पहले भी भारतीय समाज में असमानताएँ थीं, लेकिन उसके अन्दर उन्हें दूर करने के औज़ार भी थे। अन्दरूनी प्रक्रियाएँ थीं, जो हर समाज निकाल लेता है। लेकिन दूसरे वैकल्पिक रास्ते भी थे।

सबसे बड़ा विकल्प तो गांधीजी का था, जिन्होंने केन्द्रीयकरण के ख़िलाफ़ अपनी आवाज़ उठाई थी, जिन्होंने पंचायती राज पर बल दिया था, जिसमें भारत एक राष्ट्र होने के बावजूद छोटे-छोटे समुदायों और गाँवों पर आधारित हो, जहाँ एक मनुष्य दूसरे मनुष्य को पहचान सके। भारतीय समाज को खंडित करने की जहाँ आज कोशिशें की जा रही हैं—धर्मनिरपेक्षता के नाम पर या मंडल कमीशन के नाम पर—वहाँ गांधीजी या अन्य मनीषियों ने सोचा था कि जब तक हम अपनी जीने की व्यवस्था को इस तरह नहीं बनाते, कि मनुष्य एक-दूसरे के साथ रहने की पद्धति

सीख सके और उसका एक मैकेनिज़्म तैयार कर सके, तब तक हर तरह के अंधविश्वास, सन्देह, शक और हिंसात्मक भावनाएँ पनपती रहेंगी।

अपनी समस्याओं का समाधान या छल जब हम बाहर से ढूँढ़ने लगते हैं, तो फिर हमें कठिनाई पेश आती है। एक बीमारी है, जिसका इलाज हम अपने ही समाज में न खोजकर एक ऐसे समाज में ढूँढ़ने की कोशिश करते हैं, जिसकी बुनावट, जिसकी परम्पराएँ हमसे अलग हैं। जिसे आप गड़बड़ या उथल-पुथल कहते हैं, वह भारत के परम्परागत समाज में होनेवाली आधुनिकता की घुसपैठ के कारण है। आधुनिकता की इस प्रक्रिया को क्या उलटाया जा सकता है, रोका जा सकता है, संशोधित किया जा सकता है—ये आज ऐसे प्रश्न हैं, जो हमारे राजनीतिज्ञों की चिन्ता के केन्द्र में होने चाहिए, जो दुर्भाग्य से नहीं हैं।

प्रश्न : आधुनिकता की इस घुसपैठ का स्वरूप क्या है?

उत्तर : आधुनिकता के जिन तीन प्रतीकों को हमने स्वतंत्रता के बाद ज्यों-का-त्यों अपना लिया, वे थे—समाजवाद, औद्योगिकीकरण और धर्मनिरपेक्षता। समाजवाद इसलिए कि वह बड़े उद्योगों में विकास और प्रगति का रास्ता देखता है। वह आधुनिकता के सभी प्रतीकों को स्वीकार करके चलता है। यह अकारण नहीं है कि केवल दो या तीन प्रान्तों को छोड़कर साम्यवादी पार्टी हमारे देश में कहीं सफल नहीं है। उसकी कोई व्यापक नींव नहीं पड़ सकी। वह भारतीय मानस को कहीं से भी किसी तरह से आलोड़ित नहीं कर सकी।

औद्योगिकीकरण का संकट आज स्वयं यूरोप में दिखाई दे रहा है, पर्यावरण पर। उपभोक्ता समाज का जो विकास हुआ और उसमें जो गंदगी आई है, व्यावसायिकता आई है, उसका बीभत्स रूप हमें यूरोप में दिखता है। इस औद्योगिकीकरण को अगर हम स्वीकार नहीं करते, तो उस तरह की गंदगी के व्यावसायिकता के हम आज शिकार नहीं हो पाते।

प्रश्न : और धर्मनिरपेक्षता?

उत्तर : धर्मनिरपेक्षता भी आयातित थी यूरोप से, जहाँ सेक्यूलरिज़्म का अपना इतिहास था। यूरोप में चर्च का गहरा प्रभुत्व था समाज पर, अन्य संस्थाओं पर, राजनीति पर, राज्य पर। चार-पाँच सौ वर्षों तक चर्च के इस प्रभुत्व से छुटकारा पाने के लिए समूचे यूरोप ने संघर्ष किया। आदर्श यह था कि चर्च का धार्मिक रूप हो, उसकी भूमिका हो और राजनीति में उसका किसी तरह से कोई हस्तक्षेप न हो। यानी जो चीज़ सीज़र के लिए, वह सीज़र के लिए और जो चर्च के लिए, वह चर्च के लिए।

यह एक सीधा-सादा विभाजन बीसवीं शताब्दी में यूरोपीय समाज में हो गया था। यह सहज रूप से राजनीतिशास्त्र का, लोकतंत्र का अभिन्न अंग माना जाता था। दूसरा कारण यह भी था कि यूरोपीय समाज में अनेक कारणों से आधुनिकीकरण कह लीजिए, ईश्वर, धर्म, अलौकिक शक्तियों का क्षय हुआ, उससे आत्माभिमान या आत्मविश्वास की जो बपौती मिली, उसके कारण—मनुष्य में एक तरह का दर्प पैदा हुआ कि वह इस धरती का मालिक है, कि वह इस सृष्टि का केन्द्र है, कि अगर सब प्राणियों का कोई मापदंड है, तो वह मनुष्य है। फिर यह हुआ कि जो मध्यकालीन विश्वास थे धर्म के, उन सबको सीमित कर लिया। इतवार को अगर वह अपना पारलौकिक जीवन सुधारने के लिए चर्च में जाता है, तो बाक़ी छह दिन ऑफ़िस या घर में वह हर तरह के काम करता है, ताकि दुनिया के सुख प्राप्त कर सके। इस तरह का विभाजन भारतीय जीवन में कभी नहीं था, क्योंकि यहाँ धर्म का अभिप्राय ही वह नहीं था, जो यूरोप में था। यहाँ धर्म का अभिप्राय पारलौकिक शक्तियों से अपना सम्बन्ध बिठाना ही नहीं था। धर्म वह पूरी एक श्रृंखला थी, जो मनुष्य को अपने कर्तव्य निभाने के लिए बाँधती थी। धर्म के कारण ही भारतीय मनुष्य राजनीति में भी अपना वैसा ही रोल अदा करता था, जैसे राजा का रोल होता था।

धर्म हमारे समाज के समूचे कार्यकलाप में रचा-बसा होता है। वह उसके आध्यात्मिक जीवन का कटा हुआ अंश नहीं होता, जैसा कि यूरोपीय समाज में पाया जाता है।

प्रश्न : लेकिन आज एक बहुधार्मिक समाज में क्या धर्मनिरपेक्षता की नीति व्यावहारिक और उपयोगी नहीं है?

उत्तर : यह जो हम धर्मनिरपेक्षता की नक़ल करते हैं, यह भारतीय मनीषा, भारतीय परम्परा, भारतीय स्वभाव से कहीं मेल नहीं खाता। यह अचानक नहीं है कि धर्मनिरपेक्षता शब्द कभी गांधीजी ने भी इस्तेमाल नहीं किया था। गांधीजी का यह विश्वास था कि हर हिन्दू, हर मुसलमान देश के विकास में तभी योग दे सकता है, जबकि वह अच्छा हिन्दू, अच्छा मुसलमान बने। वह यह नहीं कहते कि वह अपना हिन्दुत्व छोड़ दे या इसलामियत छोड़ दे, जो कि धर्मनिरपेक्षता परोक्ष रूप से हमसे माँग करती है। धर्मनिरपेक्षता हमसे वह माँग करती है, जो हमारे चरित्र के विरोध में जाता है। इससे बड़ी भारी विकृति पैदा होती है।

हम बाहरी जीवन में, राजनीतिक जीवन में, व्यावहारिक जीवन में अपने को सेक्यूलर कहते हैं और भीतरी जीवन में उसमें हर तरह के धार्मिक विश्वासों में जीते हैं, उनका पालन, अनुकरण करते हैं—चाहे हम हिन्दू हों, चाहे मुसलमान हों या ईसाई हों। परिणाम यह होता है कि जहाँ पहले भारतीय समाज में धर्म बाहर और भीतर के पहलुओं के बीच सेतु बनाने का काम करता था, यानी धर्म के आधार पर मनुष्य बाहर के जीवन से भी उतना ही सार्थक सम्बन्ध बनाता था, जितना अपने भीतर के जीवन से, अब यह सम्बन्ध खंडित हो गया। अब मनुष्य अपने भीतर की दुनिया में एक जीवन जीता है और बाहर की दुनिया में दूसरा जीवन जीता है, तो होता यह है कि सेक्यूलरिज़्म के नाम पर हम जिन धार्मिक विश्वासों को दरवाज़े से बाहर निकाल देते हैं,

वे ही कहर पूर्वग्रह बनकर पिछली खिड़की से साम्प्रदायिकता की गंदगी के रूप में भीतर आ जाते हैं।

प्रश्न : तथाकथित धर्मनिरपेक्ष राजनीति के जवाब में भारतीय जनता पार्टी जो राजनीति कर रही है, उसके बारे में आप क्या सोचते हैं?

उत्तर : अगर अपने को भारतीय जनता पार्टी इत्यादि से हटाकर केवल धर्म और धर्मनिरपेक्षता के प्रश्न पर विचार करें, तो मैं समझता हूँ, भारतीय बुद्धिजीवी भारतीय राजनीतिक नेताओं के समक्ष वह चिन्तन प्रस्तुत कर सकेंगे, जो इस तह के नीचे दबा है। प्रश्न आज यह नहीं है कि कौन पार्टी धर्मनिरपेक्ष है और कौन धार्मिकता का पालन कर रही है, कि किस पार्टी के पास आर्थिक प्रोग्राम है या किस पार्टी के पास आर्थिक प्रोग्राम नहीं है। राजनीतिक घोषणा-पत्र से ही किसी पार्टी की प्रामाणिकता, उसकी ईमानदारी प्रकट नहीं होती। एक राजनीतिक पार्टी की वैधता, उसकी सूझ-बूझ इस बात से प्रकट होती है कि समाज की हर विषमता की उसकी समझ या दृष्टि कैसी है और उसको वह कहाँ तक, कितने गहरे तक देख पाती है। अब समय आ गया है कि धर्म और विश्वास, परम्परा, समाज जैसे प्रश्नों को बजाय राजनीतिज्ञों पर छोड़ देने के, लेखक और बुद्धिजीवी उनका आज के समय में पार्टी की सीमाओं से ऊपर उठकर अपने चिन्तन और विवेक से उत्तर दें। इससे कांग्रेस को भी मदद मिलेगी और भारतीय जनता पार्टी को भी मदद मिलेगी। हमें इनका विपक्षी बनकर ही नहीं सोचना है। हमें देखना है कि कौन पार्टी किस अधूरे सत्य को लेकर उसकी सम्पूर्णता तक पहुँचने का प्रयत्न कर रही है।

प्रश्न : भारतीय मनुष्य के जीवन में धर्म का अनिवार्य स्थान देखते हुए आप धर्म एवं राजनीति के रिश्तों को कैसे परिभाषित करेंगे? क्योंकि बहुसंख्यकों की धर्म के आधार पर राजनीतिक आक्रामकता से अल्पसंख्यक भय महसूस कर रहे हैं।

उत्तर : यह भारत का गौरव रहा है कि जिन्ना साहब की दो राष्ट्रों की नीति के आधार पर विभाजन होने के बावजूद हमारे राष्ट्रीय नेताओं ने अल्पसंख्यकों को, मुसलमानों को एक नेशन के तौर पर स्वीकार नहीं किया, वरना हिन्दुस्तान के दस करोड़ मुसलमान विदेशी माने जाते। राष्ट्रीय आन्दोलन ने जिन्ना साहब की परिभाषा को मानने से इनकार कर दिया। आज जब हम अपने को अल्पसंख्यकों का समर्थक कहकर उन्हें 'विशेष दर्जा' देने लगते हैं, एक वर्ग के रूप में मान्यता देने लगते हैं, तो जो बहुसंख्यक वर्ग है, उसे भी मान्यता देनी होगी। वह अस्सी प्रतिशत है, तो उसका भी एक प्रभुत्व है, जिसके कारण वह नाजायज लाभ उठा सकता है समाज में।

जो लोग अल्पसंख्यक वर्ग का अपने को समर्थक कहते हैं, वे बहुसंख्यक वर्ग को अलग वर्ग के रूप में स्वीकार करने से बच नहीं सकते। यही तर्क उन पर भी लागू होता है, जो समाज को जातियों और वर्ग में बाँट कर देखना चाहते हैं और इसी आधार पर उन्हें विशेषाधिकार देना चाहते हैं। कुछ तथाकथित पिछड़ी जातियों को आरक्षण देना कोई रास्ता नहीं है, क्योंकि मंडल कमीशन या आरक्षण एक तो उनके पिछड़ेपन का कोई उपाय नहीं है; दूसरे, वह उसी तरह ग़लत है, जिस तरह अल्पसंख्यकों को समूचे राष्ट्र से अलग करके देखना। जब हम इस तरह का विभाजन करने लगते हैं माइनॉरिटी और मेजारिटी के नाम पर, तो सहज और स्वाभाविक रूप से उन राजनीतिक शक्तियों को प्रभुत्व मिलने लगता है, जो अपने को बहुसंख्यकों का समर्थक मानती हैं। आप उन्हें दोष नहीं दे सकते।

अगर भारतीय समाज को आप परम्परा में देखेंगे—तो आप पाएँगे कि उसमें सहज रूप से उस धर्मनिरपेक्षता के तत्त्व मौजूद थे, जो हमने आज़ादी के बाद अपने संविधान में लागू किये। अगर 'धर्मनिरपेक्षता' का ज़िक्र करने की ज़रूरत भी नहीं पड़ी, सिर्फ़ इसलिए कि भारतीय

परम्परा में धर्म का वह संस्था-केन्द्रित अर्थ नहीं है, जो 'रिलीजन' शब्द में निहित है।

लेकिन विडम्बना यह है और यह महत्त्वपूर्ण है कि अगर आप इसलाम को इंस्टिट्यूशनलाइज़ (सांस्थानिकीकृत) धर्म मानकर उसे भारतीय समाज में एक अलग और विशेष दर्जा देते हैं, तो स्वाभाविक रूप से तर्क यह कहेगा कि आपको हिन्दुओं को भी अपनी सहज भारतीय अस्मिता को छोड़कर इंस्टिट्यूशनल धर्म के रूप में स्वीकार करना होगा, जो कि वह है नहीं। हिन्दू धर्म की यह प्रवृत्ति ही नहीं है कि वह अपने को इंस्टिट्यूशनलाइज़ करे। इसीलिए मन्दिरों का हिन्दू धर्म में वह स्थान नहीं है, जो मस्जिद या चर्च का इस्लाम या ईसाई धर्म में है। जब मन्दिरों को नष्ट किया जाता है, तो वे दूसरी जगह मन्दिर बना लेते हैं। उनका ईश्वर मन्दिर में नहीं रहता। जब आज हमारे सेक्यूलरिस्ट, अलीगढ़ और जेएनयू के, यह कहते हैं कि हिन्दुओं का ईश्वर मन्दिर में रहनेवाला नहीं है, तो यह बात वे ग़लत नहीं कहते। किन्तु इससे मन्दिरों और मूर्तियों का नष्ट करना जायज़ नहीं हो जाता। भारतीय मनीषा में यह बात कभी थी ही नहीं। वे मन्दिर बनाते थे, लेकिन वह महज़ उनका एक विचार था, वह उनके धार्मिक विश्वासों का बुनियादी आधार या सिद्धान्त नहीं था।

अगर इस लाभ की माँगों को आप इंस्टिट्यूशनलाइज़ तौर पर स्वीकार कर लेते हैं, तो फिर भारतीय समाज में आपको हिन्दू धर्म को भी इंस्टिट्यूशनलाइज़ धर्म के रूप में स्वीकार कर लेना चाहिए। मन्दिरों को भी वही महत्त्व देना चाहिए, जो आप अन्य धार्मिक स्थलों को देते हैं। आप दोनों तर्क एक साथ नहीं रख सकते। आप यह नहीं कह सकते कि हिन्दू तो भारतीय मनीषा में सहिष्णु रहे हैं और अल्पसंख्यक को इंस्टिट्यूशनलाइज़ विशेषाधिकार प्राप्त होने चाहिए। आपको एक ही बात माननी होगी। हिन्दुओं के विशेषाधिकार को भी उतना ही सम्मान देना होगा। अन्यथा आज उस भारतीय मनीषा को सम्पूर्ण रूप से स्वीकार करना होगा,

जिसमें ईसाइयों, मुसहर, बौद्धों और हिन्दुओं का एक जैसा स्थान होगा, किसी को अल्पसंख्यकों या बहुसंख्यकों के रूप में स्वीकार नहीं किया जाएगा।

भारतीय जनता पार्टी की सफलता का कारण ही यह रहा है कि धर्मनिरपेक्ष पार्टियों की जो दोहरी कसौटियाँ थीं, उनकी बहुत तीखी आलोचना हुई और भारतीय नागरिक इस दोहरेपन को समझने लगा। काश, इसे हर तरह व्यक्ति समझता तो यह भारतीय जनता पार्टी की सफलता न होकर उस मनीषा की विजय होती, जो हमने हमेशा से अपनी परम्परा, अपनी अस्मिता से प्राप्त की थी। वह कोई भारतीय जनता पार्टी की बपौती नहीं है। वह हमारी गौरवशाली धरोहर है, जिस पर हर पार्टी को गर्व होना चाहिए। क्यों नहीं हर पार्टी भारतीय परम्परा, भारतीय अस्मिता और अपनी धरोहर को लेकर भारतीय नागरिकों का मत प्राप्त करने की कोशिश करती है? यह सिर्फ़ भारतीय जनता पार्टी पर क्यों छोड़ दिया गया है?

प्रश्न : लेकिन राजनीतिक पार्टियाँ अक्सर मुद्दों को इतना सरलीकृत करके प्रस्तुत करती हैं कि जिससे आम जनमानस में उसके गहरे सामाजिक, सांस्कृतिक, दार्शनिक पहलुओं की अनदेखी होती है और इस कारण ज़्यादातर बहुत सतही सवालों पर ही समाज में बहस या टकराव तक की नौबत आ जाती है?

उत्तर : लोकतंत्र में यह होता है और यह सिर्फ़ भारतीय लोकतंत्र का ही अभिशाप नहीं है कि राजनीतिक पार्टी जीवन के हर सूक्ष्म सत्य को सरलीकृत करके ही प्रस्तुत करती है, लेकिन विकसित देशों में एक दूसरी शक्ति भी काम करती रहती है, जिसे मैं बुद्धिजीवियों और चिन्तकों की भूमिका कहूँगा। वह बराबर सरलीकरण की प्रक्रिया राजनीति में चलती रहती है, उसकी तीखी आलोचना करते हुए उस खाई को पाटने का

काम करती है, जो जनमानस और राजनीतिक पार्टियों के बीच होती है और जिसकी तरफ़ आपने इशारा किया। जनमानस की क्या आकांक्षा है, क्या अभिलाषा है, क्या स्वप्न है, क्या भूख है, क्या तृष्णा है, इसकी अभिव्यंजना केवल लेखक, बुद्धिजीवी अनेक रूपों में करते रहे हैं और वे भी समाज के उतने ही महत्त्वपूर्ण कॉन्शस-कीपर रहे हैं, जितना कि समाजसेवी या राजनीतिक नेतागण बल्कि उससे कहीं ज़्यादा।

आपके प्रश्न के उत्तर में मैं यह कहूँगा कि हमारा यह वर्ग अपनी भूमिका निभाने में पूर्णतया असफल रहा है। हमारे लेखक, बुद्धिजीवी, चिन्तक बजाय इसके कि राजनीतिक पार्टियों के सरलीकृत सिद्धान्तों की आलोचना करते हुए उनके राजनीतिक उद्देश्यों और अपनी नियति का विश्लेषण समग्रता में करें, वे किसी-न-किसी दृष्टि से एक या दूसरी पार्टी की पॉपुलरिस्ट नीतियों का ही समर्थन या विरोध करने लगते हैं। इसीलिए हमारे देश का बुद्धिजीवी अग्रणी आलोकित करनेवाली शक्ति बनने की बजाय राजनीति का पिछलग्गू बनकर रह गया है। वह अक्सर वामपंथी या भारतीय जनता पार्टी या अन्य के इतना निकट चला गया है कि स्वतंत्र बुद्धिजीवी की वह भूमिका नहीं निभा सका, जो सरलीकरण के विरोध में होती है और उस भारतीय परम्परा, अस्मिता का समग्रता में विश्लेषण करने का जोखिम उठाती है, जिसे राजनीतिक पार्टियाँ बार-बार ओझल करती हैं। जब तक हम उस भूमिका को दोबारा सम्पन्न नहीं करेंगे, तब तक यह जो बहुत बड़ा शून्य हमें दिखाई देता है, यह क़ायम रहेगा और इस शून्य को भरने के लिए ऐसी पार्टियाँ आगे आएँगी, जो लोगों की अभिलाषाएँ तो पूरी नहीं करेंगी, लेकिन जनमानस की आकांक्षाओं का शोषण करने में ज़रूर सफल होंगी।

प्रश्न : किन्तु कम-से-कम एक उदाहरण ऐसा है, जहाँ बुद्धिजीवियों ने न सिर्फ़ जनमत बनाया, बल्कि अत्यन्त सक्रियतापूर्वक मोर्चा लिया।

बड़े बाँधों से होनेवाले विनाश के सवाल पर बुद्धिजीवियों ने समाज और राजनीति के बीच बहुत मूल्यवान भूमिका निभाई, लेकिन तो भी यहाँ यह खाई क्या और गहरी दिखाई नहीं देती, क्योंकि यह प्रश्न किसी भी पार्टी की कार्यसूची में नहीं है?

उत्तर : बहुत सुन्दर प्रश्न है आपका, पर मैं यह कहता हूँ कि राजनीतिक पार्टी पर उसका प्रभाव न भी पड़े, इससे उस भूमिका की सार्थकता नष्ट नहीं हो जाती। क्योंकि अगर कोई पार्टी कुछ करना चाहती है और अगर बुद्धिजीवी उसका विरोध करते हैं या उसके विरोध में पूरा एक अभियान चलता है, तो उसके अनुरूप एक दूसरी पार्टी आगे आ जाती है या फिर उसमें संशोधन करने पड़ते हैं। बाँध बनाने में जो गाँव उजड़ते हैं, उसकी क्षतिपूर्ति भी की जाती है। बाँध तो बनाए जाते हैं, क्षतिपूर्ति के साधनों को भी देखा जाता है। अगर सरकार इन सब चीज़ों के प्रति सचेत होती है, सज़ग होती है, तो आन्तरिक रूप से ही सही बुद्धिजीवी उसके संहार को, विनाश को बहुत हद तक सीमित कर पाते हैं, यह कोई कम बात नहीं है। आलोचना का यह मतलब नहीं होता कि आपकी आलोचना राजनीतिक मंच का स्थानापन्न बन जाए, लेकिन दृश्य में वह आलोचना भी अपनी जगह बना लेती है।

प्रश्न : आख़िरी सवाल : हमारे समाज में भ्रष्टाचार बहुत है और वह सभी को प्रभावित करता है। यह ऐसी समस्या है, जिसे राजनीतिक पार्टियों ने भी उठाया, यहाँ तक कि एकाधिक चुनाव इस प्रश्न की छाया में लड़े, लेकिन सब व्यर्थ। तो अपने ही बीच की एक बुराई से पूरा समाज क्यों बार-बार हार जाता है?

उत्तर : उन स्थानों में भ्रष्टाचार सबसे अधिक है, जो सरकारी हैं या शासन-तंत्र के नियंत्रण में है; हम जितना ही अपने को अधिकाधिक

शासन-तंत्र पर, सरकारी संस्थाओं पर निर्भर करते रहेंगे और जितना ही अपनी स्वायत्त संस्थाओं को नष्ट होने देंगे, उतना ही स्वाभाविक रूप से भ्रष्टाचार से मुक्ति प्राप्त नहीं कर सकते। यह जो चीज़ आपको सरकार टुकड़े डाल देती है, उसे आप स्वीकार करते हैं और उस पर जीते हैं, तो पचास लोग उस पर झपटते हैं। अच्छा यह हो कि उसको नागरिक स्वाभिमान की दृष्टि से हम अस्वीकार कर दें और अपने जीवन की शैली को स्वायत्त क्षेत्र में विकसित करना शुरू करें।

आज कॉलेज और यूनिवर्सिटियों में भी हमें भ्रष्टाचार मिलता है, लेकिन ऐसे विश्वविद्यालय भी थे, जिन्हें रवीन्द्रनाथ ठाकुर ने शुरू किया—शान्तिनिकेतन, गांधीजी ने शुरू किया, मालवीय जी ने शुरू किया। हमारा राष्ट्रीय आन्दोलन हमारे राष्ट्रीय समाज-सेवा संस्थान राज्य या सरकार पर निर्भर नहीं थे, जितने कि आज हैं। यहाँ तक कि हमारा गांधी शान्ति प्रतिष्ठान भी सरकार से अनुदान लेकर चलता है, जो कि सबसे बड़ा अपमान है।

इसका रास्ता मुझे भ्रष्टाचार के ख़िलाफ़ नारा लगाने में नहीं मिलता। इसका रास्ता है कि क्या हम शासन-तंत्र और सरकार के बाहर एक विराट क्षेत्र का विकास कर सकते हैं—वह चाहे संस्कृति का हो, चाहे शिक्षा का हो, विकास का हो—जिस पर सरकार, शासनतंत्र ही छाया न हो? आप देखेंगे, भ्रष्टाचार की शुरुआत ही सरकारी संस्थाओं से हुई है।

यह जो अभिशाप आज़ादी के बाद हम पर पड़ा, इसका सबसे बड़ा प्रमाण तो हमें मंडल कमीशन में दिखाई देता है। बजाय इसके कि हम पिछड़ी जातियों के विकास के लिए अच्छे स्कूलों-कॉलेजों इत्यादि का निर्माण करते, ताकि वे उतने ही शिक्षित होकर उतने ही विकसित होते और विभिन्न संस्थाओं में अपनी बुद्धि और क्षमता के आधार पर दूसरों के साथ प्रतियोगिता कर पाते, हम उसमें टुकड़े डालकर कहते हैं कि आपको पन्द्रह प्रतिशत, आपको बीस प्रतिशत, आपको तीस प्रतिशत।

विकास के नाम पर इससे बड़ा अपमान उनका और क्या हो सकता है? तो आत्मनिर्भरता के जितने भी स्रोत हैं, स्वावलम्बन के जितने क्षेत्र हैं, वे अधिकाधिक संकीर्ण होते जाते हैं और जितने वे संकीर्ण होते जाएँगे, छोटे पड़ते जाएँगे, उतना ही मेरी मानसिक ग़ुलामी का घेरा बढ़ेगा, दूसरों पर मेरी निर्भरता बढ़ेगी और एक नागरिक की हैसियत से मेरा आत्मसम्मान, मेरी आत्मगरिमा नष्ट होगी। आत्मगरिमा के नष्ट हो जाने के बाद आप भ्रष्टाचार के शिकार हैं या भ्रष्टाचार करते हैं, इससे कोई ख़ास फ़र्क़ नहीं पड़ता।